Möller Kauf und Verkauf von Anwaltskanzleien

ANWALTSPRAXIS
DeutscherAnwaltVerein

Kauf, Verkauf und Fusion von Anwaltskanzleien

Vertragsverhandlung Wertermittlung • Haftung Steuern • Muster

Von
Rechtsanwalt und vereidigtem Buchprüfer
Dr. Reinhard Möller, Kiel

DeutscherAnwaltVerlag

Die Deutsche Bibliothek – CIP-Einheitsaufnahme

Kauf, Verkauf und Fusion von Anwaltskanzleien
[Medienkombination]: Vertragsverhandlung, Wertermittlung, Haftung
Steuern, Muster / von Reinhard Möller. – Bonn: Dt. Anwaltverl.
   (Anwaltspraxis)
   ISBN 3-8240-0282-5

Buch. 1998
Gb.
Diskette. 1998

Copyright 1998 by Deutscher Anwaltverlag, Bonn
Satz und Druck: Richarz Publikations-Service GmbH, St. Augustin
ISBN: 3-8240-0282-5

Inhaltsübersicht

Abkürzungsverzeichnis 13

Einführung 15

§ 1 Die Vorbereitung von Kaufverhandlungen 17

§ 2 Die Durchführung von Kaufverhandlungen 43

§ 3 Die Methoden zur Ermittlung des Wertes einer Anwaltspraxis . 63

§ 4 Haftung wegen Leistungsstörungen des Kanzleikaufvertrages sowie Haftung gegenüber Dritten 151

§ 5 Mögliche strafrechtliche Folgen des Praxisverkaufes 165

§ 6 Steuerrechtliche Folgen des Praxisverkaufes 173

§ 7 Vertragsmuster 199

Anhang 217

Literaturverzeichnis 245

Stichwortverzeichnis 249

Inhaltsverzeichnis

Abkürzungsverzeichnis 13

Einführung 15

§ 1 **Die Vorbereitung von Kaufverhandlungen** 17
   I. Informationsmedien für Anbieter und Nachfrager bei
      Anwaltspraxen 17
      1. Die Tageszeitung 18
      2. Fachzeitschriften mit Anzeigenteil 18
      3. Unternehmensmakler 18
      4. Sonstige Informationsquellen 19
         a) Kontaktherstellung durch die Rechtsanwaltskammern 20
         b) Kontakte über die örtlichen Anwaltvereine 23
         c) Eintritt als angestellter Rechtsanwalt in eine
            Einzelkanzlei oder Sozietät mit »Sozietätsaussicht« . 23
  II. Die systematische Vorbereitung der Verhandlungen auf
      Nachfragerseite 24
      1. Allgemeine Hinweise 24
      2. Die Bedeutung des räumlichen Umfeldes der Kanzlei . 25
      3. Erwerb eines Sozietätsanteils 26
      4. Check-Liste über wertbildende Strukturmerkmale der zu
         übernehmenden Kanzlei 27
 III. Die systematische Vorbereitung der Verhandlungen auf
      Anbieterseite 30
 IV. Das Problem der divergierenden Ziele
      (»Divergenzproblem«) auf beiden Seiten im Vorfeld der
      Kaufverhandlungen 33
      1. Aus der Sicht des Anbieters 33
      2. Aus der Sicht des Nachfragers 35
  V. Die Mitwirkung von Ratgebern (mit Tableau) 35
 VI. Die Möglichkeiten der Kaufpreisfinanzierung und
      öffentliche Fördermittel bei der Existenzgründung 38
      1. Einführung 38
      2. Öffentliche Fördermittel beim Kauf einer Anwaltspraxis
         bzw. eines Sozietätsanteiles (mit Tableau) 39

§ 2 Die Durchführung von Kaufverhandlungen ... 43

    I. Ort, Zeit und Ziel des ersten Treffens ... 43
    II. Zweckmäßiger Inhalt des ersten Treffens ... 44
    III. Aspekte zweckmäßiger und rechtmäßiger weiterer
        Verhandlungsführung ... 45
        1. Vorlage bzw. Übergabe von Unterlagen ... 45
        2. Das Problem der anwaltlichen Schweigepflicht im
           Rahmen der Kaufverhandlungen ... 46
        3. Anfertigung von Mandantenlisten ... 46
        4. Das Zeit(-druck)-Problem ... 47
    IV. Welche Punkte sollten im Kaufvertrag geregelt werden? . 49
    V. Der Gegenstand des Kaufvertrages ... 57
    VI. Rechtliche Rahmenbedingungen für die Kaufpreisfindung . 58
    VII. Betriebswirtschaftliche Rahmenbedingungen für die
        Kaufpreisfindung ... 59

§ 3 Die Methoden zur Ermittlung des Wertes einer Anwaltspraxis 63

    I. Die Ermittlung des Substanzwertes der Praxis
       (mit Tableaus) ... 63
    II. Die Ermittlung des Goodwills der Praxis ... 66
       1. Die Methode der Bundesrechtsanwaltskammer nach dem
          BRAK-Ausschuß-Bericht Bewertung von Anwaltspraxen 67
          a) Die Grundgedanken der BRAK-Methode ... 67
          b) Die einzelnen Arbeitsschritte des BRAK-Ausschuß-
             Berichtes von 1991/1992 ... 69
             aa) Gesonderte Feststellung des Substanzwertes der
                 Praxis ... 69
             bb) Gesonderte Feststellung des Goodwills (ideellen
                 Praxiswerts) ... 69
       2. Zusammenfassendes Zahlenbeispiel zur Methode des
          BRAK-Ausschusses Bewertung von Anwaltspraxen für
          die Ermittlung des Goodwills ... 75
       3. Weitere Aspekte zur Ermittlung der Goodwills ... 76
          a) 1. Problemkreis: Wertsenkende und werterhöhende
             Merkmale zur Einzelbestimmung des konkreten
             Berechnungsfaktors zwischen 0,5 und 1,0 (1,5) . . 78
             aa) Weitere wertsenkende bzw. werterhöhende
                 Merkmale? ... 78

bb) Bei Gleichgewicht von wertsenkenden/
werterhöhenden Merkmalen Mittelwertfaktor
von 0,75 ? 88
cc) Maßstäbe für die Gewichtung der einzelnen
wertbildenden Merkmale bei der Festlegung des
Faktors (Multiplikators) 89
dd) Überragende Bedeutung der überleitenden
Mitarbeit und der Weiterbenutzung der
Kanzleiräume nach der Übergabe 89
ee) Mathematisch exakte Ermittlung des Faktors oder
wertendes Ergebnis einer »Gesamtschau«? ... 90
ff) Tableau der wesentlichen wertbildenden
Merkmale im Rahmen der Einzelfallbetrachtung
des Faktors 91
b) 2. Problemkreis Wertfaktor-Bandbreite 0,5 – 1,0 (1,5)
noch zeitgemäß? 104
c) 3. Problemkreis Der Abzug des kalkulatorischen
Anwaltslohnes 106
d) 4. Problemkreis Weitere Abzugsposten über die
Rechenschritte des BRAK-Ausschuß-Berichtes
hinaus? 112
e) 5. Problemkreis Besonderheiten bei der Ermittlung
des Goodwills bei Sozietäten (mit Tableau) 113
4. Die Bewertung des Goodwills bei Vermittlern von
Anwaltspraxen 118
III. Zusammenfassende Schemata (Tableaus) zur Bestimmung
des Wertes von Anwaltspraxen 119
1. Verkauf einer Einzelkanzlei 119
2. Verkauf eines Sozietätsanteiles 120
IV. Typische und atypische Beispiele für die Bewertung ... 122
1. Fall: Ein Standardfall 123
2. Fall: (Abwandlung von Fall 1) Bewertung für
Zugewinnausgleich 125
3. Fall: Hoher Umsatz ohne angestellte Rechtsanwälte .. 127
4. Fall: Der »erfolglose Aussteiger« 129
5. Fall: «Großer Crash-Fall« 131
6. Fall: «Kleiner Crash-Fall« 133
7. Fall: Kauf der Praxis vom Anwaltsnotar 135
8. Fall: Kauf einer »jungen« Praxis 137
9. Fall: Verkauf eines Sozietätsanteiles 140
10. Fall: Gründung einer quotenverschiedenen Sozietät
»Fusion 1« 143

11. Fall: Gründung einer quotengleichen Sozietät
»Fusion 2« 145
12. Fall: Gründung einer »Super-Sozietät« »Fusion 3« .. 147

§ 4 Haftung wegen Leistungsstörungen des Kanzleikaufvertrages sowie Haftung gegenüber Dritten 151

    I. Einführung in die Problematik 151
    II. Tableau zur Haftung wegen Leistungsstörungen sowie zur Haftung gegenüber Dritten 153
    III. Probleme bei der Berufshaftpflicht(-Versicherung) 161

§ 5 Mögliche strafrechtliche Folgen des Praxisverkaufes 165

    I. Einführung in die Problematik 165
    II. Betrug des Veräußerers zu Lasten des Erwerbers, § 263 StGB 165
    III. Verletzung der Verschwiegenheitspflicht des Veräußerers bezüglich seiner Mandate, § 203 I 3 StGB 167
    IV. Parteiverrat des Erwerbers, insbesondere bei Sozietäten, § 356 StGB 170

§ 6 Steuerrechtliche Folgen des Praxisverkaufes 173

    I. Einführung 173
    II. Überblick über die wichtigsten Steuerfolgen des Praxisverkaufes (mit Tableau) 174
    III. Einzelprobleme der einkommensteuerrechtlichen Folgen des Verkaufs einer Einzelpraxis 178
        1. Begriff der Veräußerung einer Einzel- oder Teilpraxis (§§ 18 III, 16 II, IV, 34 II Nr. 1 EStG) 178
        2. Ermittlung des Veräußerungsgewinns aus dem Verkauf einer Einzelkanzlei bei unbarer Zahlung (mit Tableau) . 180
        3. Die Abschreibung des Kaufpreises beim Erwerber bei barer Zahlung 184
        4. Die Abschreibung des Kaufpreises beim Erwerber bei unbarer Zahlung 186
    IV. Einkommensteuerliche Besonderheiten bei der Veräußerung von Sozietätsanteilen 189
        1. Einführung in die Problematik 189

2. Einkommensteuerliche Gestaltungsmöglichkeiten im Zusammenhang mit Veränderungen bei Sozietäten, insbesondere die Einbringung, § 24 Umwandlungssteuergesetz (UmwStG) 189
3. Einkommensteuerliche Besonderheiten bei der Realteilung einer Sozietät 193
4. Einkommensteuerliche Besonderheiten bei der Aufgabe einer Sozietät im ganzen 194
5. »Kauf« eines Sozietätsanteiles durch Gewinnverzicht . 194
6. Einkommensteuerliche Besonderheiten beim »echten« Kauf eines Sozietätsanteiles 195
7. Zusammenfassendes Tableau der wichtigsten einkommensteuerrechtlichen Folgen 197

§ 7 Vertragsmuster 199

I. Hinweise zur Einzelfall-Problematik 199
II. Vertragsmuster für die Übertragung einer Einzelkanzlei mit ergänzenden Hinweisen für Sozietätsanteile 200

Anhang

1. Zur Bewertung von Anwaltspraxen
   Bericht des BRAK-Ausschusses Bewertung von Anwaltspraxen aus BRAK-Mittl. 1/1992, Seite 24 ff. 217
2. Anschriften der Rechtsanwaltskammern 229
3. Anschriften der Anwaltvereine und Landesverbände des Deutschen Anwaltvereins e.V. 231

Literaturverzeichnis 245

Stichwortverzeichnis 249

Abkürzungsverzeichnis

a.a.O.	am angegebenen Ort
AnwBl.	Anwaltsblatt
AO	Abgabenordnung
BAG	Bundesarbeitsgericht
BB	Betriebs-Berater
BewG	Bewertungsgesetz
BFH	Bundesfinanzhof
BGB	Bürgerliches Gesetzbuch
BGH	Bundesgerichtshof
BGHZ	Entscheidungssammlung des Bundesgerichtshofes in Zivilsachen
BNotO	Bundesnotarordnung
BRAGO	Brundesrechtsanwaltsgebührenordnung
BRAK-(Mittl.)	Bundesrechtsanwaltskammer-(Mitteilungen)
BRAO	Bundesrechtsanwaltsordnung
BStBl.	Bundessteuerblatt
BVerfG	Bundesverfassungsgericht
DB	Der Betrieb
DStR	Deutsches Steuerrecht
EStG	Einkommensteuergesetz
EStR	Einkommensteuer-Richtlinien (1996)
ff.	fortfolgende
Fn.	Fußnote
GG	Grundgesetz für die Bundesrepublik Deutschland
ggf.	gegebenenfalls
HGB	Handelsgesetzbuch
i.S.d.	im Sinne des
i.V.m.	in Verbindung mit
i.d.R.	in der Regel
IDW	Institut der Wirtschaftsprüfer
JR	Juristische Rundschau
LStR	Lohnsteuer-Richtlinien
m.w.N.	mit weiteren Nachweisen
m.a.W.	mit anderen Worten
max.	maximal
Mio.	Millionen
NJW	Neue Juristische Wochenschrift
Nr.	Nummer

Abkürzungsverzeichnis

NStZ	Neue Zeitschrift für Strafrecht
NZA	Neue Zeitschrift für Arbeitsrecht
o.ä.	oder ähnliches
OLG	Oberlandesgericht
Rn	Randnummer
RGZ	Entscheidungssammlung des Reichsgerichtes in Zivilsachen
S.	siehe, Seite
StGB	Strafgesetzbuch
StPO	Strafprozeßordnung
u.a.	unter anderem
u.U.	unter Umständen
UmwStG	Umwandlungssteuergesetz
UStG	Umsatzsteuergesetz
UWG	Gesetz gegen den unlauteren Wettbewerb
vgl.	vergleiche
WM	Zeitschrift für Wirtschafts- und Bankrecht, Wertpapiermitteilungen Teil IV
WPO	Wirtschafterprüferordnung
ZIP	Zeitschrift für Wirtschaftsrecht, vormals Zeitschrift für Wirtschaftsrecht und Insolvenzpraxis
ZPO	Zivilprozeßordnung

Einführung

Im Zeichen ständig steigender Anwaltsdichte[1] muß sich der niederlassungswillige »Neuanwalt« fragen, ob die verschlechterten Rahmenbedingungen ihm für den Aufbau einer neuen Kanzlei noch eine angemessene berufliche und damit wirtschaftliche Existenz ermöglichen. 1

Die Alternative hierzu stellt der Kauf einer bereits bestehenden Kanzlei oder eines Sozietätsanteils dar. Weitere Alternativen könnten die – meist vorübergehende – Tätigkeit als angestellter Rechtsanwalt sein oder eben auch das völlige Abstandnehmen von anwaltlicher Betätigung, wenn denn eine Tätigkeit etwa als Richter, Verwaltungsjurist oder als Wirtschaftsjurist denkbar ist. 2

Bei der dann getroffenen Entscheidung für die Kaufalternative wollen zuvor Kosten und Nutzen sorgfältig gegeneinander abgewogen sein. Bei den Erwerbskosten für eine Anwaltskanzlei bzw. für einen Sozietätsanteil geht es insbesondere um die Angemessenheit des Kaufpreises. Theoretisch wenig problematisch ist hierbei die Preisfindung für die Übernahme von Bürogeräten, Mobiliar und Bibliothek,[2] d.h. für den sogenannten Substanzwert. 3

Schwieriger ist allerdings die Ermittlung des angemessenen immateriellen Praxiswertes (Goodwills). In der Rechtsprechung des BGH ist inzwischen längst[3] anerkannt, daß die Chance, vom Veräußerer einen schon bestehenden Mandantenstamm zu übernehmen, einen Wert darstellt, der zum Gegenstand eines Kaufvertrages gemacht werden kann. 4

Das vorliegende Werk versteht sich als Leitfaden für die wesentlichen Fragestellungen, die sich im Zusammenhang mit dem Praxiserwerb ergeben. Die behandelten Probleme betreffen sowohl die Sicht des Anbieters wie auch des Nachfragers. 5

Bei der Darstellung stehen neben rechtlichen und betriebswirtschaftlichen Fragen auch gerade praktische Fragen, die insbesondere die zweckmäßige Vorbereitung und Durchführung von Kaufvertragsverhandlungen betreffen, im Vordergrund. Dem praktischen Aspekt wird im übrigen Rechnung getragen durch Check-Listen, Tableaus, erläuterte Wertermittlungsbeispiele sowie durch ein Vertragsmuster; wohlgemerkt nicht »Mustervertrag«, denn jeder Kanzleikauf ist ein Einzelfall. 6

---

1 Zugelassene Rechtsanwälte in Deutschland: 67.120 am 01.01.1993; 70.438 am 01.01.1994 (BRAK-Mittl. 1994, Seite 86); 74.291 am 01.01.1995; 78.822 am 01.01.1996 (BRAK-Mittl.1996, Seite 59); 85.105 am 01.01.1997 (BRAK-Mittl. 1997, Seite 71); 91.517 am 01.01.1998 (BRAK-Mittl. 1998, Seite 86).
2 Die praktische Durchführung der Aufstellung einer Inventarliste mit u.U. mehreren hundert Einzelgegenständen und ihrer Einzelbewertung ist allerdings meist mühevoll. Siehe § 3 Rn 7 ff.
3 Seit BGHZ 43, Seite 46 = NJW 1965, Seite 580.

Einführung

7 Der Erwerb bzw. die Veräußerung einer Anwaltskanzlei oder eines Sozietätsanteils stellt rechtlich, aber auch betriebswirtschaftlich, einen komplizierten Vorgang dar, handelt es sich doch um einen so komplexes Gebilde, wie dies ein Unternehmen nun einmal darstellt.

8 Die in diesem Werk angesprochenen Rechtsfragen im Zusammenhang mit der Übertragung einer Anwaltskanzlei gehen weit über das Kaufvertragsrecht der §§ 433 ff. BGB hinaus. Es geht auch um Probleme des Arbeitsrechts, Gesellschaftsrechts, des Strafrechts, stets aber in jedem Fall um steuerrechtliche Fragen und um berufsrechtliche Aspekte. Keine Rechtsfrage ist dagegen ein, wenn nicht **das** Kernproblem des Kaufs einer Kanzlei: Die Ermittlung des »richtigen Kaufpreises«. Die Antwort hierauf gibt die betriebswirtschaftliche Unternehmensbewertung, speziell bezogen auf das »Unternehmen Anwaltskanzlei«.

9 Neben dem Kauf einer Anwaltspraxis gibt es allerdings auch noch andere Gründe, bei denen eine Bewertung einer Einzelpraxis oder eines Sozietätsanteiles erforderlich sind. In erster Linie ist hierbei an die im Rahmen der Ehescheidung erforderliche Wertermittlung für den Zugewinnausgleich (§§ 1376 II, 1378, 1384 BGB) zu denken. Im Rahmen des dritten Paragraphen dieses Handbuches wird auch auf etwaige Besonderheiten bei der Bewertung einer Kanzlei aus Anlaß des Zugewinnausgleichs eingegangen. Im Vordergrund der Thematik bleibt allerdings – dem Titel dieses Werkes entsprechend – der tatsächliche Kauf oder Verkauf einschließlich der Fusion von Anwaltspraxen und Sozietätsanteilen.

10 Das vorliegende Werk richtet sich an Anwälte, die in Kaufvertragsverhandlungen eintreten wollen, aber auch an Anwälte, die zunächst nur einmal wissen wollen, welche Fragen sich bei einem später beabsichtigten Kauf bzw. Verkauf ergeben oder, die einfach schon jetzt wissen wollen, was denn ihre Praxis oder ihr Anteil »wert« ist. Der Leser dieses Handbuches, der eine Praxis zu kaufen beabsichtigt, möge angesichts einer bevorstehenden Lektüre von über 200 Seiten bedenken, daß er eine Lebensentscheidung trifft, die den Zeitaufwand für die Durcharbeitung rechtfertigt. Das Handbuch richtet sich allerdings auch an Unternehmens- oder Rechtsberater, die die Vertragsparteien in den Verhandlungen unterstützen sollen. Schließlich sei auch der neutrale Gutachter angesprochen, den beide Vertragsparteien mit der Erstellung eines Bewertungsgutachtens beauftragen. Die Einschaltung von Hilfspersonen ist den Vertragsparteien unbedingt zu raten, denn Kaufvertragsverhandlungen in eigener Sache sind ebensowenig zu empfehlen wie die rechtliche Vertretung des Anwaltes durch sich selbst, fehlt doch hier wie dort regelmäßig eine der Sache förderliche Distanz.

Kiel, im September 1998

Reinhard Möller

§ 1 Die Vorbereitung von Kaufverhandlungen

I. Informationsmedien für Anbieter und Nachfrager bei Anwaltspraxen

Ganz allgemein spricht man bekanntlich von einem Markt, wenn Angebot und Nachfrage aufeinandertreffen. Diese ökonomische Selbstverständlichkeit gilt auch für Anwaltskanzleien. Für Anwaltskanzleien gibt es heute ohne Zweifel einen Markt. Das war nicht immer so. Bis zum Urteil des BGH vom 20.01.1965[4] war grundsätzlich[5] angenommen worden, daß eine Anwaltskanzlei nicht Gegenstand eines Erwerbsvorgangs sein dürfe, weil dies gegen die guten Sitten verstoße und deshalb nach § 138 BGB nichtig sei. Dies ist nun Historie. Bereits 1973 stellten die jedenfalls bis 1987[6] für wirksam gehaltenen »Grundsätze des anwaltlichen Standesrechts« in § 80 I ausdrücklich fest:

»Die entgeltliche Übernahme einer Praxis ist zulässig.«

Dabei wird unter Praxis eines Freiberuflers[7] weniger der gegenständliche Bereich der selbständigen Tätigkeit verstanden als vielmehr der immaterielle (= ideelle) Bereich. Praxis in diesem Sinne ist die Summe von Beziehungen, Aussichten und Möglichkeiten, die in weitem Umfang auf dem Vertrauen der Auftraggeber zu dem Berufsangehörigen beruhen und deshalb in ihrem Fortbestand eng mit der Person des bisherigen Inhabers verknüpft sind.[8] Schon dieses Begriffsverständnis zeigt, daß den Möglichkeiten der Übertragung dieses persönlichen Vertrauens auf einen Erwerbsnachfolger der Praxis ziemlich enge Grenzen gesetzt sind.

Diesem Umstand ist u.a. Rechnung zu tragen bei der Bemessung des Praxiswertes,[9] des sogenannten Goodwills.[10]

---

4 BGHZ 43, Seite 46 = NJW 1965, Seite 580.
5 In Ausnahmefällen aber doch bereits vom Reichsgericht für zulässig erachtet: RGZ 153, Seite 280 (Verkauf durch eine Anwaltswitwe) und Kaiser/Wollny, Seite 2 m.w.N.
6 Grundsätze des anwaltlichen Standesrechts, festgestellt von der Bundesrechtsanwaltskammer am 21. Juni 1973. Von deren Rechtswirksamkeit wurde bis zu den Beschlüssen des BVerfG vom 14.07.1987 = NJW 1988, Seite 191 ff. und Seite 194 ff. ausgegangen. Das BVerfG stellte fest, daß die Richtlinien »keine ausreichende Grundlage für Einschränkungen der anwaltlichen Berufsausübung« darstellten, NJW 1988, Seite 191 unter I 1. Das führte nach jahrelanger Diskussion des Berufsstandes zur Neuordnung des anwaltlichen Berufsrechts. Im neuen Berufsrecht ist die Frage des Praxisverkaufs nicht mehr geregelt, da die Zulässigkeit für selbstverständlich gehalten wird.
7 Gilt auch für andere freie Berufe wie Ärzte, Steuerberater, Wirtschaftsprüfer etc.
8 Wollny, Seite 467, Rn 2068 m.w.N.
9 Siehe dazu oben § 3 Rn 18 ff.
10 Üblicher Ausdruck für den Praxiswert einer Freiberuflerpraxis.

4 Auch auf dem Markt der Anwaltskanzleien steht, wie bei jedem Markt, die Information am Beginn der Kaufverhandlung. Hierbei geht es um die Frage, wie Anbieter und Nachfrager vom Interesse der jeweils anderen Seite erfahren. Welches sind denn die **Medien** der Information dieses Marktes? Im wesentlichen lassen sich folgende Informationsmedien für den Verkauf von Anwaltskanzleien und Sozietätsanteilen unterscheiden:

5 Informationsmedien für den Markt von Anwaltskanzleien

1. Tageszeitung

> **Rechtsanwaltskanzlei**
>
> Seit 15 Jahren in Kiel etabliert,
> Jahreserlöse ca. 450 000 DM netto,
> überwiegend zivilrechtlich ausgerichtet,
> wirtschaftlich sichere Mandantschaft,
> aus gesundheitlichen Gründen abzugeben.
>
> Interessenten und Angebote unter Chiffre ▮▮▮▮▮
> Vertraulichkeit wird versichert und erwartet.

Beispiel[11]

2. Fachzeitschriften mit Anzeigenteil

> Kleinere Anwaltskanzlei in
> **Düsseldorf**
> zu veräußern.
> Zuschriften erbeten unter ▮▮▮▮ an Verlag
> C. H. Beck, Anzeigenabt., 80791 München.

> **Anwaltskanzlei**
> LG-Bez. Wuppertal, aus Altersgründen zu
> handelsübl. Preis abzugeben.
> Zuschriften erbeten unter ▮▮▮▮ an Verlag
> C. H. Beck, Anzeigenabt., 80791 München.

Beispiel[11]

3. Unternehmensmakler

> **FACHVERMITTLUNG FÜR RECHTSANWALTSKANZLEIEN**
> Kanzleien und Sozietäten bundesweit

Beispiel[11]

4. sonstige Informationsquellen[11]
ohne Beispiel

Nachstehend folgen im einzelnen nähere Hinweise zu den Informationsmedien für den Markt von Anwaltskanzleien.

zu 1. Die Tageszeitung

Dieses Medium hat für den Kanzleimarkt eine nur untergeordnete tatsächliche Bedeutung. Das dürfte sich daraus erklären, daß mit einer Tageszeitung nicht speziell Rechtsanwälte angesprochen werden können. Bei einer ungefähren durchschnittlichen Anwaltsdichte von 1 Anwalt auf ca. 1000 Einwohner[12] würde eine solche Anzeige selbst bei einer Auflage von 100.000 nur etwa 1000 Anwälte zur Zielgruppe haben. Bei Fachzeitschriften, wie der NJW, ist die Zielgruppe – bundesweit – um ein Vielfaches höher. Hinzu kommt, daß die Vertraulichkeit in einer örtlichen Tageszeitung, auch bei einer Chiffre-Anzeige, problematischer ist als bei einem bundesweiten Fachblatt, da bei an sich erwünschten aussagekräftigen, individualisierten Merkmalen im Anzeigentext eventuelle Rückschlüsse auf die Identität des inserierenden Anwaltes leicht möglich sind. Zu denken ist hierbei beispielsweise an eine Kleinstadt mit nur wenigen Anwälten, von denen der stadtbekannte inserierende 66jährige Anwalt als einziger für einen Verkauf...»aus Altersgründen«... in Betracht kommt.

6

zu 2. Fachzeitschriften mit Anzeigenteil

Besonders bedeutsam ist hier der Anzeigenteil der NJW, der jede Woche bundesweit die Mehrheit[13] der deutschen Rechtsanwälte erreicht. Unter der Rubrik »Praxis-/Sozietäts-Angebote/-Gesuche« finden sich regelmäßig mehrere Anzeigen, mit welchen Anwaltskanzleien oder Sozietätsanteile zum Kauf angeboten werden. Es finden sich in der NJW aber auch Kaufgesuche.

7

zu 3. Unternehmensmakler

Auch spezialisierte Unternehmensmakler bieten ihre Dienste häufig im Anzeigenteil von Fachzeitschriften, und zwar in der NJW beispielsweise unter derselben Rubrik wie unter 2. genannt, an. Die Inanspruchnahme eines Unternehmensmaklers kann sich gerade unter dem Aspekt der Verschwiegenheit

8

---

11 Es handelt sich in allen Fällen (1, 2, 3 und 4) um »echte« Anzeigen. Die zu 1) stammt aus einer größeren örtlichen Tageszeitung, die Anzeigenbeispiele zu 2) und 3) stammen aus der NJW 1998 Rubrik:« Praxis-/Sozietäts-Angebote/-Gesuche«.
12 Am 01.01.1997 waren in Deutschland 85.105 Anwälte zugelassen, BRAK-Mittl. 1997, Seite 71; am 01.01.1998 betrug diese Zahl bereits 91.517. Dem steht eine Einwohnerzahl von 81,87 Mio. (Stand 1995) gegenüber, Fischer Weltalmanach, 1998, Spalte 165.
13 Nach Auskunft des Verlages vom 23.12.1996 beträgt die Auflage der NJW durchschnittlich nahezu 60.000 Exemplare. Ein Exemplar erreicht regelmäßig mehrere Leser, insbesondere in Sozietäten.

anbieten. Über einen zuverlässigen und verschwiegenen Kanzleimakler kann eine erste Selektion der in Frage kommenden Interessenten erfolgen, ohne daß die Namensnennung frühzeitig erfolgen muß.[14]

zu 4. Sonstige Informationsquellen

9 Neben den zuvor unter 1., 2. und 3. genannten Informationsmedien gibt es noch eine Reihe anderer Quellen, mit deren Hilfe Anbieter und Nachfrager vom Interesse der jeweils anderen Seite erfahren können. Ohne Anspruch auf Vollständigkeit seien hier genannt:

a) Kontaktherstellung durch die Rechtsanwaltskammern [15]

10 Der Verfasser hat alle 27 bundesdeutschen Anwaltskammern mit örtlich begrenztem Wirkungskreis angeschrieben, um die Bedeutung der Kammern als Informationsmedien für den Kauf von Anwaltskanzleien zu ermitteln.[16]

Diese Umfrage hat folgendes ergeben:

11 1) Sofern in dem jeweiligen Mitteilungsblatt der Kammer eine Rubrik »Praxiskauf, Erwerb von Sozietätsanteilen« o.ä. vorgesehen ist, kann im Rahmen einer solchen Kontaktbörse kostenlos[17] eine entsprechende Anzeige veröffentlich werden.

12 2) Nicht bei allen Kammern besteht die Möglichkeit der Veröffentlichung einer Anzeige im Rahmen einer solchen Kontaktbörse. Teilweise wird dies zur Zeit erwogen.[18]

13 3) Sofern eine Kontaktbörse im Mitteilungsblatt nicht existiert, wird von allen Kammern anderweitige Unterstützung angeboten. Diese kann – teilweise auch zusätzlich zur Möglichkeit der Veröffentlichung einer Kontaktanzeige – in folgendem bestehen:

14 • **Weitergabe von Kontaktadressen**
   Gemeint ist die Aufnahme der Adresse eines am Verkauf oder Kauf einer Praxis interessierten Kollegen und Weitergabe der Adresse, wenn beides zueinander passen könnte. Vor allem der Anbieter einer Praxis wird allerdings regelmäßig ein Interesse an absoluter Vertraulichkeit seines Anliegens haben. Er möchte regelmäßig seine Verkaufsabsicht nicht

---

14 Zu diesem Aspekt siehe Beisel/Klumpp, Seite. 9, Rn 30.
15 Im vom Deutschen Anwaltverein herausgegebenen »Anwaltsverzeichnis« finden sich u.a. Anschriften, Telefonnummern sowie die Namen der Vorstände und Geschäftsführer aller bundesdeutschen Rechtsanwaltskammern. Neben der Bundesrechtsanwaltskammer in Bonn und der Rechtsanwaltskammer bei dem Bundesgerichtshof sind dies mit örtlich begrenztem Wirkungskreis 22 Kammern in den alten Bundesländern sowie 5 in den neuen Bundesländern.
16 Umfrage von November 1996 bis Januar 1997, aktualisiert im Juni 1998.
17 So jedenfalls die Antworten der Kammer Bamberg vom 25.11.1996 und vom 17.06.1998.
18 So die Antworten der Kammer Freiburg vom 20.11.1996 und vom 17.06.1998.

dem Kollegen offenbaren, der für eine Übernahme wegen Art und/oder Volumens der Praxis überhaupt nicht in Betracht kommt. Dieses Problem läßt sich meist derart lösen, daß die Kammer einem Nachfrager nicht den Namen des Anbieters mitteilt, sondern, daß sie dem Anbieter – unter Übermittlung der Adresse des Nachfragers – die weiteren Aktivitäten oder deren Unterlassen selbst überläßt.[19]

- **Durchführung von Existenzgründungsveranstaltungen**   15
 Einige Rechtsanwaltskammern[20] führen in eigener Regie im Kammerbezirk[21] Existenzgründungsveranstaltungen durch. Hierbei kann es sich um Einzelberatung und/oder mehrtägige Einführungsseminare handeln.[22] Im Rahmen derartiger Veranstaltungen wird der Teilnehmer bisweilen auch mit den Regeln vertraut gemacht, die beim Praxiskauf zu beachten sind.[23] Es versteht sich allerdings, daß, schon aus Gründen der Vertraulichkeit, Hinweise auf eine bestimmte Kanzlei nicht gegeben werden können.

- **Hinweis auf die örtlichen Anwaltvereine**   16
 Örtliche Anwaltvereine verfügen teilweise über eigene Mitteilungsblätter,[24] in denen Anzeigen über Kauf und Verkauf von Kanzleien und Sozietätsanteilen veröffentlicht werden können. Ob diese Möglichkeit besteht, sollte bei der zuständigen Kammer oder dem örtlichen Anwaltverein nachgefragt werden.

- **Literaturhinweis**   17
 Bisweilen wird von der örtlichen Anwaltskammer ausschließlich oder unter anderem auf folgenden bedeutsamen Aufsatz hingewiesen: »Zur Bewertung von Anwaltspraxen, abgedruckt in BRAK-Mitteilungen 1/1992, S. 24–28. Teilweise wird dieser Aufsatz auch sogleich übersandt.[25]

Fazit über die Bedeutung der Kontaktherstellung durch die Rechtsanwaltskammern als Informationsmedien: Die Nachfrage des Verfassers unter allen 27 bundesdeutschen Anwaltskammern mit örtlich begrenztem Wirkungskreis[26]   18

---

19 Nach § 76 I BRAO sind Kammervorstände, Kammergeschäftsführer und alle Mitarbeiter der Kammer zur Verschwiegenheit verpflichtet. Der verkaufswillige Kollege kann daher auch die zur Verschwiegenheit verpflichteten Personen insofern auch begrenzt von ihrer Verschwiegenheitspflicht entbinden, sofern es um die Weitergabe seiner Adresse geht.
20 So die Kammern Celle (Antwortschreiben vom 25.11.1996 und vom 12.06.1998) und Düsseldorf (Antwortschreiben vom 22.11.1996 und vom 16.06.1998).
21 Auch die Deutsche Anwaltakademie führt regelmäßig Veranstaltungen zur Gründung einer Anwaltspraxis durch.
22 Beides bietet z. B die Rechtsanwaltskammer Düsseldorf an.
23 Wie hier Fn. 20.
24 So der Hinweis der Rechtsanwaltskammer Freiburg für den dortigen Kammerbezirk, Antwortschreiben vom 20.11.1996 und vom. 17.06.1998.
25 So z.B. die Rechtsanwaltskammer Tübingen gemäß Antwortschreiben vom 21.11.1996 und vom 16.06.1998.
26 Die nachfolgenden Feststellungen wurden aufgrund von 25 Antwortschreiben auf 27 Anfragen getroffen.

hat kein einheitliches Bild ergeben. Folgende Feststellungen können dennoch hierzu getroffen werden:

19 1) Das Serviceangebot der einzelnen Anwaltskammern differiert ganz erheblich. Der Service im Zusammenhang mit dem beabsichtigten Kauf bzw. Verkauf einer Kanzlei reicht von speziellen Einzelberatungen über allgemeine Existenzgründungsseminare, über Nennung von Kontaktadressen bis hin zu Literaturhinweisen.

20 2) Das differierende Serviceangebot der einzelnen Kammern beruht teilweise darauf, daß Interessenten die Kammer gar nicht über die Kauf- bzw. Verkaufsabsicht kontaktieren,[27] so daß sie aus diesem Grunde gar keine Hilfestellung zu leisten vermag. Dies könnte auch damit zusammenhängen, daß im Anschluß an die Bundesverfassungsgerichtsbeschlüsse zur Nichtigkeit des anwaltlichen Standesrechtes vom 14.07.1987[28] eine Vorlagepflicht von Kanzleikaufverträgen gegenüber der Anwaltskammer weggefallen ist.[29] Die Kammern werden daher mit Verkaufsvorgängen kaum noch konfrontiert. Nur bei Existenzgründungen, bei denen der Anwalt eine Kanzlei zu kaufen beabsichtigt und wenn er hierfür öffentliche Fördermittel in Anspruch nehmen möchte, erfahren die Kammern zwangsläufig im Rahmen der von ihnen anzufertigenden Stellungnahmen als »unabhängige, fachlich kompetente Stellen[30]« von einem solchen Kaufvorhaben. In Betracht kommt aber auch weiterhin die – freiwillige – Vorlage des Entwurfes eines Kanzleikaufvertrages gegenüber dem Kammervorstand. Eine Rechtsverpflichtung für den Berufsangehörigen ergibt sich hierzu nach Wegfall des § 80 III der früheren Richtlinien auch unter Geltung des neuen Berufsrechtes nicht mehr.[31] Weder die BRAO noch die neue Berufsordnung sehen eine derartige Verpflichtung vor.

21 Es soll hier nicht entschieden werden, ob die Kammer zur umfassenden Prüfung eines freiwillig vorgelegten Kaufvertragsentwurfes nach § 73 II BRAO verpflichtet ist.[32] Soweit es um Berufspflichten (§ 73 II 1 BRAO) oder um Vertragsstreitigkeiten (§ 73 II 2 BRAO) geht, ist diese Verpflichtung gesetzlich geregelt. Es ist allerdings davon auszugehen, daß die Kammern

---

27 Die Kammer Stuttgart weist in ihren Antwortschreiben vom 29.11.1996 und vom 19.06.1998 darauf hin, daß manche Kollegen den Kanzleiverkauf gerade nicht publik machen wollten.
28 S. Fn. 6.
29 So seinerzeit in § 80 III der Grundsätze des anwaltlichen Standesrechts statuiert. Diese Vorschrift ist mit den Entscheidungen des Bundesverfassungsgerichtes vom 14.07.1987 vollständig weggefallen, da nicht für die Funktionsfähigkeit der Rechtspflege unerläßlich; siehe dazu Feuerich in AnwBl. 1988, Seite 502–516 (515).
30 Dazu Fischedick in Ratgeber – Praktische Hinweise für junge Anwälte, Seite 274–285 (285).
31 Feuerich in AnwBl. 1988, Seite 502–516 (515). § 24 der neuen Berufsordnung vom 29.11.1996 statuiert allerdings gewisse Anzeige- und Vorlagepflichten beim Kauf von Kanzleien.
32 So Kaiser/Wollny, Seite 77, Rn 208.

sich einer darüber hinausgehenden Prüfungsbitte, schon aus Servicegründen, kaum verschließen werden.

3) In den fünf neuen Bundesländern spielen naturgemäß die Kammern als Informationsmedien für einen Inhaberwechsel bei Anwaltskanzleien bisher noch keine große Rolle. Da fast alle Anwaltskanzleien in den neuen Ländern Neugründungen der jüngsten Zeit nach der Wende sind, existiert hier noch kein nennenswerter Markt für Kanzleien. Daraus folgt, daß auch die Kammern mit Fragen des Kanzleikaufs- und -verkaufs bisher kaum konfrontiert werden.[33]

4) Eine grundsätzliche Bereitschaft zur Hilfestellung bei Erwerb und Veräußerung von Anwaltspraxen und Sozietätsanteilen ließen alle antwortenden Kammern erkennen.

Es empfiehlt sich deshalb für jeden Kauf- bzw. Verkaufsinteressenten, die für ihn zuständige Rechtsanwaltskammer zu befragen, ob und ggf. welche Hilfe sie im einzelnen leisten kann.

b) Kontakte über die örtlichen Anwaltvereine

Die Möglichkeit, Kontakte für den Kauf oder Verkauf einer Anwaltskanzlei bzw. eines Sozietätsanteiles direkt über die örtlichen Anwaltvereine zu knüpfen, sollte in jedem Falle miterwogen werden.[34] Gerade die Vorsitzenden der örtlichen Anwaltvereine kennen die »Szene« meist sehr gut, so daß sie Tips geben oder auch Kontakte herstellen können. Das Ausmaß einer meist erwünschten Vertraulichkeit sollte dabei mit dem jeweiligen Vorsitzenden abgesprochen werden. Auch sollte im Zweifelsfalle nachgefragt werden, ob es ein regelmäßig erscheinendes Mitteilungsblatt, mit der Möglichkeit einer chiffrierten Insertion, gibt.

c) Eintritt als angestellter Rechtsanwalt in eine Einzelkanzlei oder Sozietät mit »Sozietätsaussicht«

Während bei den bisher genannten Informationsmedien Anbieter und Nachfrager erst einmal einen Verhandlungskontakt aufbauen müssen, besteht in dem hier genannten Fall bereits ein enger Arbeitskontakt. Der Erwerb eines Sozietätsanteiles erfolgt hier bei meist mehrjähriger Probezeit als angestellter Anwalt. Viele Anzeigen in der Fachliteratur stellen die spätere Aufnahme in eine bestehende

---

[33] Einhelliger Tenor der Antwortschreiben der Kammern Mecklenburg-Vorpommern (vom 21.11.1996 und vom 29.06.1998), Sachsen (vom 25.11.1996 und vom 29.06.1998), Sachsen-Anhalt (vom 25.11.1996 und vom 17.06.1998) und Thüringen (vom 26.11.1996 und vom 15.06.1998).

[34] Das vom Deutschen Anwaltverein herausgegebene, regelmäßig aktualisierte Anwaltsverzeichnis beinhaltet unter anderem die Anschriften der weit über 200 örtlichen Anwaltvereine und die Namen der Vorsitzenden einschließlich der überörtlichen Landesgruppen.

»Partnerschaft« im Rahmen des Angebot einer offenen Stelle schon bei deren Eintritt in Aussicht.

II. Die systematische Vorbereitung der Verhandlungen auf Nachfragerseite

1. Allgemeine Hinweise

26 Ist der Kontakt zwischen Anbieter und Nachfrager derart hergestellt, daß in Kaufverhandlungen eingetreten werden kann, so ist zunächst oberstes Gebot, daß sich beide Parteien auf diese Verhandlungen sorgfältig, d.h. professionell, vorbereiten. Dabei können als Berater andere Anwälte, Wirtschaftsprüfer, Buchprüfer oder Unternehmensberater für die eine und/oder andere Seite tätig werden.

27 Für den Nachfrager – stets ein zugelassener Rechtsanwalt oder ein kurz vor der Zulassung stehender Jurist – kommt es darauf an, daß er sich zunächst einmal seines Verhandlungszieles bewußt wird. Dies kann im Anfangsstadium der Verhandlungen nur sein:

Alles Wesentliche über die zu übernehmende Kanzlei zu erfahren, insbesondere zuverlässige Informationen von der anderen Seite zu erhalten. Gemeint sind hiermit Strukturmerkmale der Kanzlei bzw. des Sozietätsanteiles; diese sind meist wertbildend, d.h. finden im »richtigen« Kaufpreis ihren Niederschlag.

28 **Hinweis**
Verhandlungsziel setzen: Erkenntnisse über wertbildende Strukturmerkmale der Kanzlei/des Sozietätsanteiles zu erhalten.

29 Wenn hier von der »anderen Seite« die Rede ist, so deshalb, weil der Kauf nicht notwendigerweise von einem Rechtsanwalt erfolgen muß, sondern auch von den Erben eines verstorbenen Anwaltes erfolgen kann. In diesem Falle, etwa im Falle des Kaufes von der Witwe des verstorbenen Anwaltes, kann es Probleme mit dem vollständigen Erlangen der Erkenntnisse über die Strukturmerkmale geben. Die notwendigen Informationen, die für den Kaufentschluß des Erwerbers wesentlich sein können, vermag der Erbe häufig nicht zu erteilen. Hinzu kommt im Falle des Erwerbs vom Erben eines verstorbenen Rechtsanwaltes eine besondere Eilbedürftigkeit. Der BRAK-Ausschuß Bewertung von Anwaltspraxen weist in diesem Zusammenhang in seinem aktuellsten Bericht[35] mit Recht darauf hin,

---

35 Zuletzt in BRAK-Mittl. 1992, Seite 24 ff, davor Ausschuß-Bericht in BRAK-Mittl. 1986, Seite 119 ff. Der erste Bericht des Bewertungsausschusses stammt vom 31.10.1979.

daß der Praxiswert beim Tod des Praxisinhabers »von Tag zu Tag im starken Maße« sinke.[36]

2. Die Bedeutung des räumlichen Umfeldes der Kanzlei

Der Nachfrager sollte vor dem ersten Verhandlungstermin die Informationen selbst beschaffen, die ihm ohne Mitwirkung des Anbieters zugänglich sind. Diese Informationen werden sich im allgemeinen auf das räumliche Umfeld der Kanzlei beschränken müssen, da weitergehende Informationen vor dem ersten Verhandlungstermin kaum zu erlangen sein werden. Hinzu kommt, daß der potentielle Kanzleierwerber sich nicht in die Rolle eines Detektivs begeben sollte, könnte dies doch, wenn es zur Kenntnis des Anbieters gelangt, das Verhandlungsklima erheblich belasten. Mit dem »räumlichen Umfeld« ist zunächst einmal die geographische Lage der Kanzlei innerhalb der Bundesrepublik gemeint, sodann die Lage innerhalb einer Stadt oder auf dem Lande.[37]

30

Der BRAK-Ausschuß-Bericht von 1992[38] hält eine günstige Geschäfts- und Konkurrenzlage der Praxis für ein werterhöhendes Merkmal. Daraus kann im Umkehrschluß gefolgert werden, daß eine **un**günstige Geschäfts- oder Konkurrenzlage ein wertsenkendes Merkmal einer Anwaltskanzlei darstellt. Ganz allgemein und wertneutral betrachtet stellt danach die Lage der Kanzlei jedenfalls ein wertbildendes Merkmal dar. Der erwerbsinteressierte Nachfrager sollte daher tunlichst vor dem ersten Verhandlungstermin die Kanzlei von außen in Augenschein nehmen und sich auch über die Kanzleidichte in der unmittelbaren Region informieren.[39]

31

Neben der geographischen Lage der Kanzlei spielen die konkreten Räumlichkeiten, in denen der ausscheidende Anwalt residiert hat, eine nicht zu unterschätzende Rolle.[40] Der Erwerbsinteressent sollte sich die Frage vorlegen, ob er sich vorstellen kann, in den Räumlichkeiten des ausscheidenden Anwalts zukünftig, jedenfalls für eine Zeit von mehreren Jahren, seinen Arbeits- bzw. Lebensmittelpunkt zu sehen.

32

---

36 BRAK-Mittl. 1992, Seite 24 ff. (25, unter IV). So auch sinngemäß Kaiser/Wollny, Seite 7, 8, Rn 20. Diese empfehlen dem veräußerungswilligen Erben, im Zweifelsfall einen mit den örtlichen Verhältnissen bekannten Anwalt zu beauftragen.
37 Beides hält Barthel in DStR 1996, Seite 1458–1464 (1462) für einen ganz erheblich wertbildenden Faktor des Praxiswertes einer Freiberuflerpraxis. Ähnlich auch derselbe schon in DB 1990, Seite 1145–1152 (1152). Beide Aufsätze beziehen sich allerdings allgemein auf die Bewertung von Freiberuflerpraxen, also nicht speziell auf Anwaltspraxen.
38 Wie Fn. 35, dort aber Seite 27 unter VI 2 d.
39 Zur recht unterschiedlichen Anwaltsdichte in Deutschland siehe BRAK-Mittl. 1995, Seite 157. Die Zahlen (Stand 01.01.1995) reichen von 375 Einwohnern je Rechtsanwalt in Hamburg bis 3113 im Kammerbezirk Brandenburg.
40 Vgl. dazu auch Kaiser/Wollny, Seite 18, Rn 55.

33 Ob sich der käufliche Erwerb einer Praxis für den Übernehmer rechnen wird, hängt davon ab, daß möglichst ein großer Teil der bisherigen Klientel des Veräußerers dem Erwerber dasselbe Vertrauen entgegenbringt.

34 Aus der Sicht des Mandanten kommt es für die Frage, ob er auch dem Erwerber Mandate erteilen möchte, darauf an, daß sich in der Beratungsqualität, in dem persönlichen Vertrauensverhältnis, das auch mit Sympathie zusammenhängt, aber auch im Beratungsumfeld, d.h. bei den Kanzleimitarbeitern und den Räumlichkeiten, möglichst wenig ändert. Denn wenn nicht nur der dem Mandanten vertraute Anwalt ausscheidet, sondern auch Mitarbeiter und Räumlichkeiten wechseln, welchen Grund sollte der Mandant denn angesichts einer immer größer werdenden Anwaltsdichte überhaupt haben, dem Kanzleinachfolger Mandate zu erteilen? Aus diesen Überlegungen resultiert die überragend wichtige Rolle, die die zu übernehmenden Räumlichkeiten spielen.

3. Erwerb eines Sozietätsanteils

Hier sind im wesentlichen folgende drei Varianten zu unterscheiden:

35 1) Eintritt als zuvor dort angestellter oder als freier Mitarbeiter tätiger Rechtsanwalt in
   a) Einzelkanzlei
   b) Sozietät,

36 2) Verbindung mit bisherigem Einzelanwalt zu einer neu entstehenden Sozietät (»Fusion«),

37 3) Eintritt in eine bereits bestehende Sozietät ohne vorherige Zusammenarbeit (der »Externe«).

38 Im Rahmen der Vorbereitung der Verhandlungen muß der zum Eintritt in eine Sozietät neigende Rechtsanwalt für die Variante 2) keine besonderen zusätzlichen Überlegungen anstellen. Besonderheiten ergeben sich aber auch für diesen Fall. Diese beziehen sich im wesentlichen auf die Wertermittlung[41] und steuerrechtliche Fragen.[42]

39 Gerade auch für die Variante 1) halten sich die Besonderheiten, die bei der Verhandlungsvorbereitung zu bedenken sind, in Grenzen. Der eintretende Rechtsanwalt wird aus seiner bisherigen Mitarbeit wesentliche Strukturmerkmale der Einzelkanzlei bzw. der Sozietät bereits kennen. Im Vordergrund der vorbereitenden Überlegungen werden hier Fragen des Kaufpreises und der Zahlungsweise stehen.[43]

40 Dagegen sind in der dritten Variante zusätzliche Überlegungen bereits im Vorfeld anzustellen. Diese beziehen sich vor allem auf das »personelle Umfeld«

---

41 Siehe oben § 3 Rn 226 ff., Rn 240.
42 Siehe oben § 6 Rn 47 ff.
43 Siehe dazu im § 2 Fn. 138.

der bereits bestehenden Sozietät. Es geht darum, ob der Eintretende davon ausgehen kann, daß er mit den bisherigen Sozien, die einander schon kennen, voraussichtlich gedeihlich wird zusammenarbeiten können.

In der bejahenden Beurteilung dieser Frage liegt ein erhebliches Risiko. Als positiv ist allerdings einzustufen, daß die Wahrscheinlichkeit, daß die Mandanten bei der Sozietät verbleiben, höher einzuschätzen ist, als dies bei der Übernahme einer Einzelkanzlei der Fall ist. Dies ergibt sich daraus, daß sich aus der Sicht des Mandanten personell wenig verändert, weil ja die übrigen ihm vielleicht bereits bekannten Sozien in der Kanzlei verbleiben. 41

Allerdings ist zu bedenken, daß die hier angesprochene dritte Variante, der Eintritt eines Externen in eine bereits bestehende Sozietät, verhältnismäßig selten[44] sein dürfte. Dies ergibt sich zum einen aus tatsächlichen Gründen, zum anderen aber auch aus rechtlichen Gründen. Selten, weil ja die bisherigen, verbleibenden Sozien dem Eintritt eines ihnen nicht bekannten Kollegen skeptisch gegenüberstehen werden und dem daher normalerweise kaum zustimmen werden. 42

Diese Zustimmung ist regelmäßig aus rechtlichen Gründen erforderlich: Wenn die Frage des Verkaufs eines Sozietätsanteils nicht abweichend[45] im Gesellschaftsvertrag der Sozietät geregelt ist, dann ist ein Anteilsverkauf wegen der gesamthänderischen Bindung nach § 719 BGB nicht zulässig;[46] und praktisch kaum vorstellbar ist eine derart von 719 BGB abweichende Regelung im Gesellschaftsvertrag, die einem Sozius den Anteilsverkauf ohne Zustimmung der verbleibenden Sozien gestattet.

4. Check-Liste über wertbildende Strukturmerkmale der zu übernehmenden Kanzlei

Für die Ermittlung des angemessenen Kaufpreises einer Anwaltskanzlei – soweit es den ideellen Kanzleiwert (Goodwill) betrifft – ist sich jedenfalls die Literatur aus dem anwaltlichen Berufsstand heute[47] einig, daß sich der Wert des Goodwills nach einem durch verschiedene Aspekte geminderten Jahresumsatz 43

---

44 Siehe aber das Beispiel aus der NJW, hier im § 1 unter I. Informationsmedien.
45 Eine von § 719 BGB abweichende Regelung ist als Vereinbarung über die Übertragung der Mitgliedschaft grundsätzlich zulässig, allerdings nur bei Einstimmigkeit: Palandt/Thomas, § 719, Rn 3.
46 Vgl. Eich, Seite 55, Fn. 29 sowie Kaiser/Wollny, Seite 41, Rn 97.
47 Ausgehend vom BRAK-Ausschuß-Bericht in BRAK-Mitteil. 1992, Seite 24–28, folgen auch Eich und Kaiser/Wollny der vom BRAK-Ausschuß empfohlenen modifizierten Umsatzmethode. Betriebswirtschaftlich fundierte Methoden, die sich bei Gewerbetreibenden als sogenannte Ertragswertverfahren durchgesetzt haben (siehe z.B. IDW, Hauptfachausschuß 2 /1983, Grundsätze zur Durchführung von Unternehmensbewertungen), haben sich bei der Bewertung von Anwaltspraxen nicht durchgesetzt. Siehe zum Vorschlag, Anwaltspraxen nach dem prognostizierten Zukunfts-Ertrag zu bewerten, den beachtlichen Vorschlag von Knief in AnwBl. 1978, Seite 246–252, vom BRAK-Ausschuß-Bericht vom 31.10.1979 ausdrücklich abgelehnt. Neuerdings versucht Barthel die auch in anderen freien Berufen übliche Umsatzmethode auch betriebswirtschaftstheoretisch zu untermauern: Barthel in DStR 1996, Seite 1458–1464 und Seite 1701–1707.

bemißt. Auf diesen wird dann ein Multiplikator angewendet, der im allgemeinen[48] zwischen 0,5 und 1,0 (maximal 1,5) dieses bereinigten Jahresumsatzes liegen soll.[49] Der BRAK-Ausschuß-Bericht von 1992[50] und die ihm weitestgehend folgende Literatur[51] nennen für die Festsetzung des Multiplikators für den im Rahmen dieses Buches vorrangig interessierenden sogenannten Übergabewert und den sogenannten Beteiligungswert[52] beispielhaft folgende Merkmale:

44 **Wertsenkende Merkmale: (kleinerer Multiplikator innerhalb der Bandbreite 0,5–1,0 [maximal 1,5])**
- Alter des Übergebers über 65 Jahre,
- Bestehen der Praxis weniger als 10 Jahre,
- Einkünfte von wenigen Großklienten,
- Auslaufende Tätigkeitsarten der Praxis (Wiedergutmachung, Vertreibungsschäden),[53]
- Übergang der Praxis nach Unterbrechung,
- Kosten angestellter Rechtsanwälte.

45 **Werterhöhende Merkmale: (größerer Multiplikator innerhalb der Bandbreite 0,5–1,0 [maximal 1,5])**
- Alter des Übergebers unter 60 Jahre,
- Bestehen der Praxis über 10 Jahre,
- Allgemeinpraxis,
- Spezialgebiet des Übergebers,
- Breit gestreuter Klientenkreis,
- Einführung des Erwerbers in die Klientel durch bisherige Tätigkeit des Erwerbers in der Praxis oder weitere Übergangstätigkeit des Übergebers,
- besonderer Ruf der Praxis,
- günstige Geschäfts- und Konkurrenzlage der Praxis,
- günstiger Mietvertrag der Praxis,
- moderne Ausstattung der Praxis.

46 Die hier aufgeführten Merkmale sollten als eine Art Check-Liste[54] bereits im Rahmen der Vorbereitung der Verhandlungen auf der Nachfragerseite verwendet werden. Der Kaufinteressent oder der ihn begleitende Berater sollte sich mit

---

[48] BRAK-Mittl. 1992, Seite 24–28 (26 unter V 3).
[49] Nähere Einzelheiten zur Ermittlung des Praxiswertes hier im § 3 Rn 29 ff.
[50] S. Fn. 35.
[51] Eich, Seite 18, 19; Kaiser/Wollny, Seite 68–74; Wollny, Seite 510–511.
[52] Nach dem BRAK-Ausschuß-Bericht von 1992 gibt es daneben noch den **Fortführungswert**, der insbesondere im Rahmen der Berechnung des Zugewinns (§ 1372 BGB) eine Rolle spielt; siehe BRAK-Mittl. 1992, Seite 24–28 (Seite 25 unter II B 1).
[53] Aktuell kann hierbei gedacht werden an Rechtsprobleme im Zusammenhang mit der Wiedervereinigung der beiden Teile Deutschlands.
[54] Auf diese Check-Liste wird bei der Ermittlung des angemessenen Kaufpreises (§ 3 Rn 53 ff., Rn 159) noch näher eingegangen.

einer derartigen Check-Liste und entsprechend gedanklich vorbereitet in den ersten Verhandlungstermin begeben.

Da sich die vorstehend genannten wertsenkenden bzw. wertsteigernden Merkmale ausdrücklich nur auf die Wertermittlung der zu übernehmenden Kanzlei beziehen, in den Kaufvertragsverhandlungen aber noch andere Aspekte, die nicht notwendigerweise in die Wertermittlung und Preisbildung einfließen, von Bedeutung sind, sollte diese Check-Liste noch um einige weitere Punkte ergänzt werden. Es sind dies insbesondere folgende Gesichtspunkte: 47

- Grund der Abgabe der Praxis bzw. des Sozietätsanteils,[55] 48
- Zeitpunkt der Übergabe (Übergabestichtag),
- Möglichkeit der überleitenden Mitarbeit des Veräußerers oder zumindest Einführungspflicht bei der Klientel seitens des Übergebers,[56]
- Mandantenstruktur im einzelnen, u.a. Alter wichtiger Mandanten,[57]
- Personalstruktur der Kanzleimitarbeiter,[58]
- Restlaufzeit des Mietvertrages und Verlängerungsmöglichkeit sowie Preisgefüge des Mietzinses,
- vom Veräußerer erwartete, für den Erwerber akzeptable Zahlungsweise (Barzahlung, Teilzahlung, Verrentung), falls sich beim Kaufpreis Einigkeit erzielen ließe,
- Art der Feststellung des Praxiswertes (durch neutralen Gutachter, Bindungswirkung nach § 318 BGB?).

Der Erwerb bzw. die Veräußerung einer Anwaltskanzlei oder eines Sozietätsanteiles – darauf wurde bereits[59] hingewiesen – stellt einen rechtlich und betriebswirtschaftlich komplizierten Vorgang dar. Er macht eine professionelle 49

---

55 Diese Frage kann interessante Aufschlüsse geben, insbesondere wenn der Abgabegrund nicht Alter oder Krankheit ist. Mögliche »Negativgründe« könnten auch für den Erwerber gelten. Auch bei Zulassungswechsel ist wegen der Gefahr nachwirkender Konkurrenz des Veräußerers Vorsicht geboten, siehe dazu oben § 2 Rn 50.
56 Für den künftigen Verbleib der Mandanten wohl von überragender Bedeutung. Siehe dazu schon die Check-Liste hier Rn 45 als werterhöhendes Merkmal. In diesem Sinne auch Kaiser/Wollny, Seite 21, Rn 62. Im Falle des Ausscheidens des bisherigen Praxisinhabers durch Tod entfällt dieser so überragend so wichtige Aspekt, was sich auch auf den Wert und damit auf den Kaufpreis mindernd auswirken muß. Die Antwort auf eine Anfrage des Verfassers bei einem langjährig als Vermittler von Anwaltspraxen tätigen Unternehmensmakler, Dr. Markus Schiller, 71566 Althütte, hat diese große Bedeutung der überleitenden Mitarbeit – auch für den Kaufpreis – bestätigt.
57 Der BRAK-Ausschuß-Bericht von 1992 (BRAK-Mitt. 1992, Seite 24–28 (Seite 27 unter VI 2 d) stellt nur auf das Alter des **Übergebers** – 60 bzw. 65 Jahre – ab. In diesem Zusammenhang wird vom Verfasser dieses Buches empfohlen, sich die Altersstruktur wichtiger Mandanten klarzumachen. Hierbei ist das Problem der Verschwiegenheit (s. oben § 1 Rn 70) zu beachten. Es kann ein erhebliches »Abwanderungsrisiko« gegeben sein, wenn z.B. die Mandanten im ähnlichen Alter wie der Übergeber sind, der Erwerber aber eine ganze Generation jünger ist.
58 Auch das Gehaltsgefüge ist hierbei von Interesse sowie die Frage, ob das Personal voraussichtlich nach Übergabe der Kanzlei verbleiben möchte. Dies kann aus der Sicht des Erwerbers auch nachteilig sein, wenn hohe Gehälter fortzusetzen sind und langjähriger Kündigungsschutz besteht (vgl. § 613 a BGB).
59 Siehe oben Einführung, Rn 7.

Art der Vorbereitung unumgänglich. Diese professionelle Art der Vorbereitung macht zugegebenermaßen einige Mühe und erfordert Zeit. Zeit wird bei dem erst in den Beruf strebenden »Neuanwalt« hierfür regelmäßig vorhanden sein. Beim Übergeber könnte dies eher problematisch sein. Es wird dann Aufgabe des Nachfragers bzw. des ihn begleitenden Beraters sein, den Anbieter zu umfassenden Auskünften zu veranlassen. Bleiben diese aus, sollte von weiteren Verhandlungen und damit vom Kauf Abstand genommen werden.

Insbesondere für den Nachfrager sind die Mühewaltung und der Zeitaufwand auf keinen Fall unangemessen, da sie seinen weiteren Berufs- und Lebensweg wesentlich bestimmen können. Eine unter Einsparung einer sorgfältigen Verhandlungsvorbereitung getroffene Fehlentscheidung, und sei es auch nur aus verständlicher Unerfahrenheit, ist in jedem Falle das größere Übel.

III. Die systematische Vorbereitung der Verhandlungen auf Anbieterseite

50 Nicht nur auf der Seite des Nachfragers, sondern auch auf der Seite des Anbieters ist es unerläßlich, die Verhandlungen systematisch vorzubereiten.

51 Dies gilt auch in Anbetracht der Tatsache, daß der Veräußerer mit Recht davon ausgehen kann, daß er »seine Kanzlei« sehr wohl kenne. Die Notwendigkeit systematischer Vorbereitung seitens des Anbieters gilt für jeden denkbaren Verkaufsanlaß:

52 • Tod des Einzelanwalts oder eines Sozius

 • Ausscheiden aus Einzelkanzlei oder Sozietät und aus dem Beruf wegen Alters[60]

 • Ausscheiden aus Einzelkanzlei oder Sozietät und aus dem Beruf wegen Krankheit[61]

 • Ausscheiden aus Einzelkanzlei oder Sozietät und aus dem Beruf wegen Berufswechsels

 • Ausscheiden aus Einzelkanzlei oder Sozietät unter Fortführung des Anwaltsberufes wegen Ortswechsels

 • Ausscheiden aus Einzelkanzlei oder Sozietät und aus dem Beruf aus sonstigen Gründen[62]

---

60 Von geringfügiger weiterer Tätigkeit als Anwalt vielleicht auch in der verkauften Kanzlei nach deren Übertragung abgesehen. Siehe oben, § 6 Rn 18 zur Frage der einkommensteuerlichen Folgen weiterer Tätigkeit des Veräußerers.
61 Siehe Fn. 60.
62 Z.B. Widerruf der Zulassung wegen strafgerichtlicher Verurteilung, vgl. § 14 II 2 BRAO

Es ist zu bedenken, daß eine unzureichend vorbereitete Verhandlung zum Schei- 53
tern **dieser** Verhandlung führen kann. Wenn denn nur eine sehr geringe Nachfrage nach dieser Kanzlei vorhanden ist, kann deshalb die Übertragung der Kanzlei als solche ganz mißlingen. Dann war auch dieser im Vergleich zu einer zeitaufwendigen, systematischen Vorbereitung getätigte geringere Aufwand ganz »umsonst«.

Anders als beim Kauf einer materiellen Ware, wie z.B. eines funkelnden und 54
blitzenden Neuwagens in einer Ausstellungshalle, spricht im Falle des Kanzleiverkaufs das Verkaufsobjekt noch nicht sozusagen schweigend für sich selbst. Erst wenn der Kaufinteressent ausreichend über alle Strukturmerkmale der Kanzlei informiert wurde, kann dieser vernünftigerweise seine Entscheidung über den Kauf oder die Abstandnahme hiervon treffen. Dabei ist allerdings eine strikte Beachtung der berufsrechtlichen Verschwiegenheit (§§ 43 a II BRAO, 203 I 3 StGB)[63] zu gewährleisten.

Wenn möglich, sollte der allererste Gedanke des Anbieters den optimalen Zeit- 55
punkt für die Veräußerung der Kanzlei bzw. seines Sozietätsanteiles betreffen. Jedenfalls im Falle des Ausscheidens wegen Alters liegt es in der Hand des Anbieters, diesen Zeitpunkt wohlüberlegt zu bestimmen, sollten ihn nicht wirtschaftliche Gründe zur Fortsetzung der Berufstätigkeit zwingen.

Das Lebensalter des Ausscheidenen ist nach dem BRAK-Ausschuß-Bericht 56
sowie der hier unter II.4. aufgeführten Check-Liste ein wertbildendes Merkmal. Nach dem Bericht liegt der optimale Zeitpunkt bei einem Lebensalter des Übergebers von jedenfalls unter 60 Jahren.[64]

Von diesem Altersaspekt abgesehen, geht es bei den Vorbereitungen der Verhandlungen auf Anbieterseite um folgende Bereiche:

1) Bereitstellung von Informationen über Strukturmerkmale der Kanzlei. 57
Dies betrifft gewissermaßen spiegelbildlich alles das, worüber der Nachfrager vernünftigerweise informiert sein sollte.[65]

2) Bildung einer ungefähren Vorstellung über den Kaufpreis und dessen Zah- 58
lungsweise, da erfahrungsgemäß hiernach schon in der ersten Verhandlung gefragt wird.

3) Gedankliche Vorbereitung der Prüfung der Eignung des Kaufinteressenten. 59
Das gedankliche Konzept zur Überprüfung der Eignung des Nachfragers sollte sich auf folgende Fragen konzentrieren:

---

63 Dazu Näheres hier im § 1 Rn 70 und § 5 Rn 15 ff.
64 Vgl. oben § 1 Rn 44, 45. Nach Wehmeier, Seite 33, Rn 16, der sich speziell mit Praxisübertragungen in wirtschaftsprüfenden und steuerberatenden Berufen befaßt hat, ist für den jüngeren Erwerber nachteilig, wenn die Mandantschaft mit dem Übergeber »in Ehren alt« geworden ist und wenn sie ebenfalls vor der beruflichen Altersruhe steht.
65 Siehe hier § 1 Rn 43 ff.

§ 1 Die Vorbereitung von Kaufverhandlungen

60
- Macht der Nachfrager einen zur Fortführung der Kanzlei persönlich geeigneten Eindruck? Der berufsrechtlich zur Gewissenhaftigkeit (§ 43 I 1 BRAO) verpflichtete Rechtsanwalt sollte sich auch beim Verkauf seiner Kanzlei, die zudem häufig sein Lebenswerk darstellt, der Bedeutung seines Ausscheidens aus der Praxis gegenüber seiner Klientel bewußt sein. Diese erwartet von ihm, daß die Möglichkeit der angemessenen Fortsetzung der Betreuung durch den Erwerber denkbar erscheint. Die Klientel sieht in der Übertragung der Kanzlei auf einen bestimmten Nachfolger zudem eine Empfehlung, diesen Nachfolger weiter zu mandatieren. Ein persönlich ungeeigneter Nachfolger würde nicht nur zur Abwanderung der Klientel führen, sondern darüber hinaus auch den Ruf, den sich der ausscheidende Anwalt in meist jahrzehntelanger Tätigkeit aufgebaut hat, nachdrücklich beschädigen.

61
- Ist der Erwerber überhaupt ernsthaft am Erwerb interessiert oder will er sich nur einmal »lose« informieren?
Wie bei jeder anderen Kaufverhandlung gibt es auch auf dem Markt der Anwaltskanzleien Interessenten, die den Kaufabschluß gar nicht ernsthaft anstreben. Das können Personen sein, die vielleicht schon nach anderweitig geführten Verhandlungen dort weitgehend entschlossen sind. Es kann sich aber auch um Interessenten handeln, die sich »nur einmal informieren wollen.« Und schließlich kann es sich auch um Personen handeln, denen die zum Erwerb erforderlichen finanziellen Mittel gar nicht zur Verfügung stehen. Aufgabe des Anbieters wird im Rahmen der Kaufverhandlungen dann sein, nachdem die Nichternsthaftigkeit erkannt wurde, mit Informationen an den Nachfrager sehr sparsam umzugehen.

62
- Damit ist zugleich das Problem der Bonität des Erwerbsinteressenten angesprochen. Hierbei geht es um die gedankliche Vorbereitung der Frage, wie der in Aussicht genommene Kaufpreis beglichen werden soll, also durch Barzahlung, Teilzahlung oder Verrentung.[66] Sodann geht es auch um die Frage, wieviel Eigenkapital im Falle einer Barzahlung zur Verfügung steht, und ob der Erwerbsinteressent etwa für den Fremdkapitalanteil einen Bankkredit erhalten wird. Bei Teilzahlung oder Verrentung stehen Fragen der Sicherheit für den Veräußerer im Vordergrund.[67]

63
Im Falle des Todes des ausscheidenden Rechtsanwalts – darauf wurde bereits oben hingewiesen[68] – sollten die Erben auf alle Fälle auf die Hilfe eines mit den örtlichen Verhältnissen und zudem mit der Problematik des Verkaufs von Anwaltskanzleien vertrauten Anwalts zurückgreifen, damit dieser – nach sorgfältiger Vorbereitung – dem Erwerbsinteressenten die

---

66 Siehe oben § 2 Rn 51
67 Dazu Näheres oben § 2 Fn. 138.
68 Siehe Fn. 36

erforderlichen Auskunft erteilen kann. Dieser sollte dann auch die hier erwähnte Prüfung der Eignung des Erwerbsinteressenten für den Erben vornehmen, falls nicht der Erbe sich aufgrund seiner eigenen Erfahrung die Prüfung der Eignung des Erwerbsinteressenten selbst zutrauen kann.

Auch wenn der ausscheidende Anwalt die Verhandlungen selbst führt, sollte die Mitwirkung von Ratgebern, vielleicht auch schon im Vorfeld der Verhandlungen, ernsthaft erwogen werden. Die Kosten von geeigneten, mit der Materie vertrauten Ratgebern amortisieren sich sicherlich in den meisten Fällen. **64**

IV. Das Problem der divergierenden Ziele (»Divergenzproblem«) auf beiden Seiten im Vorfeld der Kaufverhandlungen

Schon im Rahmen der Vorbereitung der Kaufverhandlungen sollten sich beide Seiten klarmachen, daß sie diametral divergierende Ziele[69] verfolgen. Der wesentlichste gemeinsame Nenner wird allerdings das Ziel beider Seiten sein, zu einer Einigung zu gelangen. **65**

Die nachfolgenden Gedanken werden vielleicht nicht in jedem Einzelfall, aber doch im Regelfall zutreffen: **66**

1. Aus der Sicht des Anbieters

- Der Anbieter möchte für seine Praxis bzw. seinen Sozietätsanteil einen möglichst hohen Erlös erzielen. Dies gilt insbesondere, wenn der Gedanke, »sein Lebenswerk« zu übertragen und/oder der Altersversorgungsaspekt im Vordergrund stehen. **67**

- Er ist an schnellen Verhandlungen und an einer schnellen Kaufabwicklung interessiert. **68**

- Nach der Übergabe an den Nachfolger möchte der Anbieter mit Problemen des Erwerbers nicht mehr konfrontiert werden.[70] Aus diesem Grunde wird meist die Neigung bestehen, daß alle nach der Übergabe auftretenden Schwierigkeiten nicht von ihm herrühren, sondern vom Erwerber. Dieser Umstand wird die Durchsetzung auch von berechtigten Ansprüchen des Käufers gegen den Verkäufer[71] ganz erheblich belasten. **69**

---

69 Zu diesem Aspekt siehe Wehmeier, Seite 22, Rn 5.
70 Zu diesem Aspekt siehe Wehmeier, Seite 22, Rn 5.
71 Zur zivilrechtlichen Haftung des Veräußerers/Verkäufers siehe oben § 4 Rn 9.

§ 1 Die Vorbereitung von Kaufverhandlungen 34

70 • Die Auskunftsbereitschaft, insbesondere soweit sie Tatsachen betrifft, die sich auf möglicherweise wertsenkende Merkmale im Sinne des BRAK-Ausschuß-Berichts von 1992[72] beziehen, wird häufig relativ gering sein. Diese Neigung wird aus folgenden, berechtigten Gründen verstärkt:

Der Anbieter möchte sich nicht vollständig einem vielleicht gar nicht ernsthaft interessierten Nachfrager offenbaren; aus diesem Vertraulichkeitsinteresse heraus wird er sich mit weitergehenden Informationen zurückhalten wollen. Hinzu kommt die strafrechtlich (§ 203 I 3 StGB) und berufsrechtlich (§ 43 a II BRAO) vorgeschriebene Verschwiegenheitspflicht bezüglich einzelner Mandate. Hierzu zählt bereits die Tatsache, daß eine bestimmte Person Mandant eines Berufsangehörigen ist.[73]

71 Aus dieser teilweise aus tatsächlichen Gründen gebotenen, teilweise rechtlich vorgeschriebenen »Sparsamkeit« des Anbieters mit der Offenlegung von detaillierten Strukturmerkmalen der Kanzlei bzw. des Sozietätsanteiles erwächst denn auch die insbesondere für den Nachfrager gegebene nachstehende Gefahr: **Die Gefahr der »Mittelwert-Schematisierung«.**

72 Der Verfasser dieses Buches möchte mit diesem Ausdruck folgendes Phänomen beschreiben: Ausgehend von den Wertermittlungsvorschlägen aus dem schon mehrfach genannten BRAK-Ausschuß-Bericht von 1992 wird – ohne nähere Betrachtung von eventuell hierin enthaltenen künftig wegfallenden außerordentlichen[74] Umsatzanteilen – der durchschnittliche Jahresumsatz der letzten drei Jahre, multipliziert mit dem Faktor 0,75, als Kaufpreis für den Goodwill der Praxis vereinbart.

73 Da der Faktor im Regelfall nach dem BRAK-Ausschuß-Bericht zwischen 0,5 und 1,0 liegt,[75] spart man sich unter Annahme eines Mittelwertes von 0,75 alle weiteren zeitraubenden Ermittlungen und auch die Einschaltung eines mit der Erstellung von Wertgutachten erfahrenen Gutachters.

74 Vor einem solchen Verfahren können beide Parteien nur gewarnt werden, weil nichts, aber auch gar nichts, dafür spricht, daß die zu veräußernde Kanzlei in den werterhöhenden und den wertsenkenden Merkmalen völlig ausgeglichen ist,[76] was allein zum Ansatz des Mittelwertfaktors von 0,75 berechtigen würde. Wenn dann womöglich noch zusätzlich auf den Abzug des kalkulatorischen Un-

---

72 Siehe hier § 1 Rn 43 f.
73 Vergleiche Landgericht Köln in NJW 1959, 1598 für Patienten eines Arztes.
74 Nach dem BRAK-Ausschuß-Bericht in BRAK-Mittl. 1992, Seite 24–28, dort unter V 1, Seite 25– 26, sind solche Umsatzanteile abzuziehen, was zwangsläufig zu niedrigeren Werten des Goodwills führt.
75 Wie vor, a.a.O., dort unter VI 2c.
76 Dazu Näheres § 3 Rn 139.

ternehmerlohns[77] verzichtet wird, ergeben sich weit überzogene Werte für den Goodwill, insbesondere dann, wenn die Praxis bzw. der Sozietätsanteil einen niedrigen, in der Nähe des abzuziehenden kalkulatorischen Unternehmerlohns liegenden Umsatz aufweist.

2. Aus der Sicht des Nachfragers

Mit der oben getroffenen Feststellung, worin die Ziele des Anbieters im einzelnen bestehen und mit der zusätzlichen Feststellung, daß die Ziele beider Vertragsparteien diametral divergieren, ist zu den Verhandlungszielen auch aus der Sicht des Nachfragers zugleich eigentlich schon alles gesagt. 75

Unter umgekehrten Vorzeichen liegen die Verhandlungsziele des Nachfragers somit im wesentlichen in folgendem:

- Möglichst geringer Kaufpreis für Goodwill und Sachwerte, 76
- Möglichst umfangreiche Verhandlungen zur Erlangung detaillierter Auskünfte über die Kanzleistruktur vor der Kaufentscheidung oder deren Ablehnung, 77
- Offenhalten von zivilrechtlichen Ansprüchen gegen den Veräußerer bzw. deren Erben, wenn die Ursache für die Störung des Kanzleikaufvertrages in der Verkäufersphäre liegt. 78

V. Die Mitwirkung von Ratgebern (mit Tableau)

Bereits in der Einführung[78] wurde den Vertragsparteien empfohlen, Hilfspersonen einzuschalten, um eine der »eigenen Sache« förderliche Distanz zu gewährleisten. 79

Die Empfehlung zur Einschaltung von Hilfspersonen wird aber auch aus folgenden weiteren Gründen gegeben: 80

Beide Parteien werden in der Regel in der Frage des Kaufes oder Verkaufes von Anwaltskanzleien unerfahren sein. Dies gilt in aller Regel für den meist jungen und damit berufsunerfahrenen Erwerber ohnehin; es gilt aber auch für den regelmäßig beruflich jahre- oder jahrzehntelang erfahrenen Veräußerer. Auch dieser wird in den spezifischen Fragen des Praxisverkaufs meist unerfahren sein.[79] Aus diesen Gründen empfiehlt denn auch die einschlägige Fachliteratur, beim Kauf

---

77 Nach dem BRAK-Ausschuß-Bericht von 1992, a.a.O., Seite 26, Nr. V 4 und Seite 27, Nr. VI 1 e und 2e, f, ist der kalkulatorische Anwaltslohn von der Bemessungsgrundlage abzuziehen. Bei geringen Umsätzen kann dies zu einem Wert von 0 oder gar einem negativen Wert führen, d.h. diese Praxis hat jedenfalls keinen ideellen Wert; so auch Kaiser/Wollny, Seite 67, Rn 173. Gegenstand einer Vergütung würde dann an sich nur der Substanzwert des Mobiliars, der Bürogeräte und der Bibliothek sein.
78 Siehe oben Einführung Rn 10.
79 So Wehmeier, Seite 22, 23, Rn 5 für Angehörige der wirtschaftsprüfenden- und steuerberatenden Berufe. Diese Feststellungen lassen sich aber auch auf den Anwaltsberuf übertragen.

§ 1 Die Vorbereitung von Kaufverhandlungen 36

und Verkauf von Freiberuflerpraxen[80] fachkundigen Rat einzuholen. Generell kommen als Ratgeber in Betracht:

81
- Vertreter der Berufsorganisationen,
- Parteiberater für den Veräußerer bzw. für den Erwerber,
- Neutrale Gutachter, Schiedsgutachter (§§ 317 ff. BGB),[81]
- Schiedsrichter (§§ 1025 ff. ZPO).

82 Kostenlosen Rat gibt es nur bei den Vertretern der Berufsorganisationen. Wenn auch die Pflicht zur Vorlage des Entwurfes eines Kanzleikaufvertrages nach § 80 III der früheren »Grundsätze des anwaltlichen Standesrechts« im neuen Berufsrecht nicht mehr enthalten ist, so können doch die Vertragsparteien auf freiwilliger Basis weiterhin den Dienst der Kammern (§ 73 II 1, II 2 BRAO) in Anspruch nehmen.[82]

83 Die Vereinbarung eines gesonderten Schiedsvertrages (§§ 1025 ff. ZPO), um eventuelle Rechtsstreitigkeiten aus einem Kanzleikaufvertrag nicht vor einem ordentlichen Gericht – und damit in der Öffentlichkeit – austragen zu müssen,[83] gehört als eine Möglichkeit der Entscheidung einer Rechtsstreitigkeit im engeren Sinne nicht zum Fragenkreis der Mitwirkung von Ratgebern. Deren Aufgabe ist es ja gerade, Rechtsstreitigkeiten durch vorbeugende Beratung bzw. Begutachtung nach Möglichkeit zu vermeiden. Deshalb soll der Schiedsrichter in diesem Zusammenhang nicht weiter betrachtet werden, wenn auch ein sachkundig besetztes Schiedsgericht im weitesten Sinne auch Ratgeberfunktion haben kann.

84 Damit bleibt für die beiden Vertragsparteien die Frage, ob sie einen parteiischen Berater einschalten sollen, oder ob sie sich eines neutralen Gutachters[84] bedienen sollten. Beides zugleich ist möglich und kann sich im Einzelfall durchaus empfehlen. Die Beauftragung eines Parteiberaters oder eines neutralen Wertgutachters wird regelmäßig auch durch eine Inanspruchnahme der Beratung durch die Anwaltskammer keinesfalls überflüssig, da die Erstellung eines detaillierten Wertgutachtens sicherlich nicht Aufgabe der Rechtsanwaltskammern ist.

Die nachstehend abgebildete Tabelle bringt nähere Gesichtspunkte zur Abgrenzung der Tätigkeit des Parteiberaters zum neutralen Gutachter. Sie soll zugleich eine Orientierungshilfe für die Parteien dafür darstellen, ob sich die Mitwirkung einer solchen Hilfsperson anbietet.

---

80 Kaiser/Wollny, Seite 9, 10, Rn 26; dieselben, Seite 47, Rn 119 sowie Seite 76, Rn 206–208; mit Einschränkungen Eich, Seite 49, 50, dort in § 14 »Praxiswert«; Frielingsdorf, Seite 77 ff. für die Wertermittlung von Arzt- und Zahnarztpraxen sowie Wehmeier, Seite 23, Rn 5, für Praxen in wirtschaftsprüfenden und steuerberatenden Berufen.
81 Vgl. hierzu Beisel/Klumpp, Seite 27, Rn 80.
82 Siehe hierzu oben § 1 Rn 10, 18 ff.
83 Wird nachdrücklich empfohlen von Kaiser/Wollny, Seite 38 f., Rn 92, 93 und Eich, Seite 54, dort Fn. 27. Siehe auch hier die Vertragsmuster, § 7.
84 Siehe hierzu Einführung Rn 10.

Die Vorbereitung von Kaufverhandlungen § 1

Kriterium	Parteiberater	neutraler Gutachter
1. **Wann** und **wofür** (Zeitpunkt der Kaufverhandlungen sowie Aufgabenbereich)?	Möglich: • Bei interner Vorbereitung der Vertragsverhandlungen. • Bei Vertragsverhandlungen als Beistand oder Verhandlungsführer einer Partei. • Auch zur Erstellung eines Parteigutachtens. • Zur Erstellung der Vertragsurkunde als Verhandlungsgrundlage. • Im Falle von Störungen des Kaufvertrages und Haftung.	• Im Rahmen der Kaufpreisverhandlungen sollte ein Gutachten zur Bewertung des Goodwills vorliegen. • Auftrag an Gutachter und Kostenübernahme möglichst von beiden Parteien (Akzeptanzproblem!). • Zeitpunkt: Möglichst kurzfristige Erstellung, wenn Vertrag im übrigen entscheidungsreif ist. • Möglich: Kaufpreisfindung wird dem Gutachter nach § 317 ff. BGB überlassen (Schiedsgutachter). Sie bindet beide Parteien, Korrekturmöglichkeit nur nach § 319 BGB. • Auch möglich: Vom Gutachter festgestellter Wert ist Verhandlungsgrundlage für beide Parteien
2. **Wer** (Qualifikation)?	• Soweit Rechtsberatung: Rechtsanwälte mit möglichst einschlägigen Erfahrungen.[85] • Für Gutachtenerstellung zur Goodwillbewertung: a) Wirtschaftsprüfer, vereidigte Buchprüfer,[86] auch Rechtsanwälte mit einschlägigen Erfahrungen. b) Unter Umständen: Öffentlich bestellte und vereidigte Sachverständige (§ 36 GewerbeO).[87]	• Für Bewertungsgutachten: Wirtschaftsprüfer und vereidigte Buchprüfer, möglichst mit einschlägigen Erfahrungen mit Anwaltskanzleien. Anfertigung von unparteiischen Gutachten ist deren Berufsaufgabe (§§ 2 II, 17 II, 129 III, 130 WPO).[88] • Rechtsanwälte mit einschlägigen Erfahrungen.[89] • Unter Umständen: Öffentlich bestellte und vereidigte Sachverständige (§ 36 GewerbeO).[90]

---

85 Es sollte bei der zuständigen Rechtsanwaltskammer nachgefragt werden (Telefonnummern im Anwaltsverzeichnis abgedruckt), ob einschlägig erfahrene Anwälte bekannt sind. Nach neuem Berufsrecht (§ 7 der Berufsordnung vom November 1996) ist Anwälten die Angabe von Interessen – sowie Tätigkeitsschwerpunkten gestattet.

86 Parteigutachten sind für diesen Berufsstand mit Rücksicht auf den Berufseid (§§ 17 II, 130 WPO), der zur Unparteilichkeit verpflichtet, äußerst problematisch. Siehe hierzu Korth, BB-Beilage Nr. 19 zu Heft 33/1992, Seite 3 unter II. Zumindest ist ein Parteigutachten als solches zu kennzeichnen.

87 Vgl. Sachverständigen-Verzeichnis, Seite 219 ff, erschienen im Dt. Anwaltverlag, Bonn 1995 (unter »Betriebswirtschaft, – Organisation, – Planung, Ausstattung«). Dort findet sich allerdings kein auf die Bewertung von Anwaltspraxen spezialisierter Sachverständiger. Das gleiche Ergebnis erbrachte auch eine Anfrage des Verfassers an den Deutschen Industrie- und Handelstag.

88 Es ist Frielingsdorf, Seite 77, Recht zu geben, daß ein Gutachten über den Praxiswert absolut neutral, d.h. unparteilich, erstellen werden sollte. Ist der Gutachter zugleich der vom Verkäufer beauftragte Unternehmensmakler, so bestehen gegen dessen Tätigkeit im Hinblick auf eine »Neutralitätsgarantie« grundsätzliche Bedenken.

89 Eine Nachfrage bei der zuständigen Anwaltskammer ist zu empfehlen. Sofern einschlägige Fachautoren auch Bewertungsgutachten erstellen, dürfte deren Kompetenz außer Zweifel stehen.

90 Siehe Fn. 87.

VI. Die Möglichkeiten der Kaufpreisfinanzierung und öffentliche Fördermittel bei der Existenzgründung

1. Einführung

86 Der Erwerb einer Einzelkanzlei bzw. eines Sozietätsanteiles stellt aus betriebswirtschaftlicher Sicht eine Investition dar. Wie bei jeder anderen Investition stellt sich auch hier die Frage der Finanzierung. Die Finanzierungsmittel können aufgebracht werden durch Eigenkapital, durch Fremdkapital oder – zumeist der Fall – teilweise durch Eigenkapital, teilweise durch Fremdkapital.

87 Dazu nachstehendes Schaubild:

```
      Aufbringung der Finanzierungsmittel zum Kanzleierwerb durch

  Eigenkapital        Fremdkapital        Eigenkapital und Fremdkapital
```

88 Während der Veräußerer sich lediglich darüber Klarheit verschaffen muß, ob er die Begleichung des Kaufpreises notfalls statt in bar auch in Raten oder Renten akzeptieren würde, gehört für den Erwerber das Problem der Finanzierung schon bei der gedanklichen Vorbereitung der Kaufverhandlungen zu den wichtigsten Aspekten; vielleicht ist es sogar der wichtigste Aspekt im Vorbereitungsstadium der Verhandlungen überhaupt, steht und fällt doch der Kanzleikauf mit der Möglichkeit der Aufbringung der Finanzierungsmittel.

89 Häufig wird der erwerbswillige Anwalt über kein oder nur geringes Eigenkapital verfügen, soll doch gerade erst die zu erwerbende Kanzlei ihm die materielle Existenz sichern. Leider gilt zugleich regelmäßig: **ohne Eigenkapital kein Fremdkapital!**

Der Fremdkapitalgeber ist im allgemeinen nur dann bereit, Fremdkapital durch einen Kredit zur Verfügung zu stellen, wenn ein Teil des Veräußerungspreises als Eigenkapital vorhanden ist, weil anderenfalls der Fremdkapitalgeber allein das unternehmerische Risiko des Kreditnehmers trüge. Als Faustregel gilt hierzu in Bankkreisen, daß ca. 20 % des Veräußerungspreises als Eigenkapital aufzubringen sind.[91]

90 Vorhandenes Eigenkapital bildet somit die Grundlage der Kreditwürdigkeit.[92] Notfalls geht es auch mit wenigem oder gar keinem Eigenkapital. Das wird aber erst möglich durch öffentliche Fördermittel. Dazu im folgenden:

---

91 Vgl. Wehmeier, Seite 218, Rn 203.
92 Derselbe, wie vor.

2. Öffentliche Fördermittel beim Kauf einer Anwaltspraxis bzw. eines Sozietätsanteiles (mit Tableau)

Öffentliche Fördermittel (= Subventionen), also Geldleistungen oder geldwerte Förderleistungen der öffentlichen Hand, spielen als Instrument der staatlichen Wirtschaftspolitik in der Bundesrepublik eine überragende Rolle, binden sie doch einen großen Teil der öffentlichen Haushaltsmittel. Bekannt ist, daß bestimmte Branchen, wie Bergbau, Schiffbau oder Landwirtschaft, ohne öffentliche Förderungsmittel wohl nicht existieren könnten. 91

Weniger bekannt dürfte dagegen sein, daß es Subventionen auch für die (Neu-) Gründung einer Anwaltspraxis gibt. Noch weniger bekannt ist wohl, daß staatliche Fördermittel auch bei der käuflichen Übernahme einer schon bestehenden Praxis bzw. eines Praxisanteils in Anspruch genommen werden können. 92

Nachstehend die wichtigsten Möglichkeiten der Förderung anwaltlicher Existenzgründung: 93

- Eigenkapitalhilfe-Programm (»EKH«)[93]
- ERP-Darlehen zur Förderung der Existenzgründung[94]
- DtA (Deutsche Ausgleichsbank)-Existenzgründungsprogramm
- Bürgschaften von Bürgschaftsbanken in den einzelnen Bundesländern

Nachfolgend eine Übersicht über die Kernpunkte der einzelnen Förderprogramme. 94

EKH-Programm:
- Das für den Rechtsanwalt attraktivste öffentliche Förderungsangebot.
- Kann kombiniert werden mit ERP-Darlehen.
- Inhalt: ein langfristiges, erheblich zinsverbilligtes Darlehen.
- Programme mit kleineren Unterschieden in der technischen Ausgestaltung in den alten und neuen Bundesländern.
- Kein Rechtsanspruch auf Gewährung.
- Keine banküblichen Sicherheiten erforderlich.
- Laufzeit: in der Regel 20 Jahre.
- Tilgung erst nach 10 Jahren und dann in 20 Halbjahresraten.
- Die ersten 2 Jahre zinslos, dann jährlich steigender Zins, allmählich dem Kapitalmarktzins entsprechend.

---

93 Existiert seit 1979. Genaue Bezeichnung: »ERP-Eigenkapitalhilfe-Programm zur Förderung selbständiger Existenzen« (EKH-Programm). Quelle: Bekanntmachungen des Bundesministeriums für Wirtschaft im Bundesanzeiger Nr. 11 vom 17.01.1997.

94 Quelle: Bekanntmachungen des Bundesministeriums für Wirtschaft im Bundesanzeiger Nr. 11 vom 17.01.1997. Die einzelnen Förderprogramme beinhalten eine Fülle von technischen Details. Da sie Instrumente einer auch kurzfristigen staatlichen Wirtschaftspolitik sind, ändern sich die Vergabekonditionen ständig. Im Rahmen dieses Buches sollen daher nicht alle technischen Details aufgeführt werden. Soweit zur Anschaulichkeit im folgenden Zahlenwerte genannt werden, sind diese unter dem Vorbehalt eines Wandels zu betrachten.

§ 1 Die Vorbereitung von Kaufverhandlungen

- Darlehenshöhe begrenzt, Stand 1997/1998: bis 2,0 Mio. = neue Länder, übriges Bundesgebiet bis 1,0 Mio.
- Eigenkapital möglichst mindestens 15 % der Investitionssumme, mit Eigenkapitalhilfe kann dieses um 25 % auf max. 40 % der Investitionssumme aufgestockt werden.
- Anträge stets über die eigene »Hausbank« zur Weiterleitung an die Deutsche Ausgleichsbank (»DtA«), 53170 Bonn-Bad Godesberg, Ludwig-Erhard-Platz 1–3, Telefon 0228/831–2400.
- Umfangreiche Antragsunterlagen sind einzureichen: u.a. Zeugnisse, Vorhabenskonzept mit Umsatz-, Kosten- und Ertragsvorschau nebst Gutachten einer »fachlich kompetenten Stelle«, z.B. Rechtsanwaltskammer, Steuerberater, Buchprüfer etc. sowie Investitions- und Finanzierungsplan. Außerdem bei Praxiskauf: Einreichung des Entwurfes des Übergabevertrages, Mietvertrag, Jahresabschlüsse des Veräußerers, zu übernehmendes Inventar.
- Literaturhinweis: Übersicht über »Programme, Richtlinien, Merkblätter« der Deutschen Ausgleichsbank 53170 Bonn-Bad Godesberg, wird auf Anforderung kostenlos übersandt.

ERP-Darlehen zur Förderung der Existenzgründung:
- Seit 1997 auch wieder in den neuen Bundesländern.
- Inhalt: ein langfristiges, gegenüber den normalen Kapitalmarktbedingungen zinsverbilligtes Darlehen.
- Kein Rechtsanspruch auf Gewährung; Laufzeit bis 15 Jahre, tilgungsfrei bis max. 5 Jahre = neue Länder. Übriges Bundesgebiet: 10 Jahre, max. 3 Jahre tilgungsfrei.
- Festzins für 10 Jahre, Darlehenshöhe begrenzt, zur Zeit 2,0 Mio. = neue Länder; übriges Bundesgebiet 1,0 Mio.
- Ist als Fremdkapital banküblich abzusichern, notfalls durch Bürgschaft der Bürgschaftsbanken; Anträge stets über die eigene »Hausbank« zur Weiterleitung an die Deutsche Ausgleichsbank (»DtA«), 53170 Bonn-Bad Godesberg, Ludwig-Erhard-Platz 1–3, Telefon 0228/831–2400.
- Diverse Antragsunterlagen, ähnlich dem Eigenkapitalhilfeprogramm, jedoch etwas weniger umfangreich.
- Literaturhinweis: Übersicht über »Programme, Richtlinien, Merkblätter« der Deutschen Ausgleichsbank 53170 Bonn-Bad Godesberg, wird auf Anforderung kostenlos übersandt.

DtA-Existenzgründungsprogramm:
- Inhalt: ein langfristiges, gegenüber den normalen Kapitalmarktbedingungen zinsverbilligtes Darlehen; gilt gleichermaßen in den alten und neuen Bundesländern, jedoch mit geringfügig unterschiedlichen Konditionen.
- Kein Rechtsanspruch.
- Laufzeit wahlweise 10 Jahre oder 20 Jahre.
- Festzins für 10 Jahre, anfangs tilgungsfrei.

- Anträge stets über die Hausbank zur Weiterleitung an die Deutsche Ausgleichsbank (»DtA«), 53170 Bonn-Bad Godesberg, Ludwig-Erhard-Platz 1 –3, Tel. 0228/831–2400.
- Diverse Antragsunterlagen sind einzureichen, ähnlich wie bei dem ERP-Darlehen.
- Bei einer Bürgschafts- oder der Hausbank sind auch Antragsvordrucke erhältlich.

Bürgschaften von Bürgschaftsbanken:
- Ergänzendes Instrument der öffentlichen Förderung durch Absicherung der Bankkredite und Kredite aus öffentlichen Förderprogrammen.
- Gilt gleichermaßen in den alten wie auch in den neuen Bundesländern.
- Fehlen bankübliche Sicherheiten oder reichen sie nicht aus, kann der Existenzgründer eine Bürgschaft bei einer Bürgschaftsbank beantragen.
- Die Bürgschaften decken bis zu 80 % des Darlehensbetrages; mindestens 20 % müssen durch Eigenkapital oder anderweitig bzw. über die Hausbank finanziert sein.
- In jedem Bundesland gibt es eine oder mehrere Bürgschaftsbanken.
- Literaturhinweise:
  - «Wirtschaftliche Förderung für den Mittelstand in den alten Bundesländern«.
  - «Wirtschaftliche Förderung für den Mittelstand in den neuen Bundesländern«, herausgegeben vom Bundesministerium für Wirtschaft, jeweils aktualisiert, kann kostenlos angefordert werden beim Bundesministerium für Wirtschaft, Referat Öffentlichkeitsarbeit, 53170 Bonn.
- Anträge sind über die Hausbank an die jeweils in Betracht kommende Bürgschaftsbank zu richten. Bei der Bürgschafts- oder Hausbank sind auch Antragsvordrucke erhältlich.[95]

Zusammenfassung und wichtige Hinweise zu den Förderprogrammen in Kürze:

- Alle Anträge nur über die »Hausbank«, daher auch von dort detaillierte Beratung über Förderungsmöglichkeiten im Einzelfall abfordern. Wahl der Hausbank eines jungen anwaltlichen Existenzgründers könnte von Servicequalität hinsichtlich öffentlicher Förderung abhängig gemacht werden. Der Existenzgründer sollte über die Hausbank oder direkt kostenlose, aktuelle Informationsbroschüren anfordern:
  - »Programme, Richtlinien, Merkblätter«, herausgegeben von der Deutschen Ausgleichsbank, 53170 Bonn

---

95 Alle Zahlenangaben Stand 1998. Bitte auf alle Fälle bei eigener Hausbank oder bei der Deutschen Ausgleichsbank nachfragen (Tel.: 0228/831–2400 = DtA-Info-Telefon), ob noch aktuell.

§ 1 Die Vorbereitung von Kaufverhandlungen

- »Wirtschaftliche Förderung für den Mittelstand in den alten Bundesländern« bzw.
- »Wirtschaftliche Förderung für den Mittelstand in den neuen Bundesländern«, kostenlos erhältlich beim Bundesministerium für Wirtschaft, Referat Öffentlichkeitsarbeit, 53170 Bonn.
Hinweis: Die Bezeichnungen der Informationsbroschüren könnten sich nach Drucklegung dieses Handbuches geändert haben.

97 • Weitere Literaturhinweise:
- Fördermittel für die Gründung oder Erweiterung einer Anwaltspraxis in den alten Bundesländern, Gerlinde Fischedick a.a.O., S. 274–285.
- Fördermittel für die Gründung oder Erweiterung einer Anwaltspraxis in den neuen Bundesländern, Sabine M. Ecker, S. 286–293

Beide Aufsätze sind abgedruckt in »Ratgeber Praktische Hinweise für junge Anwälte«. Der Ratgeber wird gegen eine Kostenpauschale in Höhe von zur Zeit 5,– DM abgegeben, anzufordern beim Deutschen Anwaltverein, Adenauerallee 106, 53113 Bonn.

98 • Konkurrenzverhältnis der einzelnen Förderungsmittel zueinander:
Die Fördermittel sind teilweise kumulativ, also nebeneinander zulässig. Beispiel für einen »Finanzierungsmix« für den Erwerb einer Anwaltskanzlei:[96]

99

Investitionssumme:	300.000,– DM
Eigene Mittel:	45.000,– DM
Eigenkapitalhilfe:	75.000,– DM
DtA-Existenzgründungsprogramm:	150.000,– DM
Hausbankdarlehen:	30.000,– DM

---

96 Wirtschaftliche Förderung für den Mittelstand in den alten Bundesländern, Seite 73

§ 2 Die Durchführung von Kaufverhandlungen

I. Ort, Zeit und Ziel des ersten Treffens

Kommt es – nach dringend zu empfehlender systematischer Vorbereitung[97] auf seiten des Nachfragers und des Anbieters – zu einer Terminverabredung, so muß neben der Zeit auch der Ort des ersten Treffens bedacht werden. Der potentielle Erwerber wird selbstverständlich Wert darauf legen, daß dieses erste Treffen in den Kanzleiräumen des Anbieters stattfindet. Dieser Wunsch ist wegen der Bedeutung des räumlichen Umfeldes[98] aus Erwerbersicht nur zu verständlich, so daß der Anbieter dem auch entsprechen sollte. Da die Kaufverhandlungen ja nicht unbedingt zum Vertragsschluß führen müssen, also scheitern können, sollte der Anbieter auf Diskretion im Verhältnis zu seinen Kanzleimitarbeitern größten Wert legen. Der erste Gesprächstermin sollte also nach »Feierabend« oder besser noch an einem Wochenendtag stattfinden. Letzteres empfiehlt sich schon deshalb, weil der anbietende Anwalt an einem Wochenendtag eher die Chance hat, ausgeruht in die Verhandlungen zu gehen. Kaum etwas kann dem Verhandlungserfolg abträglicher sein als das Verhandeln am Ende eines vielleicht schon zwölf Stunden währenden Arbeitstages, an dem der eine oder gar beide Verhandlungspartner zuvor schon von Termin zu Termin und von Schriftsatz zu Schriftsatz gehetzt sind.

1

Da eine Fülle von Fragen zu klären ist, sollte von keinem der beiden Verhandlungspartner angestrebt werden, etwa in einem einzigen Termin – sei es auch über mehrere Stunden – schon zum Ziel zu gelangen. Auch will die für beide Seiten zu treffende Entscheidung – da von existentieller Bedeutung – auf alle Fälle »überschlafen« werden. Selbst wenn die Verhandlungen unter besonderem Zeitdruck[99] geführt werden sollten, müssen sich beide Parteien auf mehrere Verhandlungsrunden einstellen. Ziel des ersten persönlichen Gespräches kann daher nur sein, daß jeder Verhandlungspartner auslotet, ob der Kauf bzw. Verkauf aufgrund der in dem Erstgespräch gewonnenen Informationen überhaupt in Betracht kommt, so daß weitere Gespräche zu vereinbaren sind, oder ob der Kontakt mit dem Erstgespräch schon zu beenden ist. Wehmeier[100] geht in einem idealtypischen Zeitablaufplan bei einer Praxisveräußerung von

2

---

97 Siehe § 1 Rn 26 ff.
98 Dazu § 1 Rn 30 ff.
99 Siehe § 2 Rn 23 ff.
100 Wehmeier, Seite 193, für den durchaus vergleichbaren Fall der Veräußerung einer Wirtschaftsprüfer- oder Steuerberaterpraxis.

einem Zeitraum von etwa einem dreiviertel Jahr aus, die gesamten Übergabemodalitäten mit dem Einholen der Mandantenzustimmung zur Aktenübergabe allerdings eingeschlossen.

II. Zweckmäßiger Inhalt des ersten Treffens

3   Nach dem Grundsatz »vom allgemeinen zum speziellen« sollte das erste Treffen der Verhandlungspartner nicht mit Detailproblemen belastet werden. Details sollten in späteren Verhandlungen, sofern das Erstgespräch weitere Gespräche sinnvoll erscheinen läßt, besprochen werden.

4   Allgemeinverbindliche Hinweise zum zweckmäßigen Inhalt des ersten Treffens können angesichts der Vielfalt menschlicher Charaktere und der Unterschiedlichkeit der Kanzleien naturgemäß nicht gegeben werden. Hierzu gehört auch die Frage, ob die Parteien einen etwa für sie tätigen Verhandlungsbeistand bereits zum ersten Treffen mitnehmen sollten.

5   So viel aber kann jedenfalls gesagt werden: Beide Verhandlungspartner sollten den divergierenden Verhandlungszielen[101] zum Trotz stets um eine gute Verhandlungsatmosphäre bemüht sein. Dies gilt auch gerade dann, wenn eine der beiden Parteien schon frühzeitig zu dem Ergebnis gelangt, daß der Kauf oder Verkauf der Kanzlei bzw. des Sozietätsanteiles nach den anfänglichen Informationen und Eindrücken nicht in Betracht kommt. Hier gilt: Man sieht sich (mindestens) zweimal im Leben. Allerdings ist es ein Gebot anwaltlicher Fairneß, die Gegenseite auf keinen Fall über eine bereits getroffene ablehnende Entscheidung im unklaren zu lassen. In rechtlicher Hinsicht kommt möglicherweise bei einem solchen Verhalten unter Umständen eine Haftung aus c.i.c. in Betracht, wenn denn ein solches Verhalten beweisbar wäre.[102]

6   Aus Erwerbersicht geht es im ersten Gespräch um das Erlangen von wichtigen Grundinformationen über die Kanzleistruktur und über die eventuellen Übergabemodalitäten der Praxis. Hierzu wird verwiesen auf die im ersten Paragraphen[103] genannten Gesichtspunkte.

7   Das Informationsbedürfnis im ersten Verhandlungsgespräch auf seiten des Veräußerers wird sich auf folgende Punkte konzentrieren:[104]

- Eignung des Nachfragers zur Fortführung der Praxis,
- Ernsthaftigkeit des Nachfragers hinsichtlich der Kaufabsicht,

---

101 Hierzu § 1 Rn 65 ff.
102 Vgl. hierzu Wehmeier, Seite 32, Rn 14 und die dortige Fn. 1; siehe außerdem oben, § 4 Rn 9.
103 Dazu § 1 Rn 26 ff.
104 Dazu § 1 Rn 59 ff.

- Bonität des Nachfragers, insbesondere auch die Vorstellung des Nachfragers, wie er den vom Anbieter angestrebten Kaufpreis begleichen will.

III. Aspekte zweckmäßiger und rechtmäßiger weiterer Verhandlungsführung

1. Vorlage bzw. Übergabe von Unterlagen

Der Erwerber hat ein verständliches Interesse daran, möglichst umfangreich über die Mandantenstruktur informiert zu werden, da diese die Kaufentscheidung als solche, zumindest aber die Kaufpreishöhe, beeinflussen könnte. Alles andere als die Befriedigung dieses Informationsbedürfnisses wäre für den erwogenen »Unternehmenskauf Anwaltskanzlei« betriebswirtschaftlich unvernünftig. **8**

Der Erwerber muß daher Wert darauf legen, im Verlauf der weiteren Vertragsverhandlungen nicht nur entsprechende Informationen zu erhalten, sondern auch schriftliche Unterlagen einzusehen oder in Kopie zur Verfügung gestellt zu bekommen. **9**

Welche schriftlichen Unterlagen sollte sich der Erwerber spätestens unmittelbar vor dem Abschluß der Verhandlungen übergeben oder zumindest zeigen lassen? **10**

Es sollten zumindest sein:

- Der mit dem Kauf gegebenenfalls zu übernehmende Kanzleimietvertrag, **11**
- Mitarbeiterverträge, u.a. wegen des gesetzlichen Überganges von Mitarbeiterverträgen nach 613 a BGB, **12**
- Steuerliche[105] und andere Unterlagen, soweit sie Auswirkungen auf die Kaufpreishöhe haben können: **13**
  - Unterlagen über die Gewinnermittlung und den Umsatz mindestens der letzten drei Jahre,[106] also Einnahme-Überschuß-Rechnungen bzw. Bilanzen mit Gewinn- und Verlust-Rechnungen, Umsatzsteuerjahreserklärungen und Umsatzsteuervoranmeldungen, Inventarlisten,[107] sofern Bürogeräte und Mobiliar übernommen werden sollen.
  - Verzeichnis über die zu übernehmenden Fachbücher und Periodica.

---

105 Kaiser/Wollny empfehlen eine Einsicht in die Bücher und Abrechnungsunterlagen durch einen Rechtsanwalt, Steuerberater oder Wirtschaftsprüfer, Seite 23, Rn 66.
106 Wegen der Bewertung des Goodwill, siehe oben § 3 Rn 30 ff. 159.
107 Wegen der steuerlich zulässigen Abschreibung, die häufig zu Werten unter dem Marktwert führt, ist dies nur ein erster grober Anhaltspunkt. Hier muß eine eigene, außersteuerliche Ermittlung des »wahren« Wertes erfolgen; siehe dazu § 3 Rn 7 ff.

14 Die Übergabe derartiger Unterlagen oder deren Einsichtnahme ist zweckmäßig und dringend zu empfehlen. Im Hinblick auf die anwaltliche Schweigepflicht ergeben sich hierbei keine Probleme.

15 Dagegen kann es bei anderen Informationen zu Verstößen des Veräußerers gegen die diesem obliegende anwaltliche Schweigepflicht kommen. Dazu im folgenden:

2. Das Problem der anwaltlichen Schweigepflicht im Rahmen der Kaufverhandlungen

16 Während in der Anfangsphase der Kaufverhandlungen der Anbieter – schon wegen der Gefahr, daß der Nachfrager gar nicht ernsthaft am Erwerb der Kanzlei interessiert sein könnte – mit detaillierten Informationen über die Mandantschaft wohl ohnehin sehr zurückhaltend umgehen wird,[108] könnte diese Neigung im Verlaufe der weiteren Verhandlungen nachlassen. Das gilt insbesondere dann, wenn sich zunehmend die Wahrscheinlichkeit des Erwerbs durch den Nachfrager abzeichnet.

17 Hier ist der Anbieter der Gefahr eines berufsrechtlich (§ 43 a II BRAO, § 2 der neuen Berufsordnung vom 29.11.1996) und strafrechtlich (§ 203 I 3 StGB) relevanten Verstoßes gegen die anwaltliche Schweigepflicht im besonderen Maße ausgesetzt. Es bedarf keiner besonderen Erwähnung, daß die anwaltliche Schweigepflicht auch gegenüber einem Anwaltskollegen gilt, auch wenn dieser selbst im Verhältnis zu seinen Mandanten einer eigenen Schweigepflicht unterliegt.[109]

18 Auch wenn der veräußerungsbereite Anwalt den Kaufentschluß des Nachfragers vielleicht gerade mit der Nennung des Namens eines attraktiven Großmandanten fördern könnte, sollte es eine Frage des eigenen beruflichen Selbstverständnisses sein, dies strikt zu unterlassen.

3. Anfertigung von Mandantenlisten

19 Nicht unter das Gebot der Verschwiegenheit gehört dagegen die bei der Veräußerung von Steuerberaterpraxen übliche Erstellung von Mandantenlisten, sofern die erforderliche Anonymität gewahrt wird. § 59 II 2 der dortigen Berufsordnung[110] enthält hierzu folgende Vorschrift:

20 »Mandantenlisten zur Praxiswertermittlung dürfen keine Rückschlüsse auf die Auftraggeber zulassen.«

---

108 Siehe oben im § 1 Rn 70.
109 Siehe zur strafrechtlichen Seite der Verschwiegenheitspflicht oben, § 5 Rn 15 ff.
110 Berufsordnung der Bundessteuerberaterkammer vom 18. November 1996, 2. Juli 1997.

Derartige anonymisierte Mandantenlisten sollten für Steuerberaterpraxen nach 21
Wehmeier[111] für jeden Mandanten folgende Angaben enthalten:

- Lebensalter des Mandanten,
- Branche,
- Rechtsform,
- Mandatsbeginn,
- schriftlicher Vertrag (ja/nein)?
- Angaben zur Aufteilung des Honorars auf die einzelnen Dienstleistungen, wie Buchhaltung, Jahresabschlüsse, Steuererklärungen, Beratung usw.

Die Üblichkeit derartiger Mandantenlisten beim Verkauf einer Steuerberater- 22
praxis mag wohl darauf beruhen, daß Steuerberatungsmandate wegen der sich ständig wiederholenden steuerlichen Pflichten der Klientel überwiegend Dauermandate für den Berater sind. Dies ist bei den anwaltlichen Mandaten – von ständigen Unternehmensberatungsmandaten und laufenden Inkassoaufträgen[112] abgesehen – regelmäßig leider nicht der Fall. Dennoch spricht nichts dagegen, daß auch Anwälte, die ihre Einzelkanzlei oder einen Sozietätsanteil veräußern möchten, Mandantenlisten erstellen, die wenigstens die oben genannten Merkmale – mit Ausnahme der wohl kaum möglichen differenzierten Angaben zur Honoraraufteilung – enthalten sollten. Angaben zur jeweiligen Honorarhöhe sollten allerdings in die Liste aufgenommen werden. Anwaltliche Mandantenlisten sind eine gute Möglichkeit, einen zusätzlichen Überblick über die zukünftig denkbare Umsatzentwicklung[113] der möglicherweise zu übernehmenden Kanzlei zu erhalten. Die Anonymität der Mandanten ist natürlich wegen der anwaltlichen Verschwiegenheitspflicht strikt zu wahren; insofern besteht kein Unterschied zur Rechtslage bei Steuerberatern.[114] Eine solche anonymisierte Mandantenliste kann sogleich die Basis für eine vom Veräußerer nach Abschluß des Kanzleikaufvertrages ohnehin anzufertigende Liste sein – diese jetzt mit Namen und Anschriften aller Mandanten, die der Aktenüberlassung an den Erwerber zugestimmt[115] haben.

4. Das Zeit(-druck)-Problem

Bei allen Kaufvertragsverhandlungen, bei denen ein Ergebnis üblicherweise 23
erst – wie bei allen Unternehmenskäufen – nach mehreren »Verhandlungsrunden« erzielt wird, spielt das Phänomen »Zeitdruck« eine nicht unerhebliche Rolle. Zeitdruck kann tatsächlich vorhanden sein, sei es beim Anbieter, sei es

---

111 Wehmeier, Seite 184, Rn 163.
112 So auch BRAK-Ausschuß-Bericht in BRAK-Mittl. 1992, Seite 24–28, dort unter III, Seite 25.
113 Im Rahmen der Bestimmung des Berechnungsfaktors als Multiplikator des durchschnittlichen Jahresumsatzes zu beachten ; siehe BRAK-Mittl. 1992, Seite 24–28, (VI, 1 c, 2c).
114 Vgl. § 203 I 3 StGB, wonach alle freien beratenen Berufe zur beruflichen Verschwiegenheit verpflichtet sind.
115 Dazu im einzelnen oben, § 2 Rn 43.

beim Kaufinteressenten; in diesem Falle besteht dann ein tatsächlicher Sachzwang. Zeitdruck kann aber auch in Wirklichkeit fehlen, aber vom Anbieter oder Nachfrager sozusagen als taktische Waffe eingesetzt werden.

24 Der Anbieter ist beispielsweise tatsächlich unter Sachzwang, wenn er als Erbe eines verstorbenen Rechtsanwalts über den Kanzleiverkauf zu verhandeln hat: Beim Tode des Praxisinhabers sinkt der Wert der Praxis von Tag zu Tag.[116] Das bedeutet, daß der Anbieter in diesem Fall unter erheblichem Zeitdruck steht: Er muß baldmöglichst verkaufen und kann sich längere Verhandlungen, die am Ende womöglich scheitern, auf keinen Fall erlauben, weil er dem nächsten Interessenten nur noch einen schon erheblich gesunkenen Praxiswert anbieten könnte. Ein Übergang der Praxis nach einer Unterbrechung des Praxisbetriebes wird denn auch im BRAK-Ausschuß-Bericht[117] explizit als wertsenkendes Merkmal genannt. In einem derartigen Fall kann dem zumeist im Praxisverkauf unerfahrenen Erben nur nachdrücklich empfohlen werden, sich der Hilfe eines erfahrenen Beraters zu bedienen.[118]

Ein ähnlicher Sachzwang besteht beim Anbieter, wenn er beispielsweise durch schwere Krankheit die Praxis sehr kurzfristig abgeben muß.

25 Auch beim Nachfrager sind Fälle eines objektiv bestehenden Sachzwangs denkbar. Zu denken ist beispielsweise an Fälle, in denen der Erwerbsinteressent kurzfristig auf Einnahmen aus der übernommenen Kanzlei angewiesen ist und er keine anderen beruflichen Alternativen hat.

26 Was ist dem Anbieter, was ist dem Nachfrager in Fällen eines objektiven (Zeitdruck-) Sachzwangs zu raten?

27 Da der Verkauf bzw. Kauf einer Anwaltskanzlei dem marktwirtschaftlichen Gesetz unterworfen ist, daß nämlich eine größere Nachfrage den Preis tendenziell erhöht, eine geringere Nachfrage tendenziell den Preis ermäßigt, muß der Anbieter – ebenso der Nachfrager – danach trachten, alle Informationsmedien[119] derart auszuschöpfen, daß jeweils mehrere Nachfrager bzw. Anbieter zur Verfügung stehen.

28 Hat der Anbieter allerdings trotz allem nur einen einzigen Interessenten, ist er im Falle eines objektiven Zeitdrucks auf die Einigung mit gerade diesem einzigen Interessen angewiesen.

29 Kann der Nachfrager nur auf eine einzige angebotene Kanzlei zurückgreifen, ist er ebenfalls zu einer Einigung gezwungen, wenn er nicht von der Idee »Kanzleikauf« überhaupt Abstand nehmen will.

---

[116] So wörtlich im BRAK-Ausschuß-Bericht in BRAK-Mittl. 1992, Seite 24–28, dort unter IV 1 b.
[117] Wie vor, dort unter IV 2 d.
[118] Siehe vorne, Fn. 36.
[119] Siehe hierzu oben, § 1 Rn 6 ff. sowie Beisel/Klumpp, Seite 54, Rn 164.

Die Verhandlungsposition des so unter Sachzwang stehenden Verhandlungspartners ist jedenfalls äußerst schwach: Er ist unter Umständen zu erheblichen Zugeständnissen bei den Konditionen gezwungen. Die – allerdings nicht leicht zu ziehende – Grenze stellt in diesen Fällen ein krasses Mißverhältnis von Leistung und Gegenleistung (§ 138 II BGB) dar.[120]

30

Besser als den Vertrag abzuschließen und zugleich auf eine Nichtigkeit wegen Sittenwidrigkeit zu bauen ist natürlich, der jeweils anderen Seite die wegen objektiven Zeitdrucks schwache Position nicht allzu deutlich transparent zu machen. Verfügt man hierzu nicht – dies ist in eigener Sache wohl meist der Fall – über ausreichende »Coolness«, sollte tunlichst ein Dritter als Ratgeber die Verhandlungen (mit-)führen.

31

Neben diesen Fällen von objektiv vorhandenem Zeitdruck-Sachzwang gibt es natürlich auch »geschickte« Verhandlungspartner, die die jeweils andere Seite nur aus taktischen Gründen unter Zeitdruck zu setzen versuchen, obwohl keine Alternative zu dem jeweiligen Verhandlungspartner vorhanden ist. Dies geschieht meist dadurch, daß der Anbieter auf eine rasche Entscheidung des Nachfragers drängt, indem er vorgibt, daß er noch mit mehreren weiteren ernsthaften Interessenten verhandele, die bereit seien, den geforderten Kaufpreis zu akzeptieren. Der Nachfrager seinerseits könnte zur Erzielung von Preiszugeständnissen dem Anbieter gegenüber behaupten, er habe noch weitere Praxisangebote erhalten, die günstiger seien. Ein derartiges Verhalten von Anbieter oder Nachfrager dürfte wohl den Tatbestand des Betruges (§ 263 StGB) erfüllen. Zur Betrugsproblematik siehe auch oben, § 5.

32

Wird dies von der Gegenseite durchschaut und sind Alternativen zu dem Verhandlungspartner vorhanden, sollte man diese unbedingt ins Auge fassen. Auch wenn dies zur Zeit nicht der Fall ist, gilt als Verhandlungshinweis: nicht auf Biegen oder Brechen!

33

IV. Welche Punkte sollten im Kaufvertrag geregelt werden?

Mit der allseits bekannten juristischen Floskel, dies sei eine Frage des Einzelfalles, ist zu diesem Problem die erste Antwort bereits gegeben. Gleichwohl gibt es eine Reihe von Punkten die üblicherweise in einem Kaufvertrag über eine Einzelkanzlei bzw. über einen Sozietätsanteil geregelt werden sollten. Es versteht sich hierbei von selbst, daß ein Praxiskaufvertrag, obwohl im allgemeinen formlos[121] wirksam, aus Gründen der Klarheit und zum Zwecke der Vorbeugung

34

---

120 Siehe dazu oben, § 2 Rn 61 ff. und im § 4 Rn 9.
121 Anders, wenn nach § 313 BGB wegen eines mitzuübertragenden Grundstücks insofern notarielle Beurkundung vorgeschrieben Unter Umständen wird dann der gesamte Kaufvertrag formbedürftig; dazu Siegle/Maurer in NJW 1984, Seite 2657 bis 2662.

§ 2 Die Durchführung von Kaufverhandlungen

vor späteren Streitigkeiten bei der Abwicklung des Vertrages tunlichst schriftlich abzuschließen ist. Welche Punkte sollten in den schriftlichen Praxiskaufvertrag aufgenommen werden?

35 • Die genauen Personalien von Verkäufer/Übergeber und Käufer/Übernehmer.[122]

36 • Die genaue Kennzeichnung der Kanzlei- bzw. des Sozietätsanteiles[123]

37 • Das Recht zur »Firmenfortführung« durch den Erwerber.[124].

38 • Der genaue Kaufgegenstand (Goodwill und Einrichtung),[125] Gewährleistungsausschluß.

---

[122] Namen, Praxisanschriften und Privatanschriften von Verkäufer und Käufer; bei Verkauf vom Erben empfehlen Kaiser/Wollny, Seite 11, Rn 30, vom Veräußerer Erbscheinsvorlage und ggf. Vollmachten für den Handelnden von allen Miterben zu verlangen.

[123] Im Regelfall mag die alleinige Angabe des Praxisortes genügen, wie dies Eich, Seite 43, in einem Vertragsmuster vorschlägt. In Sonderfällen, etwa im Falle des § 29 a BRAO und im Falle, daß der bisherige Praxisbetreiber Anwaltsnotar ist, sind Klarstellungen zum »Verkaufsgegenstand« ratsam. Dazu Vorschläge bei Kaiser/Wollny, Seite 14, Rn 35–37. Beim Erwerb eines Sozietätsanteiles empfiehlt sich – ungeachtet der Zulässigkeit einer Kurzbezeichnung im neuen Berufsrecht (§ 9 der Berufsordnung vom 29.11.1996) – die Angabe aller verbleibenden Sozien, mit denen der Erwerber eine neue Sozietät bildet, niederzuschreiben.

[124] Für den Erwerb einer Einzelkanzlei ist das Recht, dem eigenen Namen eine Bezeichnung anzufügen, die auf den ausscheidenden Übergebenden hinweist, von großem Interesse. Schließlich wird ein Goodwill für die Praxis vom Erwerber ja nur deshalb vergütet, weil dieser die Chance erhält, daß die Mandanten des Veräußerers beim Erwerber verbleiben; dazu BRAK-Ausschuß-Bericht 1992, Seite 27, unter VI, 2. Kaiser/Wollny (Seite 14, 15 = Fn. 38 ff. sowie Seite 132) schlagen dazu für Praxisschild und Drucksachen zwei Alternativen vor:
». . . vormals Praxis des Rechtsanwalts. . .« bzw. zusätzliche Weiterführung des Namens des Veräußerers, mit dem Zusatz ». . . bis . . .«. Beim Erwerb eines Sozietätsanteiles mag entsprechend verfahren werden, doch ist hier das Bedürfnis nach einem Hinweis für den Ausscheidenden wohl geringer als bei einer Einzelkanzlei: Bei einer Sozietät ist die Kontinuität ohnehin in viel stärkerem Maße nach außen dadurch dokumentiert, daß die übrigen Sozien verbleiben. Es bedarf aber einer Überlegung, ob derartige »Vorgänger-Zusätze« rechtens sind. Dies dürfte der Fall sein: Wettbewerbsrechtlich liegt bei vertraglich vereinbarten, zutreffenden Hinweisen auf den Vorgänger keine Irreführung im Sinne des § 3 UWG vor. Auch berufsrechtlich bestehen wohl keine Bedenken, nachdem § 71 der Berufsordnung vom 29.11.1996 die früheren »Grundsätze des anwaltlichen Standesrechts« durch die Berufsordnung vom 29.11.1996 ersetzt wurde: Zwar regelt § 9 II das Recht der Weiterführung der Namen früherer Anwälte nur bei Sozietäten o.ä; mit Rücksicht auf die in Artikel 12 I garantierte Berufsausübungsfreiheit und wegen des Gleichheitsgrundsatzes des Artikel 3 des GG müßte dies aber analog auch bei Einzelkanzleien gelten.

[125] Der Wert einer Praxis setzt sich aus dem Substanzwert (Büroeinrichtung, Bürogeräte, Bibliothek) und dem Goodwill zusammen, so statt vieler: BRAK-Ausschuß-Bericht 1992, a.a.O., Seite 24 unter II. Es entspricht regelmäßig dem Interesse des Veräußerers, die den Substanzwert ausmachenden Gegenstände mitzuveräußern. Eine separate Veräußerung der Gegenstände an einen außenstehenden Dritten ist häufig mühevoll. Anders ist bisweilen die Interessenlage beim Erwerber. Er verfügt vielleicht schon über einzelne Gegenstände, insbesondere über eine eigene Bibliothek oder möchte nach Praxisübernahme eine andere, vielleicht neue, Einrichtung erwerben. Wird die Übernahme von Praxisgegenständen grundsätzlich vereinbart, so ist eine Inventarliste aufzusetzen, um Streitigkeiten darüber, was alles mitverkauft ist, vorzubeugen (siehe im § 3 Rn 7 ff.). Kaiser/Wollny schlagen hierzu (Seite 133–134, §§ 3, 4 und 5) eine sehr detaillierte Regelung vor, die die Vereinbarung von **Gewährleistungsausschlüssen** ebenso umfaßt wie den Erwerb von Anwartschaftsrechten bei vom Veräußerer unter Eigentumsvorbehalt gekauften Gegenständen. In diesem Zusammenhang ist darauf hinzuweisen, daß nicht alles, was in den Büroräumen zu sehen ist, im Eigentum oder Anwartschaftsrecht des Veräußerers stehen muß. EDV-Geräte sind häufig geleast.

- Die Weiternutzung der bisherigen Räumlichkeiten.[126]   **39**
- Die Frage der Kontinuität der Mitarbeiterverträge.[127]   **40**
- Das Verhältnis Mandant – Veräußerer – Erwerber in der Phase des Praxisübergangs:

Zu den zentralen Punkten des Kanzleikaufvertrages gehört das Verhältnis Mandant – Veräußerer – Erwerber. Es handelt sich hierbei um ein besonders »sensibles« Problem, bei dem die Mandantenpsychologie, aber auch rechtliche Vorgaben zu beachten sind. Nachstehend Hinweise zu den Einzelaspekten des Verhältnisses Mandant – Veräußerer – Erwerber:

- Information des Mandanten über den Praxisübergang,[128]   **41**

---

[126] Dies ist – wegen der Kontinuität der Praxis nach Ausscheiden des Veräußerers – für den Verbleib der Mandanten von überragender Bedeutung; siehe dazu schon oben, § 1 Rn 30 ff. Daher sollte der Kaufentscheid aus Erwerbersicht von der Gewißheit, daß die Räumlichkeiten (weiter-) genutzt werden können, abhängig gemacht werden. Wenn der Veräußerer die Kanzleiräume gemietet hat, sollte mit Abschluß des Kanzleikaufvertrages der Eintritt in das Mietverhältnis durch Vereinbarung zwischen Vermieter, Erwerber und Veräußerer sichergestellt sein. Möglich ist auch der Abschluß eines neuen Mietvertrages zwischen Erwerber oder Mieter bei gleichzeitiger Aufhebung des bisherigen Mietvertrages. Damit läuft der Kanzleierwerber nicht Gefahr, für vom Veräußerer evtl. nicht erfüllte Pflichten in Anspruch genommen zu werden; aber: nutzt der Vermieter dies für eine Mieterhöhung aus?

[127] Im Sinne der Kontinuität der Praxis ist es aus Mandantensicht meist wichtig, daß die bisherigen Mitarbeiter auch nach Praxisübergabe weiterarbeiten: Wenn sich möglichst wenig ändert, ist der Mandant eher bereit, nunmehr den Erwerber zu mandatieren.
Auch für den Erwerber ist gut eingearbeitetes und mit den Mandanten vertrautes Personal vorteilhaft. Nach § 613 a BGB gehen die Rechte und Pflichten aus den bestehenden Arbeitsverhältnissen ohnehin vollinhaltlich auf den Erwerber über. Nach ständiger Rechtsprechung des BAG (z.B. NZA 93, 795) steht es den Arbeitnehmern allerdings frei, dem Übergang des Arbeitsverhältnisses zu widersprechen und damit das Arbeitsverhältnis zu beenden. Wegen dieser Unsicherheit empfehlen Kaiser/Wollny, (a.a.O. Seite 20, Rn 59) mit den Mitarbeitern ausdrücklich einen Übergang des Arbeitsverhältnisses zu vereinbaren. Dabei sollte man bedenken, daß die Rechtsprechung bei § 613 a BGB zu extensiver Anwendung neigt und daher auch anscheinend »freie Mitarbeiter« bei entsprechender Weisungsgebundenheit als Arbeitnehmer im Sinne des § 613 a BGB ansieht. Daher muß jeder – selbst ein nur mündlich abgeschlossener – Mitarbeitervertrag einschließlich etwa erst später erfolgter Vertragsänderungen (z.B. bei Gehaltserhöhungen, die aus dem Ursprungsvertrag nicht hervorgehen) »unter die Lupe genommen werden«. Wegen einer im gewissen Maße wahrscheinlichen Mandanten-Fluktuation mit daraus resultierendem Umsatzrückgang könnte der Erwerber allerdings auch ein Interesse daran haben, daß nicht alle Mitarbeiter verbleiben. Dasselbe gilt, wenn der Vorgänger Spitzengehälter gezahlt hat und Ersatzpersonal zu niedrigerem Gehaltsniveau eingestellt werden kann.

[128] Dreh- und Angelpunkt für die angestrebte Verhinderung der Mandanten-Fluktuation nach dem Übergang der Praxis auf den Erwerber ist zuallererst die psychologisch richtige Information des Mandanten hierüber. Beim Übergang einer Einzelkanzlei mag dieser Aspekt bedeutsamer sein als bei dem Ausscheiden eines Sozius aus einer Anwaltssozietät, weil dort das Vertrauen des Mandanten unter Umständen auch in die fortgesetzten Sozietät gegolten hat. Psychologisch richtig liegen die Verhandlungspartner, wenn sie sich zunächst klarmachen, daß der Praxisübergang aus der Sicht des Mandanten grundsätzlich kein »freudiges Ereignis« darstellt, sondern zumeist eher eine Enttäuschung: Wäre das Ausscheiden des bisherigen Praxisinhabers aus Mandantensicht erfreulich, hätte die Mandantschaft den Anwalt schon vorher nicht mehr mandatiert. Aus dieser Erkenntnis heraus ist in der Phase des Praxisübergangs zunächst der Veräußerer – erst dann der Erwerber – zum Handeln aufgerufen. Was kann der Veräußerer, was kann der Erwerber tun, um den Mandanten zum Verbleib zu bewegen? Ganz falsch wäre es, wie Wehmeier (Seite 192, Rn 176) für die vergleichbare Situation des Überganges einer Steuerberater-oder Wirtschaftsprüferpraxis mit Recht ausführt, wenn es bei der alleinigen

42 – Vereinbarung einer überleitenden Mitarbeit,[129]

Zusendung eines Standardschreibens bliebe, daß – überspitzt ausgedrückt – der Mandant ab ... sein Honorar auf ein neues Konto zu überweisen habe. Ebenso falsch wäre es, wenn es in diesem Schreiben lediglich stereotyp hieße, der Übergeber danke für das jahrelang entgegengebrachte Vertrauen und bitte, dieses auf den Erwerber zu übertragen. Eine solche Stereotypie mag bei der Übergabe eines nicht so sehr auf dem persönlichen Vertrauen basierenden Handelsgeschäfts oder Handwerksunternehmens angemessen sein, nicht aber bei der Übertragung einer Rechtsanwaltskanzlei. Der Mandant wird sich bei dem von ihm grundsätzlich negativ empfundenen Praxisübergang fragen, warum er denn dem Erwerber, den er sich ja als Rechtsberater im Gegensatz zum Übergeber der Praxis **nicht** ausgesucht hat, das Vertrauen übertragen soll. Dies wird er doch nur tun, wenn er davon ausgehen kann, vom Praxisnachfolger ebenso gut beraten zu werden wie vom Praxisübergeber. Dazu bedarf es zunächst der Worte des Veräußerers, denen dann die Taten (des Erwerbers) folgen müssen; m.a.W. der Veräußerer sollte den Erwerber der Mandantschaft als einen zur Fortführung der Kanzlei geeigneten Nachfolger empfehlen. Dies guten Gewissens tun zu können, setzt natürlich voraus, daß die Praxisübertragung tatsächlich an einen würdigen Nachfolger erfolgt. Die Eignung zur Praxisfortführung sollte zunächst mit Tatsachen unterlegt werden, wie z.B., je nach gegebenem Einzelfall, mit besonderen Kenntnissen in einem bestimmten, für den Mandanten relevanten Rechtsgebiet, zusätzlich erworbenen Qualifikationen, oder – falls der Fall – mit besonderem Sachverstand. So bei der Mandantschaft eingeführt, mag die große Mehrzahl der Mandanten bereit sein, dem Erwerber eine Chance, d.h. einen Vertrauensvorschuß, zu geben. Dies gilt insbesondere bei noch laufenden Mandaten, bei denen es für den Mandanten ausgesprochen unangenehm wäre, einen anderen Anwalt mit der Weiterbearbeitung zu beauftragen. Selbst wenn dem Mandanten in diesem Falle keine Mehrkosten entstünden, weil der ausscheidende Anwalt, wenn er selbst die Weiterbearbeitung ablehnt, also kündigt, seinen Honoraranspruch nach § 628 I 2 BGB verlöre, wäre es bei einem laufenden Mandat für den Mandanten sehr lästig, wenn er einen anderen Anwalt als den Praxisübernehmer beauftragen müßte, weil er dann diesem neuen Anwalt alle Informationen noch einmal erteilen müßte. Dies wäre im Falle seiner Zustimmung zur Weiterführung des laufenden Mandates durch den Praxiserwerber anders, kann er doch davon ausgehen, daß der Veräußerer den Erwerber umfassend in den bisherigen Sachstand einführt. Im Falle des Kanzleierwerbs vom Erben wäre es dieser aus Mandantensicht bestehende Vorteil natürlich nicht gegeben, so daß hier die Gefahr einer Mandanten-Fluktuation ungleich höher wäre. Es bleibt schließlich noch zu überlegen, in welcher Form der Übergeber den Praxisübernehmer bei den Mandanten einführen sollte: Am besten durch eine »überleitende Mitarbeit« von mehreren Monaten, was bei schwerer Krankheit und Tod des Ausscheidenden naturgemäß nicht möglich wäre. Auf die Wichtigkeit der überleitenden Mitarbeit wird noch an anderer Stelle eingegangen werden (siehe hierzu oben § 3 Rn 148 ff.) Die zweitbeste Lösung ist, wenn die überleitende Mitarbeit ausscheidet, die persönliche Einführung des Kanzleiübernehmers durch den Ausscheidenden in einem Einzelgespräch mit dem Mandanten. Dies wird aus Zeitgründen nicht bei allen Mandanten möglich sein, bei bereits längst abgeschlossenen einmaligen Mandaten sowie bei laufenden »Bagatell-Mandaten« regelmäßig untunlich sein. Dringend angeraten ist die persönliche Einführung durch den Praxisübergeber allerdings in den Fällen von **Dauermandaten** oder besonders bedeutsamen Einzelmandaten. Dort, wo weder die überleitende Mitarbeit noch die persönliche Einführung möglich oder tunlich ist, muß die Praxisübertragung durch einen psychologisch geschickten, standardisierten Brief an den Mandanten erfolgen. Aus diesem Brief des Veräußerers sollte hervorgehen, warum er den Erwerber guten Gewissens für die Fortsetzung laufender Mandate bzw. für die Erteilung neuer Mandate empfehlen kann.

Wichtig gerade aus der Sicht des Erwerbers der Anwaltskanzlei ist die vertragliche Regelung im Übergabevertrag, daß sich der Veräußerer zur überleitenden Mitarbeit, persönlicher Einführung des Erwerbers bei den Mandanten bzw. zur Übersendung von Empfehlungsschreiben verpflichtet. Diese Verpflichtung des Veräußerers sollte so konkret wie möglich formuliert werden (Siehe dazu oben Vertragsmuster, §§ 7, 8).

129 Zur Bedeutsamkeit der Vereinbarung einer überleitenden Mitarbeit siehe besonderen Hinweis (oben § 3 Rn 148 ff.)

- Zustimmung des Mandanten zur Weiterbearbeitung laufender Mandate durch den Erwerber sowie zur Aktenübergabe,[130]   43
- Regelung der Vergütungsanteile aus laufenden Mandaten,[131]   44

---

130 Ist die Information des Mandanten über den Praxisübergang – entsprechend der vereinbarten Abrede von Übergeber und Übernehmer – erfolgt, so ist die Zustimmung des Mandanten zur Weiterbearbeitung laufender Mandate durch den übernehmenden vom übergebenden Anwalt einzuholen. Liegt diese vor, so sind alle entsprechenden Unterlagen und Akten vom Veräußerer an den Übernehmer zu übergeben. Aus der Sicht des Praxiserwerbers wäre es natürlich ideal, wenn er den Abschluß des Kanzleikaufvertrages oder jedenfalls dessen Kaufpreishöhe davon abhängig machen könnte, daß er schon im Vorfeld die Zustimmung oder Ablehnung der Mandanten erführe. Dies entspricht allerdings regelmäßig nicht den Interessen des Veräußerers der Praxis. Es wäre auch nicht praktikabel, da man Mandanten nicht eine derartige, hypothetische Frage stellen kann. Der Mandant – mit der Frage konfrontiert, ob er einen ihm noch gar nicht bekannten Nachfolger mandatieren würde – würde wohl hier auch eher verärgert und damit ablehnend reagieren. Um das Risiko der Mandanten-Fluktuation für den Erwerber zu begrenzen, gibt es die Möglichkeit, statt der Zahlung eines bestimmten Kaufpreises eine Beteiligung des Veräußerers an künftigen Umsätzen oder Gewinnen des Erwerbers zu vereinbaren. Dazu Näheres bei Kaiser/Wollny, Seite 29–31, Rn 77–80. Michalski/Römermann, in NJW 1996, Seite 1305–1310 (Seite 1308), schlagen demgegenüber eine Kaufpreis-Anpassungsklausel vor, von der Gebrauch gemacht werden sollte, falls die nach Abschluß des Übernahmevertrages stattfindende Mandantenbefragung ein unerwartetes Ergebnis zeige.
Bei der Ausarbeitung dieser Vertragsklausel ist auf die neuere Rechtsprechung des BGH zur Schweigepflicht im Zusammenhang mit der Übergabe von Mandantenunterlagen beim Praxisverkauf Rücksicht zu nehmen. Der BGH hat in diesem Zusammenhang zunächst bei Arztpraxen (BGH vom 11.12.1991, in NJW 1992, Seite 737 ff.) und sodann für Rechtsanwaltspraxen (BGH vom 17.05.1995 in NJW 1995, Seite 2026 ff.) entschieden, daß Praxiskaufverträge wegen Verstoßes gegen die berufliche Verschwiegenheitspflicht (§ 203 I 3 StGB, § 43 a II BRAO) gemäß § 134 BGB nichtig seien, wenn darin die Verpflichtung zur Übergabe der Patientenunterlagen bzw. der Handakten auch ohne Einwilligung der betroffenen Auftraggeber vereinbart ist. Dabei ist zu beachten, daß in aller Regel ein **ausdrücklich erklärtes** Einverständnis erforderlich ist und schlüssiges Verhalten nur in eindeutiger Form dieses ausdrücklich erklärte Einverständnis zu ersetzen vermag (BGB vom 11.12.1991, in NJW 1992 Seite 740). Um hier Risiken von vornherein zu vermeiden, sollte das schriftliche Einverständnis zur Weiterbearbeitung laufender Mandate von jedem Mandanten eingeholt werden. Dies sollte, damit möglichst alle Mandantenzustimmungen erlangt werden, durch einen vorformulierten Brief erfolgen, welchen der Mandant nur zu unterschreiben und zurückzusenden braucht.

Formulierungsvorschlag: »Ich, ... (Name und Adresse des Mandanten) erkläre mich ausdrücklich damit einverstanden, daß Rechtsanwalt... (Erwerber) die von Rechtsanwalt... (Veräußerer) begonnene Sache ... weiterbearbeitet. In diesem Zusammenhang bin ich damit einverstanden, daß alle schriftlichen Unterlagen, die sich bei Rechtsanwalt ... (Veräußerer) befinden und weiter alle mündlichen Informationen zwischen den beiden Rechtsanwälten ausgetauscht werden sollen. Ich bin damit einverstanden, daß alle noch zu zahlenden Gebühren und Auslagen von mir ausschließlich an den Erwerber der Praxis gezahlt werden. Aus diesem Einverständnis ergeben sich für mich keine Mehrkosten bei den Anwaltsgebühren.«

Gerade der letzte Satz sollte im Interesse des Erlangens der Zustimmung des Mandanten unbedingt hinzugefügt werden, obwohl es selbstverständlich ist, daß dem Mandanten aus der Praxisübergabe keine Mehrkosten entstehen sollten.

131 Neben dem bereits in der vorangegangenen Fußnote gemachten Vorschlag zur Frage des Honorareinzuges im Außenverhältnis ist ferner das Innenverhältnis zwischen Praxisübergeber und Praxisübernehmer zu regeln. Hierbei ist, falls keine Honorarvereinbarung zwischen dem Übergeber und dem Mandanten **auf Stundenbasis** vorliegt, die Eigenart des Entstehens anwaltlicher Honorare nach der BRAGO zu beachten: Bekanntlich entsteht eine Gebühr, etwa nach § 31 I 1, 2, 3 bzw. nach § 118 I 1, 2, 3 BRAGO, bereits mit der ersten, unter die jeweilige Gebührenvorschrift fallenden Tätigkeit. Es sind deshalb für die Phase der Praxisübergabe Fälle denkbar, bei denen beim Veräußerer die jeweilige Gebühr bereits entstanden ist und eine weitere Tätigkeit in der Angelegenheit – nunmehr durch den

§ 2 Die Durchführung von Kaufverhandlungen

45 – Aktenübergabe auch bei bereits abgeschlossenen Mandaten,[132]
46 – Einziehung von Außenständen nach Praxisübergang.[133]
47 • Die Bekanntmachung der Praxisübergabe gegenüber Dritten.[134]

Kanzleierwerber – keine weitere Gebühr mehr entstehen läßt. Hier wäre es natürlich nicht sachgerecht, wenn der Veräußerer alle Gebühren aus einer solchen Angelegenheit bereits erhalten hätte und der Kanzleierwerber unentgeltlich die Sache weiterzubearbeiten hätte. Sachgerecht ist hier eine Teilung auf der Basis des bereits vom Veräußerer getätigten Aufwandes und des voraussichtlich vom Erwerber noch zu betreibenden Zeitaufwandes. Hier werden die Vertragsparteien nicht umhinkommen, jeden einzelnen Fall entsprechend zu bewerten. Zu Formulierungsvorschlägen siehe oben Vertragsmuster, dort § 9.

Eine andere Frage ist, wer die allein dem Veräußerer zustehenden Vergütungen aus abgeschlossenen Mandaten abrechnen und ggf. einziehen sollte. Hierzu kann zur Vermeidung von Problemen, die sich aus der anwaltlichen Schweigepflicht ergeben, nur empfohlen werden, daß dies der ausscheidende Anwalt allein tun sollte. Siehe dazu auch oben Vertragsmuster, dort § 10.
Kaiser/Wollny, Seite 24, Rn 68 meinen, daß dies im Regelfall der Erwerber vornehmen sollte.

132 Es fragt sich, ob eine Aktenübergabe zwischen Veräußerer und Erwerber auch bei bereits vollständig abgeschlossenen Mandaten erfolgen sollte. Hier geht es in erster Linie um die Aufbewahrungspflicht für Handakten, auch im Zusammenhang mit evtl. Regreßansprüchen. Die Aufbewahrungspflicht des Veräußerers beträgt nach § 50 II BRAO längstens fünf Jahre.
Der Erwerber kann nun eigentlich keinerlei Interesse daran haben, für den Veräußerer diese Aufbewahrungspflicht zu übernehmen. Dies wäre kaum interessengerecht, da der Erwerber ja mit vollständig vor Praxisübergabe abgeschlossenen Mandaten nichts zu tun hat. Gleichwohl schlägt Eich (Seite 47, Vertragsmuster I, dort § 10) dazu vor, daß die Parteien die Übernahme der Verpflichtung zur Aufbewahrung durch den Erwerber vereinbaren sollten. Diesem Vorschlag kann – zumindest auf unentgeltlicher Basis- nicht gefolgt werden. In jedem Falle bedarf es – im Hinblick auf die berufliche Verschwiegenheitspflicht – auch der Zustimmung der Mandanten.

133 Außenstände können beruhen auf noch laufenden Mandaten, aber auch auf bereits vom Kanzleiveräußerer abgeschlossenen Mandaten, über die aber noch nicht (vollständig) abgerechnet wurde bzw. auf die trotz Rechnungserstellung vom Mandanten noch nicht gezahlt wurde.
Über alle diese Außenstände müssen die Parteien des Praxiskaufvertrages eine Regelung treffen. Auch bei einer derartigen Regelung will die Pflicht zur beruflichen Verschwiegenheit (§ 203 I StGB, § 43 a II BRAO) beachtet werden (z.B. BGH in NJW 1993, Seite 1912; vgl. auch BGH in NJW 1996, Seite 775 für den vergleichbaren Fall der Abtretung einer Arztforderung). Bei noch laufenden Mandaten bedeutet dies, daß im Rahmen der vom Kanzleiveräußerer vorzuformulierenden Zustimmungserklärung des Mandanten zur Weiterbearbeitung auch die Benennung des Zahlungsempfängers (vgl. hier Fn. 130) erfolgen sollte. Dagegen dürfte es in den Fällen bereits abgeschlossener Mandate zweckmäßig sein, daß der Kanzleiveräußerer selbst die Einziehung der allein ihn betreffenden Mandate noch durchführt. (Ein abweichender Vorschlag aber bei Kaiser/Wollny, Seite 136, § 11.)

134 Sowohl den Praxisübertragenden als auch den Praxisübernehmer treffen diverse Mitteilungspflichten, die zum Teil rechtlich verbindlich sind, zum Teil zumindest der Zweckmäßigkeit dienen. Grundsätzlich sollte jeder Vertragspartner seine eigenen Pflichten erfüllen. Der **Veräußerer** oder dessen Erben haben im Falle des vollständigen Ausscheidens aus dem Beruf der Landesjustizverwaltung gegenüber schriftlich den Verzicht zu erklären (§ 14 II 4 BRAO). Bei Zulassungswechsel hat der veräußernde Anwalt einen entsprechenden Antrag (§ 33 BRAO) zu stellen. Zumindest zweckmäßigerweise sollte der ausscheidende Anwalt das Gericht, bei dem er zugelassen ist (§§ 18, 19–25 BRAO), schriftlich informieren, auch wenn nach § 36 I 2 BRAO eine Löschung aus der Liste der zugelassenen Rechtsanwälte automatisch erfolgt. Eine Nachricht an den örtlichen Anwaltverein empfiehlt sich auch dann, wenn der Veräußerer Mitglied bleibt, also nicht nur im Falle der Kündigung der Mitgliedschaft wegen Ausscheidens aus dem Beruf.
Entsprechende Nachrichten sollten der Veräußerer – ggf. in einem Rundschreiben- auch an Rechtsanwaltskollegen senden, mit denen bisher zusammengearbeitet wurde. Dasselbe gilt auch gegenüber Geschäftspartnern, wie z.B. den Lieferanten des ausscheidenden Anwalts.
Der **Erwerber** hat im Rahmen des Zulassungsverfahrens Wohnsitz und Kanzlei zu benennen (§ 27 BRAO, § 24 I 2 der Berufsordnung vom 29.11.996), außerdem das örtliche Gericht der ordentlichen Gerichtsbarkeit, bei dem er zugelassen werden will (§ 18 BRAO). Dies führt zur Eintragung in

Die Durchführung von Kaufverhandlungen § 2

- Eintritt in Verträge mit Dauerwirkung.[135] **48**
- Übergabestichtag.[136] **49**
- Konkurrenzschutzklausel (= Wettbewerbsverbot).[137] **50**

    die Liste der Rechtsanwälte (§ 31 BRAO). Für die Mitteilung der Übernahme der Praxis an den örtlichen Anwaltverein und an Geschäftsfreunde gilt dasselbe wie für den Veräußerer. Eine solche Information kann auch von beiden Vertragspartnern in einem gemeinsamen Brief erfolgen, auch durch ein gemeinsames Zeitungsinserat, falls dies für zweckmäßig gehalten wird. Hingewiesen sei noch auf die Pflicht zur Mitteilung an das zuständige Finanzamt nach § 138 I, 4 AO. Hiernach sind die Eröffnung, Verlegung und Aufgabe einer freiberuflichen Tätigkeit dem Finanzamt mitzuteilen.

135 Der Veräußerer hat regelmäßig ein Interesse daran, den Erwerber zum Eintritt in noch laufende Verträge zu bewegen, wenn ohne Kündigung noch eine Restlaufzeit, die eine fortdauernde vertragliche Bindung des Veräußerers bedeutete, vorhanden wäre. Dies gilt insbesondere für Leasing- und Wartungsverträge. Diese Schuldverhältnisse gehen nur auf den Erwerber über, wenn der jeweilige Vertragspartner dem zustimmt, was in der Regel unproblematisch sein dürfte. Zu einem entsprechenden Formulierungsvorschlag siehe Vertragsmuster, § 12.

136 Die Parteien müssen festlegen, ab wann der Übernehmer den Veräußerer »ersetzt«. Dieser Stichtag hat insbesondere Bedeutung für den Zeitpunkt des Überganges von Arbeitsverhältnissen (§ 613 a I 1 BGB) und für den Zeitpunkt des Eintritts in andere Verträge mit Dauerwirkung. Der Übergabestichtag – hierbei ist möglichst die Uhrzeit eines bestimmten Tages, zweckmäßigerweise eines bestimmten Monatsersten, festzulegen – hat aber auch Bedeutung für den Beginn der Verantwortlichkeit des Erwerbers bei der Bearbeitung von Mandaten (siehe hierzu Kaiser/Wollny, Seite 26, 27, Rn 73 sowie Eich, Seite 43, § 2 und die dortige Fn. 4.) Siehe dazu auch oben, § 4, Tableau Rn 10., dort unter B) 5.

137 Der Erwerber einer Anwaltskanzlei hat ein Interesse daran, daß der Veräußerer nach Praxisübergabe bzw. Übertragung eines Sozietätsanteiles möglichst überhaupt nicht mehr als Rechtsanwalt tätig wird. Der Erwerber möchte daher, daß in den Kanzleikaufvertrag eine Konkurrenzschutzklausel (Wettbewerbsklausel) aufgenommen wird. Dieses Interesse des Erwerbers erhält dadurch seine Berechtigung, daß er dem Veräußerer einen Teil des Gesamtkaufpreises, d.h. den Kaufpreis für den Goodwill, nur deshalb vergütet, daß er die Chance erhält, daß die Mandanten ihm, dem Veräußerer, nunmehr das Vertrauen übertragen. (BRAK-Ausschuß-Bericht 1992, Seite 27 unter VI 2). Würde der Veräußerer an demselben Ort oder in derselben Gegend als Anwalt tätig sein, so hätten dessen Mandanten allen Grund, diesen Anwalt weiter zu mandatieren. Das soll mittels einer Konkurrenzschutzklausel zugunsten des Erwerbers der Praxis verhindert werden.
Bei der vertraglichen Vereinbarung einer solchen Klausel ist allerdings Vorsicht geboten: Die Rechtsordnung läßt Wettbewerbsklauseln ohne zeitliche, örtliche und inhaltlich-gegenständliche Begrenzung nicht zu. Solche unbegrenzten Klauseln sind wegen der auch im Rahmen der zivilrechtlichen Generalklausel des § 138 BGB zu beachtenden verfassungsrechtlich garantierten Berufsfreiheit (Artikel 12 I GG) sittenwidrig und damit nichtig (kurz und prägnant hierzu: BGH vom 29. 10.1990 in NJW 1991, Seite 699); zu weiteren Fundstellen hierzu siehe Kaiser/Wollny, Seite 36, Fn. 48,49). Es besteht zudem die Gefahr, daß im Falle einer gerichtlichen Auseinandersetzung der **gesamte** Vertrag nach § 139 BGB für nichtig gehalten wird (Palandt/Heinrichs, § 138, Rn 106, 107 m.w.N.). Welche Grenzen eine Wettbewerbsklausel in zeitlicher, örtlicher und inhaltlich- gegenständlicher Hinsicht einhalten hat, läßt sich nicht generell bestimmen. In zeitlicher Hinsicht wurde vom BGH ein lebenslanges Niederlassungsverbot bei einem 65 Jahre alten Übergeber (BGH vom 28.04.1986 in NJW 1986, Seite 2944) ebenso für nichtig erachtet wie eine 10-jährige Dauer (BGH in NJW 1979, Seite 1605). Fehlt eine örtlich und sachlich-gegenständliche Begrenzung, so kann bereits eine 2jährige Dauer zur Nichtigkeit führen. Kaiser/Wollny (Seite 37, Rn 89) empfehlen als zeitliche Obergrenze fünf Jahre. Hinzuweisen ist noch auf folgende Gefahr bei der Vereinbarung eines in zeitlicher, örtlicher und sachlich-gegenständlicher Hinsicht übermäßig wirkenden Wettbewerbsverbots: Eine Umdeutung in eine Klausel mit gerade noch vertretbaren Beschränkungen gemäß § 140 BGB soll nach der Rechtsprechung des BGH (BGH vom 28.04.1986 in NJW 1986, Seite 2944 (2945) nicht zulässig sein, weil sonst ein den anderen Vertragspartner in sittenwidriger Weise übervorteilender Partner dies ohne Risiko bis an die »Schmerzgrenze« versuchen könnte.
Zusammenfassend ist festzustellen, daß wegen des Risikos der Vollnichtigkeit des Übergabevertrages eine Wettbewerbsklausel nur dann maximal fünf Jahre betragen sollte, wenn sie zeitlich gleichwertig in

§ 2 Die Durchführung von Kaufverhandlungen

51 • Der Kaufpreis und seine Begleichung.[138]
52 • Schiedsklausel.[139]

örtlicher Hinsicht die gesamte Bundesrepublik und im sachlich-gegenständlichen Bereich sämtliche anwaltlichen Betätigungsfelder umfaßt.

Da sich für den Fall der Zuwiderhandlung gegen ein wirksam vereinbartes Wettbewerbsverbot regelmäßig Probleme bei der Ermittlung der Schadenshöhe ergeben, empfiehlt sich die Vereinbarung einer angemessenen Vertragsstrafenregelung.

138 Die zentrale Bedeutung des Kaufpreises und damit zusammenhängender Nebenfragen liegt auf der Hand. Zum Regelungskomplex »Kaufpreis« gehören folgende Aspekte:
– Höhe des Kaufpreises, getrennt nach dem Entgelt für den Substanzwert der Praxiseinrichtung, der Vergütung für die evtl. Weiterbearbeitung laufender Mandate und schließlich für den Goodwill (vgl. hierzu BRAK-Ausschuß-Bericht 1992, Seite 24/25 unter II A und B).
– Zahlungsform: Barzahlung, Ratenzahlung, Zahlung durch Leibrente oder Zeitrente oder Zahlung bemessen nach künftigem Umsatz oder Gewinn des Erwerbers. Zwischen diesen vier gründsätzlichen Zahlungsformen sind zahlreiche Mischformen möglich. Aus Sicht des Veräußerers ist Barzahlung regelmäßig vorziehungswürdig, während der Erwerber meist ein Interesse daran hat, den Kaufpreis zu »strecken«, d.h. aus künftigen Einnahmen zu begleichen. Was vereinbart wird, ist Verhandlungssache.
– Sicherheiten und Verzinsungspflicht:
In der einschlägigen Literatur wird für die Fälle, in denen der Kaufpreis nicht ausschließlich bar bezahlt wird, mit Recht der Abschluß einer Risikoversicherung empfohlen; diese soll das Risiko abdecken, daß der Erwerber während der Laufzeit der vereinbarten Leistung stirbt. Hierbei handelt es sich um eine sogenannte Todesfallrisikoversicherung (Kaiser/Wollny, Seite 33, Rn 84 und Eich, Seite 51, dort § 18). Daneben empfiehlt sich bei langfristiger Zahlungsvereinbarung eine Wertsicherungsklausel. Außerdem sollte eine »Verfallklausel« in die Vereinbarung aufgenommen werden, wonach der gesamte Restkaufpreis fällig wird, wenn der Erwerber mit auch einer Rate im Rückstand ist.

Für den Fall des Zahlungsverzuges – auch bei vereinbarter vollständiger Barzahlung des Kaufpreises – sollte abweichend von der gesetzlichen Mindestverzinsung von 4 % (§§ 284, 288 BGB) eine um einige Prozentpunkte über dem Diskontsatz liegende Verzinsung vereinbart werden. Dies alles dient den berechtigten Sicherheitsinteressen des Veräußerers, dem sich ein seriöser Erwerber nicht wird verschließen können.

In einkommensteuerlicher Hinsicht ist darauf hinzuweisen, daß sich bei den unterschiedlichen Zahlungsformen auch jeweils unterschiedliche steuerliche Konsequenzen ergeben. Beim Veräußerer geht es um die Besteuerung des Veräußerungsgewinns nach § 18 III, 16 EStG. Hierbei ergeben sich insbesondere dann spezielle Fragen, wenn der Kaufpreis in Raten oder in Form einer Rente gezahlt wird.

Beim Erwerber geht ein einkommensteuerlich um die Ermittlung der Anschaffungskosten. Diese stellen die Basis für die Ermittlung der jährlichen Abschreibungsbeträge dar. Auch hier ergeben sich Fragen, wenn der Kaufpreis in Raten oder als Rente vereinbart wird. Auf einkommensteuerliche Aspekte wird oben im § 6 gesondert eingegangen werden.

139 In der Literatur (Eich, Seite 54, dort § 25 und Kaiser/Wollny, Seite 39, Rn 93) wird außerdem für den Streitfall die Vereinbarung eines Schiedsvertrages unter Ausschluß des ordentlichen Rechtsweges empfohlen. Aus gutem Grunde:
Dem Ansehen der Rechtsanwälte als Organe der Rechtspflege (§ 1 BRAO) wird mit öffentlich ausgetragenen Streitigkeiten über interne Vertragsstreitigkeiten Schaden zugefügt. Ein Schiedsspruch (§ 1040 ZPO), der die Wirkung eines rechtskräftigen Urteiles hat, vermag dies zu verhindern. Dabei ist auf das Einhalten der Formvorschrift des § 1027 ZPO zu achten: Es bedarf einer gesonderten Urkunde.

- Salvatorische Klausel.[140] 53

V. Der Gegenstand des Kaufvertrages

Je nachdem, ob es sich um den Erwerb einer Einzelkanzlei oder um den Erwerb eines Sozietätsanteiles handelt, ist der Kaufgegenstand ein anderer: 54

Beim Einzelanwalt[141] werden der Praxiswert (Goodwill), regelmäßig zusätzlich die Praxiseinrichtung einschließlich der Bibliothek und, je nach Vereinbarung, die ausstehenden Forderungen zum Kaufgegenstand gemacht.[142] Hinzu kommen im Einzelfall als weitere Aktiva: Bankguthaben, ausnahmsweise auch der Kassenbestand und ein betrieblicher PKW. Sofern als Passiva betriebliche Verbindlichkeiten übernommen werden sollen, sind diese wertmindernd zu berücksichtigen. 55

Wird ein Sozietätsanteil verkauft, so handelt es sich zivilrechtlich um den Verkauf eines Gesellschaftsanteiles (§ 705 ff. BGB). Damit liegt grundsätzlich ein Rechtskauf vor.[143] Tritt ein Rechtsanwalt derart in eine bereits bestehende Sozietät ein, daß er von einem ausscheidenden Sozius dessen Anteil erwirbt,[144] so liegt darin die Übertragung des vollen Mitgliedschaftsrechtes des Ausscheidenden an den Übernehmer.[145] 56

Das bedeutet außer dem Erwerb gesellschaftsrechtlicher Mitwirkungsrechte, daß der Erwerber grundsätzlich gesamthänderisch am Unternehmensvermögen beteiligt wird, d.h. gesamthänderisches Miteigentum an den Sachen, gesamthänderische Mitinhaberschaft an Forderungen und Rechten der Sozietät sowie auch gesamthänderische Beteilung am Goodwill der Sozietät erwirbt.[146] 57

---

140 Jeder vertragsgestaltende Rechtsanwalt formuliert üblicherweise am Ende von Vereinbarungen eine sogenannte salvatorische Klausel. Dies gilt natürlich auch, wenn, wie hier, zwei Anwälte in eigener Sache tätig werden. Die salvatorische Klausel sollte sich auf zwei Aspekte beziehen: Zum einen sollte geregelt werden, daß eine Teilnichtigkeit einzelner Vertragsklauseln nicht eine Vollnichtigkeit des Vertrages nach sich zieht, um die sich aus § 139 BGB ergebenden Unsicherheiten zu beseitigen. Zum anderen sollten die Parteien sich einer Verpflichtung zur Förderung des Vertragswerkes unterwerfen, nämlich der Pflicht, eine gegebenenfalls unwirksame Einzelklausel durch eine wirksame zu substituieren.
141 Der BRAK-Ausschuß-Bericht von 1992 betrachtet hinsichtlich des Kaufgegenstandes nur die Praxis eines Einzelanwaltes, so BRAK.-Mittl. 1/1992, Seite 24 ff. (Seite 24, dort unter II).
Nur hinsichtlich der **Bewertung** wird auch der Sozietätsanteil betrachtet: a.a.O., Seite 27, dort VI 3.
142 BRAK-Ausschuß-Bericht in BRAK.-Mittl. 1/1992 24 ff., dort unter II Seite 24, 25.
143 Palandt/Putzo, § 433, Rn 2.
144 Palandt/Thomas, § 719, Rn 3.
145 Palandt/Thomas, § 718, Rn 3, 5. Denkbar ist neuerdings auch der Verkauf eines Anteils an einer freiberuflichen Partnerschaft nach dem »Gesetz über Partnerschaftsgesellschaften Angehöriger freier Berufe« vom 25. Juli 1994 (BGBl. I 1744).
146 Von einem der Sozien eingebrachte Gegenstände können allerdings in dessen Alleineigentum verbleiben. Hierzu Kaiser/Bellstedt, Seite 79, Rn 461.

58 Da den verbleibenden Sozien kein unliebsamer »Neuer« aufgedrängt werden soll, sieht § 719 BGB vor, daß eine solche Anteilsübertragung grundsätzlich nicht zulässig ist. Ausnahmsweise ist sie dann zulässig, wenn die verbleibenden Sozien dies einstimmig beschließen.[147]

59 Möglich wäre eine Anteilsveräußerung auch, falls eine derartige Option im Sozietätsvertrag von vornherein vorgesehen wäre, was wohl selten der Fall sein dürfte.

60 Ähnliche Feststellungen wie hier zum Verkauf eines anwaltlichen Sozietätsanteiles im Rahmen einer BGB-Gesellschaft gelten auch für den Verkauf eines Anteils an einer Rechtsanwalts-GmbH. Die Berufsausübung von Rechtsanwälten in Form einer Kapitalgesellschaft – also auch als Aktiengesellschaft – wird mangels eines ausdrücklichen Verbots in der Bundesrechtsanwaltsordnung in der Fassung vom 02.09.1994 de lege lata überwiegend für zulässig gehalten.[148]

Ein Gesetzentwurf zur Anwalts-GmbH befindet sich im Endstadium des Gesetzgebungsverfahrens; Bundestag und Bundesrat haben bereits zugestimmt.[149]

VI. Rechtliche Rahmenbedingungen für die Kaufpreisfindung

61 Spätestens seit der Entscheidung des BGH vom 20.01.1965[150] ist geklärt, daß ein Praxiskaufvertrag über eine Anwaltskanzlei nicht generell wegen Verstoßes gegen die guten Sitten (§ 138 BGB) nichtig ist. Natürlich ist denkbar – wie bei jedem anderen zivilrechtlichen Vertrag – daß im Einzelfall der Kanzleikaufvertrag wegen Verstoßes gegen § 138 BGB ausnahmsweise nichtig ist. Zu denken wäre hier beispielsweise an einen vereinbarten Kaufpreis, der ein mehrfaches des Üblichen ausmacht, also wucherisch wäre.

62 Seit das Bundesverfassungsgericht in seiner Entscheidung vom 14.07.1987[151] festgestellt hat, daß die »Grundsätze des anwaltlichen Standesrechts«[152] unwirksam sind und durch Gesetzes- bzw. Satzungsrecht zu ersetzen sind,[153] hat

---

147 Palandt/Thomas, § 719, Rn 3.
148 Dazu ausführlich Kaiser/Bellstedt, Seite 211 ff. Siehe auch Beschluß des LG Baden-Baden vom 13.05.1996 in AnwBl. 10/1996, Seite 537.
149 AnwBl. 1/1998, Seite 6 ff., NJW-Wochenspiegel, Heft 32/1998 vom 05.08.1998.
150 In BGH Z 43/ 46 = NJW 1965, Seite 580; im ähnlichen Sinne schon zuvor in NJW 1958, Seite 950.
151 NJW 1988, Seite 191.
152 Richtlinie gemäß § 177 II Nr. 2 BRAO in seiner seinerzeitigen Fassung vom 21.06.1973.
153 Inzwischen der Fall: Siehe heutige Fassung der BRAO sowie die Berufsordnung vom 29.11.1996 in BRAK-Mittl. 6/1996, Seite 241 ff.

auch § 80 dieser Richtlinien (»Praxisübernahme«) keine rechtliche Rahmenbedeutung mehr für die Kaufpreisfindung.[154]

Damit kann festgehalten werden, daß ein Kaufvertrag über eine Anwaltspraxis bezüglich der Kaufpreishöhe nach heutiger Auffassung nur in seltenen Ausnahmefällen nach § 138 BGB nichtig sein wird. Dies ist letztlich Ausfluß der privatautonomen Gestaltungsmöglichkeit von Rechtsgeschäften. Damit sind die Vertragspartner eines Kanzleikaufvertrages in rechtlicher Hinsicht bezüglich der Kaufpreisfindung bis zur Grenze eines auffälligen Mißverhältnisses von Leistung und Gegenleistung (§ 138 II BGB)[155] frei.

63

VII. Betriebswirtschaftliche Rahmenbedingungen für die Kaufpreisfindung

Die Frage, was die zu übertragende Anwaltspraxis »wert« ist, stellt sich nicht als Rechtsfrage, sondern als Problem der Betriebswirtschaftslehre.

64

Bei dem Kauf einer Freiberuflerpraxis geht es betriebswirtschaftlich um nichts anderes als um die zutreffende Bewertung eines Unternehmens. An einer solchen Bewertung – etwa in Form eines Gutachtens – wird sich der Erwerber, der betriebswirtschaftlich rational handelt, bezüglich des von ihm zu zahlenden Preises orientieren. »Wert« und »Preis« müssen dabei keinesfalls identisch sein. Divergenzen zwischen »Wert« und »Preis« ergeben sich zum Beispiel aus Umständen wie Zeitdruck oder fehlenden Alternativen. Der »Wert« sollte aber in jedem Falle die Basis für Kaufpreisverhandlungen sein.

65

Zur betriebswirtschaftlichen Unternehmensbewertung im allgemeinen existiert eine Fülle von Literatur;[156] auch gibt es aus dem Berufsstand der Wirtschaftsprüfer/vereidigten Buchprüfer eine Verlautbarung, die sich mit den Grundsätzen der Durchführung von Unternehmensbewertungen im allgemeinen befaßt.[157]

66

Die allgemeine Unternehmensbewertungslehre, die auf gewerbliche Unternehmen abgestellt ist, sieht die Grundlage des »richtigen« Wertes eines Unternehmens in dessen Fähigkeit, Einnahme-Überschüsse (Gewinne) zu erwirtschaften.[158]

67

---

154 § 80 der Grundsätze des anwaltlichen Standesrechts (Stand 01.02.1987) lautete:
    (1) Die entgeltliche Übernahme einer Praxis ist zulässig.
    (2) Die Bedingungen für den Praxiserwerb müssen angemessen sein.
    (3) Vor dem Abschluß ist der Vertrag dem Vorstand der Rechtsanwaltskammer, in deren Bezirk sich die Praxis befindet, zur Prüfung vorzulegen, ob standesrechtliche Bedenken bestehen.
    Eich, Seite 2 f, Rn 6–9, sieht eine gewisse Restbedeutung des § 80 der Richtlinien. Auch Kaiser/Wollny, Seite 27, Rn 94, gehen nach wie vor vom Erfordernis angemessener Bedingungen aus, was aber der maßgebliche § 138 BGB nicht unbedingt voraussetzt.
155 Besonders deutlich hierzu: BGH in NJW 1973, Seite 98 ff. (Seite 100 unter II 2 b).
156 Siehe dazu z.B. Korth, BB Beilage Nr 19 zu Heft 33, 1992, Seite 2 mit zahlreichen Hinweisen.
157 IDW, Fachgutachten und Stellungnahmen, Hauptfachausschuß 2/1983 (HFA).
158 IDW, HFA 2/1983, dort B, Seite 101.

§ 2 Die Durchführung von Kaufverhandlungen

68 Diese sogenannte **Ertragswertmethode** sieht den Wert eines Unternehmens als Barwert der zukünftigen Überschüsse der Einnahmen über die Ausgaben, wobei der Barwert durch Abzinsung zu ermitteln ist.[159]

69 Diese Ertragswertmethode wird allerdings bei der Wertermittlung von Freiberuflerpraxen meistens nicht zugrunde gelegt: Es haben sich nämlich bestimmte Wertfindungsmethoden für fast alle freien Berufe in der Praxis durchgesetzt. Diese Methoden kombinieren regelmäßig eine getrennte Ermittlung des Wertes der Substanz – insbesondere des Mobiliars, der Geräte, aber auch evtl. zu übernehmender offener Forderungen – mit der Bewertung des immateriellen Praxiswertes (Goodwills). Im Vordergrund steht bei Freiberuflerpraxen im allgemeinen und auch bei Anwaltspraxen im speziellen die besondere Wertermittlung des Goodwills nach einem am **Umsatz** orientierten Verfahren.[160]

70 Der erzielte oder erzielbare **Gewinn** spielt bei der Goodwillbewertung einer Anwalts- oder sonstigen Freiberuflerpraxis so gut wie keine Rolle.[161]

71 Als Begründung dafür, daß man nicht auf den Gewinn, sondern auf den Umsatz abstellt, wird vom BRAK-Ausschußbewertung von Anwaltspraxen[162] unter anderem ausgeführt, daß der Gewinn wegen der Gestaltungsmöglichkeiten bei den Kosten eine zu unsichere Bewertungsgrundlage darstelle.

72 Es kann und soll nicht Aufgabe dieses Buches sein, betriebswirtschaftlich-wissenschaftlich zu untersuchen, ob die branchentypischen Wertfindungsmethoden,[163] insbesondere die vom BRAK-Ausschußbewertung von Anwaltspraxen vorgeschlagene Kombinationsmethode – getrennte Ermittlung des Wertes der Substanz und des Wertes des Goodwills auf Umsatzbasis – betriebswirtschaftlichen Grundsätzen vollständig standhalten. Wurde dies in der früheren betriebswirtschaftlichen Literatur eher bezweifelt,[164] so gibt es in der aktuellen Diskussion durchaus Befürworter,[165] die den branchentypischen Wertfindungsmethoden die betriebswirtschaftliche Fundierung mit Hinweis auf den »Markt« jedenfalls nicht grundsätzlich absprechen wollen.

73 Interessant ist in diesem Zusammenhang sicherlich, daß sogar der Berufsstand der Wirtschaftsprüfer/vereidigten Buchprüfer für die Bewertung des Goodwills

---

159 Korth, a.a.O., Seite 3, 4.
160 Ausführlich hierzu: Wollny, Seite 500 ff, für Ärzte, Ingenieure, Rechtsanwälte, Steuerberater und Wirtschaftsprüfer. Grundlegend hierzu auch Englert in BB 1997, Seite 142, ff.
161 Die Bundessteuerberaterkammer empfiehlt eineKombination von Umsatzverfahren und Ertragswertmethode; dazu Englert, wie vor, a.a.O., Seite 143, 144.
162 BRAK-Ausschuß-Bericht in BRAK-Mittl. 1/1992, Seite 24–28 (Seite 25 unter V 1).
163 Ausdruck so bei Englert in BB 1997, Seite 142 ff.
164 Das IDW, HFA 2/1993, dort unter A, Seite 101, warnte seinerzeit vor »vereinfachten Preisfindungen« bei der Unternehmensbewertung.
165 Barthel in DStR 1996, Seite 1458 ff. und Seite 1701 ff. und Englert in BB 1997 Seite 142 ff.

von Wirtschaftsprüferpraxen inzwischen[166] vom modifiziertem Ertragswertverfahren zu einem auf dem Umsatz basierenden Bewertungsverfahren übergegangen ist. Wenn dieser Berufsstand, zu dessen Hauptaufgaben die Unternehmensbewertung zählt, sozusagen in eigener Sache, d.h. bei der Bewertung des Goodwills einer Wirtschaftsprüferpraxis, nunmehr ein Verfahren vorschlägt, wie es im wesentlichen dem Verfahren des BRAK-Ausschußbewertung von Anwaltspraxen entspricht – ihm ist auch die Bundesärztekammer für die Bewertung von Arztpraxen gefolgt – spricht nichts dagegen, für die hier interessierende Wertermittlung von Anwaltskanzleien dieses ohnehin seit langem berufsübliche Verfahren[167] den folgenden Ausführungen zugrunde zu legen. Dies schließt natürlich nicht aus, daß der Verfasser dieses Verfahren kritisch betrachtet, und dort wo dies geboten erscheint, Modifikationen vornimmt oder für die Zukunft vorschlägt.

---

166 Vgl. dazu Englert in BB 1997, Seite 142 ff. (Seite 143, Fn. 14 und 15).
167 Zu diesem Verfahren siehe insbesondere auch Kaiser/Wollny, Seite 57, Rn 145 und Eich, Seite 6.

§ 3 Die Methoden zur Ermittlung des Wertes einer Anwaltspraxis

Nach dem hier schon mehrfach angesprochenen BRAK-Ausschuß-Bericht von 1992 setzt sich der Gesamtwert einer Anwaltspraxis[168] aus dem materiellen Substanzwert und dem eigentlichen Praxiswert (ideeller Praxiswert = Goodwill) zusammen. Beide Werte zusammengefaßt ergeben dann den Gesamtwert der Praxis. 1

Zunächst sollen im folgenden die einzelnen Verfahrensschritte zur Ermittlung des **Substanzwertes** dargestellt werden. 2

I. Die Ermittlung des Substanzwertes der Praxis (mit Tableaus)

Theoretisch unproblematisch erscheint die Bewertung der Substanz einer Freiberuflerpraxis. Die Büroeinrichtung, die Geräte, die Bibliothek, ein vom Übergeber zu übernehmender PKW sind mit dem »Substanzwert«[169] zum Bewertungsstichtag einzeln zu bewerten. 3

Entsprechendes gilt für die Bewertung von etwa vom neuen Praxisinhaber zu übernehmenden ausstehenden Forderungen. Im Rahmen der Substanzbewertung dieser »unkörperlichen« Gegenstände gibt es theoretisch ebenso wenig Probleme wie bei der Bewertung etwa übernommener Bankguthaben. Im Regelfall wird hier eine Substanzbewertung zum Nennwert zu erfolgen haben.[170] 4

Die etwa vom Erwerber übernommenen offenen Forderungen sind nicht um darauf entfallende Ertragsteuern zu vermindern, was auch für die Bewertung für den Zugewinnausgleich gilt.[171] 5

---

168 BRAK-Mittl. 1/1992 BB 1997, Seite 24–28 (Seite 24 unter II).
169 Statt vieler: Englert 1997, Seite 142 ff. sowie Korth in BB Beilage Nr. 19 zu Heft 33/1992, Seite 3 ff.
170 BGH in NJW 1991, Seite 1547 ff. (Seite 1549 unter 4 a) und Englert in BB 1997, Seite 142 ff. (Seite 143). Nur wenn es Anhaltspunkte dafür gibt, daß in der Vergangenheit in der zu bewertenden Praxis nicht alle offenen Forderungen vollständig realisierbar waren, ist ein entsprechender Wertabschlag vorzunehmen.
171 BGH in NJW 1991, Seite 1547 ff., 1549 4 a, mit der Begründung, daß die konkrete Steuer erst mit Ablauf des Kalenderjahres (§ § 25 I, 36 EStG) entstehe und erst dann in ihrer Höhe genau feststellbar sei. Anders dagegen sind die fiktiven Ertragsteuern, die bei einer nur gedachten Veräußerung der Praxis anfallen würden, insbesondere für den Fall des Zugewinnausgleiches, vom Praxiswert abzusetzen: BGH in NJW 1991, Seite 1547 ff. (Seite 1551).

§ 3 Die Methoden zur Ermittlung des Wertes einer Anwaltspraxis 64

6 Wenn auch die Bewertung der Gegenstände nach dem Substanzwert theoretisch als unproblematisch bezeichnet wurde, so sollte dies nicht darüber hinwegtäuschen, daß dies praktisch eine mühevolle Kleinarbeit bedeutet. Das folgt daraus, daß jeder Einrichtungsgegenstand, zum Beispiel ein Stuhl, ja jeder Tisch und jedes Buch, einzeln zunächst zu erfassen und sodann zu bewerten sind.

Eine hierfür anzufertigende **Inventarliste** kann folgendes Aussehen haben.

7

Raum	lfd.Nr.	Gegen-stand	Anzahl	Anschaffungsdatum u. Preis, soweit Rechnung vorhanden	Schätzwert zum Bew.-Stichtag	bes. Bemer-kungen
...	...	...	...	...	...	...

8 Eine solche Inventarliste, die unter Umständen 10 Seiten und mehr umfassen könnte, kann von beiden Vertragspartnern auch gemeinsam erstellt werden. Will man sich diesem zeitaufwendigen Verfahren nicht unterwerfen, so kann mit der Erfassung und Bewertung aller Gegenstände ein neutraler Gutachter beauftragt werden.[172] Eine solche Aufgabendelegation bietet sich insbesondere auch dann an, wenn neben Einrichtungsgegenständen andere Vermögensgegenstände oder auch Verbindlichkeiten vom Erwerber übernommen werden sollen und diese erfaßt und bewertet werden müssen. Dabei wird in der Regel der Wert der zu übernehmenden Gegenstände nicht erheblich sein.[173]

---

172 Siehe oben im § 1 Rn 79 ff.
173 So Bericht des BRAK-Ausschusses Bewertung von Anwaltspraxen in BRAK-Mittl. 1/1992 Seite 24 ff. (Seite 25).

Vielleicht können sich auch in derartigen Fällen die Vertragsparteien über eine 9
pauschale Ermittlung und Wertfestsetzung einigen. Dies setzt allerdings beider-
seits ein von Großzügigkeit geprägtes Verhandlungsklima voraus.[174]

Wertmaßstab für die nach der Substanz zu bewertenden Gegenstände sind die 10
Wiederbeschaffungspreise.[175]

Bei der Bewertung von Literatur und gebundenen Zeitschriften können die 11
Vertragspartner bzw. der Gutachter auf häufig erscheinende Anzeigen von gewerblichen Antiquariaten[176] zurückgreifen.

Werden vom Erwerber **Verbindlichkeiten** des Veräußerers übernommen, so 12
sind diese als Passivposten wertmindernd abzusetzen. Es empfiehlt sich in solchen Fällen, eine Aufstellung in Bilanzform anzufertigen. Hieraus ergibt sich
dann der Gesamtwert der nach der Substanz zu bewertenden Gegenstände der
Praxis. Eine derartige Bilanz kann etwa folgendes Aussehen haben:

Betrifft: Veräußerung der Praxis des Rechtsanwaltes ... , 13
hier: Bewertung der zu übernehmenden Vermögensgegenstände und Verbindlichkeiten zum Übernahmestichtag...

AKTIVA	DM	PASSIVA	DM
1. Büroeinrichtung, Geräte, Bibliothek, lt. Inventarliste	18.820,00	Vom Erwerber zu übernehmende Verbindlichkeiten: 1. Bankschulden, langfristig	23.530,00
2. Betrieblicher PKW, vom Erwerber zu übernehmen, lt. Gutachten	12.600,00	2. Verbindlichkeiten gegenüber Lieferanten (»offene Rechnungen«)	8.220,00
3. Ausstehende Forderungen, vom Erwerber zu übernehmen	13.520,00	3. Verbindlichkeiten aus Löhnen und Gehältern, Sozialversicherungsbeiträgen, Lohn- u. Kirchensteuer	8.250,00
4. Bankguthaben, vom Erwerber zu übernehmen	15.060,00	Zwischenwert:	40.000,00
Summe:	60.000,00	**Saldo Nettowert = (Netto-)Substanzwert**	20.000,00
Summe Aktiva	60.000,00	Summe Passiva	60.000,00

---

[174] Ist der Anlaß der Bewertung allerdings die Durchführung des Zugewinnausgleichs, so dürfte wegen des Akzeptanzproblems des anderen Ehegatten für die nach §§ 1376 II, 1384, 1378 BGB durchzuführende Bewertung ein neutraler Gutachter unumgänglich sein.
[175] Vgl. Wehmeier, Seite 101 und Englert in BB 1997, Seite 142 ff. (Seite 143).
[176] Siehe z.B. den jeweiligen Anzeigenteil der NJW.

Hinweise:

14   In diesem Beispiel sollten bewußt nahezu alle denkbaren zu übernehmenden Aktiva und Passiva dargestellt werden, allerdings mit Ausnahme einer etwa vorhandenen Kasse. Den Kassenbestand mit zu übernehmen, macht wenig Sinn. In den meisten Fällen der durch Kauf zu übergebenden Praxis wird sich eine solche Bilanz wohl erübrigen, da häufig nur die Büroeinrichtung (hierfür Inventarliste Rn 7) übergeben wird und keine Verbindlichkeiten übernommen werden. Sollen dagegen auch ausstehende Forderungen übernommen werden, empfiehlt es sich, hierfür eine – aus Datenschutzgründen zunächst anonymisierte Liste – anzufertigen.

15   Im Falle der Bewertung der Praxis im Rahmen des Zugewinnausgleiches (§§ 1376 II, 1378, 1384 BGB) kommen die Beteiligten nicht umhin, eine derartige Bilanz aufzustellen bzw. durch einen Gutachter aufstellen zu lassen.

16   Der Substanzwert beträgt im Beispiel 20.000,00 DM.

17   Diesen Substanzwert hat der Erwerber dem Veräußerer zu vergüten. Er ist *ein* Teil des Kaufpreises. Hinzu kommt die Vergütung für den ideellen Praxiswert (Goodwill). Dazu folgen die nachstehenden detaillierten Ausführungen.

II. Die Ermittlung des Goodwills der Praxis

18   Neben dem hier bereits dargestellten Verfahren zur Festlegung des Substanzwertes ist sodann der immaterielle Wert zu ermitteln. Dieser wird auch als ideeller Wert[177] oder Goodwill[178] bezeichnet.

19   Substanzwert und ideeller Wert zusammen bilden sodann den Gesamtwert der Praxis.

20   Es stellt sich die Frage, was es rechtfertigt, trotz der starken Personengebundenheit einer Freiberuflerpraxis, bei Personenwechsel dennoch einen übertragbaren Vermögenswert, den der Erwerber dem Veräußerer zu vergüten hat, anzunehmen. Man könnte nämlich auf den ersten Blick zu dem Ergebnis kommen, daß im Falle des Wechsels des Inhabers gar kein Wert mehr vorhanden ist, der übertragen werden könnte. Dem ist allerdings nicht so. Der Grund hierfür ist folgender:

21   Der Erwerber erhält die Chance, die Klienten bzw. Patienten seines Vorgängers für sich zu gewinnen und damit den vorhandenen Bestand als Grundlage für den

---

177 Z.B. im Ausschuß-Bericht Bewertung von Anwaltspraxen BRAK-Mittl. 1/1992, Seite 24 ff. (Seite 25 B).
178 Wie vorangegangene Fußnote für Rechtsanwaltskanzleien.
     Für Steuerberater: Knief in DStR 1978, Seite 21 ff. (Seite 22).
     Für Arztpraxen z.B. BGH in NJW 1991, Seite 1547 ff. (1550).

weiteren Ausbau der Praxis zu verwenden. Dies ist ein verobjektivierbarer wirtschaftlicher Vorteil, der von der Person des bisherigen Praxisinhabers losgelöst werden kann. Er liegt sozusagen in der Praxis selbst.[179] Die Berechtigung, für die Chance des Erwerbers, die Mandanten weiter betreuen zu dürfen, ein Entgelt zu verlangen, bleibt selbst dann erhalten, wenn der Erwerber diese Chance – aus welchen Gründen auch immer – nicht zu nutzen vermag.

1. Die Methode der Bundesrechtsanwaltskammer nach dem BRAK-Ausschuß-Bericht Bewertung von Anwaltspraxen[180]

a) Die Grundgedanken der BRAK-Methode[181]

Kernstück des Ausschuß-Berichtes ist die Bewertung des Goodwills. Auf die Bewertung der dem Substanzwert unterliegenden Gegenstände wurde bereits zuvor hingewiesen. Bemessungsgrundlage für den Goodwill nach dem Bewertungs-Bericht ist der durchschnittliche Jahresumsatz (netto, d.h. ohne Umsatzsteuer), und zwar der letzten drei vollen Kalenderjahre vor dem Bewertungsanlaß. Hierbei wird das letzte volle Kalenderjahr doppelt gewichtet,[182] um der Entwicklung der Praxis in jüngerer Zeit Rechnung zu tragen.   22

Bei der Bewertung von Anwaltspraxen hat es sich auch allgemein als »berufsüblich« herausgestellt, für die Bewertung des Goodwills den Umsatz als Wertbemessungsgrundlage heranzuziehen.[183]   23

Dies wird insbesondere damit begründet, daß der Umsatz am leichtesten und sichersten festzustellen sei.[184] Der Gewinn (= Ertrag) aus der Tätigkeit des Freiberuflers wird nicht herangezogen, weil er wegen der Gestaltungsmöglichkeiten bei den Kosten zu sehr vom Einfluß des Freiberuflers abhänge.[185] Dabei mag die Sorge mitschwingen, der Anwalt könne durch Minimierung der Kosten – beispielsweise durch die Unterlassung von Investitionen in der Zeit kurz vor dem Bewertungsstichtag – den für die Bewertung andernfalls maßgeblichen Gewinn günstig beeinflussen, was zu einem höheren Ertrag(swert) führen würde.   24

---

179 So Kotzur in NJW 1988, Seite 3239–3244 (3239) mit zahlreichen Hinweisen auf die einschlägige Rechtsprechung und Literatur.
180 BRAK-Mittl. 1/1992 Seite 24 ff.
181 Der BRAK-Ausschußbewertung von Anwaltspraxen hat bisher folgende 3 Berichte herausgegeben: Der 1. Bericht stammt vom 31.10.1979, sodann erfolgte eine Überarbeitung im 2. Bericht vom 23.05.1986 (in BRAK-Mittl. 3/1986, Seite 119 ff). Der aktuellste Bericht ist der vom 30.09.1991 (in BRAK-Mittl.1/1992, Seite 24 ff.).
182 BRAK-Ausschuß-Bericht in BRAK-Mittl. 1/1992, Seite 24 ff. (Seite 25 unter V 1).
183 Statt vieler: Wollny, Seite 508, Rn 2293; Kaiser/Wollny, Seite 59, Rn 153; Eich, Seite 9, Rn 27. Auch bekannte Vermittler beim Verkauf von Anwaltspraxen gehen von dem Umsatz als Wertbemessungsgrundlage aus: So z.B. Ulrich Glawe, Köln und Dr. Marcus Schiller, Althütte, die beide ständig in der NJW inserieren. Die Umsatzbezogenheit bei der Kaufpreisermittlung wurde von beiden Vermittlern dem Verfasser auf Anfrage ausdrücklich bestätigt.
184 BRAK-Ausschuß-Bericht in BRAK-Mittl. 1/1992, Seite 24 ff. (Seite 25 unter V 1).
185 BRAK-Ausschuß-Bericht in BRAK-Mittl. 1/1992, Seite 24 ff. (Seite 25 unter V 1).

25 Es ist allerdings darauf hinzuweisen, daß auch der Umsatz in gewissen Grenzen einer Gestaltung zugänglich ist. Der Anwalt hat es in der Hand, für abrechenbare erbrachte Leistungen Rechnungen zu erstellen, für noch nicht erbrachte Leistungen Vorschüsse nach § 17 BRAGO zu erheben. Statt dessen kann er aber auch die Rechnungsstellung auf einen späteren Zeitpunkt verschieben. Dies zeigt, daß auch der für die Bewertung des Goodwills maßgebliche Umsatz, mit dem Ziel eines höheren Umsatzes, einer Gestaltungsmöglichkeit unterliegt. Der potentielle Erwerber einer Einzelkanzlei bzw. eines Sozietätsanteiles möge sich dessen bewußt sein.

26 Das Argument der Leichtigkeit der Feststellung des Umsatzes, also die Praktikabilität der Umsatzmethode, ist sicherlich nicht zu unterschätzen, weil der Praxis mit komplizierten und kostenaufwendigen Bewertungsmethoden kaum geholfen wäre, insbesondere dann nicht, wenn diese auch nicht zu »richtigen« Ergebnissen führen würden. Die oben dargestellte Ertragswertmethode[186] vermag zwar auf den ersten Blick wissenschaftstheoretisch eher zu überzeugen. Ihre praktische Schwäche liegt jedoch darin, daß sie eine Prognose künftiger Gewinne voraussetzt, so daß sie keinesfalls eine größere Sicherheit bietet, im Einzelfall zum »richtigen« Ergebnis zu gelangen.

27 Die somit als nicht berufsüblich abgelehnte Ertragswertmethode,[187] der der BRAK-Ausschuß in seinem ersten Bericht vom 31.10.1979 noch sehr nahe kam,[188] unterscheidet sich allerdings betriebswirtschaftlich weniger von der Umsatzmethode als dies auf den erste Blick der Fall zu schein scheint: Umsatz und Gewinn sind betriebswirtschaftlich keine unvereinbaren Gegensätze, da der Gewinn vom Umsatz ausgeht. Vereinfacht kann man sagen, daß der Gewinn den Umsatz nach Abzug der Kosten ausmacht. Der Gewinn ist in der betriebswirtschaftlichen Terminologie, bezogen auf den Umsatz, eine sogenannte Residualgröße.[189]

28 Es ist schließlich noch darauf hinzuweisen, daß auch die Umsatzmethode eine gewisse Rentabilität unterstellt,[190] da der Umsatz seine eigentliche Bedeutung nicht um seiner selbst willen hat, sondern zur Erzielung von Gewinn.

---

186 Siehe oben, § 2 Rn 68.
187 Auch die Ärzteschaft folgt der Umsatzmethode in Anlehnung an die Methode der Bundesrechtsanwaltskammer: »Richtlinie von Bewertung von Arztpraxen« in Dt. Ärzteblatt 84, Heft 14, vom 02.04.1987, Seite A – 926 ff.
188 Der BRAK-Ausschuß-Bericht vom 31.10.1979 sah einen pauschalen Abzug von 50 % als Kosten vom bereinigten Umsatz vor. Dies führte naturgemäß zu niedrigeren Werten als die heute angewandte Umsatzmethode. Zum Ausgleich wurde allerdings ein höherer Vervielfältiger – einjähriger bis dreijähriger Betrag des Jahresgewinnes – zugrunde gelegt.
189 Vgl. hierzu z.B. Barthel in DB 1990, Seite 1145–1152 (Seite 1150).
190 So Breidenbach in DStR 1991, Seite 47 ff. (Seite 50).
    Vgl. auch Englert in BB 1997, Seite 142 ff. (Seite 143, Fn. 17).

69 *Die Methoden zur Ermittlung des Wertes einer Anwaltspraxis § 3*

b) Die einzelnen Arbeitsschritte des BRAK-Ausschuß-Berichtes von 1991/1992

Es sind folgende Arbeitsschritte vorgesehen:

aa) Gesonderte Feststellung des Substanzwertes der Praxis,[191]   29

bb) Gesonderte Feststellung des Goodwills (ideellen Praxiswerts)   30

1. Teilschritt: Ermittlung des durchschnittlichen Nettojahresumsatzes:[192]   31
Ermittlung des durchschnittlichen Umsatzes der letzten drei vollendeten Kalenderjahre vor dem Bewertungsanlaß, hierbei das letzte Jahr doppelt. Das Ergebnis wird sodann durch vier geteilt.

Rechenbeispiel: 32

      180.000,00 (drittletztes Kalenderjahr)
+   210.000,00 (vorletztes Kalenderjahr)
+   195.000,00 (letztes Kalenderjahr)
+   195.000,00 (letztes Kalenderjahr)
      780.000,00 (Summe)
÷ 4 195.000,00

2. Teilschritt: Kontrolle des so ermittelten Wertes durch Vergleich mit dem Umsatz des laufenden Jahres.   33

Die Berechtigung dieses 2. Teilschrittes ergibt sich aus folgender Überlegung: 34
Bei dem vom Erwerber zu vergütenden Goodwill geht es um die Chance, die Umsätze seines Vorgängers **zukünftig** fortzusetzen. Beurteilt werden aber diese zukünftigen Chancen, im ersten Teilschritt, durch das Zugrundelegen von Vergangenheitswerten. Dieser zweite Teilschritt erfolgt, um nicht ausschließlich mit Vergangenheitswerten »arbeiten« zu müssen. In diesem 2. Teilschritt erfolgt eine Kontrolle dahingehend, ob die Vergangenheits-Umsätze möglicherweise unrealistisch sind, weil die allerjüngste Vergangenheit andere Zahlenwerte ausweist. Bei positiver oder negativer signifikanter Abweichung ergäbe sich eine Auswirkung auf den Bewertungsfaktor[193] (siehe dazu unten im vierten Teilschritt).

---

191 Siehe hierzu § 3 Rn 3 ff.
192 Werden die Umsätze der zu bewertenden Praxis brutto, d.h. einschließlich vereinnahmter Umsatzsteuer, erfaßt, muß die Umsatzsteuer herausgerechnet werden. Formel bei 16 % enthaltener Umsatzsteuer: Bruttoumsatz : 1,16 = Nettoumsatz.
193 So auch Kaiser/Wollny, Seite 60, Rn 155. Der BRAK-Ausschuß-Bericht in BRAK-Mittl. 1/1992, Seite 24 ff., (Seite 25 unter V 1) empfiehlt ebenfalls diesen Kontrollschritt, ohne allerdings die Konsequenzen einer vorliegenden positiven oder negativen Abweichung zu nennen.

§ 3 Die Methoden zur Ermittlung des Wertes einer Anwaltspraxis 70

35 **3. Teilschritt: Bereinigung** (Abzug) des maßgeblichen Umsatzes um außerordentliche personenbezogene oder anwaltsbezogene Vergütungen.[194]

36 Der BRAK-Ausschuß-Bericht hat diesen Abzugsposten in das Berechnungsschema mit Recht eingebaut, um Umsätze, mit deren Wiederkehr der Übernehmer der Praxis auf gar keinen Fall rechnen kann, auszusondern.

37 Als Beispiele für **außerordentliche personenbezogene Vergütungen** nennt der Ausschuß-Bericht Vergütungen als Politiker, als Aufsichtsrat oder Beirat, als Vereins-Organ sowie als Schriftsteller oder Lehrer. Die Berechtigung, derartige Umsätze aus der Bemessungsgrundlage herauszusondern, steht außer Frage. Der abgebenden Kanzlei wäre aber in buchhalterischer Hinsicht von vornherein zu raten, derartige Umsätze getrennt von den Praxisumsätzen zu erfassen.

38 Unter **außerordentlichen anwaltsbezogenen Vergütungen** versteht der Ausschuß-Bericht zwar Vergütungen als Rechtsanwalt, jedoch in einer besonderen Funktion als Testamentsvollstrecker, Konkursverwalter, Sachverständiger etc. Sofern der Übernehmer nicht davon ausgehen kann, daß derartige Umsätze auch bei ihm erzielt werden, sind diese ebenfalls von den übrigen Umsätzen abzuziehen. Wenn derartige Umsätze bei der abgebenden Kanzlei auf einem gesonderten Konto gebucht wurden, was ratsam ist, lassen sich derartige Einnahmen unschwer aussondern. Anderenfalls wird der Bewerter nicht umhinkommen, sämtliche Umsätze in mühevoller Kleinarbeit darauf zu untersuchen, ob es sich um auszusondernde außerordentliche anwaltsbezogene Vergütungen handelt.

39 Für den Fall, daß auf die Führung besonderer Konten für diese außerordentlichen Umsätze verzichtet wird, ergibt sich ein Problem der Reihenfolge: In welchem Arbeitsschritt hat der Abzug zu erfolgen? Nach dem BRAK-Ausschuß-Bericht hat eine Bereinigung des Umsatzes erst zu erfolgen, nachdem zuvor der Umsatz der letzten drei Jahre addiert und – nach Doppelgewichtung des letztjährigen Umsatzes – die Summe durch vier geteilt wurde.[195]

40 Diese Reihenfolge kann nicht richtig sein, wie folgendes – zur Veranschaulichung bewußt extrem gewähltes Beispiel – zeigt: Hat der Anwalt in jedem der drei zu betrachtenden Kalenderjahre einen Nettoumsatz von beispielsweise 200.000,00 DM erzielt, so beträgt auch der durchschnittliche Umsatz 200.000,00 DM. Besteht der Umsatz beispielsweise im drittletzten Jahr ausschließlich aus außerordentlichen Vergütungen (z.B. ausschließliche Tätigkeit als Konkursverwalter gegeben) und zöge man demgemäß in dem hier aufgezeigten dritten Teilschritt 200.000,00 DM von der im 1. Teilschritt mit

---

[194] So der BRAK-Ausschuß-Bericht in BRAK-Mittl. 1/1992, Seite 24 ff. (Seite 25 unten, Seite 26 oben, unter V 1), so aber auch die allgemeine Meinung: Wollny, Seite 508, Rn 2293; Kaiser/Wollny, Seite 60, 61, Rn 158, 159 und Eich, Seite 15–17.

[195] BRAK-Ausschuß-Bericht in BRAK-Mittl. 1/1992, Seite 24 ff. (Seite 25, 26 unter V 1), wonach »sodann« (zuvor durch vier geteilte) Umsätze um außerordentliche Einnahmen zu bereinigen sind. Dieser Reihenfolge folgt auch Eich in seinem Rechenbeispiel auf Seite 15–17.

ebenfalls 200.000,00 DM ermittelten Bemessungsgrundlage ab, so ergebe dies einen Wert von 0,00 DM. Der gesamte Goodwill wäre demnach – vorbehaltlich weiterer Abzugsposten – ebenfalls mit 0,00 DM anzusetzen. Das kann nicht richtig sein. Richtig ist vielmehr, die außerordentlichen Einkünfte bereits im **1. Teilschritt**, in dem Jahr abzuziehen, in welchem sie zugeflossen sind. In dem hier aufgeführten Beispiel würde dies zu folgendem durchschnittlichen bereinigten Umsatz führen:

	0,00 DM (drittletztes Kalenderjahr)	**41**
+	200.000,00 DM (zweitletztes Kalenderjahr)	
+	200.000,00 DM (letztes Kalenderjahr)	
+	200.000,00 DM (doppelt gewichtet)	
	600.000,00 DM	
÷ 4	150.000,00 DM als Bemessungsgrundlage	

Dieser Verfahrensreihenfolge die, wie aufgezeigt, in Extremfällen besonders evident unrichtige Ergebnisse vermeidet, folgt auch Wollny,[196] wenn er richtigerweise erst im Anschluß an die Umsatzbereinigung die Umsätze der letzten drei Jahre aufaddiert, und sodann dividiert. **42**

Aus diesen Ausführungen ergibt sich, daß dieser dritte Teilschritt bereits am Ende des 1. Teilschrittes mitzuvollziehen ist. **43**

Der **4. Teilschritt** ist im Rahmen der Wertbestimmung des Goodwills zugleich wohl der schwierigste: **44**

Es geht um die Festlegung des Multiplikators (Faktors, Vervielfältigers), mit welchem im Einzelfall der bereinigte durchschnittliche Jahresumsatz zu vervielfältigen ist. Nach dem BRAK-Ausschuß-Bericht[197] liegt die Bandbreite des Faktors zwischen 0,5 und 1,0, in Extremfällen bei bis zu 1,5. Dieser berufsübliche Rahmen habe sich in jahrelanger Übung der Anwaltschaft ergeben.[198] **45**

Für die Festlegung des Multiplikators im Einzelfall kommt es auf die Betrachtung von individuellen **wertsenkenden** und **werterhöhenden** Merkmalen an. **46**

Auf die Betrachtung **aller** denkbaren wertsenkenden und werterhöhenden Merkmalen sollte keineswegs verzichtet werden. Hierbei gutachterliche Hilfe in Anspruch zu nehmen ist im Zweifelsfall – insbesondere aus Nachfragersicht – billiger, als der Gefahr der »Mittelwert-Schematisierung«[199] zu erliegen. **47**

---

196 Wollny, Seite 508, Rn 2293. Im ersten Bericht des BRAK-Ausschusses Bewertung von Anwaltspraxen vom 31.10.1979 war korrekterweise noch davon die Rede, daß der Umsatz – zunächst – von außerordentlichen Einnahmen zu bereinigen sei.
197 BRAK-Ausschuß-Bericht in BRAK-Mittl. 1/1992, Seite 24 ff, (Seite 26 unter V 3 und VI 1 c).
198 So u.a. Wollny, Seite 509; ähnlich Eich, Seite 21, Rn 39. Auch die durch ständige Insertionen in der NJW bekannten Vermittler von Anwaltspraxen, die der Verfasser befragt hat, bewegen sich in diesem Rahmen: Dr. M. Schiller mit einem Faktor von 0,5–1,0 vor Abzug des kalkulatorischen Anwaltslohns und Ulrich Glawe mit einem Faktor von 0,5–0,7, jedoch ohne Abzug eines kalkulatorischen Anwaltslohns.
199 Siehe oben § 1 Rn 71 ff.

48 Aus seiner Erfahrung als Gutachter weiß der Verfasser, daß viele Anbieter von Praxen häufig dazu neigen, von einem Multiplikator von 0,75 – dem Mittelwert zwischen 0,5 und 1,0 – auszugehen.[200] Dies wird unter Verzicht auf eine einzelfallbezogene Bewertung meist damit begründet, es handele sich um eine »ganz normale« Kanzlei und bisweilen erfolgt die Begründung auch mit dem Hinweis auf die angebliche Berufsüblichkeit **dieses** Multiplikators. Vor einem solchen Verfahren sei nochmals gewarnt: die erforderliche Einzelfallbetrachtung kann nicht durch die Unterstellung »durchschnittlicher Verhältnisse« ersetzt werden.

49 Der BRAK-Ausschuß-Bericht nennt beispielhaft **wertsenkende** und **werterhöhende** Merkmale, wobei er in diesem Zusammenhang entsprechend den Bewertungsanlässen zunächst in drei Fallgruppen[201] einteilt. Der Bericht nennt folgende Wertbegriffe:

50 • den **Fortführungswert** für die Berechnung des Zugewinnausgleichs (§§ 1376 II, 1378, 1384 BGB) oder aus anderen Gründen, bei denen die Praxis unverändert fortgeführt wird,

51 • den **Übergabewert**, der insbesondere für den im Rahmen dieses Buches vorrangig interessierenden Fall des Verkaufs einer Anwaltskanzlei zu ermitteln ist,

52 • den **Beteiligungswert**, bei welchem es um die Feststellung des Wertes eines Anteils an einer Sozietät geht. Auch die Ermittlung dieses Wertes ist im Rahmen der Thematik dieses Werkes von besonderem Interesse.

53 Nachstehend seien die im BRAK-Ausschuß-Bericht für die Bestimmung des **Übergabewertes** und des **Beteiligungswertes**[202] beispielhaft genannten **wertsenkenden** Merkmale wiederholt:

54 • Alter des Übergebers über 65 Jahre,
55 • Bestehen der Praxis weniger als 10 Jahre,
56 • Einkünfte von wenigen Großklienten,
57 • Auslaufende Tätigkeiten der Praxis (Wiedergutmachung, Vertreibungsschäden),
58 • Übergang der Praxis nach Unterbrechung,
59 • Kosten angestellter Rechtsanwälte.

---

200 Der Anwalt ist dies schließlich von der Festlegung der Rahmengebühr im Einzelfall nach § 118 I 1 BRAGO gewöhnt, denn hierbei wird meist unter Verzicht auf die nach § 12 gebotene Einzelprüfung vom Mittelwert von 7,5/10 ausgegangen.
201 BRAK-Ausschuß-Bericht in BRAK-Mittl. 1/1992, Seite 24 ff. (Seite 25 unter II).
202 Die wertsenkenden Merkmale für den im Rahmen der Thematik dieses Buches weniger interessierenden »Fortführungswert« ähneln denen des Übergabe- und Beteiligungswertes. Siehe dazu im einzelnen: BRAK-Mittl. 1/1992, Seite 24 ff. (Seite 26 unter VI 1 d im Vergleich zu Seite 27 unter VI 2 d).

Die Methoden zur Ermittlung des Wertes einer Anwaltspraxis § 3

Andererseits nennt der BRAK-Ausschuß-Bericht für die Einzelbestimmung des Berechnungsfaktors – innerhalb der vorgegebenen Bandbreite zwischen 0,5 und 1,0, ausnahmsweise auch bis zu 1,5 – beispielhaft folgende **werterhöhenden**[203] Merkmale: 60

- Alter des Übergebers unter 60 Jahre, 61
- Bestehen der Praxis über 10 Jahre, 62
- Allgemeinpraxis, 63
- Spezialgebiet des Übergebers, 64
- breit gestreuter Klientenkreis, 65
- Einführung des Erwerbers in die Klientel durch die bisherige Tätigkeit des Erwerbers oder weitere Übergangstätigkeit des Erwerbers, 66
- besonderer Ruf der Praxis, 67
- günstige Geschäfts- und Konkurrenzlage der Praxis, 68
- günstiger Mietvertrag der Praxis, 69
- moderne Ausstattung der Praxis. 70

Bei der Festlegung des konkreten Multiplikators im Einzelfall läßt der Bericht des BRAK-Ausschusses Bewertung von Anwaltspraxen noch einige klärungsbedürftige Fragen offen. Hierzu wird oben[204] noch Stellung genommen. 71

Nach dem Ausschuß-Bericht endet der Bewertungsvorgang für die Ermittlung des Goodwills mit dem abschließenden, dem **5. Teilschritt:** Von dem Wert, der sich aus der Anwendung des konkreten Multiplikators auf den bereinigten Umsatz ergibt, ist sodann der sogenannte kalkulatorische Anwaltslohn[205] eines halben Jahres[206] abzuziehen. Dieser Abzug im Rahmen der Umsatzmethode ist in betriebswirtschaftlicher Hinsicht nicht ganz frei von Bedenken,[207] jedoch in Rechtsprechung[208] und Schrifttum[209] anerkannt. Auch die Auffassung der Unternehmensmakler für die Vermittlung von Anwaltspraxen ist hinsichtlich des Abzuges eines kalkulatorischen Anwaltslohnes nicht einheitlich.[210] 72

Die Ermittlung dieses kalkulatorischen Anwaltslohnes erfolgt in der Weise, daß man von dem Jahresgehalt eines Richters ausgeht und dieses um 40 % – 73

---

203 Hinsichtlich der werterhöhenden Merkmale für den Fortführungswert, siehe vorangegangene Fußnote.
204 Siehe oben im § 3 Rn 90 ff.
205 BRAK-Mitt. 1/1992, Seite 24 ff. (Seite 27 unter VI 2 e).
206 Bei dem hier interessierenden Übergabe- und dem Beteiligungswert werden nach dem Bericht lediglich 50 % des kalkulatorischen Jahres-Anwaltslohnes abgezogen, während beim sogenannten Fortführungswert 100 % eines kalkulatorischen Jahres-Anwaltslohnes abzuziehen ist. Siehe a.a.O., Seite 27, unter VI 2 f und 3, dort »zu a)« bzw. Seite 26 unter VI 1 e. Mit Recht weist Eich, Seite 28 (Fn. 30) darauf hin, daß dies nicht überzeugend ist.
207 Dazu Näheres oben im § 3 Rn 196 ff.
208 BGH in NJW, 1991, Seite 1547 ff.(Seite 1550 unter 8.), dort für die vergleichbare Problematik von Arztpraxen.
209 So insbesondere Eich, Seite 24, Wollny, Seite 509 und Kaiser/Wollny, Seite 62 ff.
210 Nach einer vom Verfasser eingeholten Auskunft plädiert Dr. Marcus Schiller für den Abzug eines kalkulatorischen Anwaltslohnes, während Ulrich Glawe dies gänzlich verneint. Siehe oben § 3 Rn 244 ff.

zum Ausgleich der Altersversorgung und der Beihilfen im Krankheitsfalle – erhöht.[211]

Dabei soll sich die Anlehnung an das Richtergehalt in der Gruppe R 1 beziehungsweise R 2 und R 3 nach dem Lebensalter des Anwaltes und dem maßgeblichen Jahresumsatz (Grenzwert 250.000,00 DM) richten. Dabei läßt der Bewertungs-Bericht offen, ob das Lebensalter des Übergebenden oder das des übernehmenden Anwalts gemeint ist.

74 Kaiser/Wollny[212] führen hierbei aus, daß es auf das Lebensalter des Übergebers ankomme. Dem ist beizupflichten, weil es ja auch bei den für die Ermittlung des Multiplikators zu betrachtenden wertsenkenden und werterhöhenden Merkmalen, soweit sie personenbezogen sind, stets auf den Übergeber ankommt. Wie hoch die aktuelle Richterbesoldung ist, kann telefonisch erfragt werden bei den zuständigen Oberlandesgerichten, in einigen Bundesländern auch bei dem jeweiligen Besoldungsamt. Im übrigen sei auf den Abdruck des Bundesbesoldungsgesetzes und der tabellarischen Anlagen (Nr. 230 im Sartorius) hingewiesen.

75 Die Ermittlung des Goodwills nach dem Bericht des Ausschusses Bewertung von Anwaltspraxen endet mit der Durchführung dieses fünften Teilschrittes.[213]

76 Lediglich bei dem im Rahmen der Thematik dieses Buches nur am Rande interessierenden[214] sogenannten Fortführungswert hält der Bewertungs-Bericht den Abzug der bei einer fiktiven Veräußerung der Praxis anfallenden Ertragsteuern für geboten.

Für den in der Praxis wichtigen Fall des Zugewinnausgleiches nimmt der Ausschuß-Bericht dabei Bezug auf die Rechtsprechung des BGH.[215] Es liegt auf der Hand. daß diese im Einzelfall anfallenden Einkommen- und ggf. Kirchensteuern, auch, wenn sie dem ermäßigen, halben Steuersatz (§§ 18 III, 16, 34 I Nr. 1 EStG) unterliegen, in Abhängigkeit von den weiteren Einkünften des Steuerpflichtigen, eine ganz beträchtliche Höhe erreichen können.

77 Bei Erreichung des Höchststeuersatzes von derzeit 53 % zuzüglich des derzeit 5,5 %igen Solidaritätszuschlages ergäbe der halbe Steuersatz immerhin 27,95 % des Praxiswertes als Abzugsposten.

---

211 BRAK-Mittl. 1/1992, Seite 24 (Seite 26 unter V 4).
212 Kaiser/Wollny, Seite 63, Rn 167.
213 BRAK-Mittl. 1/1992, Seite 24 ff. (Seite 26, dort unter V 5).
214 So auch die Festlegung der Thematik innerhalb der Einführung, siehe dort Rn 9.
215 BRAK-Mittl. 1/1992, Seite 24 ff. (Seite 26 unter VI 1 f): BGH in NJW 1991, Seite 1547 ff. Dazu auch Kaiser/Wollny, Seite 67, Rn 172 m.w.N.

Die Methoden zur Ermittlung des Wertes einer Anwaltspraxis § 3

2. Zusammenfassendes Zahlenbeispiel zur Methode des BRAK-Ausschusses Bewertung von Anwaltspraxen für die Ermittlung des Goodwills

1. Teilschritt: Der durchschnittliche Netto-Jahresumsatz der letzten drei Jahre, hierbei das letzte Jahr vor der Bewertung doppelt gewichtet, möge betragen:

    180.000,00 DM
+ 210.000,00 DM
+ 195.000,00 DM (2-fach)
    ───────────────
    780.000,00 DM
÷ 4 195.000,00 DM

2. Teilschritt: Bei der Betrachtung des Umsatzes des laufenden Jahres ergeben sich keine signifikanten Abweichungen.

3. Teilschritt: Bereinigung des maßgeblichen Umsatzes um außerordentliche personenbezogene oder anwaltsbezogene Vergütungen. Diese sind, wie oben[216] dargelegt, bereits im Rahmen des 1. Teilschrittes, in dem Jahr der Entstehung der außerordentlichen Vergütung, abzuziehen.

Es soll beispielsweise[217] angenommen werden, daß der Veräußerer im drittletzten Kalenderjahr außerordentliche personenbezogene Vergütungen als Aufsichtsrat in Höhe von 30.000,00 DM bezogen hat. Diese waren im Jahresumsatz von 180.000,00 DM enthalten, wurden also nicht auf einem gesonderten Konto gebucht. Der Abzug von 30.000,00 DM führt zu einem maßgeblichen Jahresumsatz des drittletzten Jahres von 150.000,00 DM. Daraus ergibt sich ein durchschnittlicher Jahresnettoumsatz von 187.500,00 DM (150.000,00 DM + 210.000,00 DM + 195.000,00 DM + 195.000,00 DM = 750.000,00 : 4)

4. Teilschritt: Als Multiplikator soll 0,6 angenommen werden. Dies ergäbe 112.500,00 DM als Zwischenwert.

5. Teilschritt: Als abzuziehender kalkulatorischer Anwaltslohn – 50 % für den hier interessierten Übergabe- oder Beteiligungswert – soll ein Richtergehalt von monatlich 7.400,00 DM zuzüglich 1.100,00 DM Ortszuschlag angenommen werden. Dies ergäbe dann einen Betrag von 77.350,00 DM (7.400,00 DM + 1.100,00 DM = 8.500,00 DM x 13 = 110.500,00 DM, hierauf 40 % = 154.700,00 DM, hiervon 1/2 = 77.350,00 DM.

Ergebnis des Goodwills: 112.500,00 DM – 77.350,00 DM = 35.150,00 DM.

Unterstellt man, daß für die Übernahme der Büroeinrichtung, der Geräte und der Bibliothek 14.850,00 DM vereinbart wurden und daß weitere Aktiva und

---

216 Siehe hier Rn 39 ff.
217 Fortführung des im 1. Teilschritt aufgeführten Beispiels.

Passiva nicht übernommen wurden, ergäbe dies somit einen Gesamtwert der Praxis von 50.000,00 DM.

3. Weitere Aspekte zur Ermittlung der Goodwills

86 Als Erkenntnis der bisherigen Ausführungen ist zusammenfassend festzustellen: Die Methode des BRAK-Ausschusses Bewertung von Anwaltspraxen zur Ermittlung des Goodwills einer Anwaltspraxis ist eine »branchentypische« Wertfindungsmethode,[218] die auf marktüblichen Vergleichswerten beruht. Von den der Bereinigung dienenden Teilschritten[219] abgesehen, wird der Wert des Goodwill durch die Anwendung eines Multiplikators von zumeist 0,5 bis 1,0 auf den durchschnittlichen Umsatz vergangener Jahre ermittelt.

87 Wegen der jahrelangen[220] Berufsüblichkeit[221] der Umsatzmethode für die Bewertung von Anwaltspraxen – der sich die Ärzteschaft[222] für ihren Bereich – und seit 1992 auch die Wirtschaftsprüfer/vereidigten Buchprüfer[223] für die Bewertung von Wirtschaftsprüferpraxen, sozusagen in eigener Sache, angeschlossen haben – soll hier darauf verzichtet werden, die Umsatzmethode auf der Basis des BRAK-Ausschuß-Berichts grundsätzlich in Frage zu stellen.[224] Dies gilt um so mehr, als wegen der sicheren Bemessungsgrundlage – Umsatz bei diesem Verfahren im Vergleich zu den unlösbaren Prognoseproblemen bezüglich künftiger Erträge beim Ertragswertverfahren – mit einer noch weiteren Verbreiterung des Umsatzverfahrens zu rechnen ist.[225]

---

218 So der treffende Ausdruck von Englert in BB 1997, Seite 142 ff.
219 Siehe § 3 Rn 31 ff.
220 Schon der erste Bericht des BRAK-Ausschusses Bewertung von Anwaltspraxen vom 31.10.1979 nahm den Umsatz als Bemessungsgrundlage für den Wert des Goodwills. Durch pauschalen Abzug von 50% Kosten vom Umsatz gelangte dieser zum »Jahresertrag«, auf den dann – nach Abzug des kalkulatorischen Anwaltslohnes – ein Faktor von 1,0–3,0 angewendet wurde. Dieses Verfahren würde die Unternehmensbewertungslehre als ein Verfahren, das zwischen dem Umsatzverfahren und dem Ertragswertverfahren liegt, bezeichnen. Der zweite Bericht des BRAK-Ausschusses zur Bewertung von Anwaltspraxen vom 23.05.1986 ging dann zu der berufsüblichen Umsatzmethode über. Diese entspricht noch dem aktuellen Stand des dritten Berichtes vom 30.09.1991.
221 Siehe auch Borowski in AnwBl. 1985, Seite 292 ff. (Seite 294).
222 Richlinie zur Bewertung von Arztpraxen in Dt. Ärzteblatt 84 vom 02.04.1987, Seite A 926 ff.
223 Dieser Übergang von der früher vertretenen »modifizierten Ertragswertmethode« ist aus folgendem Grunde so überaus bemerkenswert: Zu den Kerntätigkeiten der Wirtschaftsprüfer/vereidigten Buchprüfer gehört gerade auch die Bewertung von Unternehmen ihrer Auftraggeber. Wenn denn dieser Berufsstand – nunmehr in eigener Sache, d.h. bei der Bewertung einer Wirtschaftsprüferpraxis – der Umsatzmethode folgt, ist dies für die Bewertung von Anwaltspraxen ein Argument, die Umsatzmethode jedenfalls für die Bewertung von Anwaltspraxen beizubehalten. Siehe im einzelnen: WP-Handbuch, 1992, Band I, Seite 92–93 und WP-Handbuch, 1996, Band I, Seite 108–109; vgl. auch WP-Handbuch 1985/86, Band I, 9. Auflage, Düsseldorf 1985, Seite 80–81.
224 Siehe hier schon § 2 Rn 73.
225 So jedenfalls Barthel in DStR 1996, Seite 1458–1464 (Seite 1464).

Die Methoden zur Ermittlung des Wertes einer Anwaltspraxis § 3

Es wäre daher im Rahmen dieses Handbuches für die Berufspraxis verfehlt, der Ertragswertmethode das Wort zu reden, auch wenn diese zumindest im theoretischen Ansatz zu überzeugen vermag.[226] **88**

Trotz der grundsätzlichen Übernahme der BRAK-Ausschuß-Methode für die weiteren Ausführungen dieses Handbuches sollen im folgenden einige Erläuterungen, Ergänzungen und Anregungen für die künftige Fortentwicklung der Methode zur Bewertung von Anwaltspraxen gegeben werden. Die Notwendigkeit zur Erläuterungen und Ergänzungen im Rahmen dieses Handbuches ergibt sich schon aus dem Selbstverständnis des BRAK-Ausschuß-Berichtes, der seine Ausführungen nur als Anhaltspunkte[227] versteht und damit einer schematischen Anwendung ohne Betrachtung des Einzelfalls der zu bewertenden Praxis selbst widerspricht. Es handelt sich um nachstehend aufgeführte Problemkreise: **89**

- **1. Problemkreis:** Wertsenkende bzw. werterhöhende Merkmale zur Einzelbestimmung des konkreten Berechnungsfaktors zwischen 0,5 und 1,0 (1,5). **90**

- **2. Problemkreis:** Wertfaktor-Bandbreite 0,5–1,0 (1,5) noch zeitgemäß?[228] **91**

- **3. Problemkreis:** Der Abzug des kalkulatorischen Anwaltslohnes.[229] **92**

- **4. Problemkreis:** Weitere Abzugsposten über die Rechenschritte des BRAK-Ausschuß-Berichtes hinaus?[230] **93**

- **5. Problemkreis:** Besonderheiten bei der Ermittlung des Goodwills bei Sozietäten.[231] **94**

---

226 Die von Breidenbach (DStR 1991, Seite 47–53) für die Ermittlung des Wertes von Steuerberaterpraxen vorgeschlagene »modifizierte Ertragswertmethode« dürfte für die im hohen Maße personenbezogenen Anwaltspraxen nicht in Betracht kommen. Der theoretische Denkansatz bei Breidenbach ist allerdings überzeugend: Der Erwerber einer Praxis benötigt erfahrungsgemäß einen Zeitraum von 5–6 Jahren, um sich eine angemessen rentable Praxis aufzubauen. Übernimmt nun dieser Freiberufler durch käuflichen Erwerb eine schon bestehende Praxis, so hat er dem Veräußerer den Wert zu vergüten, um den er besser steht als in der gedachten Alternative der Neugründung. Es handelt sich hierbei um den Mehrgewinn, der abzugelten ist. Hierbei werden von dem voraussichtlich erzielbaren Jahresumsatz die Kosten abgezogen, außerdem auch die kalkulatorische Tätigkeitsvergütung – betriebswirtschaftlich ebenfalls ein Kostenfaktor – des in der Praxis tätigen Erwerbers. Der sich sodann ergebende Nettoüberschuß wird mit der Zahl multipliziert, die für den Erwerber vorteilhaften Zeitraum von 5–6 Jahren entspricht. Dies ergibt sodann den theoretisch richtigen Wert der erworbenen Praxis, d.h. den Mehrgewinn. Da die Vergütung des Kaufpreises bei Barzahlung sofort bei Erwerb erfolgt, der Mehrgewinn jedoch erst im Verlauf mehrerer Jahre anfällt, ist der sich so ergebende Wert abzuzinsen. Bei einem unterstellten Zinssatz von 8 % und einem angenommenen Zeitraum von 5 Jahren wäre der Rentenbarwertfaktor 3,9927.
Beispiel: Umsatz 300.00,00 DM – Kosten 170.000,00 DM – kalkulatorische Vergütung 110.000,00 DM ergeben 20.000,00 DM jährlichen Mehrgewinn. Multipliziert mit 3,9927 ergäbe dies 79.854,00 DM, also gerundet 80.000,00 DM.
227 BRAK-Mittl. 1/1992, Seite 24 ff. (Seite 24 unter I).
228 Siehe hier Rn 185 ff.
229 Siehe hier Rn 192 ff.
230 Siehe hier Rn 217 ff.
231 Siehe hier Rn 222 ff.

§ 3 Die Methoden zur Ermittlung des Wertes einer Anwaltspraxis 78

a) 1. Problemkreis: Wertsenkende und werterhöhende Merkmale zur Einzelbestimmung des konkreten Berechnungsfaktors zwischen 0,5 und 1,0 (1,5)

95 Bei der Ermittlung des konkreten Vervielfältigers, mit welchem der maßgebliche bereinigte Jahresumsatz multipliziert werden muß,[232] hinterläßt der Ausschuß-Bericht noch einigen Klärungsbedarf.

aa) Weitere wertsenkende bzw. werterhöhende Merkmale?

96 Die im Bewertungs-Bericht des BRAK-Ausschusses Bewertung von Anwaltspraxen genannten Merkmalen sind ausdrücklich[233] lediglich beispielhaft.

97 Zur klären ist, welche weiteren »wertsenkenden« bzw. »werterhöhenden« Merkmale bedeutsam sind, weil nur dann für den jeweiligen Einzelfall der Bewertung einer Anwaltskanzlei genügend Bewertungsaspekte zur Verfügung stehen. Diese Vielzahl von Bewertungsaspekten soll dann am Ende der Ausführungen zu diesem 1. Problemkreis in ein **Mustertableau** wertbildender Faktoren[234] einfließen. Der BRAK-Ausschuß Bewertung von Anwaltspraxen setzt in seinem Bewertungs-Bericht voraus, daß es weitere wertsenkende und werterhöhende Merkmale gibt, da er die dort genannten Merkmale lediglich als »beispielhaft« bezeichnet.

98 Nicht ausdrücklich genannt ist im Bewertungs-Bericht das Kriterium, wann denn ein Einzelumstand als wertsenkend bzw. werterhöhend anzusehen ist. Will man weitere wertsenkende bzw. werterhöhende Merkmale herausfinden und dabei die im Ausschuß-Bericht nicht genannten Prämissen beibehalten,[235] so ist es zunächst erforderlich, das übergeordnete, gemeinsame Kriterium herauszufinden, welches den BRAK-Ausschuß Bewertung von Anwaltspraxen dazu veranlaßt hat, bei Vorliegen des einen oder anderen Merkmals eine wertsenkende bzw. eine werterhöhende Wirkung anzunehmen.

99 Begonnen werden soll mit der Untersuchung der wertsenkenden Merkmale für den hier insbesondere interessierenden Übergabe- und den Beteiligungswert.[236]

---

[232] Siehe hier Rn 44 ff.
[233] BRAK-Mittl. 1/1992, Seite 24 ff. (Seite 26 unter VI 1 d und Seite 27 VI 2 d sowie VI 3).
[234] Siehe hier Rn 159.
[235] Dies ist wegen der »Berufsüblichkeit«, mit der Anwaltspraxen eben nach dem BRAK-Ausschuß-Bericht bewertet werden, erforderlich.
[236] Siehe hier Rn 51 f. Wegen der Thematik dieses Handbuches soll hier auf eine Analyse der im BRAK-Ausschuß-Bericht genannten wertbildenden Merkmale für den **Fortführungswert** abgesehen werden. Die dort genannten Merkmale sind allerdings zum Teil identisch mit denen des Übergabe- und Beteiligungswertes.

Analyse der **wertsenkenden Merkmale**: 100

Merkmal	Charakterisierung	mutmaßlicher Grund der Wertsenkung
Alter des Übergebers über 65 Jahre	personenbezogenes Merkmal des Übergebers	zu befürchtende Einnahmeverluste, wenn Mandantenstamm ebenfalls älter u. aus dem Erwerbsleben ausscheidet.
Bestehen der Praxis weniger als 10 Jahre	sachbezogenes Merkmal der Praxis	zu befürchtende Einnahmeverluste beim Anwaltswechsel wenn »Firma« noch nicht im Publikumsbewußtsein fest verwurzelt.
Einkünfte von wenigen Großklienten	sachbezogenes Merkmal der Praxis	hohe Einnahmeverluste, wenn Großklienten nicht verbleiben.
auslaufende Tätigkeiten der Praxis (Wiedergutmachung, Vertreibungsschäden)	sachbezogenes Merkmal der Praxis	Einnahmen entfallen demnächst mit Sicherheit
Übergang der Praxis nach Unterbrechung	sachbezogenes Merkmal der Praxis	Einnahmeverluste zu befürchten, weil Klienten schon zum Teil zu anderen RAen abgewandert sind
Kosten angestellter Rechtsanwälte	sachbezogenes Merkmal der Praxis	niedrigerer Gewinn durch hohe Kosten

Aus der vorangehenden Tabelle mit den dort sechs genannten wertsenkenden Merkmalen ergibt sich folgendes: 101

Bei vier der fünf sachbezogenen Merkmale der Praxis liegt der mutmaßliche Grund der Wertsenkung in künftig beim Erwerber zu befürchtenden Einnahmeverlusten (Umsatzeinbußen). Bei einem der fünf sachbezogenen Merkmale (»Kosten angestellter Rechtsanwälte«) liegt der Grund der Wertsenkung in einem zu erwartenden unterdurchschnittlichen Gewinn, also in einem Ertragswert-Gesichtspunkt. 102

Bei dem einzigen in der Tabelle aufgeführten personenbezogenen Merkmal (»Alter des Übergebers über 65 Jahre«) gründet sich die Befürchtung der Wertsenkung auf künftig zu erwartende Einnahmeverluste auf seiten des Erwerbers, und zwar unabhängig von der Person des Erwerbers.

Bei diesen sechs im BRAK-Ausschuß-Bericht aufgeführten wertsenkenden Merkmalen besteht zweifelsohne eine sachliche Berechtigung für eine Wertminderung, da diese negativen Umstände sonst keine Berücksichtigung fänden: In der zuvor festgestellten Bemessungsgrundlage – dem durchschnittlichen bereinigten Umsatz vergangener Jahre – waren diese **zukunftsbezogenen** Merkmale nicht berücksichtigt worden. Aus diesem Grunde liegt in der nunmehrigen Berücksichtigung dieser wertsenkenden Merkmale im Rahmen der Festlegung 103 des Faktors im Einzelfalle keine ungerechtfertigte Doppelberücksichtigung, die anderenfalls zu vermeiden wäre.

Für die **werterhöhenden Merkmale** gilt:

104

Merkmal	Charakterisierung	mutmaßlicher Grund der Wertsenkung
Alter des Übergebers unter 60 Jahre	personenbezogenes Merkmal des Übergebers	Wenn der Übergeber vor Beginn der normalen Altersgrenze ausscheidet, sind möglicherweise auch dessen Mandanten noch einige Zeit im Erwerbsleben. Einnahmen von diesen Mandanten fließen dann evtl. auch noch längere Zeit dem Erwerber der Praxis zu.
Bestehen der Praxis über 10 Jahre	sachbezogenes Merkmal der Praxis	»Anwaltsfirma« ist dann im Bewußtsein des Publikums fest verwurzelt. Das erhöht die Chance des Erwerbers, Einnahmen langfristig zu erhalten.
Allgemeinpraxis	sachbezogenes Merkmal der Praxis	Mandanten ohne ein ganz spezialisiertes Beratungsbedürfnis, Kennzeichen einer Allgemeinpraxis, verbleiben eher beim Praxisnachfolger, daher gute Chancen zum Erhalt der Einnahmen.
Spezialgebiet des Übergebers	personenbezogenes Merkmal des Übergebers	Dieses Merkmal ist problematisch. Eine Werterhöhung ist nur gerechtfertigt, wenn der »Glücksfall« vorliegt, daß es sich um Spezialkenntnisse des Übergebers auf dem Spezialgebiet des Übernehmers handelt. Letzteres so in den BRAK-Ausschuß-Berichten von 1979 und 1986. Siehe auch Strohm in AnwBl. 1977, Seite 389–392 (391). Strohm war federführend für den Ausschuß-Bericht 1979. Es wird hier vermutet, daß es sich bei der Nennung dieses Merkmals im Ausschuß-Bericht von 1992 um eine redaktionell verkürzte Wiedergabe handelt. Liegen Spezialkenntnisse beim Übergeber **und** beim Erwerber vor, ist die Wahrscheinlichkeit, daß die Einnahmen weiterhin erzielt werden, groß. Dann ist die Werterhöhung gerechtfertigt.
Breit gestreuter Klientenkreis	sachbezogenes Merkmal der Praxis	Da der Abgang einzelnen Klienten bei einer großen Klientenzahl die Einnahmen nicht wesentlich vermindern würde, bestehen hier relativ gute Chancen zum Erhalt der Einnahmen in der bisher vom Veräußerer erzielten Größenordnung.

Merkmal	Charakterisierung	mutmaßlicher Grund der Wertsenkung
Einführung des Erwerbers in die Klientel durch bisherige Tätigkeit des Erwerbers in der Praxis oder weitere Übergangstätigkeit des Erwerbers (»überleitende Mitarbeit«)	personenbezogenes Merkmal des Übergebers	Bei Vorliegen dieses Gesichtspunktes ist die beste Gewähr für eine geringe Mandanten-Fluktuation, also für den Erhalt der Einnahmen, gegeben. Ein überaus wichtiger Grund für die Werterhöhung; siehe dazu Fn. 129. Daß Juristen im Einzelfall alles aber auch ganz anders sehen können, beweist nicht ganz zu Unrecht Strohm in AnwBl. 1977, Seite 391: Er hält es für ein wertminderndes Merkmal, wenn der Erwerber schon bisher entscheidend in der zu übergebenden Kanzlei mitgearbeitet hat, da dieser dann an dem Aufbau des Goodwills selber teilhatte.
Besonderer Ruf der Praxis	sachbezogenes Merkmal der Praxis	Wenn hierdurch die Praxis im Publikumsbewußtsein fest etabliert ist – und dies nicht ausschließlich auf der Person des Übergebers beruht – bestehen gute Chancen des Erwerbers auf Erhalt der Einnahmen für die Zukunft (wohl a.A. auch hier Strohm in AnwBl. 1977, Seite 391: Wertsenkend, wenn es auf dem persönlichen Ruf des Übergebers beruht). Eine Doppelberücksichtigung dieses Merkmals dadurch, daß der besondere Ruf sich in den Umsätzen der Vorjahre (= Bemessungsgrundlage) gezeigt hat und dadurch, daß der gleiche Umstand ein zweites Mal hier bei der Festlegung des Multiplikators berücksichtigt wird, findet nicht statt; dies wäre anderenfalls auch bedenklich. Hier bei der Festlegung des Multiplikators geht es nur um die zukünftigen Einnahmechancen des Erwerbers, nicht um vergangene Umsätze des Veräußerers.
günstige Geschäfts- und Konkurrenzlage der Praxis	sachbezogenes Merkmal der Praxis	Eine so gelegene Kanzlei wird vorhandene Klienten eher an sich binden und evtl. auch zusätzliche gewinnen als eine ungünstig gelegene Praxis, bei der insbesondere »Laufkundschaft« nicht zu erwarten ist. Auch hier handelt es sich nicht um eine Doppelberücksichtigung desselben Merkmals durch Berücksichtigung des Vergangenheitsumsatzes und zugleich hier durch einen höheren Multiplikator, weil die günstige Lage jedenfalls auch die zukünftigen Einnahmechancen erhöht.

Merkmal	Charakterisierung	mutmaßlicher Grund der Wertsenkung
günstiger Mietvertrag der Praxis	sachbezogenes Merkmal der Praxis	Das Verbleiben in den bisher vom Übergeber genutzten Räumen ist dem Übernehmer dringend zu raten. Siehe dazu schon Fn. 126. Dies ist neben der oben genannten überleitenden Mitarbeit der wohl wichtigste wertbildende Faktor überhaupt. Selbst wenn der Erwerber nur die Möglichkeit haben sollte, in den bezüglich des Mietzinses **ungünstigen** Mietvertrag seines Vorgängers »einzusteigen«, sollte er dies im Kontinuitätsinteresse tun. Zu einem werterhöhenden Merkmal wird ein zu übernehmender Mietvertrag allerdings insbesondere bei günstigem Mietzins. Dieser Aspekt ist ein Umstand, der nicht den Umsatz, sondern die Kosten (= Ertrag) beeinflußt.
moderne Ausstattung der Praxis	sachbezogenes Merkmal der Praxis	Bei der Einstufung dieses Merkmals als werterhöhend ist Vorsicht geboten: Die moderne Ausstattung der Praxis beeinflußt zunächst die Höhe des Substanzwertes, so daß der Übernehmer hierfür einen höheren Preis zu zahlen hat als dies bei einer unmodernen Praxis der Fall wäre. Es ist eine Doppelberücksichtigung für ein und dasselbe Merkmal durch eine zusätzliche Erhöhung des Multiplikators im Rahmen der Festlegung des Goodwills zu vermeiden. Eine Doppelberücksichtigung liegt allerdings nicht vor, wenn sich ein Merkmal zugleich auf **mehrere** Berechnungsgrößen bei der Wertermittlung der Kanzlei auswirkt. Dies dürfte bei einer modernen Praxisausstattung der Fall sein, da zugleich zukünftige Einnahmechancen des Übernehmers erhöht werden. Eine moderne Ausstattung der Praxis suggeriert auch professionelle Mandantenbetreuung.

105 Versucht man, auch aus der voranstehenden Tabelle mit ihren zehn aufgeführten werterhöhenden Merkmalen das übergeleitete, gemeinsame Kriterium zu ermitteln, so läßt sich folgendes feststellen:

106 Bei sieben der zehn genannten Merkmale handelt es sich um sachbezogene Merkmale der Praxis, bei den übrigen drei genannten Merkmalen um personenbezogene Merkmale, jeweils bezogen auf die Person des Übergebers. Unabhängig von der Einordnung in die Rubriken »sachbezogen« bzw. »personenbezogen« liegt der Grund für die Werterhöhung bei neun der zehn Merkmale in einem zu erwartenden günstigen Einfluß des jeweiligen Merkmals auf den Erhalt der Einnahmen (Umsätze). Bei dem einzigen dann noch verbleibenden Merkmal, dem günstigen Mietvertrag der Praxis, liegt die Berechtigung zu einer Erhöhung des Faktors in einer positiven Auswirkung auf die Kosten und damit auf den Ertrag.

107 Zusammenfassend lassen sich als gemeinsame Kriterien der im Bericht des BRAK-Ausschusses Bewertung von Anwaltspraxen beispielhaft genannten

wertsenkenden bzw. werterhöhenden Merkmale feststellen: Es handelt sich um sachbezogene bzw. auf die Person des Übergebers bezogene Merkmale, die wie folgt zu kennzeichnen sind: Sie beeinflussen die dem Übernehmer aus dem Bestand der Klientel des Veräußerers künftig zufließenden Einnahmen (Umsätze) positiv (dann »werterhöhend«) bzw. negativ (dann »wertsenkend«). Die Merkmale dieser Gruppe sollen im folgenden als »**umsatzrelevante**« (sachliche oder persönliche) Merkmale bezeichnet werden.

Die Merkmale der anderen Gruppe, welche die Kosten und damit den Ertrag (= Gewinn) beeinflussen, sollen im folgenden als »**kostenrelevante**« (sachliche) Merkmale bezeichnet werden.

Daß einzelne im Bewertungs-Bericht genannte Merkmale »kostenrelevant« sind, sich also auf den Ertrag auswirken, bedeutet nun allerdings nicht, daß damit der BRAK-Ausschuß statt der Umsatzmethode in Wahrheit doch die Anwendung der ausdrücklich[237] abgelehnten Ertragswertmethode empfiehlt. Allerdings werden bei der Wertermittlung des Goodwills der Praxis im Einzelfall eben nicht ausschließlich der Umsatz zum Wertmaßstab, sondern im Rahmen der Festlegung des Multiplikators im Einzelfall eben auch Aspekte, welche sich auf die Kosten und damit auf den Gewinn der zu übertragenden Praxis auswirken.

Daß die Berücksichtigung derartiger Ertrags-Gesichtspunkte durchaus sachgerecht ist, zeigt folgendes vergleichendes **Beispiel:**

Kanzlei **A** wird von einem Einzelanwalt geführt. Dieser beschäftigt keine angestellten RA'e. Der durchschnittliche Jahresumsatz beträgt 500.000,00 DM. Die Kosten 300.000,00 DM. Es ergibt sich somit ein Jahresgewinn in Höhe von 200.000,00 DM

Kanzlei **B** wird ebenfalls von einem Einzelanwalt geführt. Er beschäftigt einen angestellten Rechtsanwalt. Die jährlichen Personalaufwendungen hierfür sollen einschließlich Sozialversicherung 110.000,00 DM betragen, die übrigen Kosten sollen bei ebenfalls 300.000,00 DM liegen.

Der Jahresumsatz möge wie bei der Kanzlei A ebenfalls bei 500.000,00 DM liegen. In diesem Fall ergäbe sich ein Gewinn von lediglich 90.000,00 DM.

Es liegt auf der Hand, daß der wahre Wert beider Praxen nicht derselbe ist. Würde man lediglich auf den Umsatz bei der Bewertung abstellen, hätten beide Praxen den gleichen Wert. Da dieses Ergebnis betriebswirtschaftlich unvertretbar wäre, muß dem Wertunterschied durch einen jeweils anderen Multiplikator Rechnung getragen werden. Dieser müßte im Falle der Kanzlei B eben am

---

237 Im ersten Ausschuß-Bericht vom 31.10.1979 mit ausführlicher Begründung ausdrücklich verworfen; im zweiten Ausschuß-Bericht von 1986 sowie im aktuellen dritten Ausschuß-Bericht von 1992 (dort unter V 1 Seite 25) mit dem Hinweis auf die »Gestaltungsfreiheit« des einzelnen Anwalts hinsichtlich der Kosten ausdrücklich abgelehnt.

unteren Rande der Bandbreite liegen, bei der Kanzlei A dagegen deutlich höher. Diese ergibt sich bereits aus der Berücksichtigung lediglich dieses einzigen Unterscheidungsmerkmales zwischen der Kanzlei A und B. Betrachtet man bei der Bewertung der Kanzlei A bzw. der Kanzlei B nun weitere wertbildende Faktoren, ergeben sich wahrscheinlich noch weitere Wertunterschiede. Diese müßten bei der Festlegung des konkreten Faktors innerhalb der Bandbreite berücksichtigt werden.[238] Dieses Beispiel zeigt nicht nur, daß es sachgerecht ist, daß der BRAK-Ausschuß-Bericht auch Kostenaspekte – und damit Ertragswertgesichtspunkte (beispielhaft) – nennt; es zeigt auch, wie irrig es wäre, würde man bei der Kanzlei A und Kanzlei B gleichermaßen den Mittelwertfaktor von 0,75[239] anwenden.

Das ergäbe für die ertragsschwache Kanzlei B den gleichen Wert wie für die mehr als doppelt so ertragsstarke Kanzlei A, obwohl der Anwalt von Kanzlei B seinen Umsatz in dieser Höhe eben nur mit Hilfe eines angestellten Rechtsanwalts erreicht hat, während der Anwalt von Kanzlei A den gleichen Umsatz ohne einen weiteren Anwalt erwirtschaftet hat.

112 Daß es sachgerecht ist, im Rahmen der Bestimmung des konkreten Multiplikators auch kostenrelevante Merkmale zu berücksichtigen, zeigt auch noch die folgende Überlegung:

113 Auch das bei der Bewertung von Anwaltspraxen zur Bestimmung des ideellen Wertes angewandte Umsatzverfahren unterstellt letztlich eine bestimmte Rentabilität.[240] Der Rentabilitätsaspekt zeigt sich auch in der Entwicklung der BRAK-Ausschuß-Berichte seit dem ersten Bericht vom 31.10.1979. Auch schon in diesem Bericht war zwar die Bemessungsgrundlage bereits der bereinigte Jahresumsatz. Von diesem Jahresumsatz wurden aber sodann pauschal 50 % als »Unkosten«[241] abgezogen, weil man von eben diesem durchschnittlichen Kostenanteil aufgrund einer seinerzeitigen Statistik ausging.[242] Auf diesen sich ergebenden Wert wurde schließlich – nach Abzug des kalkulatorischen Anwaltslohnes – ein Multiplikator von 1,0 bis 3,0 angewendet. Auf diese durch den Abzug der Kosten im Vergleich zur heutigen Umsatzmethode so erheblich verminderte Bemessungsgrundlage wurde sodann ein höherer Multiplikator angewendet. Im Vergleich zu dem heute angewandten Verfahren, das der Ausschuß erstmals in seinem Bericht vom 23.05.1986[243] zugrunde legte, ergeben

---

238 Außerdem werden Wertunterschiede durch den Abzug des kalkulatorischen Anwaltslohnes berücksichtigt. Dazu Näheres hier Rn 192 f.
239 Siehe bereits oben im § 1 zur Gefahr der »Mittelwert-Schematisierung«, § 1 Rn 71 f.
240 So z.B. Breidenbach in DStR, 1991, Seite 47–53 (50), ebenso die Stellungnahme der Bundessteuerberaterkammer: »Empfehlungen für die Ermittlung des Wertes einer Steuerberaterpraxis«, dort unter 3.
241 Umgangssprachlicher Ausdruck für »Kosten«, in der Betriebswirtschaftslehre unüblich und daher dort abgelehnt.
242 Bericht des BRAK-Ausschusses vom 31.10.1979, dort unter III 2.
243 Bericht des BRAK-Ausschusses Bewertung von Anwaltspraxen vom 23.05.1986 in BRAK-Mittl. 1996, Seite 119 ff.

sich bei den beiden Varianten schließlich ähnliche Werte. In dem Verfahren von 1979 war eben die Bemessungsgrundlage wegen des pauschalen Abzugs von 50 % der Kosten vom Umsatz nur halb so hoch, dafür aber der Multiplikator bis zu doppelt so hoch.

In seinem zweiten Bericht aus dem Jahre 1986 sah dagegen der BRAK-Ausschuß Bewertung von Anwaltspraxen den pauschalen Abzug von Kosten nicht mehr vor. Aus diesem Übergang zum Umsatzverfahren darf allerdings nicht der Schluß gezogen werden, daß es auf die Rentabilität der Praxis als Wertmaßstab nicht mehr ankommt. Das legt bereits die Überlegung nahe, daß kein ökonomisch vernünftig handelnder Mensch für eine dauerhaft ertragslose Praxis durch Zahlung eines Kaufpreises finanzielle Mittel aufwenden würde. Die BRAK-Ausschuß-Berichte von 1986 und 1992 tragen der Grundüberlegung, daß auch der Ertrag nach wie vor eine Rolle spielt insofern Rechnung, als sie zu einem Wert des Goodwills von Null gelangen, wenn der bereinigte Jahresumsatz nach Anwendung des Multiplikators nicht höher ist als der dann noch abzuziehende kalkulatorische Anwaltslohn. Kalkulatorischer Unternehmerlohn bedeutet in der Betriebswirtschaftslehre eine ganz normale Kostenart,[244] also einen Posten, der den Gewinn vermindert. Eine solche ertragslose Praxis wäre sowohl nach betriebswirtschaftlichen Maßstäben als auch nach dem Bewertungs-Bericht mit Null anzusetzen.

Zusammenfassend kann festgestellt werden, daß der aktuelle BRAK-Ausschuß-Bericht von 1992 Kostenaspekte in dreierlei Hinsicht vorsieht: **114**

- Als mögliches wertsenkendes Merkmal (Beispiel Kosten angestellter Rechtsanwälte), **115**

- als möglicherweise werterhöhendes Merkmal (Beispiel günstiger Mietvertrag) und **116**

- schließlich durch die Tatsache der Berücksichtigung des kalkulatorischen Anwaltslohnes.[245] **117**

Nachdem somit die beiden gemeinsamen Kriterien, die der BRAK-Ausschuß für die Einstufung eines Merkmales als »wertsenkend« bzw. »werterhöhend« zugrunde legt, offengelegt wurden, soll hier aufgelistet werden, welche weiteren – im BRAK-Ausschuß-Bericht nicht genannten Merkmale – bedeutsam seien können. **118**
Um nicht der Gefahr einer unsystematischen Doppelberücksichtigung zu unterliegen, muß es sich hierbei um Merkmale handeln, die nicht etwa schon ausschließlich die Bemessungsgrundlage – die bereinigten Vorjahresumsätze – gebildet haben. Es muß also ein Einfluß auf zukünftige Umsätze bzw. auf die gegebene Kostenstruktur erkennbar sein.

---

244 Statt aller: Wöhe, Seite 1318, Ziffer 15 des dort abgedruckten Betriebsabrechnungsbogens.
245 Näheres hier Rn 192 ff.

119 Zu nennen sind als weitere bedeutsame **umsatzrelevante Merkmale:**
120 • Lebensaltersstruktur der Mandanten.
Dieser im Bewertungs-Bericht nicht genannte Umstand hängt mit einem dort genannten Aspekt mittelbar zusammen, nämlich dem Alter des Übergebers, mit den Eckwerten 60 bzw. 65 Jahre. Bei höherem Lebensalter der Mandanten ist damit zu rechnen, daß diese demnächst aus dem Berufsleben ausscheiden. Damit könnten die Einnahmen in Zukunft wegfallen, jedenfalls bei betrieblichen Beratungsmandaten.

121 • Bisheriger Mietvertrag kann nicht übernommen werden.
122 • Gute Organisationsstruktur der Praxis mit Transparenz für den Übernehmer.

123 • Vorhandene Dauermandate.
Für die Wiederkehr der Umsätze sind Dauermandate grundsätzlich positiv. Aber: Zweischneidig, wenn dies Großmandate sind, dann evtl. wertsenkend[246]

124 • Vereinbarung eines Wettbewerbsverbotes (Konkurrenzschutzklausel).
125 • Zahlungsverhalten der Mandanten.
Bei schlechter Zahlungsmoral ergibt sich die Gefahr, daß die Umsätze sich nicht in der erwarteten Höhe realisieren lassen.

126 • Länge Krankheit des Übergebers oder Unterbrechung durch Tod.
Dieser Aspekt ist im BRAK-Bericht von 1992 angedeutet, wenn der Übergang der Praxis nach Unterbrechung als wertsenkendes Merkmal genannt wird. Es ist darauf hinzuweisen, daß dies sich in der Bemessungsgrundlage, dem Vergangenheitsumsatz, in der Regel noch nicht niedergeschlagen hat. Grund für die wertsenkende Wirkung: Kundenstamm hat sich vielfach verflüchtigt.

127 • Erwerb eines Sozietätsanteiles.
Zumindest bei der Festlegung des Multiplikators hat dies in der Regel eine werterhöhende Wirkung. Grund hierfür: größere Kontinuität aus Sicht der Mandanten, da die übrigen Sozien verbleiben.

128 Als weitere **kostenrelevante Merkmale** (ertragsrelevante oder gewinnrelevante Merkmale) sind aufzuführen:

129 • Vereinbarung der Übernahme von Langzeitverträgen mit ungünstigen/günstigen Konditionen.
Zu denken ist an die Übernahme von Arbeitsverträgen gemäß § 613 a BGB, insbesondere aber auch an eine Vereinbarung des Eintritts in einen ungünstigen Mietvertrag, an den der Übergeber der Praxis noch langjährig gebunden wäre.

---

246 Siehe hier Rn 100.

Die Methoden zur Ermittlung des Wertes einer Anwaltspraxis § 3

- Gutes Lohn-Leistungs-Verhältnis von zu übernehmenden Mitarbeitern. **130**
- Kostenstruktur: Hohe/niedrige Rendite der Praxis des Übergebers. **131**
  Die Rendite hängt von der Kostenstruktur der zu übernehmenden Praxis ab, insbesondere von dessen Fixkostenhöhe. Ein oben aufgeführter Unterfall hierzu wären die Kosten angestellter Rechtsanwälte.

Betrachtet man die Aufzählung der oben genannten[247] Beispiele des BRAK-Berichtes – wertsenkende bzw. werterhöhende Merkmale – und außerdem die hier zuvor genannten weiteren umsatzrelevanten bzw. kostenrelevanten Merkmale, so wird zweierlei deutlich: **132**

1) Den einzelnen wertbildenden Merkmalen kann nicht die gleiche Bedeutung beigemessen werden. So ist beispielsweise die überleitende Mitarbeit des Übergebers bedeutsamer als die Frage, ob die Praxis nun seit über 10 Jahren oder weniger als 10 Jahre besteht, wenn es sich denn hier etwa um die Werte 11 bzw. 9 Jahre handelt. Dies zeigt die Notwendigkeit auf, daß die einzelnen Merkmale **gewichtet** werden müssen. **133**

2) Darüber hinaus kann jedes als wertbildend eingestufte Merkmal im jeweiligen konkreten Anwendungsfall in unterschiedlicher **Intensität** vorliegen. Dies erfordert abermals eine **weitere Gewichtung.** **134**

3) Aus den hier getroffenen Feststellungen zu 1) und 2) ergibt sich, daß im Extremfall ein besonders bedeutsames Merkmal in einer ganz besonderen Intensität vorliegen kann; anderenfalls kann ein weniger bedeutsames Merkmal in nur ganz geringer Intensität vorliegen. Es liegt auf der Hand, daß das Vorliegen des einen oder anderen Extrems erhebliche Auswirkungen auf den konkreten Gewichtungsfaktor im Einzelfall haben muß. **135**

4) Wenn zahlreiche der wertbildenden Merkmale – z.B. das Lebensalter des Übergebers oder die Dauer des Bestehens der zu übertragenden Praxis – je nach Einzelfall werterhöhend oder wertsenkend sein können, andererseits aber auch beispielsweise die seit genau 10 Jahren bestehende Praxis weder werterhöhend noch wertsenkend wirkt, ist es zweckmäßig, ein derartiges Merkmal als »**wertneutral**« einzustufen. **136**

5) Wenn denn die einzelnen wertbildenden Merkmale somit gewichtet werden müssen, und die Übergänge von »**werterhöhend**« über »**wertneutral**« bis hin zu »**wertsenkend**« fließend sind, bietet sich an, die einzelnen wertbildenden Merkmale zum Gegenstand eines Tableaus zu machen. In diesem **Tableau**[248] sollte die Gewichtung und die Abweichung des jeweiligen Merkmals vom »Normalfall«, dem wertneutralen Fall, sichtbar gemacht werden. **137**

---

[247] Siehe hier Rn 100 ff.
[248] Siehe nachfolgend Rn 159.

bb) Bei Gleichgewicht von wertsenkenden/werterhöhenden Merkmalen Mittelwertfaktor von 0,75 ?

138 Der BRAK-Ausschuß-Bericht Bewertung von Anwaltspraxen legt die Bandbreite des Multiplikators für alle drei Wertbegriffe – Fortführungswert, Übergabewert und Beteiligungswert – auf 0,5 bis 1,0, in »besonderen Ausnahmefällen« bis zu 1,5, fest.

Es wird noch später[249] zu diskutieren sein, ob dieser seit dem zweiten Ausschuß-Bericht vom 1986[250] unveränderte Bewertungsrahmen nicht den zwischenzeitlich geänderten Rahmenbedingungen angepaßt werden muß. Wäre beispielsweise wegen generell in der Anwaltschaft rückläufiger Umsatzrendite die Bandbreite auf 0,4–0,8 abzusenken, so würde sich hieraus ein Mittelwert von nur noch 0,6, statt bisher 0,75, ergeben.

139 Wie schon mehrfach angesprochen,[251] ist der Ansatz des Mittelwertfaktors keineswegs schematisch vorzunehmen. Es sei hier nochmals davor gewarnt, da der Mittelwertfaktor nicht der richtige Faktor ist, wenn sich die Vertragspartner aus Zeitmangel oder aus Bequemlichkeit die Informationsgewinnung über die wertbildenden Faktoren der Praxis ersparen wollen, und wenn man deshalb davon ausgeht, es handle sich bei dem Kaufobjekt eben um eine »ganz normale« Praxis. Daß dies nicht sachgerecht wäre, ergibt sich auch noch aus folgender Überlegung:

Wenn denn die Bewertung von Anwaltspraxen in einem betriebswirtschaftstheoretisch nicht ganz zweifelsfreien,[252] vereinfachten Vergleichspreisverfahren erfolgt, ist es jedenfalls unbedingt geboten, die Bewertungskriterien dieses vereinfachten Verfahrens vollständig auszuschöpfen. Hierzu gehört dann in erster Linie die Erhebung und Gewichtung **aller** denkbaren wertbildenden Faktoren, weil allein der Umsatz vergangener Jahre dem Einzelfall nicht gerecht würde.

140 Es stellt sich die Frage, in welchen Fällen es gerechtfertigt erscheint, nachdem im Rahmen der Bewertung sämtliche wertbildenden Faktoren einzeln betrachtet worden, zu dem Ergebnis zu gelangen, es läge der Mittelwert von 0,75 vor.

141 Der Bewertungs-Bericht des BRAK-Ausschusses Bewertung von Anwaltspraxen enthält hierzu keine Angaben. Man wird aber wohl folgendes feststellen können:

142 Theoretisch zunächst dann, wenn das Bewertungsobjekt weder werterhöhende noch wertsenkende Merkmale aufweist, d.h. wenn lediglich wertneutrale Merkmale festgestellt wurden.

---

249 Siehe hier den 2. Problemkreis, Rn 185 ff.
250 Bericht des BRAK-Ausschusses Bewertung von Anwaltspraxen vom 23.05.1986 in BRAK-Mittl. 3/1986, Seite 119 ff.
251 Siehe § 1 Rn 71 f.
252 Siehe § 2 Rn 72.

Theoretisch aber auch dann, wenn sich die **gewichteten** werterhöhenden und wertsenkenden Merkmale ausgleichen.[253] Darauf, daß diese beiden idealtypischen Fälle bei der gebotenen Einzelfallbetrachtung kaum praktisch jeweils vorliegen können, muß nicht weiter hingewiesen werden.

cc) Maßstäbe für die Gewichtung der einzelnen wertbildenden Merkmale bei der Festlegung des Faktors (Multiplikators)

Maßstab für die Gewichtung eines wertbildenden Merkmals können nur die[254] zuvor abgeleiteten übergeordneten Kriterien sein, die die Einstufung des jeweiligen Merkmals als »wertsenkend« bzw. als »werterhöhend« zur Folge haben:

- Der voraussichtliche Einfluß auf die Chance des Übernehmers zum Erhalt des Umsatzes (**»umsatzrelevante Merkmale«**).
- Der voraussichtliche Einfluß des Merkmals auf die Höhe der Kosten und damit auf den Erfolg (**»kostenrelevante Merkmale«**).

Damit gilt: Je (ge-)wichtiger das wertbildende Merkmal für den Umsatz bzw. die Kosten angesehen werden muß, desto stärker beeinflußt es die Festlegung des Multiplikators.

Darauf, daß der Einfluß der einzelnen wertbildenden Merkmale auf die Festlegung des Faktors unterschiedlich sein muß und daß von dieser generellen Bedeutsamkeit abgesehen im konkreten Einzelfall das jeweilige Merkmal mit unterschiedlicher Intensität vorliegen kann, wurde schon zuvor[255] hingewiesen.

Im folgenden sollen nun zwei für die Wertbildung besonders wichtige Umstände näher betrachtet werden.

dd) Überragende Bedeutung der überleitenden Mitarbeit und der Weiterbenutzung der Kanzleiräume nach der Übergabe

Es ist bereits ausführlich begründet worden, warum die überleitende Mitarbeit[256] den Dreh- und Angelpunkt für die angestrebte Verhinderung der Mandantenfluktuation darstellt. Auf diese Hinweise sei hier verwiesen.

Ähnliches, wenn auch nicht mit einer solchen Gewichtigkeit, gilt für die Weiterbenutzung der bisherigen Räumlichkeiten.[257]

---

253 Ähnlich Eich, Seite 21, Fn. 21.
254 Siehe hier Rn 107.
255 Siehe hier Rn 132 ff.
256 Siehe oben § 2 Fn. 129. Ist der Erwerber dem Mandanten bereits aus seiner früheren (Angestellten-) Tätigkeit bekannt, verliert die überleitende Mitarbeit naturgemäß an Bedeutung.
257 Siehe oben § 2 Fn. 126 sowie die Ausführungen im Text: § 1 Rn 30 ff.

150 Fehlt es an der überleitenden Mitarbeit und zusätzlich noch an der Übernahmemöglichkeit hinsichtlich der Kanzleiräume, dürfte selbst ein Faktor im unteren Bereich der Bandbreite von vornherein ausscheiden.

ee) Mathematisch exakte Ermittlung des Faktors oder wertendes Ergebnis einer »Gesamtschau«?

151 Gründe der Praktikabilität und der damit zusammenhängende Aspekt der Akzeptanz beim Leser lassen es wünschenswert erscheinen, eine mathematisch-exakte Berechnungsmethode für die jeweilige Ermittlung des Berechnungsfaktors im Einzelfall vorzuschlagen.

152 Ist eine solche Methode denkbar? Die vielleicht etwas enttäuschende Antwort hierauf kann nur verneinend sein.[258] Der Grund hierfür ergibt sich aus dem Ziel der Bewertung der konkreten Anwaltskanzlei, der Ermittlung des »richtigen« Faktors im Einzelfall.[259] Dieses Ziel würde zwangsläufig verfehlt werden, wenn man in generalisierender Weise den umsatzrelevanten bzw. kostenrelevanten Merkmalen von vornherein zahlenmäßig bestimmte Gewichtungsanteile zuerkannte. Letzteres kann nur der Bewerter im Einzelfall vornehmen. Selbst bei den wertbestimmenden Merkmalen, die man als »deskriptiv« bezeichnen könnte, beispielsweise beim Lebensalter des Übergebers, wäre dies nicht möglich. Warum? Weil die generelle Zuerkennung einer bestimmten Gewichtung für ein bestimmtes Merkmal zwangsläufig die dann noch mögliche Gewichtung der übrigen, ebenfalls zu berücksichtigenden Faktoren, beeinflussen würde. Im übrigen wird verwiesen auf die Anmerkung 7), Rn 171. Damit wäre dann die Gefahr verbunden, zu einem dem betreffenden Einzelfall nicht angemessenen Bewertungsergebnis zu gelangen.

153 Bei den Merkmalen, die im Gegensatz zu den deskriptiven Merkmalen erst durch eine sorgfältige Wertung erfaßbar sind – man mag sie als »normative Merkmale«[260] bezeichnen – ist eine für jeden Einzelfall verbindliche Quantifizierung eines bestimmten Wertmerkmales aus dem gleichen Grunde erst recht ausgeschlossen. Auch der Bewertungs-Bericht des BRAK-Ausschusses vom 30.09.1991 vermeidet – wohl, weil dies unmöglich wäre – eine verbindliche, schematisierte Quantifizierung einzelner Bewertungsmerkmale.[261]

---

258 So auch Barthel, in DStR 1996, Seite 1458–1464 (1463), dortige Fn. 46.
259 Im Bericht des BRAK-Ausschusses Bewertung von Anwaltspraxen vom 30.09.1991 wird der Einzelfallaspekt immer wieder betont, so unter I, V, VI und VII.
260 Z.B. »guter Ruf der Praxis« oder »günstige Geschäfts- und Konkurrenzlage«.
261 Die Unmöglichkeit der für alle Bewertungsfälle geltenden Gewichtung ist auch in der Literatur nicht bestritten: Kaiser/Wollny, Seite 61, verzichten auf ein für alle Fälle verbindliches Bewertungsraster und betonen den Einzelfall. Eich, Seite 22–24, unternimmt den Versuch einer exakten Mathematisierung des Berechnungsfaktors, z.B. 0,659 auf Seite 24. Die Basis für dieses auf 1/1.000 genaue Ergebnis erhält er allerdings durch eine für den dortigen Einzelfall unterstellte, aber nicht näher begründete Gewichtung, so Seite 23, dortige Fn. 25.

Es bleibt dem Bewerter daher nichts anders übrig, als im **konkreten Einzelfall** 154
alle wertbildenden Merkmale zu erfassen,[262] sie sodann alle einzeln zu gewichten, um schließlich in einer »Gesamtschau« den konkreten Faktor innerhalb der vorgelegten Bandbreite herauszuarbeiten. Dabei kann es auch Fälle geben, bei denen bereits das Vorliegen eines einzigen ungünstigen Merkmals dazu führt, daß allenfalls noch ein Faktor am unteren Ende der Bandbreite angemessen erscheint.[263]

Bei den meisten wertbildenden Merkmalen handelt es sich um »umsatzrele- 155
vante« Merkmale, bei denen der Gutachter deren voraussichtlichen Einfluß auf den Erhalt des zukünftigen Umsatzes abschätzen muß. Dies erfordert eine mit gewissen Unsicherheiten behaftete Prognose. Es ist zudem zu berücksichtigen, daß jeder Bewertung, so auch der Bewertung einer Anwaltskanzlei, zwangsläufig etwas Subjektives anhaftet. Auch aus diesem Grunde kann es keine mathematisch-exakte Berechnungsmethode für die Festlegung des Bewertungsfaktors geben. Der Bewerter wird daher im Einzelfall eine Art Beurteilungsspielraum haben müssen, innerhalb dessen sein Bewertungsergebnis vertretbar erscheint.

Dies alles bedeutet allerdings nicht, daß etwa ein von den Vertragsparteien 156
eingeschalteter neutraler Gutachter[264] sich auf seinen Beurteilungsspielraum zurückziehen könnte, ohne daß die Adressaten des Gutachtens die tragenden Aspekte seiner Bewertung erführen. Im Gegenteil, es ist Aufgabe des Gutachters, die von ihm in die Bewertung einbezogenen Einzelmerkmale und deren Gewichtungen für einen Außenstehenden nachvollziehbar **offenzulegen**.[265]

ff) Tableau der wesentlichen wertbildenden Merkmale im Rahmen der Einzelfallbetrachtung des Faktors

Für die Offenlegung der Einzelfallmerkmale und ihrer Gewichtung wird die 157
Anfertigung eines Tableaus empfohlen. Nachstehend ein Gestaltungsmuster für ein derartiges Tableau. Verwendet werden hierbei die im BRAK-Ausschuß-Bericht vom 30.09.1991 für den Übergabe- und Beteiligungswert genannten Merkmale,[266] außerdem die hier zuvor[267] herausgearbeiteten weiteren umsatzrelevanten und kostenrelevanten Wertmerkmale. In diesem Tableau wird auf

---

262 Dies ist zunächst ein Problem der Information, der teilweise auch die Verschwiegenheitspflicht des veräußernden Anwalts entgegenstehen könnte.
263 Vergleiche dazu als Beispiel oben, Rn 174, »Großen Crash-Fall«.
264 Dazu oben § 1, Tabelle, Rn 85.
265 Ein ordnungsgemäßes Gutachten wird u.a. nennen bzw. berücksichtigen: Auftraggeber und Bewertungsanlaß, Ziel des Gutachtens, Offenlegung aller Bewertungsunterlagen, Methode der Bewertung sowie klare Trennung von objektiven und subjektiven (insbesondere Prognoseproblem!) Bewertungsaspekten.
266 BRAK-Mittl. 1/1992, Seite 24 ff. (Seite 27 unter VI 2 d und VI 3).
267 Siehe hier Rn 119 ff.

die nicht immer zweckmäßige[268] Einteilung in »wertsenkende« bzw. »werterhöhende« ebenso verzichtet wie auf die Unterteilung nach Sachbezogenheit bzw. Personenbezogenheit[269] des jeweiligen Merkmals.

158 Die Einteilung soll hier vielmehr ausschließlich nach dem Kriterium Umsatzrelevanz (»umsatzrelevante« Merkmale) und Kostenrelevanz (»kostenrelevante« Merkmale) erfolgen.

---

[268] So aber der BRAK-Bericht 1991/1992. Dies erscheint deshalb nicht zweckmäßig, weil die meisten Merkmale werterhöhend/wertneutral/wertsenkend – mit fließenden Übergängen – sein können; dazu hier Rn 137.
[269] Siehe hierzu Rn 100, 104.

Tableau für die Darstellung und Quantifizierung von wertrelevanten Merkmalen zwecks Bestimmung des Multiplikators im Einzelfall

159

Positionsnummer	Merkmal	Werttendenzzahl							Gewichtungsvervielfältiger	Erreichbare Punktzahl		Hinweise	erreichte Punktzahl
		wertsenkend			wertneutral	werterhöhend				minimal	maximal		
		erheblich	mittelmäßig	geringfügig		erheblich	mittelmäßig	geringfügig					
I.	umsatzrelevante Merkmale												
1.	Alter des Übergebers	-3	-2	-1	60 - 65 Jahre	+1	+2	+3	1	-3	+3	a) Siehe hier Rn 100, 104. b) Bei diesem Merkmal erfolgt nicht etwa eine Werterhöhung, wenn das Lebensalter des Übergebers möglichst gering ist. Ein sehr geringes Lebensalter wäre sogar eher wertsenkend, da häufig Ausdruck von mangelnder Lebens- u. Berufserfahrung	
2.	Lebensaltersstruktur der Mandanten	-3	-2	-1	mittleres Alter	+1	+2	+3	1	-3	+3	a) Siehe hier Rn 120. b) Auch hier eine Frage des Einzelfalls. Auch nicht mehr im Berufsleben stehende Mandanten können durchaus größeren Beratungsbedarf haben, so z.B. erbrechtlicher und erbschaftsteuerlicher Art.	
3.	Zeitraum des Bestehens der Praxis	-3	-2	-1	seit 10 Jahren	+1	+2	+3	1	-3	+3	a) Siehe hier Rn 100, 104. b) Unter dem Aspekt der Erhaltung des Umsatzes – Kriterium für die Einstufung als »wertsenkend« bzw. »wert-erhöhend« – wird es wohl gleichgültig sein, ob eine Praxis z.B. 20 oder 30 Jahre existiert.	
4.	Allgemeinpraxis oder Spezialgebiet nur bei einer der Parteien des Kanzleikaufvertrages	-3	-2	-1	Allgemeinpraxis mit nur geringer Spezialisierung bei lediglich einer der Parteien des Kanzleikaufvertrages	+1	+2	+3	1	-3	+3	a) Siehe hier Rn 104. b) Wenn Neigungen/Fähigkeiten von Übergeber und Übernehmer auseinanderklaffen, ist dies eine schlechte Voraussetzung für die Weitermandatierung durch die Klienten, somit wertsenkend. Extremfall wäre z.B. Fachanwalt oder Spezialist für Steuerrecht auf Übergeberseite ohne derartige Qualifikation beim Übernehmer. Alleine dieser Umstand kann im Einzelfall schon zu einem Faktor am unteren Rand der Bandbreite führen.	

§ 3 Die Methoden zur Ermittlung des Wertes einer Anwaltspraxis 94

Positions-nummer	Merkmal	Wertendenzzahl							Gewichtungsvervielfältiger	Erreichbare Punktzahl		Hinweise	erreichte Punktzahl
		wertsenkend			wertneutral	werterhöhend				minimal	maximal		
		erheblich	mittelmäßig	geringfügig		erheblich	mittelmäßig	geringfügig					
I.	umsatzrelevante Merkmale												
5.	Spezialgebiet des Übergebers und des Übernehmers	entfällt, da nicht denkbar			wenn nicht der Fall	+1	+2	+3	1	entfällt, da nicht denkbar	+3	a) Siehe hier Rn 104. b) Eine extreme Werterhöhung würde für den Einzelfall eintreten, wenn Übergeber u. Übernehmer das gleiche Spezialgebiet beherrschten, und wenn der Übergeber dies zugleich durch überleitende Mitarbeit, Merkmal I, 15, bei des Mandantschaft deutlich machte.	
6.	Bisheriger Mietvertrag kann nicht übernommen werden	-3	-2	-1	Übernahme des bisherigen Mietvertrages mit mehrjähriger Restlaufzeit	nicht denkbar			10	-30	entfällt, da nicht denkbar	a) Siehe hier Rn 121. b) Standortwechsel bei Praxisübergabe ist extrem wertsenkend, siehe dazu näher oben	
7.	(Un-)günstige Geschäfts- und Konkurrenzlage der Praxis, d.h. bisherige Räumlichkeiten werden übernommen	-3	-2	-1	»normale« Geschäfts- und Konkurrenzlage der Praxis	+1	+2	+3	1	-3	+3	a) Siehe hier Rn 104. b) Werterhöhung tritt meist dann ein, wenn Laufkundschaft von z.B. Versicherungen, Banken im gleichen Gebäude eine Anwaltspraxis vorfinden. Parallele bei Apotheken in einem sogen. Ärztehaus.	
8.	Gute Organisationsstruktur der Praxis mit Transparenz für Übernehmer	-3	-2	-1	»normale« Organisationsstruktur mit »normaler« Transparenz	+1	+2	+3	1	-3	+3	a) Siehe hier Rn 122. b) Wenn der Übergeber ein »genialer« Organisator war, der kaum etwas dokumentiert hat, viele laufende Mandate noch abzuarbeiten sind und Erklärungen und Hinweise mangels überleitender Mitarbeit (Merkmal I, 15), z.B. nach Tod des ausscheidenden RA's, nicht gegeben werden können: erheblich wertsenkend.	

Die Methoden zur Ermittlung des Wertes einer Anwaltspraxis § 3

Nr.	Merkmal	-3	-2	-1		+1	+2	+3				Anmerkungen
9.	Die Praxis hat einen guten / schlechten Ruf	-3	-2	-1	»normaler« Ruf	+1	+2	+3	3	-9	+9	a) Siehe hier Rn 104. b) Ein sehr schwer feststellbares Merkmal, so daß im Zweifel von einem »normalen« Ruf auszusehen ist. Im übrigen Werterhöhung nur dann, wenn ein guter Ruf nicht überwiegend mit der Person des abgebenden RA's zusammenhängt, also, eine gewisse »Versachlichung« des Rufs der Praxis eingetreten ist.
10.	Vorhandene Dauermandate	-3	-2	-1	ein »anwaltsüblicher« Anteil an Dauermandaten	+1	+2	+3	2	-6	+6	a) Siehe hier Rn 123. b) Keine Werterhöhung, wenn Dauermandate stark an die Person des Ausscheidenden gebunden waren. Werterhöhung aber z.B. bei großer Anzahl an laufenden Inkasso-Aufträgen, es sei denn, diese wären zugleich unwirtschaftlich, vgl. unten Merkmal II. 5.
11.	Vereinbarung eines Wettbewerbsverbots	-3	-2	-1	kaum ausreichende Konkurrenzschutzklausel, soweit sie rechtlich (Art. 12 GG i.V.m. § 138 BGB!) zulässig ist. Siehe oben Fn. 137.	nicht denkbar			2	-6	entfällt, da nicht denkbar	a) Siehe Fn. 137. b) Ganz erheblich wertsenkend, wenn jegliches Wettbewerbsverbot fehlt, was insbesondere dann der Fall sein kann, wenn Übergeber den Vertrag entworfen hat. Wenn denn der Übergeber »in den bestenxc Jahren ist und im Anwaltsberuf verbleiben will, große Gefahr, daß die Mandanten beim Übergeber bleiben.
12.	Zahlungsverhalten der Mandanten	-3	-2	-1	»normales« Zahlungsverhalten ohne großen Aufwand an Mahnungen / Beitreibungen	+1	+2	+3	1	-3	+3	a) Siehe hier Rn 125. b) Wie bei so vielen Merkmalen gilt hier zunächst, daß die Erhebung dieses Umstandes ein Problem der tatsächlichen Information ist. Der Veräußerer kann das Zahlungsverhalten - für den Erwerber nachprüfbar - ohne Verstoß gegen die ihm obliegende anwaltliche Schweigepflicht schwerlich nachweisen.
13.	(un)-moderne Ausstattung der Praxis	-3	-2	-1	durchschnittliche Modernität	+1	+2	+3	1	-3	+3	a) Siehe hier Rn 104. b) Eine zu übernehmende High-Tech-Ausstattung erleichtert den Übergang, weil viele Mandanten hierin Kompetenz vermuten. Umgekehrt schadet dem Übernehmer eine unmoderne Ausstattung wohl mehr als sie dem Übergeber abträglich wäre, da Mandanten beim Übernehmer meist zunächst kritischer sind.

§ 3 Die Methoden zur Ermittlung des Wertes einer Anwaltspraxis

Positions-nummer	Merkmal	Werttendenzzahl							Gewichtungs-vervielfältiger	erreichbare Punktzahl		Hinweise	erreichte Punktzahl
		wertsenkend			wertneutral	werterhöhend				minimal	maximal		
		erheblich	mittelmäßig	geringfügig		erheblich	mittelmäßig	geringfügig					
I.	umsatzrelevante Merkmale												
14.	Einkünfte von wenigen Großklienten bzw. breit gestreuter Klientenkreis	-3	-2	-1	»normale« Streuung	+1	+2	+3	3	-9	+9	a) Siehe hier Rn 100, 104. b) Ein u.U. extrem wertsenkendes Merkmal. Beispiel: Der gesamte zugrunde gelegte Jahresumsatz von 300.000,00 DM besteht lediglich aus vier Großmandaten. Bei Großklienten gewinnt die überleitende Mitarbeit (Merkmal I. 15) noch weiter an Bedeutung. Wenn möglich, Verbleib der Großklienten vor Vertragsschluß abklären.	
15.	Einführung des Erwerbers in die Klientel durch die bisherige Tätigkeit des Erwerbers **oder** weitere Übergangstätigkeit des Erwerbers (»überleitende Mitarbeit«)	-3	-2	-1	kaum denkbar, da »ja« oder »nein«	+1	+2	+3	10	-30	+30	a) Siehe hier Rn 104. Siehe ebenso oben Fn. 129 und 130 b) Wichtiges, wenn nicht **das** wertbildende Merkmal schlechthin. Daraus folgt, daß die Übergabe nach Tod - selbst ohne Unterbrechung (Merkmal I. 17) - ein stets gewichtiger wertsenkender Faktor ist.	

Die Methoden zur Ermittlung des Wertes einer Anwaltspraxis § 3

Nr.	Merkmal									Bemerkungen
16.	Auslaufen der Tätigkeiten der Praxis (Wiedergutmachung, Vertreibungsschäden, aber auch wiedervereinigungsbedingte Probleme in den neuen Bundesländern)	-3	-2	-1	Wiederkehrmöglichkeit der bisherigen Tätigkeiten	nicht denkbar		-5	-15	entfällt, da nicht denkbar	a) Siehe hier Rn 100. b) Auch dies ist ein extrem wertsenkendes Merkmal. Möglicherweise ist es im Einzelfall nicht damit getan, bei auslaufenden Tätigkeiten im erheblichen Maße lediglich einen besonders niedrigen Vervielfältiger anzusetzen. Dem Einzelfall wird es in vielen Fällen eher entsprechen, wenn man die Bemessungsgrundlage, den Umsatz, bereits um die Höhe der nicht wiederkehrenden Umsätze vermindert.
17.	Übergang der Praxis nach Unterbrechung oder längerer Krankheit des Übergebers	-3	-2	-1	Kontinuität	nicht denkbar		10	-30	entfällt, da nicht denkbar	a) Siehe hier Rn 100, 126. b) In Abhängigkeit von der Dauer der Unterbrechung ein extrem wichtiges wertsenkendes Merkmal. Siehe dazu den 3. Fall, »**Crash-Fall**«
18.	Erwerb eines Sozietätsanteiles	nicht denkbar	nicht denkbar		nicht denkbar	+1	+2	+3	10	entfällt, da nicht denkbar	+30	a) Siehe hier Rn 127. b) Wegen der weitgehenden Kontinuität der Sozietät bei Ausscheiden eines Sozius' ist generell ein höherer Wert anzusetzen.

§ 3 Die Methoden zur Ermittlung des Wertes einer Anwaltspraxis

Positions-nummer	Merkmal	Werttendenzzahl							Gewich-tungs-verviel-fältiger	erreichbare Punktzahl		Hinweise	erreichte Punkt-zahl
		wertsenkend			wertneutral	werterhöhend				mini-mal	maxi-mal		
		erheb-lich	mittel-mäßig	gering-fügig		erheb-lich	mittel-mäßig	gering-fügig					
I.	kostenrele-vante Merk-male												
II.													
1.	Vereinba-rung der Übernahme von Lang-zeitverträ-gen mit un-günstigen / günstigen Konditionen	-3	-2	-1	»normale« Kon-ditionen	+1	+2	+3	3	-9	+9	a) Siehe hier Rn 129. b) Zu denken ist hierbei insbesondere an den Eintritt des Erwerbers in Mitarbeiterverträge kraft Gesetzes (§ 613 a BGB). Der Übernehmer sollte sich über die Bereitschaft der Mitarbeiter zum Verbleib informieren und hierzu das Gehaltsniveau vorab in Erfahrung bringen. Bei Bereitschaft zum Verbleib und hohem Gehaltsniveau wäre dies trotz der wünschenswerten Kontinuität eher ein wertsen-kender Umstand, siehe oben, Fn. 127.	
2.	Gutes Lohn-Leistungs-verhältnis der zu »über-nehmen-den« Mit-arbeiter	-3	-2	-1	»normales« Lohn- und Leistungs-verhältnis	+1	+2	+3	3	-9	+9	a) Siehe hier Rn 130. b) Siehe hierzu Hinweise bei II. 1. Im übrigen ist die Feststellung des Lohn-Leistungsverhältnisses aus Erwerbersicht äußerst schwierig. Vorsicht ist aber bei unüblich hohen Gehältern angebracht.	

Die Methoden zur Ermittlung des Wertes einer Anwaltspraxis § 3

		-3	-2	-1		+1	+2	+3				
3.	(un-) günstiger Mietvertrag der Praxis	-3	-2	-1	»normaler« Mietzins, d.h. der Mietzins, der bei einem Neuabschluß üblich wäre, sowie »normale« sonstige Konditionen	+1	+2	+3	3	-9	+9	a) Siehe Rn 104. b) Positiv wäre beispielsweise ein niedrigerer Mietzins mit mehrjähriger Restlaufzeit ohne Steigerungsmöglichkeit.
4.	Kosten angestellt Rechtsanwälte	-3	-2	-1	Umsätze des Übernehmers wurden ohne angestellte Rechtsanwälte erzielt	nicht denkbar			5	-15	entfällt, da nicht denkbar	a) Siehe hier Rn 100, 110. b) Wenn einer oder gar mehrere angestellte RAe vorhanden sind, wirkt sich dieses erheblich auf die Umsatzrendite aus. Dem muß durch eine u.U. erhebliche Absenkung des Vervielfältigers Rechnung getragen werden.
5.	geringe Rendite	-3	-2	-1	»normale« Rendite	+1	+2	+3	5	-15	+15	a) Siehe hier Rn 131. b) Aus Erwerbersicht entscheidet letztlich die Rendite der zu übernehmenden Praxis. Häufig ist die damit zusammenhängende Kostenstruktur vom Übernehmer kaum zu verbessern. Dies gilt insbesondere für hohe Fixkosten wie Miete, Personal, aber auch für die angestellte RAe, (hierzu II. 4.) Daher sollte der Übernehmer auch den erzielten Gewinn in Erfahrung bringen. Der »Steuergeheimnis« verwerfen. Eine geringe Rendite kann ein extrem wertsenkender Umstand sein.
III.	Sonstige Merkmale											
1.												
2.												
3.												
...												
									Summe der erreichbaren Punktzahl	...	...	**Ergebnis:** 1) erreichte Punktzahl 2) Zuordnung der erreichten Punktzahl zu einem konkreten Multiplikator innerhalb der Bandbreite zwischen 0,5–1,0 (1,5) ergibt den Multiplikator für den Einzelfall

§ 3 Die Methoden zur Ermittlung des Wertes einer Anwaltspraxis 100

Anmerkungen zum Tableau:

160 1) Der Verfasser hat alle im BRAK-Ausschuß vom 30.09.1991 als beispielhaft genannten wertbildenden Merkmale – teilweise wurden zwei Merkmale zu einem zusammengefaßt – in das Tableau aufgenommen. Die Reihenfolge wurde dabei verändert und, soweit möglich, systematisiert.

161 2) Der Verfasser hat die oben bei Rn 119 ff. aufgeführten zusätzlichen umsatzrelevanten und kostenrelevanten Merkmale hinzugefügt.

162 3) Die wesentlichen denkbaren wertbildenden Merkmale dürften damit erfaßt sein. Allerdings wird es unmöglich sein, sämtliche auch in Ausnahmefällen vorliegenden Merkmale lückenlos zu erfassen. Für derartige Merkmale mag der Bewerter – wie im Tableau blanko unter III – eine Rubrik » sonstige Merkmale« bilden und diesen dann dem System des Tableaus entsprechende Punktwerte zuordnen.

163 4) Die meisten, aber nicht alle Merkmale sind als wertsenkend, wertneutral und werterhöhend denkbar. Bei einigen Merkmalen ist diese Dreiteilung nicht möglich oder jedenfalls nicht sinnvoll. Siehe dazu den jeweiligen Hinweis im Tableau.

164 5) Unter den Beurteilungsspielraum des Bewerters fällt insbesondere seine Entscheidung über den **»Gewichtungsvervielfältiger«**. Hieraus ergibt sich dann die minimal/maximal bei jedem Merkmal erreichbare Punktzahl. Die im Tableau hierzu aufgeführten Zahlenwerte sind lediglich als unverbindlicher Vorschlag des Verfassers anzusehen. Ebenfalls unter den Beurteilungsspielraum fällt die Entscheidung des Bewerters über die **Intensität** des Vorhandenseins eines bestimmten wertbildenden Faktors (**Werttendenzzahl**). Für nahezu alle Bewertungsfälle mag diese dreigeteilte Skalierung in »erheblich«/»mittelmäßig«/»geringfügig« ausreichen. Sollte dies in einem bestimmten seltenen Einzelfall nicht so sein, mag die Skala erweitert werden. Entsprechendes gilt für den vom Verfasser für jedes einzelne Merkmal vorgeschlagenen Gewichtungsvervielfältiger, falls dies das Ziel, zu einem »gerechten« Ergebnis im Einzelfall zu gelangen, erfordert.
Beispiel: »Großer Crash-Fall«, Rn 174.

165 6) Der Verfasser hat mit der jeweils nachstehenden Begründung davon abgesehen, folgende Merkmale ausdrücklich in das Tableau aufzunehmen: Dies mag jedoch nicht ausschließen, daß der Bewerter sie – ggf. unter III, »sonstige Merkmale« – aufführt.

166 a) Großstadtpraxis/Kleinstadtpraxis, weil zweifelhaft, ob das eine oder andere vorteilhaft ist. Strohm[270] hält eine Kleinstadtpraxis für wertvoller, genau umgekehrt sieht es Barthel.[271]

---

270 Strohm in AnwBl. 1977, Seite 389–392 (391).
271 Barthel in DB 1990, Seite 1145–1152 (1152).

b) **Lebensqualität vor Ort**, weil zweifelhaft, ob Wertmerkmal der **Praxis**.[272]

c) **Regionale Unterschiede im Preisgefüge**, weil meist Parteien und auch die Gutachter keine umfassende Kenntnis hierüber haben, denn diese Daten werden meist vertraulich behandelt.

d) Die Tatsache der **ständig steigenden Anwaltsdichte**, weil unklar, ob dies den Wert eher erhöht (Argument: ohne vorhandene Mandate ist der »Neuanwalt« chancenlos) oder eher erniedrigt (Argument: da der Markt für Rechtsberatung nicht entsprechend mit den Anwaltszahlen mitwächst, ist eher mit geringeren Umsätzen in Zukunft zu rechnen).

e) **RA ist zugleich Notar**. Siehe hierzu allerdings oben Beispielfall 7, Rn 261.

7) Merkmale können, wenn sie zusammenwirken, eine höhere Bedeutung erlangen als bei ihrer Addition nach Einzelbetrachtung. Derartige Synergie-Effekte gibt es insbesondere beim Zusammenwirken negativer Merkmale. Diese Komplexität kann im Rahmen dieses **Tableaus** nicht dargestellt werden. Der Bewerter muß dies aber im Einzelfall bedenken.

8) Nachstehend drei Beispielfälle zur Bestimmung des Vervielfältigers im konkreten Einzelfall:

1. Fall (Normalfall mit positiver Tendenz):
Der Übergeber ist 63 Jahre alt (Merkmale I.1.), die Praxis besteht seit 33 Jahren (I.3.), es handelt sich um eine Allgemeinpraxis (I.4.), der bisherige Mietvertrag kann übernommen werden (I.6.), die Praxis hat einen guten Ruf (I.9.), ausreichendes Wettbewerbsverbot (I.11.) wird vereinbart. Der Veräußerer ist bereit, für maximal ein halbes Jahr auf Honorarbasis als »freier Mitarbeiter« nach Übergabe zu verbleiben (I.15.). Alle übrigen Merkmale liegen im wertneutralen Bereich. Frage: Wie ist der Faktor anzusetzen?
Auffallend ist in diesem Fall, daß zahlreiche der besonders wichtigen wertbildenden Merkmale positiv sind, andere dem wertneutralen Bereich zuzuordnen sind. Wertsenkende Merkmale liegen dagegen nicht vor. Damit ist klar, daß es sich hierbei um eine überdurchschnittliche Praxis handelt, die einen höheren als den Mittelwertfaktor von 0,75 verdient. Je nach konkreter Ausgestaltung des Bewertungstableaus wird der Faktor hier deutlich über 0,75 liegen, wohl im Bereich von 1,0.

2. Fall (Normalfall mit negativer Tendenz):
Der Übergeber ist bereits 72 Jahre alt (I.1.), die meisten Mandanten sind im Rentenalter oder werden demnächst ins Rentenalter eintreten (I.2.). Der Übernehmer ist erst 32 Jahre als. Die Praxis besteht seit 42 Jahren (I.3.). Übergeber

---

272 Bejahend: Barthel in DStR 1996, Seite 1458–1464 (1463).

§ 3 Die Methoden zur Ermittlung des Wertes einer Anwaltspraxis   102

und Übernehmer sind jeweils Fachanwalt für Steuerrecht (I.5.). Die Organisationsstruktur ist für den Übernehmer wenig transparent (I.8.). Der Anteil von Dauermandanten und Großklienten im Bereich Steuerrecht/Buchführung (I.10. und I.14.) beträgt 50 % vom Umsatz. Eine überleitende Mitarbeit (I.15.) kommt für den Übergeber aus gesundheitlichen Gründen nur für die Dauer von 4 Wochen in Betracht. Der Mietvertrag muß übernommen werden, er weist jedoch einen zur Zeit weit über dem Marktzins liegenden Mietzins bei einer Restlaufzeit von noch 5 Jahren auf. Alle übrigen Merkmale liegen im wertneutralen Bereich. Frage: Wie ist hier der Faktor anzusetzen?

Nach Festlegung der Werttendenzzahl und des Gewichtungsvervielfältigers sowie der erreichbaren und der tatsächlich erreichten Punktzahl wird aufgrund einiger negativer Merkmale und trotz zahlreicher Merkmale im wertneutralen Bereich ein Faktor knapp unterhalb des Mittelwertes, also von etwa 0,75, in Betracht kommen.

3. Fall: »Großer Crash-Fall«:

174   Der ausscheidende Anwalt ist im Alter von 58 Jahren unerwartet verstorben. Es handelt sich um eine gutgehende Praxis, deren Einzelmerkmale alle wertneutral bis werterhöhend sind. Die Witwe ist in ihrer Trauer allerdings unfähig, sich sofort um den Verkauf der Praxis zu bemühen. Ein Interessent nimmt vom Erwerb der Praxis nach mehreren Wochen Überlegung dann doch Abstand, weil er keinen Überblick über den Sachstand vieler laufender Mandate zu gewinnen vermag. Seit dem Tod des A sind inzwischen fast 6 Monate vergangen.

Frage: Welcher Multiplikator erscheint hier angemessen? Es ist bei diesem Beispielsfall zu beachten, daß der Übergang der Praxis nach so langer Unterbrechung ein extrem wertsenkendes Merkmal (I.17.) darstellt. Würde man jetzt den Umstand der Unterbrechung mit einer erreichten Punktzahl von – 30 bewerten und alle übrigen positiven Merkmale hinzuaddieren, so käme man hier wahrscheinlich noch auf eine erreichte Punktzahl im positiven Bereich. Wenn der Mittelwertfaktor von 0,75 im Falle einer mit »0« anzugebenen Punktzahl zu vergeben wäre, käme man hier auf einen Wert der sicherlich erheblich über 0,75 läge, d.h. im Bereich von etwa 1,0. Dieses mathematisch ermittelte Resultat kann allerdings nicht richtig sein. Die **Einzelfallbetrachtung** muß den voraussichtlichen Einfluß auf den Erhalt der Einnahmen des ausscheidenden Rechtsanwalts **abschätzen**. Diese Prognose wird hier sehr negativ ausfallen müssen, so daß es geboten erscheint, ungeachtet aller werterhöhenden Umstände die Wiederkehrwahrscheinlichkeit des Umsatzes des verstorbenen Rechtsanwalts im untersten Bereich anzusiedeln. Schon die Annahme des unteren Wertes der Faktorbandbreite, also 0,5, erschiene bedenklich. Man wird in diesem Falle wohl annehmen müssen, daß schon die Bemessungsgrundlage- also die Vorjahresumsätze- zu kürzen oder gar mit Null anzusetzen sind , da der Goodwill der Praxis nicht weit über Null liegen kann.

Die Methoden zur Ermittlung des Wertes einer Anwaltspraxis § 3

Dieser etwas extrem scheinende Fall ist durchaus in der Realität denkbar. Eine ähnliche Konstellation, bei der bereits **ein** wertsenkendes Merkmal den Ansatz des untersten Multiplikators erfordert oder gar eine Bereinigung der Bemessungsgrundlage, des Umsatzes, notwendig macht, ist insbesondere vorstellbar bei den Merkmalen I.6., I.15., I.16. sowie II.4. und 5. Wenn denn gar mehrere dieser extrem negativen Merkmale zugleich vorliegen (negativer Synergie-Effekt) ergibt sich darüber hinaus noch eine Potenzierung dieses Abwertungseffektes.

Die drei betrachteten Fälle 1, 2 und 3 sollten hinsichtlich der Aufstellung eines **Bewertungstableaus** folgendes deutlich machen:

a) Eine generelle Vorgabe, welche Merkmale der zu bewertenden Praxis mit welcher Werttendenzzahl bzw. welchem Gewichtsvervielfältiger zu versehen sind, kann nicht gegeben werden.   **175**

b) Dies sollte im Interesse der Nachvollziehbarkeit des Bewertungsergebnisses aber keinesfalls zu einem Verzicht auf ein Bewertungs-Tableau führen, ganz im Gegenteil: Dort, wo Werte nicht exakt mathematisch errechenbar sind, sind sie umso klarer nachvollziehbar darzulegen.   **176**

c) Der Bewerber sollte ein Tableau aller wertbildenden Umstände anfertigen und dabei auch solche Umstände mit in die Bewertung mit einbeziehen, die als »wertneutral« einzustufen sind. Dies setzt natürlich die vollständige Information über die zu bewertenden Merkmale voraus. Als Vorlage der zu bewertenden Merkmale mag das hier abgebildete Tableau dienen.   **177**

d) Die bei der Bewertung gebotene **Einzelfallbetrachtung** und der damit zwangsläufig verbundene Beurteilungsspielraum des Bewerters machen es erforderlich, die denkbare **Werttendenzzahl** und den **Gewichtsvervielfältiger** im Einzelfall festzulegen und sodann zu ermitteln, welche Zahlenwerte für den konkreten Bewertungsfall sich ergeben.   **178**

e) Dem sodann erreichten Zahlenwert ist ein Multiplikator innerhalb der möglichen Bandbreite von 0,5–1,0 (1,5) zuzuordnen. Eine vollständige »Mathematisierung« durch Ausrechnen auf mehrere Kommastellen ist hierbei wenig hilfreich, da dies eine nicht mögliche exakte Berechenbarkeit des Faktors lediglich vorspiegeln würde.   **179**

- Liegt der so ermittelte Zahlenwert im Bereich von 0, so wird sich ein Multiplikator in der Gegend des normalen Mittelwertes, also bei 0,75, anbieten.   **180**

- Liegt der so ermittelte Zahlenwert im Bereich der nach dem Tableau erreichbaren positiven Höchstpunktzahl, bietet sich die Annahme eines Faktors bis zu 1,5 an.   **181**

182	• Liegt der so ermittelte Zahlenwert im Bereich der erreichbaren größten Negativpunktzahl, kommt nur ein Faktor am unteren Ende der Bandbreite, also im Bereich von 0,5, in Betracht.
183	• Liegt der so ermittelte Zahlenwert bei Zwischenwerten, muß eine proportionale Zuordnung erfolgen, z.b. bei minus 100 von erreichbaren 300 Mi- nuspunkten könnte der Faktor bei etwa 0,6 bis 0,7 liegen.
184	• Um auch extrem aber doch realistischen Fällen gerecht zu werden, muß in einem letzten Schritt geprüft werden, ob nicht der errechnete Zahlenwert bei gebotener Einzelfallbetrachtung nach unten korrigiert werden muß. Hier geht es insbesondere um den oben genannten 3. Fall, den »großen Crash- Fall«. Hier ist sorgsam zu prüfen, ob nicht der Ansatz des untersten Wertes der Bandbreite schon eine Überbewertung darstellen würde. In extremen Fällen, bei denen bereits ein einziger hochnegativer Umstand ungeachtet eventueller positiver weiterer Merkmale zu einem Multiplikator am unteren Rand der Bandbreite führt, bedeutet dies nicht etwa, daß weitere Merkmale dann überhaupt nicht mehr betrachtet werden müßten: Liegen nämlich weitere negative Merkmale vor, so ist dies ein Anlaß für den Erwerbsinteressenten, über einen Preisnachlaß zu verhandeln, wenn er denn von dem Erwerb nicht gänzlich Abstand nehmen will.

b) 2. Problemkreis: Wertfaktor-Bandbreite 0,5–1,0 (1,5) noch zeitgemäß?

185	Nach dem schon mehrfach erwähnten aktuellsten Bericht des BRAK-Ausschusses Bewertung von Anwaltspraxen vom 30.09.1991[273] liegt die Bandbreite des auf den Umsatz anzuwendenden Vervielfältigers zwischen 0,5 und 1,0, in Ausnahmefällen bei bis zu 1,5. Dies gilt für die Ermittlung des Goodwills im Rahmen aller drei Wertbegriffe: des Fortführungswertes, des Übergabewertes und des Beteiligungswertes.[274] Der BRAK-Ausschuß begründet den so vorgegebenen Rahmen des Bewertungsfaktors mit »den besonderen beruflichen Verhältnissen der Anwaltschaft« und einer daraus abgeleiteten jahrelangen Übung.[275]
186	Bereits im Bericht vom 23.05.1986[276] war ebenfalls ein Rahmen von 0,5 bis 1,0 (1,5) – mit derselben Begründung – genannt worden.
187	Es fragt sich, ob nicht zwischenzeitlich gesunkene Umsatzrenditen jedenfalls für Einzelkanzleien eine Anpassung dieser Bandbreite in Form der Verminderung der Eckwerte, etwa auf 0,5 bis 0,8 (1,2), geboten erscheinen lassen.[277]

---

273 BRAK-Mittl. 1/1992, Seite 24 ff.
274 Wie vor unter V 3; VI 1 c; VI 2 c sowie VI 3.
275 BRAK-Mittl. 1/1992, Seite 24 ff. (Seite 26 V 3).
276 In BRAK-Mittl. 3/1986, Seite 119 ff.: Seite 121 unter V 3.
277 Nach einer Untersuchung der Einkommenssituation 1994 von Passenberger (BRAK-Mittl. 5/1996, Seite 174–179) liegen die Kostenanteile bei Einzelkanzleien bei 61 %(alte Bundesländer) bzw. bei

Die Methoden zur Ermittlung des Wertes einer Anwaltspraxis § 3

Die Frage der Verminderung der Wertfaktor-Bandbreite stellt sich aus folgendem Grunde: Da der ideelle Wert (Goodwill) durch die Anwendung eines Multiplikators auf den maßgeblichen Umsatz ermittelt wird, ergeben sich bei steigenden Umsätzen – auch bei gleichem Multiplikator – zwangsläufig auch höhere Werte für den Goodwill und damit für den Kaufpreis einer Anwaltskanzlei. Dies gilt selbst dann, wenn trotz gestiegenen Umsatzes wegen zugleich überprotortional gestiegener Kosten die Rendite gleich geblieben oder gar gesunken ist.

Ging der BRAK-Ausschuß Bewertung von Anwaltspraxen in seinem ersten Bericht von 1979 noch unter Berufung auf »neueste Statistiken« von 55 % Kosten, mithin 45 % Gewinn aus, so muß jedenfalls der Einzelanwalt heute von Kosten von über 60 % ausgehen.[278]   **188**

Im Rahmen der Festlegung des zutreffenden Multiplikators bei der Bewertung einer konkreten Anwaltskanzlei spielen nach dem BRAK-Ausschuß-Bericht Bewertung von Anwaltspraxen auch Kostenaspekte eine Rolle. Hierzu wird auf die vorherigen Ausführungen des Verfassers verwiesen.[279]   **189**

Ob die Bandbreite des Multiplikators – und damit auch der Mittelwert und jeder andere Zwischenwert – bei der Bewertung einer Einzelkanzlei **generell** wegen allgemein rückläufiger Rentabilität von Praxen zu vermindern ist, soll im Rahmen dieses Handbuches nicht abschließend entschieden werden.   **190**

Der BRAK-Ausschuß Bewertung von Anwaltspraxen wird allerdings bei der Erstellung seines nächsten Bewertungs-Berichtes[280] über den etwaigen Einfluß nachhaltig sinkender Renditen auf den Bewertungsfaktor nachdenken müssen. Dabei wird es auf einen möglicherweise vorliegenden mehrjährigen Trend aufgrund zuverlässigen Zahlenmateriales ankommen. Der Verfasser empfiehlt allerdings den Verhandlungspartnern des Kanzleikaufvertrages schon heute, im Rahmen der Preisgespräche dem Aspekt der im Bewertungszeitraum erzielten Rendite (Merkmal II.5. des Tableaus) erhöhte Aufmerksamkeit zu schenken. Liegt diese deutlich unter 40 % des Jahresumsatzes, so darf auch – bei sonst ungünstigen wertbildenden Merkmalen – ein Faktor von weniger als 0,5 nicht tabu sein.   **191**

---

63 % (neue Bundesländer). Die daraus abgeleiteten Gewinnanteile (Umsatzrenditen) liegen somit bei 39 bzw. 37 %. Aus dem genannten Bericht geht hervor, daß trotz steigender Umsätze sich keine entsprechende Gewinnerhöhung ergibt. Bei Sozietäten liegt die Umsatzrendite hingegen günstiger.
278 Passenberger in BRAK-Mittl. 1996, Seite 174–179 (178).
279 Siehe hier Rn 107 ff. sowie das Tableau Rn 159.
280 Nach erhaltener Auskunft des Autors in einem Telefonat mit dem Geschäftsführer der Bundesrechtsanwaltskammer, Herrn Braun, vom 26.01.1998, wird ein aktualisierter BRAK-Bericht nach Abschluß des Gesetzgebungsverfahrens für die Anwalts-GmbH erwartet. Hiermit ist allerdings nicht vor 1999 zu rechnen. Zum vorliegenden Regierungsentwurf zu einer Anwalts-GmbH: Siehe in AnwBl. 1998, Seite 6 ff.

§ 3 Die Methoden zur Ermittlung des Wertes einer Anwaltspraxis 106

c) 3. Problemkreis: Der Abzug des kalkulatorischen Anwaltslohnes

192 Der BRAK-Ausschuß Bewertung von Anwaltspraxen hat seit seinem ersten Bericht aus dem Jahre 1979 für die Ermittlung des Goodwills einer Praxis stets[281] – als letzten Teilschritt – den Abzug des kalkulatorischen Anwaltslohnes vorgesehen.[282]

Dieser wird fiktiv ermittelt, d.h. dessen Höhe ist damit weitestgehend[283] unabhängig von der Einzelfallsituation, in der sich der Veräußerer und der Erwerber befinden.

193 Da der Bewertungsausschuß in keinem seiner drei bisherigen Berichte begründet, warum überhaupt ein kalkulatorischer Anwaltslohn von der Bemessungsgrundlage abzuziehen ist, soll zunächst geklärt werden, ob sich ein derartiger Abzug überhaupt mit den Grundsätzen der betriebswirtschaftlichen Unternehmensbewertung in Einklang bringen läßt.

194 In der allgemeinen Unternehmensbewertungslehre – sie ist auf die Bewertung **gewerblicher** Unternehmen zugeschnitten – wird der Wert des Unternehmens in seiner Fähigkeit gesehen, Einnahme-Überschüsse (= Erträge) zu erwirtschaften.[284] Dies kennzeichnet die sogenannte **Ertragswertmethode**. Zur Berechnung der Erträge – sie erfolgt im Rahmen der betriebswirtschaftlichen Kosten- und Leistungsrechnung – wird der Ertrag bei Personengesellschaften und Einzelunternehmern um einen angemessenen Unternehmerlohn gekürzt. Dieser wird auch als »kalkulatorischer Unternehmerlohn« bezeichnet.[285] Die Berücksichtigung eines angemessenen kalkulatorischen Anwaltslohnes wäre somit betriebswirtschaftlich fundiert, wenn der Goodwill der Praxis in einem Ertragswertverfahren bewertet würde. Bei dem hier beschriebenen berufsüblichen »Umsatzverfahren« des BRAK-Ausschusses Bewertung von Anwaltspraxen ist die Berücksichtigung eines kalkulatorischen Unternehmerlohnes dagegen fraglich.

---

281 So auch im zweiten Bericht von 1986 (in BRAK-Mittl. 3/1986 Seite 119 ff.) und auch im aktuellen dritten Bericht von 1991/1992 (in BRAK-Mittl. 1/1992, Seite 24 ff.).
282 Siehe hier schon Rn 72 ff.
283 Es wird nach dem Bewertungs-Bericht nur ganz grob in drei Stufen differenziert. Hierbei kommt es lediglich auf die Umsatzgrenze von 250.000,00 DM p.a. und zusätzlich auf eine Altersgrenze von 45 Jahren an: BRAK-Mittl. 1/1996, Seite 24 ff, Seite 26, dort unter V 4).
284 Dazu Näheres § 2 Rn 68.
285 Dieser Gedanke beruht darauf, daß bei Kapitalgesellschaften der Gewinn durch die Gehälter der Geschäftsführer/Vorstände als verrechneter »Aufwand« im Rahmen der Finanzbuchhaltung gemindert wird. Bei Personengesellschaften und Einzelunternehmen ist dies aus steuerlichen Gründen nicht zulässig; die Leistung des Betriebsinhabers ist vielmehr aus dem Gewinn zu decken. Im Rahmen der betriebswirtschaftlichen Kostenrechnung und der hierauf basierenden Unternehmensbewertung (Ertragswertverfahren) befriedigt diese Differenzierung nicht. Daher muß bei Personengesellschaften und Einzelunternehmen die Arbeitsleistung des Inhabers wie bei Kapitalgesellschaften bewertet werden. Diese Bewertung erfolgt nur zu kalkulatorischen Zwecken. Daher die Bezeichnung »kalkulatorische Kosten«. Siehe dazu statt aller bei Wöhe, Seite 1018.

Die Methoden zur Ermittlung des Wertes einer Anwaltspraxis § 3

Der BRAK-Ausschuß Bewertung von Anwaltspraxen hatte in seinem ersten Bericht aus dem Jahre 1979 alle Berechtigung, einen kalkulatorischen Anwaltslohn zu berücksichtigen. Bei dem dort vorgeschlagenen Verfahren handelte es sich nämlich in Wirklichkeit um eine vereinfachte Variante des Ertragswertverfahrens. Das ergibt sich daraus, daß man vom durchschnittlichen, bereinigten Jahresumsatz pauschal 50 % als »Unkosten« abzog. Sodann wurde von diesem Zwischenwert – ebenfalls pauschal – der kalkulatorische Anwaltslohn – betriebswirtschaftlich ebenfalls nichts anders als »Kosten« – abgezogen. Das Ergebnis dieser Rechenschritte ist sodann der Ertrag. Zur Ermittlung des Goodwills wurde schließlich bei dem hier vorrangig interessierenden Übergabe- und Beteiligungswert in einem dritten und letzten Rechenschritt ein einzelfallbezogener Multiplikator, der ein- bis dreifache Betrag dieses Jahresertrages, in Ansatz gebracht.

195

In seinem zweiten Bericht aus dem Jahre 1986[286] ist der Ausschuß von dieser Variante des Ertragswertverfahrens erheblich abgerückt. Man entfernte sich vom Ertragswertverfahren dadurch, daß man auf den pauschalen Abzug der »Unkosten« verzichtete.[287] Trotz des Wegfalls der Abzugsfähigkeit der »Unkosten« blieb der Ausschuß in seinen Berichten aus den Jahren 1986 und 1991/1992[288] bei der Abzugsfähigkeit **einer** Kostenart, nämlich des kalkulatorischen Anwaltslohnes. Dies war betriebswirtschaftlich nicht ganz konsequent, da man eigentlich zu einem reinen Umsatzverfahren überging. Dennoch erhielt man den eigentlich zum Ertragswertverfahren gehörenden Kostengesichtspunkt des kalkulatorischen Anwaltslohns aufrecht.

196

Der Verfasser wird trotz dieser theoretischen Bedenken[289] für dieses Handbuch daran festhalten, daß ein kalkulatorischer Anwaltslohn abgezogen werden soll, weil dies eben berufsüblich[290] ist. Hinzu kommt, daß es nicht mit dem Wegfall dieses Abzuges getan wäre, da sich dann zunächst viel höhere Zahlenwerte

197

---

286 BRAK-Mittl. 3/1986, Seite 119 ff.
287 Dadurch ergaben sich zunächst einmal doppelt so hohe Werte, weil man 50 % »Unkosten« nicht mehr abzog. Ein entsprechender Ausgleich hierfür erfolgte durch eine Absenkung des Multiplikators auf nunmehr 0,5–1,0 (1,5) statt bisher 1,0–3,0. Dadurch blieb das Wertniveau allerdings dennoch nicht gleich. Beispiel: Umsatz 500.000,00 DM–250.000,00 DM Kosten = 250.000,00 DM, hiervon 70.000,00 DM als halber kalkulatorischer Anwaltslohn abgezogen, ergibt 180.000,00 DM, dieser Wert multipliziert mit 1,0 bis 3,0 ergäbe 180.000,00 DM bis 540.000,00 DM. Dagegen das neue Verfahren: 500.000,00 DM–0,00 (»Unkosten«) = 500.000,00 DM–70.000,00 DM als halber kalkulatorischer Anwaltslohn ergäben 430.000,00 DM. Multipliziert mit 0,5–1,5 ergäbe sich hieraus 215.000,00 DM bis 630.000,00 DM.
288 BRAK-Mittl. 1/1992, Seite 24 ff.
289 Auch unter denjenigen, die bei der Bewertung von Freiberuflerpraxen ein Umsatzverfahren zugrunde legen, ist der Abzug eines kalkulatorischen Freiberuflergehaltes umstritten: Barthel in DStR 1996, Seite 1458 ff. und in DB 1990, Seite 1152, nimmt keinen Abzug eines kalkulatorischen Unternehmerlohns vor. Ebenso das Verfahren von Glawe, einem Vermittler von Anwaltspraxen, auf den sich Barthel stützt. Vgl. Barthel in DB, 1990, Seite 1151, Fn. 66.
290 Auch bei der Bewertung von Arztpraxen ist der Abzug eines kalkulatorischen Arztlohnes berufsüblich: Siehe Dt. Ärzteblatt 84 vom 02.04.1987, Seite A 926 ff.

ergäben, die die Marktpreise nicht widerspiegeln würden. Eine Korrektur dieser Zahlenwerte müßte dann beispielsweise durch eine Verringerung des Multiplikators erfolgen.

198 Der BRAK-Ausschuß Bewertung von Anwaltspraxen mag dieses Problem bei der Erstellung seines nächsten Bewertungs-Berichtes[291] überdenken.

199 Der Maßstab für die Höhe des kalkulatorischen Anwaltslohns ist in allen drei Ausschuß-Berichten die Besoldung eines Richters.[292] Dieses wurde jeweils damit begründet, daß es vor allem bei höheren Umsätzen kaum vergleichbare angestellte Rechtsanwälte mit festem Einkommen gäbe. Diese aus der Sicht von 1979 sicherlich zutreffende Feststellung wird allerdings bei der Erstellung des nächsten Berichtes des BRAK-Ausschusses Bewertung von Anwaltspraxen zu überdenken sein. Im Zeitalter zunehmender Anwaltsdichte und der Tendenz zur Bildung von größeren Sozietäten wird wohl künftig Zahlenmaterial für die dann tendenziell zunehmende Erscheinung des angestellten Rechtsanwalts vorhanden sein.[293]

200 Im Rahmen dieses Handbuches wird wegen der nach wie vor gegebenen Berufsüblichkeit weiterhin von 140 % eines jeweiligen Richtergehaltes – gestaffelt nach dem Umsatz und dem Lebensalter des Übergebers[294] – ausgegangen. Auf die Person des Übernehmers und dessen Lebensalter – dies wird meist ein junger Rechtsanwalt sein – kommt es bei dieser Eingruppierung in ein vergleichbares Richtergehalt grundsätzlich nicht an. Dies mag verwundern, ist aber konsequent. Es ergibt sich daraus, daß es bei den personenbezogenen Merkmalen im Rahmen der Feststellung des wertbildenden Multiplikators im Einzelfall grundsätzlich auf die Person des Übergebers ankommt.[295]

201 Der BRAK-Ausschuß Bewertung von Anwaltspraxen macht allerdings von diesem Grundprinzip eine wichtige Ausnahme, die sich auf die Praxiswertbestimmung eminent auswirkt: Beim Abzug des zugrunde gelegten fiktiven Richtergehaltes als kalkulatorischer Anwaltslohn wird bei dem im Rahmen dieses Buches vorrangig interessierenden Übergabewert[296] und auch beim Beteiligungswert[297] nur das **halbe** Jahresgehalt eines Richters abgezogen. Es bleibt dann lediglich

---

291 Dabei böte sich die Rückkehr zu dem betriebswirtschaftlich konsequenteren Verfahren aus dem Bericht von 1979 ebenso an wie der Verzicht auf den Abzug des kalkulatorischen Anwaltslohnes bei gleichzeitigem Absenken des Multiplikators.
292 So im Bericht vom 31.10.1979 unter III 3, nicht veröffentlicht; vom 23.05.1986 unter V 4 (BRAK-Mittl. 3/1986, Seite 119 ff) und im Bericht vom 30.09.1991 unter V 4 (BRAK-Mittl. 1/1992, Seite 24 ff.).
293 Zahlenmaterial über angestellte Rechtsanwälte befindet sich beispielsweise in BRAK-Mittl. 5/1996, Seite 179 und in BRAK-Mittl. 6/1996, Seite 225 f.
294 Vgl. BRAK-Mittl. 1/1992, Seite 24 ff. (Seite 26 unter V 4) und Kaiser/Wollny, Seite 62 ff. sowie Eich, Seite 24 ff.
295 Siehe hier Rn 106.
296 BRAK-Mittl. 1/1992, Seite 24 ff. (Seite 27, dort unter VI 2 f).
297 Wie vor, Seite 24 ff. (Seite 27, dort unter VI 3).

noch beim Fortführungswert beim vollen Abzug des vergleichbaren Richtergehaltes.[298]

Zunächst mag ein Beispiel die Auswirkung auf den Wert des Goodwills beim Abzug des lediglich halben im Vergleich zum vollen kalkulatorischen Anwaltslohn verdeutlichen: Der maßgebliche Jahresumsatz betrage 260.000,00 DM, der anzuwendende Multiplikator sei 0,75. Von dem sich danach ergebenden Zwischenwert in Höhe von 195.000,00 DM soll als kalkulatorischer Anwaltslohn ein Richterjahresgehalt abgezogen werden. Nach dem Bewertungs-Bericht[299] richtet sich dies bei diesem Jahresumsatz von mehr als 250.000,00 DM nach der Stufe R 3. Mit Ortszuschlag der Stufe 1 (= ledig)[300] ergibt dies ein monatliches Gehalt von ca. 11.000,00 DM,[301] entsprechend jährlich 143.000,00 DM. Erhöht um 40 % – zur Abgeltung der Altersversorgung und der Beihilfen des Richters – beträgt sodann der volle anzunehmende kalkulatorische Anwaltslohn ca. 200.000,00 DM, der halbe demgemäß 100.000,00DM. Zieht man diese Beträge von dem Zwischenwert von 195.000,00 DM ab, so bedeutet dies, daß bei der Feststellung des **Fortführungswertes** in diesem Beispielsfalle der Goodwill mit Null[302] anzusetzen wäre. Im Falle des Übergabe- und Beteiligungswertes läge der Wert des Goodwills dagegen bei 95.000,00 DM.

202

Dieses Beispiel zeigt, wie bedeutsam für die Bewertung einer Anwaltspraxis die Frage des vollen oder halben Richtergehaltes als Abzugsposten ist.

203

Der Abzug des nur halben kalkulatorischen Anwaltslohnes wird vom Bewertungsausschuß[303] damit begründet, daß der Übergeber dem Übernehmer seine Praxisleistung bzw. sein Lebenswerk überläßt und ihm damit auch die Chance der beruflichen Entwicklung ohne Anlaufzeit ermöglicht, die der Übernehmer aus eigener Kraft sonst nicht hätte.

204

---

298 Bei diesem vor allem beim Zugewinnausgleich bedeutenden Fortführungswert führt der **volle** Abzug im Falle einer Kanzlei mit durchschnittlichem Umsatz – jährlich 1994 DM 266.000,00 DM, so BRAK-Mittl. 1996, Seite 178 – bei einem unterstellten Vervielfältiger von 0,5 zu einem Wert des Goodwills im Bereich von Null. Das folgt daraus, daß 140 % des vergleichbaren Richtergehaltes in der höchsten Lebensaltersstufe schon in der Stufe R 1 einen höheren Betrag ergibt als 133.000,00 DM.
299 BRAK-Mittl. 1/1992, Seite 24 ff. (Seite 26, dort unter V 4).
300 Stufen des Ortszuschlages 1, 2 und 3: Siehe § 40 Bundesbesoldungsgesetz, neueste Fassung jeweils abgedruckt bei Sartorius unter Nr. 230; dort sind auch die Tabellen mit jeweils neuesten Zahlenwerten für alle Gehälter abgedruckt.
301 Hinweis für alle Gehälter im Rahmen des kalkulatorischen Anwaltslohns: Es wurden die bei Drucklegung dieses Handbuches vorhandenen aktuellen Werte, künftige Gehaltsanpassungen vorwegnehmend, um knapp 10 % erhöht.
302 Es wird davon ausgegangen, daß der Goodwill einer Anwaltspraxis jedenfalls nicht negativ sein kann. Im Bereich der Bilanzierung gewerblicher Unternehmen werden negative Werte neuerdings befürwortet: Gießler, in BB 1996, Seite 1759 ff. für den sogenannten negativen Geschäftswert; Möller in BB 1996, Seite 2291 ff. für den sogenannten negativen Teilwert.
303 BRAK-Mittl. 1/1992, Seite 24 ff. (Seite 27, dort unter VI 2 f).

205 Eich[304] hält diese Begründung für nicht überzeugend, legt sie allerdings seinem Rechenschema letztlich dennoch zugrunde. Kaiser/Wollny[305] schließen sich dagegen der Begründung des BRAK-Ausschusses an.

206 Aus der Sicht des Verfassern ist zunächst einmal festzustellen, daß in dem vorstehend genannten überaus realistischen Beispielsfall der Ansatz nur des halben Richtergehaltes zu keinem unerträglichen Ergebnis führt. Eher wäre dies bei dem Ansatz des vollen Richtergehaltes als kalkulatorischer Anwaltslohn der Fall, weil dann der Wert des Goodwill hier bei Null läge. Dieses Ergebnis würde beim Übergabe- und Beteiligungswert keinesfalls befriedigen, denn schließlich erhält der Erwerber ja die Chance, den Jahresumsatz seines »Vorgängers« von 260.000,00 DM – mit einer hier einmal unterstellten durchschnittlichen Rendite von mindestens einem Drittel hieraus, also ca. 90.000,00 DM Gewinn – zu wiederholen. Nur unter der Prämisse, daß dieser konkrete Erwerber eine bessere berufliche Alternative als den Anwaltsberuf hätte, ließe sich rechtfertigen, daß der Goodwill der erworbenen Praxis bei Null liege.

207 Dem Veräußerer wäre in einem solchen Fall dann allerdings zu raten, an einen anderen Erwerber, der eine solche berufliche Alternative nicht hat, zu veräußern, weil für diesen Erwerber der Wert der Praxis höher wäre.

208 Ob es im übrigen eine tragfähige Begründung für den Ansatz des nur halben kalkulatorischen Anwaltslohnes im Rahmen der Ermittlung des Goodwills beim Übergabe- und Beteiligungswert gibt, sollte letztlich auf der Basis betriebswirtschaftlicher Aspekte beantwortet werden.

209 Wie[306] ausgeführt, beruht der Abzug des kalkulatorischen Anwaltslohnes – sei es vollständig oder nur halb – auf der betriebswirtschaftlichen Kosten- und Leistungsrechnung. Bei dieser ist selbstverständlich, daß die Erträge (Umsätze) auch um solche »Kosten« gemindert werden, die nicht in einer festen Entlohnung aufgrund eines Arbeitsvertrages o.ä. basieren, was bei einem nicht als Lohn/Gehalt ausgezahlten Entgelt des Unternehmers der Fall wäre. Bei der Unternehmensbewertung im Rahmen der Ertragswertmethode bedeutet dies, daß der Wert eines Unternehmens durch den Abzug des Gehaltes vermindert wird, das der Unternehmer anderweitig (alternativ) verdienen könnte. Dies ist in der Betriebswirtschaftslehre unter dem sogenannten Opportunitätsgedanken[307] bekannt.

210 Die Bewertung der Arbeitsleistung des Inhabers eines Unternehmens erfolgt danach dergestalt, daß man fragt, was der Unternehmer als Gehalt erzielen könnte, wäre er anderweitig tätig.[308]

---

304 Eich, Seite 28. Fn. 30.
305 Kaiser/Wollny, Seite 69, Rn 178.
306 Siehe hier Rn 194.
307 Statt vieler: Vahlens Großes Wirtschaftslexikon, Band. 1, Stichwort »kalkulatorischer Unternehmerlohn«, Seite 1078 f.
308 Wie vor.

Die Methoden zur Ermittlung des Wertes einer Anwaltspraxis § 3

Bei der Veräußerung eines Unternehmens läßt sich die Frage, was die Arbeitsleistung des Unternehmers wert ist, nicht nur mit Bezug auf den Veräußerer stellen, sondern auch auf den Erwerber. 211

Der BRAK-Ausschuß-Bericht[309] betrachtet bei der Ermittlung des **Fortführungswertes** ausschließlich den fortführenden Anwalt, nicht aber einen gedachten Erwerber. Danach ist dann keinerlei Goodwill vorhanden, wenn der Anwalt als Richter mindestens genauso viel verdienen würde, wie es dem mit dem Vervielfältiger multiplizierten maßgeblichen Jahresumsatz entspricht. Das war im zuvor gegebenen Beispiel der Fall. Diese Betrachtungsweise erscheint konsequent und auch angemessen, sofern man unterstellt, daß der Anwalt die berufliche Alternative eines Richters tatsächlich hätte.[310] 212

Bei der Ermittlung des **Übergabe-** und **Beteiligungswertes** dagegen betrachtet der Bericht des BRAK-Ausschusses Bewertung von Anwaltspraxen dagegen **auch** den Erwerber und dessen berufliche Alternative.[311] Diese auf den betriebswirtschaftlichen Opportunitätsgedanken zurückzuführende Betrachtungsweise erscheint – anders als beim Fortführungswert, bei dem es ja keinen tatsächlichen Erwerber gibt – nicht unangebracht. Warum dies? 213

Weil der die Praxis erwerbende Rechtsanwalt bei einer gedachten alternativen anderweitigen Tätigkeit als Praxisneugründer[312] mit Sicherheit weitaus geringere Einnahmen hätte, da er nicht auf eine beim Veräußerer vorhandene Klientel zurückgreifen könnte. Er müßte jedenfalls jeden einzelnen Mandanten durch meist mühevollen Akquisitionsaufwand erst gewinnen.

Bei dieser gedachten Alternative würde daher der eine vorhandene Praxis erwerbende Anwalt gar nicht in der Lage sein, auch nur annähernd ähnliche Einnahmen zu erzielen, wie dies bei der Übernahme möglich ist. 214

Mit dieser Erwägung erscheint der Abzug eines geringeren kalkulatorischen Anwaltslohns beim Übergabe- und Beteiligungswert jeweils nachvollziehbar. 215

Der BRAK-Ausschuß[313] geht für den Regelfall[314] bei diesen beiden Fallgruppen von einem halben Richtergehalt als kalkulatorischer Anwaltslohn aus. Hierzu muß man bedenken, daß dies eine Art Faustformel ist, die vom BRAK-Ausschuß nicht näher begründet wird. Möglicherweise liegt dem die Überlegung für 216

---

309 BRAK-Mittl. 1/1992, Seite 24 ff. (Seite 26 unter V 4 und VI 1 e).
310 Im Zeitalter des überlasteten Arbeitsmarktes für Volljuristen allerdings zunehmend fragwürdig.
311 BRAK-Mittl. 1/1992, Seite 24 ff. (Seite 27, dort unter VI 2 f. sowie ebenfalls Seite 27, dort unter VI 3).
312 Wenn denn die gedachte Alternative ein anderer juristischer Beruf wäre, wäre diese Überlegung nicht stichhaltig. Für die große Mehrzahl der jungen Volljuristen wird es allerdings aufgrund der »Juristenschwemme« keine andere Alternative zum Anwaltsberuf geben.
313 BRAK-Mittl. 1/1992, Seite 24 ff. (Seite 27, dort unter VI 2 f.).
314 Im Einzelfall soll auch ein geringerer Anwaltslohn abgezogen werden können, was die Höhe des Goodwills steigern würde. Wann ein solcher Einzelfall vorliegen könnte, wird im Bericht nicht ausgeführt. Geht man vom dahinter stehenden Opportunitätsgedanken aus, müßte dies der Fall sein, wenn der Erwerber als neugründender Anwalt eine besonders schlechte berufliche Perspektive hätte.

den Regelfall zugrunde, daß der Erwerber als gedachter »Neugründer« allenfalls die Hälfte der Einnahmen hätte, die er beim Kauf einer Praxis haben würde, selbst wenn man eine gewisse Mandantenverflüchtigung nach Übernahme unterstellt. Dies mag nicht unrealistisch sein, so daß bei den weiteren Ausführungen in diesem Handbuch der lediglich halbe kalkulatorische Anwaltslohn für den Übergabe- und Beteiligungswert angenommen werden soll.

d) 4. Problemkreis: Weitere Abzugsposten über die Rechenschritte des BRAK-Ausschuß-Berichtes hinaus?

217 Mit dem fünften Teilschritt, dem Abzug des fiktiven Richtergehaltes als kalkulatorischer Anwaltslohn, ist der letzte Rechenschritt bei der Ermittlung des Goodwills vollbracht.[315] Der Goodwill ist errechnet.[316] Dieser Wert kann Null sein, was insbesondere bei niedrigen Jahresumsätzen bzw. bei einem niedrigen Multiplikator der Fall sein kann. Die Möglichkeit hierzu, daß der Zahlenwert Null oder gar negativ[317] ist, ergibt sich allein durch den vorstehend dargestellten Abzug eines kalkulatorischen Anwaltslohnes.[318]

218 In der Literatur wird bisweilen[319] als weiterer Rechenschritt bei der Ermittlung des Goodwills ein Risikoabschlag von 20 % – als in jedem Fall zu berücksichtigen – gefordert.

219 Als Begründung dafür wird die starke Personengebundenheit einer Anwaltskanzlei und das damit zusammenhängende Risiko der Mandantenverflüchtigung genannt.[320] Dieses Risiko mag durchaus zutreffend sein, vermag aber den generellen Risikoabschlag nicht zu rechtfertigen.

220 Der Ansatz eines generellen Risikoabschlages wäre nur dann plausibel, wenn dargelegt wäre, daß die ohne Zweifel bestehende Gefahr einer gewissen Mandantenverflüchtigung nicht schon durch die bisherigen fünf Rechenschritte – etwa über die Höhe des Multiplikators – berücksichtigt worden wäre. Eine solche Begründung wird indes nicht gegeben. Eine derartige Begründung zu geben, dürfte wohl auch nicht möglich sein, da die Methode des Bewertungsausschusses der BRAK gar nicht beansprucht, daß die Vergütung für einen Goodwill dafür vom Erwerber geleistet wird, daß ein bestimmter wertmäßiger Umsatz sich bei ihm wiederholen muß. Würde dies beansprucht werden, etwa die mehrjährige Wiederkehr des Jahresumsatzes des übergebenden Rechtsanwaltes, dann

---

315 Siehe BRAK-Mittl. 1/1992, Seite 24 ff. (Seite 26, dort V 5) und hier oben Rn 72 ff.
316 Lediglich bei der Ermittlung des Fortführungswertes – insbesondere im Rahmen des Zugewinnausgleiches von Bedeutung – werden in einem weiteren abschließenden Rechenschritt noch wertmindernd die fiktiven Ertragsteuern abgezogen, siehe BRAK-Mittl. 1/1992, Seite 26, dort unter VI 2 f. mit Hinweis auf BGH in NJW 1991, Seite 1547 ff.
317 Siehe hierzu Fn. 302.
318 Vgl. Wollny, Seite 509 und die dortige Fn. 2.
319 Kaiser/Wollny, Seite 67, Rn 171 und Eich, Seite 30, Fn. 33.
320 Wie vorangegangene Fn.

wäre es möglicherweise einleuchtend, wenn man nach der Lebenserfahrung unterstellen würde, daß etwa 20 % der Umsätze nicht beim Erwerber wiederkehren, so daß ein 20 %iger Abschlag dann vorgenommen werden könnte. Da aber ein derartiger Anspruch dem BRAK-Ausschuß-Bericht nicht zugrunde liegt – schließlich führt die Multiplikation des maßgeblichen Jahresumsatzes mit dem Mittelwertfaktor von 0,75 ja lediglich zu einem Umsatz von einem dreiviertel Jahr- kann nach diesseitiger Auffassung einer genereller Wertabschlag von 20 % o.ä. nicht vorgenommen werden.[321]

Etwa erkennbaren Risiken muß daher im Einzelfall im Rahmen der Bereinigung des Umsatzes (2. und 3. Teilschritt) bzw. bei der Festlegung des Multiplikators (4. Teilschritt) Rechnung getragen werden. **221**

e) 5. Problemkreis: Besonderheiten bei der Ermittlung des Goodwills bei Sozietäten (mit Tableau)

Der Bericht des BRAK-Ausschusses Bewertung von Anwaltspraxen unterscheidet bekanntlich[322] bei der Bewertung des Goodwills von Anwaltspraxen folgende drei Fallgruppen: **222**

- den Fortführungswert, **223**
- den Übergabewert, **224**
- den Beteiligungswert. **225**

Während Fortführungswert und Übergabewert ausschließlich die Bewertung von **Einzelpraxen** betreffen, bezieht sich der Beteiligungswert auf die Bewertung von **Sozietätsanteilen**. **226**

Die Anlässe für die Bewertung eines Sozietätsanteiles sind zumeist gesellschaftsrechtlicher,- familien- oder erbrechtlicher Natur. Bei der im Rahmen dieses Handbuches vorrangig interessierenden Veräußerung eines Sozietätsanteiles sind die Vereinbarungen im Sozietätsvertrag in erster Linie maßgeblich. Fehlen derartige Vereinbarungen, gelten die gesetzlichen Vorschriften der §§ 705 ff. BGB. **227**

Auch steuerrechtliche Konsequenzen mit teilweise erheblichen Auswirkungen wollen im Rahmen der Abfassung des (zivilrechtlichen) Sozietätsvertrages[323] bedacht werden. **228**

---

321 Beim Fortführungswert würde dies häufig sogar zu rechnerischen Werten unter Null führen, vgl. hierzu Rn 202, das Zahlenbeispiel.
322 So schon oben Rn 50 f.; vgl. auch dazu BRAK-Mittl. 1/1992, Seite 24 ff. (Seite 25, dort unter II B).
323 Zu Einzelheiten zum Zivilrecht und Steuerrecht sehr empfehlenswert: Kaiser/Bellstedt, Die Anwaltssozietät; siehe vorne im Literaturverzeichnis. Für Sozietäten speziell sind weiter hervorzuheben: Burhoff/Obermeier: Besteuerung der Rechtsanwälte und Notare sowie Dornbusch/Jasper: Die Besteuerung der Rechtsanwälte und Notare.

229 Bei den Bewertungsanlässen kann es um die Gründung[324] und die Auflösung[325] von Sozietäten gehen. Ein weiterer Bewertungsanlaß im Zusammenhang mit Sozietätsanteilen kann eine personelle Veränderung im Mitgliederbestand der Sozietät sein.[326]

Gründung, Auflösung und Veränderungen im Mitgliederbestand von Anwaltssozietäten sind meistens gesellschaftsrechtlich und steuerrechtlich sehr komplexe Erscheinungen, bei denen die Mitwirkung von auf diesem Gebiet erfahrenen Kollegen bei der Vertragsgestaltung empfehlenswert ist.

230 Schließlich kann aber auch ein Bewertungsanlaß gegeben sein, ohne daß diesem gesellschaftsrechtliche Veränderungen zugrunde lägen. Hierbei handelt es sich dann um die Bewertung eines Sozietätsanteiles für die Berechnung des familienrechtlichen Zugewinns (§§ 1376 ff. BGB) oder aus ähnlichen Gründen.

231 Diesen Bewertungsanlässen entsprechend unterscheidet der Bewertungs-Bericht[327] beim Beteiligungswert folgende drei Fälle:

232 1) Beteiligungswert im Zusammenhang mit der Gründung einer Sozietät oder aber beim Eintritt in eine Sozietät,

233 2) Beteiligungswert im Zusammenhang mit der Auflösung einer Sozietät oder bei Ausscheiden aus einer Sozietät,

234 3) Beteiligungswert bei unverändert bestehender Sozietät.

235 Mit diesen drei Fallgruppen erfaßt der Bewertungs-Bericht die hier zuvor genannten vier Aspekte: Gründung, Auflösung, personelle Veränderungen der Sozietät sowie die Bewertung aus Anlaß des Zugewinnausgleichs o.ä. Wegen der Komplexität der denkbaren Fälle hat der Bewertungs-Bericht die Fälle zu oben 1) und 2) zwecks weiterer Differenzierung untergliedert in drei (Gründung)[328] bzw. nochmals drei (Auslösung)[329] Fallgruppen.

236 Bei der Thematik dieses Buches sind dabei die Bewertungsfälle des »Beteiligungswertes« von vorrangigem Interesse, bei denen die Bewertung aus Anlaß des Kaufes/Verkaufes eines Sozietätsanteiles vorgenommen wird:

---

324 Dem liegt der Abschluß eines Gesellschaftsvertrages i.S.d. §§ 705 ff. BGB zugrunde.
325 § 726 ff. BGB gelten; nach § 731 BGB sind die gesetzlichen Vorschriften, die die Auflösung und Auseinandersetzung regeln, dispositives Recht, was Ausfluß der Vertragsfreiheit ist.
326 Wegen § 719 BGB grundsätzlich nur möglich bei entsprechender Regelung im Gesellschaftsvertrag oder bei einstimmigem Beschluß aller Sozien.
327 BRAK-Mittl. 1/1992, Seite 24 ff. (Seite 27, dort VI 3). Die dort gegebene Reihenfolge ist allerdings anders: Es wird mit dem Beteiligungswert bei bestehender Sozietät begonnen.
328 BRAK-Mittl. 1/1992, Seite 24 ff. (Seite 27, dort unter VI 3).
329 Etwas irreführend ist die Darstellung im Bewertungs-Bericht bezüglich des Beteiligungswertes im Zusammenhang mit der Gründung einer Sozietät oder dem Eintritt in eine Sozietät (BRAK-Mittl. 1/1992, Seite 24 ff. (Seite 27, dort unter VI 3, »zu b«). Dort ist von »im übrigen zwei Fallgruppen« die Rede. Wie die Darstellung aber zeigt, handelt es sich in Wirklichkeit um drei Fallgruppen. Siehe hierzu nachfolgendes Tableau.

- Der Fall des Eintritts in eine bereits bestehende Sozietät oder Kauf einer Beteiligung (Fall im Tableau unter I.3). **237**

- Der Fall des Ausscheidens aus einer Sozietät ohne Fortführung einer Praxis durch den Ausscheidenden, wenn dieser seinen Anteil verkauft (Fall im Tableau unter II.3). **238**

Generell läßt sich zur Bewertung von Sozietätsanteilen sagen, daß die Wiederkehrwahrscheinlichkeit der bisherigen Umsätze ungleich größer ist, als dies beim Verkauf sonst vergleichbarer Einzelkanzleien der Fall ist. Dies führt zu höheren Werten.[330] **239**

Umseitig ein **Tableau** mit Erläuterungen zur besseren Transparenz der einzelnen Teilaspekte bei der Ermittlung des Beteiligungswertes.

---

330 So auch Kanzleivermittler Schiller, siehe oben Rn 245.

§ 3 Die Methoden zur Ermittlung des Wertes einer Anwaltspraxis 116

240

	Beteiligungswert bei Gründung einer Sozietät oder bei Eintritt in eine Sozietät			Beteiligungswert bei Auflösung einer Sozietät oder bei Ausscheiden aus einer Sozietät			Beteiligungswert bei (unverändert) bestehender Sozietät
	I.1	I.2	I.3	II.1	II.2	II.3	III.
Fall und ggf. Fallgruppe	Gründung einer Sozietät durch Zusammenlegung von Einzelpraxen (»Fusion«)	Einbringung einer Einzelpraxis in eine (bereits vorhandene) Sozietät (»Fusion«)	Eintritt in eine (bereits bestehende) Sozietät oder[331] Eintritt in eine bereits bestehende Praxis, die somit zur Sozietät wird	Auflösung einer Sozietät unter Fortbestehen mehrerer Einzelpraxen (»Realteilung«)	Ausscheiden aus einer Sozietät unter Fortführung einer Praxis durch den Ausscheidenden (»Realteilung«)	Ausscheiden aus einer Sozietät ohne Fortführung einer Praxis durch den Ausscheidenden[332]	
Beispiel	Motto: (»Zusammen sind wir stärker«). Rechtsanwälte A, B, C, bisher als Einzelanwälte in der gleichen Großstadt tätig, gründen die »A, B und C Sozietäte«.[333]	Motto: (»Die Aufnahme eines erfahrenen Spezialisten stärkt die Sozietät«). Rechtsanwalt D, bisher als Einzelanwalt tätig, schließt sich der in der gleichen Stadt tätigen »E, F, G-Sozietät« als vierter Sozius an. D ist Spezialist für Steuerrecht; dieses Gebiet wurde in der Sozietät bisher kaum bearbeitet.	Fall eines »echten« Kaufes Motto: (»Partnerschaft nach Bewährung im Angestelltenverhältnis«). Rechtsanwalt E ist seit 3 Jahren in der »F,G,H,I-Sozietät« angestellt. Er tritt als fünfter Sozius ein.	Motto: (»Mehr Harmonie durch Trennung«). Rechtsanwälte A, B und C, bisher in einer Sozietät tätig, arbeiten als Einzelanwälte in der gleichen Stadt weiter.	Motto: (»Ausstieg statt Ärger«). In der Sozietät L, M, N und O überwirft sich O mit den drei anderen Sozien. Er scheidet aus und ist danach in gleichen Ort als Einzelanwalt tätig. Die drei Sozien L, M und N führen danach eine Dreier-Sozietät, weiter.	Fall eines »echten« Kaufes, wenn Anteil des Ausscheidenden an einen Dritten übergeht. Motto: (« Der Senior-Sozius verkauft Anteil«). Aus der Sozietät R, S, T, U scheidet U aus Altersgründen aus. U verkauft seinen Sozietätsanteil mit Zustimmung von R, S, T an den neueintretenden Sozius V.	(Motto: »Zugewinnausgleich bei geschiedenem Sozius«). Rechtsanwalt D ist mit den Rechtsanwälten A, B, C in einer Vierer-Sozietät tätig. Er läßt sich scheiden. Für die Durchführung des Zugewinnausgleiches ist der Wert seiner Sozietätsbeteiligung festzustellen.
	Da hohe Wiederkehrwahrscheinlichkeit der bisherigen Umsätze wegen (teilweiser) personeller Kontinuität: u.U. starke Werterhöhung, die über den Multiplikator zu berücksichtigen ist.						

---

[331] Diese Variante ergibt sich nicht aus der Bezeichnung der Fallgruppe im Bewertungs-Bericht, sondern erst aus den Erläuterungen im Text des Bewertungs-Berichtes.
[332] Siehe auch oben im § 6 Rn 83 ff., zu einkommensteuerlichen Folgen.
[333] Fall einer Gründung durch Einbringung. Steuerlich gilt § 24 Umwandlungssteuergesetz, vgl. Kaiser/Bellstedt, Seite 164, Rn 404 ff. und oben im § 6 Rn 49 ff.

	Beteiligungswert bei Gründung einer Sozietät oder bei Eintritt in eine Sozietät			Beteiligungswert bei Ausscheiden aus einer Sozietät		Beteiligungswert bei Auflösung einer Sozietät oder bei	Beteiligungswert bei (unverändert) bestehender Sozietät
	I.1	I.2	I.3	II.1	II.2	II.3	III.
Einzelschritte bei der Bewertung	1. Getrennte Feststellung der Substanzwerte und des Goodwills jeder der bisherigen Einzelpraxen nach den Grundsätzen des Übergabewertes (siehe oben Rn 29 ff.). 2. Addition aller so ermittelten Einzelwerte: Ergibt den (neuen) Gesamtpraxiswert der entstandenen Sozietät. 3. Beteiligungswert[334] folgt aus dem Anteil an en Gesamtpraxiswert. Die Anteilsquote ergibt sich aus dem Gesellschaftsvertrag. Die Beteiligungsquote muß nicht zwingend dem Verhältnis der Werte der bisherigen Einzelpraxen folgen. Liegt hierbei eine Differenz vor: Vereinbarung einer **Ausgleichszahlung** im Sozietätsvertrag ratsam.	1. Getrennte Feststellung des Substanzwertes und des Goodwills der eingebrachten Einzelpraxis sowie der Substanzwerte und Goodwills der aufnehmenden Praxis nach den Grundsätzen des Übergabewertes (siehe oben Rn 29 ff.). 2. Addition der so ermittelten Werte ergibt den Gesamtpraxiswert der vergrößerten Sozietät.[335] 3. Anteile am neuen Gesamtpraxiswert und evtl. Ausgleichszahlungen: Siehe Spalte I.1.	1. Festlegung des Substanzwertes und des Goodwills der aufnehmenden Sozietät nach Grundsätzen des Übergabewertes (siehe oben Rn 29 ff.). 2. Dieser zweite Schritt entfällt bei der ersten Variante, bei der zweiten Variante: wie bei 1.2, siehe hier links. 3. Beteiligungswert des Anteils des Eintretenden am Gesamtpraxiswert: Richtet sich nach seiner Beteiligungsquote. Für den Eintritt hat der neue Sozius eine Zahlung – je nach Vereinbarung – zu leisten. Diese kann auch durch einen teilweisen Gewinnverzicht »abgearbeitet« werden, so der Hinweis in BRAK-Mittl. 1/1992, S. 24 ff. (S. 28, dort unter VII 4).	1. Ist das »Gegenstück« zu I.1: Feststellung des Substanzwertes und des Goodwills nach den Grundsätzen des Übergabewertes (siehe oben Rn 29 ff.) 2. entfällt 3. Beteiligungswert ist der Anteil am Goodwill der auslaufenden Sozietät, die der Beteiligungsquote entspricht. Eine Beteiligungszahlung unter den Sozien ist angebracht, wenn die Beteiligten eine von ihrer Beteiligungsquote abweichende Umsatzgröße durch Mandantenweiterführung übernehmen.	1. Ist das »Gegenstück« zu I.2. 2. wie hier linke Spalte zu II.1. 3. wie hier linke Spalte zu II.1.	1. Ist das »Gegenstück« zu I.3. Hauptfall hier: Verkauf des Sozietätsanteils an einen neu in die Sozietät eintretenden RA. 1. und 3. Einzelschritt wie übernächste linke Spalte II 1, jedoch ohne Ausgleichszahlung der Ausscheidenden.	1. Feststellung des Substanzwertes und des Goodwills der gesamten Sozietät nach den Grundsätzen des Fortführungswertes (Siehe oben Rn 256). Dabei Abzug eines **vollen** kalkulatorischen Anwaltslohnes für jeden Sozius sowie der persönlichen Ertragsteuern, die sich bei einem fiktiven Verkauf ergäben.(Siehe hierzu oben Rn 256) 2. entfällt 3. Der Beteiligungswert ist der Anteil am Goodwill der unveränderten Sozietät, der Beteiligungsquote entspricht.

---

334 Wertmindernd ist ggf. abzusetzen eine im Sozietätsvertrag übernommene Verpflichtung, z.B. Leibrente für anderen Sozius. Zu deren Bewertung: Vgl. Vermögensteuerrichtlinien 1995, Abschnitt 63, Abschnitt 20, IV sowie Anlage 9.

335 Wie vorangegangene Fn.

4. Die Bewertung des Goodwills bei Vermittlern von Anwaltspraxen

241 Der Weg zum Kauf bzw. zum Verkauf einer Anwaltskanzlei kann auch durch Unternehmensmakler geebnet werden.[336]

242 Der Verfasser dieses Buches hat mit zwei durch ständige Insertionen in der NJW[337] bekannten Vermittlern von Anwaltspraxen Kontakt aufgenommen. Ziel dieses Kontaktes war die Information darüber, wie dort die Wert- bzw. die Preisfindung erfolgt. Dabei wurde den Praxisvermittlern ein Katalog von acht Fragen vorgelegt. Die Fragen bezogen sich im wesentlichen auf die Bewertungsmethode, mit welcher eine Wertfindung oder jedenfalls eine Verhandlungsbasis für die Preisfindung ermöglicht wird.

243 Als Ergebnis kann nach telefonmündlicher bzw. schriftlicher Beantwortung der Fragen folgendes festgehalten werden:

244 1) Beide Kanzleivermittler legen ihren Kaufpreisverhandlungen die »Umsatzmethode« zugrunde.

245 2) Der Vermittler Schiller[338] lehnt sich dabei eng an die in diesem Werk ausführlich dargestellte Methode der Bundesrechtsanwaltskammer an, wenn nicht die Parteien die Einschaltung eines neutralen Gutachters wünschen. Auf den bereinigten durchschnittlichen Jahresumsatz wendet Schiller einen Multiplikator zwischen 0,5 und 1,0 an. Dieser Multiplikator richtet sich in seiner Höhe nach nahezu den gleichen Merkmalen, die im Bewertungs-Bericht von 1991/1992 als »werterhöhend« bzw. »wertsenkend« genannt sind. Als kalkulatorischer Anwaltslohn wird regelmäßig 70 % eines kalkulatorischen Richtergehaltes abgezogen; insofern liegt eine Abweichung von der BRAK-Methode vor.

Schiller betont, daß die so erfolgte **Wertermittlung** nicht dem vereinbarten **Kaufpreis** entsprechen muß, da noch wichtiger Angebot und Nachfrage seien. Für Sozietätsanteile sieht er wegen dann zahlreicher werterhöhender Merkmale tendenziell höhere Werte.

246 3) Vermittler Glawe[339] – das ergab dessen fernmündliche Antwort – legt zwar in den Kaufverhandlungen ebenfalls einen durchschnittlichen Jahresumsatz zugrunde, lehnt jedoch den Abzug eines kalkulatorischen Anwaltslohns gänzlich ab.[340] Er wendet aber meist einen etwas niedrigeren Multiplikator auf den Umsatzwert an, wobei er einen Unterschied zwischen »Stadtpraxen« (meist 0,7 als Faktor) und »Landpraxen« (meist 0,5 als Faktor) macht. Sozietätsanteile sieht er als gegenüber Einzelkanzleien **nicht** höherwertig an.

---

336 Siehe hierzu § 1 Rn 8 und Fn. 183.
337 Jeweils Rubrik »Praxis/-Sozietäts-Angebote/-Gesuche«.
338 Fachvermittlung für Rechtsanwaltskanzleien Dr. jur. Marcus Schiller, Althütte.
339 Praxisvermittlung Ulrich Glawe, Köln.
340 Siehe oben Fn. 210.

III. Zusammenfassende Schemata (Tableaus) zur Bestimmung des Wertes von Anwaltspraxen

1. Verkauf einer Einzelkanzlei

Für den Bewerter empfiehlt es sich, einen Bewertungsbogen zur übersichtlichen Darstellung der einzelnen Bewertungsschritte anzufertigen. Nachstehend Vorschlag für die Gestaltung des Bewertungsbogens:

247

Bewertungsbogen für die in... gelegene Anwaltspraxis des Rechtsanwaltes...	

248

Der Gesamtwert der Einzelkanzlei ist die Summe aus Substanzwert und Goodwill:

Substanzwert + Goodwill = Gesamtwert

I. Substanzwert	Beispiel:
Aktiva minus Passiva, [Inventarliste Rn 7 + Bilanz Rn 13], soweit übernommen, jeweils zu Wiederbeschaffungspreisen bewertet = ... DM	20.000,00 DM
II. Goodwill	Beispiel:

1. Teilschritt: Nettojahresumsätze der letzten drei Jahre, letztes Jahr doppelt gewichtet
    drittletztes Jahr   _____ DM
+   zweitletztes Jahr _____ DM
+   letztes Jahr   _____ DM
+   letztes Jahr   _____ DM
    Summe: _____ DM
÷ 4   _____ DM
= durchschnittlicher Nettoumsatz
	180.000,00 DM drittletztes Jahr
	+ 210.000,00 DM zweitletztes Jahr
	+ 195.000,00 DM letztes Jahr
	+ <u>195.000,00 DM</u> letztes Jahr
	    780.000,00 DM
	÷ 4 195.000,00 DM

2. Teilschritt Liegt eine signifikante Abweichung beim Monatsdurchschnittsumsatz des laufenden Jahres vor? Dazu ist der Monatsdurchschnittsumsatz des laufenden Jahres in ein Jahresumsatz hochzurechnen. Bei signifikanter Abweichung: Auswirkung erst beim vierten Teilschritt (Multiplikator höher/niedriger).	Beispiel: Januar 20.000,00 DM Februar 22.000,00 DM März <u>24.000,00 DM</u> 66.000,00 DM ÷ 3 22.000,00 DM monatl., ergäbe 264.000,00 DM p.a., also deutlich höher als der Umsatz aus dem 1. Teilschritt. Folge: Auswirkung auf Faktor, dort unter III, »Sonstige Merkmale«, siehe Tableau, Rn 159.
3. Teilschritt Bereinigung des Umsatzes (1. Teilschritt) um ggf. vorhandene außerordentliche Einnahmen. Sind ggf. im Jahr der Entstehung, also beim ersten Teilschritt, abzuziehen.	Beispiel: Im drittletzten Jahr wurden Vergütungen als Aufsichtsrat von 30.000,00 DM erzielt. Damit beträgt der Umsatz in dem Jahr dann lediglich 150.000,00 DM statt 180.000,00 DM. Durchschnittlicher Nettoumsatz dann 187.500,00 DM.

§ 3 Die Methoden zur Ermittlung des Wertes einer Anwaltspraxis

4. Teilschritt Festlegung und Anwendung des Multiplikators auf den bereinigten Jahresumsatz im konkreten Einzelfall.	Beispiel: Der Faktor sei 0,7. Angewandt auf den durchschnittlichen, um außerordentliche Einnahmen bereinigten Jahresumsatz von 187.500,00 DM ergäbe dies 131.250,00 DM.
5. Teilschritt Abzug des kalkulatorischen Anwaltslohnes: 50 %[341] eines vergleichbaren Richtergehaltes, dieses um 40 % erhöht.	Beispiel (wie Rn 78 ff.): 140 % = 154.700,00 DM hiervon 1/2 = 77.350,00 DM Daraus folgt, das Beispiel des vierten Teilschrittes fortführend: 131.250,00 DM − 77.350,00 DM = 53.900,00 DM, gerundet 54.000,00 DM als Ergebnis des Goodwills dieser Einzelpraxis.
III. Gesamtwert der Praxis [Summe aus I (Substanzwert) und II (Goodwill)].	Beispiel: I. 20.000,00 DM II. 54.000,00 DM 74.000,00 DM
Zusammenfassende Formel:	Substanzwert (übernomme Aktiva − Passiva) + Goodwill (durchschnittlicher bereinigter Jahresumsatz x Multiplikator abzüglich kalkulatorischer Anwaltslohn) Ergebnis: Gesamtwert der Praxis

2. Verkauf eines Sozietätsanteiles[342]

249 Der Gesamtwert des erworbenen Sozietätsanteiles ergibt sich aus der vorgesehenen Beteiligung an der »Substanz«[343] sowie aus der Beteiligung am Goodwill der Sozietät:

---

341 50 % beim hier vorrangig interessierenden Übergabewert (Verkaufsfall), 100 % beim Fortführungswert, siehe oben Rn 201.
    Beim Fortführungswert zusätzlich Abzug der fiktiven Ertragsteuern, siehe Rn 76.
342 Siehe Tableau Rn 240, dort Fälle I.3 und II.3. Die übrigen Fälle, bei denen eine Bewertung von Sozietätsanteilen erforderlich ist (I.1, I.2, II.1, II.2 und III) sind keine Fälle eines Kaufes. Deren Wertermittlung ist aber recht ähnlich; siehe dort im einzelnen im Tableau unter »Einzelschritte bei der Bewertung«.
343 Die Substanz ist zunächst wie bei einer Einzelkanzlei zu bewerten (siehe hier Rn 3 ff.) jedoch nur bezüglich der Gegenstände, an denen der Erwerber Miteigentum (Sachen) bzw. Mitinhaberschaft (Forderungen) erwirbt. Bezüglich dieser Gegenstände ergibt sich der Wert aus der Quote am Miteigentum bzw. an der Mitinhaberschaft. Es ist darauf hinzuweisen, daß auch bei Sozietäten einzelne Gegenstände ohne weiteres im Alleineigentum (Alleininhaberschaft) einzelner Sozien stehen können; siehe Kaiser/Bellstedt, Seite 79, Rn 161.

121 Die Methoden zur Ermittlung des Wertes einer Anwaltspraxis § 3

Substanzwert (-Anteil) + Goodwill (-Anteil) = Gesamtwert (-Anteil)	
I. Substanzwertanteil	
1. Teilschritt Aktiva – Passiva, soweit hieran beteiligt, jeweils zu Wiederbeschaffungspreisen bewertet. Es wird der **gesamte** Wert jedes Gegenstandes ermittelt.	
2. Teilschritt Der Wert**anteil** ergibt sich in der Höhe der **Mit**berechtigung an den einzelnen Gegenständen = ... DM	Beispiel: Körperliche Gegenstände, an denen Gesamthandseigentum besteht und unkörperliche Gegenstände (ausstehende Forderungen u. Bankguthaben), an denen Mitberechtigung aller Sozien vorliegt: insgesamt 60.000,00 DM. Bei einer Mitberechtigung von 25 % somit 15.000,00 DM.
II. Goodwillanteil Im 1., 2., 3., 4. und 5. Teilschritt: Ermittlung des Goodwills für die *gesamte* Sozietät nach den Gundsätzen des Übergabewertes bei der Einzelkanzlei.[344] In einem **6. Teilschritt**: Ermittlung des Anteils am Gesamtpraxiswert, entsprechend der Beteiligungsquote des neu eintretenden Sozius.	Beispiel: 4–Personen-Sozietät: Durchschnittlicher bereinigter Nettojahresumsatz 1,1 Mio., Multiplikator 0,9 = 990.000,00 DM. Abzug kalkulatorischer Anwaltslohn für vier Sozien alle Richtergehalt nach R 3, 140 % hiervon ergibt ca. 200.000,00 DM, hiervon 1/2, da Übergabewert, ergibt je Sozius 100.000,00 DM als Abzugsposten. Ergebnis 1.-5. Teilschritt somit 590.000,00 DM. Ein Sozietätsanteil von 25 % am Goodwill wäre dann (= 6. Teilschritt) mit 147.500,00 DM zu bewerten.
III. Gesamtwertanteil Summe aus I (Substanzwertanteil) und II (Goodwillanteil)	Beispiel: Substanzwertanteil 15.000,00 DM Goodwillanteil 147.500,00 DM Gesamtwertanteil 162.500,00 DM Dies wäre der Betrag, den der ausscheidende Sozius von dem eintretenden Sozius als Kaufpreis verlangen könnte.

---

344 Siehe hier Rn 248 (unmittelbar vorangehend). Hinsichtlich des 4. Teilschrittes, der Festlegung des Multiplikators, verweist der BRAK-Ausschuß-Bericht, a.a.O., Seite 27 unter VI 3, zu b mit Recht auf eine günstige Prognose für die Umsatzwiederkehr, was zu einer Faktorerhöhung führt.

IV. Typische und atypische Beispiele für die Bewertung

250 »Grau, grau ist alle Theorie«, so wird der aufmerksame Leser des 3. Paragraphen dieses Werkes vielleicht in Anlehnung an Goethe empfinden.

251 Dabei möchte der Leser doch bloß wissen, was seine Praxis oder die ihm zum Kauf angebotene Praxis denn eigentlich wert ist. Aus den bisherigen Ausführungen wird eines deutlich geworden sein: Die Frage nach dem wahren Wert ist zuverlässig nur zu klären durch ein Gutachten, das allen Aspekten des Einzelfalls gerecht wird. Welche Aspekte dies im einzelnen sind, wurde ausführlich im bisherigen Verlauf des 3. Paragraphen dieses Handbuches dargestellt. Darauf wird hier im einzelnen verwiesen.

252 Bei aller gebotenen Einzelfallbetrachtung erwartet der Leser von einem Handbuch, das sich umfassend mit Fragen des Kaufes von Anwaltskanzleien und Sozietätsanteilen auseinandersetzt, aber wohl doch auch, daß **typisierende Beispiele** für die Bewertung dargestellt und erläutert werden. Wenn der Leser dann das Beispiel »seiner Praxis« vorfindet, um so besser.

253 Der Verfasser wird daher im folgenden 12 typische und atypische Bewertungsfälle nennen und jeweils einen Bewertungsvorschlag dazu machen. Der Verfasser ist sich hierbei bewußt, der Leser sollte sich dessen ebenfalls bewußt sein, daß die gewählten Beispiele nicht erschöpfend sind, sondern im wahrsten Sinne des Wortes eben nur Beispiele darstellen. Auch bei jedem dieser Beispiele kann sich die Betrachtung nur auf einzelne, besonders signifikante Wertmerkmale erstrecken.

254 Wegen der grenzenlosen Vielfalt der Fallkonstellationen bei Sozietätsanteilen wird der Verfasser sich insbesondere dort beschränken müssen. Dargestellt werden sollen allerdings anhand von vier Beispielen (Fälle 9, 10, 11 und 12) der Verkauf eines Sozietätsanteils sowie drei Fälle von »Fusionen« bei Sozietäten.

Unter diesem ausdrücklichen Vorbehalt mögen die nachfolgenden Beispielsfälle betrachtet werden:

1. Fall: Ein Standardfall

Verkauft werden soll eine Einzelkanzlei; der Übergeber ist 64 Jahre alt und will sich zur Ruhe setzen. Der Substanzwert der zu übernehmenden Aktiva[345] beträgt 18.000,00 DM, Verbindlichkeiten sollen nicht übernommen werden. Der Jahresumsatz im Schnitt der letzten drei Jahre liegt bei 260.000,00 DM, außerordentliche Umsätze sind nicht vorhanden. Im laufenden Jahr liegt keine signifikante Änderung der Umsatzzahlen[346] vor.

255

Eine überleitende Mitarbeit[347] von bis zu 6 Monaten und die Übernahme der bisherigen Räumlichkeiten[348] sind – zu marktüblichem Mietzins – vorgesehen. Die einzige Anwaltssekretärin ist bereit, ihre Arbeitskraft auch dem Erwerber zur Verfügung zu stellen.[349]

Im übrigen gleichen sich werterhöhende und wertsenkende Merkmale aus bzw. es liegen wertneutrale Merkmale vor.

Bewertungsvorschlag:
(Substanzwert + Goodwill = Gesamtwert der Praxis)

I. **Substanzwert** laut Sachverhalt   18.000,00 DM
+
II. **Goodwill** (Übergabewert)

Maßgeblicher Umsatz sind   260.000,00 DM,

keine Bereinigung nötig (1., 2., 3. Teilschritt).

Nach Erstellung eines Tableaus (Rn 159) und der Erfassung aller wertbildenden Merkmale ergibt sich hierfür ein Zahlenwert im Bereich von knapp über Null. Der Multiplikator liegt damit im Mittelwertbereich von 0,75; aber leichte Anhebung wegen längerer überleitender Mitarbeit, der Möglichkeit des Verbleibens in den bisherigen Räumlichkeiten und der Bereitschaft der Angestellten zum Verbleib.

Vorschlag daher: 0,85 (= 4. Teilschritt)

260.000,00 DM x 0,85 =   221.000,00 DM.

---

345 Dazu oben Rn 13.
346 Der Erwerber sollte sich die Umsatzsteuervoranmeldungen des laufenden Jahres ansehen und sich dabei bestätigen lassen, daß im Hinblick auf die Praxisveräußerung das *Abrechnungsverhalten* des Veräußerers nicht verändert wurde. Eine solche Änderung – an sich völlig legal – wäre beispielsweise eine zeitigere Abrechnung laufender Mandate durch Erhebung von Vorschüssen.
347 Siehe u.a. Fn. 129.
348 Siehe Fn. 126.
349 Siehe Fn. 127.

§ 3 Die Methoden zur Ermittlung des Wertes einer Anwaltspraxis 124

Hiervon abzuziehen ist als kalkulatorischer Anwaltslohn gemäß Bewertungs-Bericht[350] $^1/_2$ von 140 % des Richtergehaltes, hier Stufe R 3. Dieses wird angenommen mit 100.000,00 DM.[351] Abzuziehender kalkulatorischer Anwaltslohn sind somit 100.000,00 DM
(= 5. Teilschritt). Der Wert des Goodwills liegt somit bei

121.000,00 DM.

III. Ergebnis:
Der Gesamtwert der Praxis liegt hier bei 139.000,00 DM.

---

[350] A.a.o. Seite 26, dort unter V 4 und Seite 27 VI 2 f.
[351] Zur Höhe des vergleichbaren Richtergehaltes, siehe oben Rn 199 ff.

2. Fall: (Abwandlung von Fall 1)
Bewertung für Zugewinnausgleich

Wie im Fall 1 soll eine Einzelkanzlei bewertet werden. Hierbei geht es um die Berechnung des Zugewinns. Dafür ist im Rahmen der Berechnung des Endvermögens (§ 1376 BGB) der Wert der Anwaltskanzlei des die Scheidung beantragenden Rechtsanwalts A zu ermitteln. Gesetzlicher Bewertungsstichtag ist der Tag der Zustellung des Scheidungsantrages (vgl. § 1384 BGB).

256

Alle übrigen Angaben entsprechen Fall 1. Die Frage der überleitenden Mitarbeit stellt sich hier naturgemäß nicht.

Bewertungsvorschlag:

(Substanzwert + Goodwill = Gesamtwert der Praxis)

I. **Substanzwert** laut Sachverhalt   18.000,00 DM
+
II. **Goodwill** (Fortführungswert)

Maßgeblicher Umsatz sind auch hier   260.000,00 DM.

Bei der Festlegung des Multiplikators (Tableau anfertigen!) ist – anders als beim Übergabewert – schon das Alter des Praxisübergebers von über 60 Jahren laut Bewertungs-Bericht[352] ein wertsenkendes Merkmal. Daher Multiplikator knapp unter Mittelwert, also im Bereich von 0,70. Werterhöhung wegen überleitender Mitarbeit wie in Fall 1 kommt in Fall 2 naturgemäß nicht in Betracht.

260.000,00 DM x 0,70 =   182.000,00 DM.

Hiervon ist – da Fortführungswert – ein voller[353] kalkulatorischer Anwaltslohn abzuziehen.

Dieser beträgt 140 % einer Richtergehaltes der

Stufe R 3, also ca.   200.000,00 DM.

Damit ist der Goodwill zahlenmäßig sogar negativ. Es wird aber davon ausgegangen,[354] daß der Goodwill dann bei Null liegt.

III. Vorläufiges Ergebnis:

Der Gesamtwert der Praxis liegt demnach bei 18.000,00 DM. Er entspricht dem reinen Substanzwert. Hiervon sind beim Fortführungswert nach dem Bewer-

---

352 BRAK-Mittl. 1/1992, Seite 24 ff. (Seite 26, dort unter VI 1 d).
353 Wie vorangegangene Fußnote, Seite 26, dort unter VI 1 e.
354 Siehe Fn. 302.

§ 3 Die Methoden zur Ermittlung des Wertes einer Anwaltspraxis

tungs-Bericht,[355] der Rechtsprechung[356] und der Literatur[357] schließlich noch die Ertragsteuern abzuziehen, die bei einer gedachten Praxisveräußerung anfielen.

Es handelt sich hierbei – da ja tatsächlich kein Veräußerungsfall vorliegt – lediglich um **fiktive** Steuern.

Gemäß §§ 18 III, 16, 34 II Nr. 1 Einkommensteuergesetz (EStG) würde ein etwaiger Gewinn aus der Praxisveräußerung der Einkommensteuer und, bei Kirchenzugehörigkeit, auch der Kirchensteuer[358] unterliegen. Der Steuersatz ist ermäßigt auf die Hälfte des durchschnittlichen Steuersatzes. Wie hoch dieser im konkreten Fall ist, hängt von den übrigen Einkünften des am Zugewinnausgleichs beteiligten Anwalts[359] ab.

Wird für den vorliegenden Fall unterstellt, daß der Rechtsanwalt dem Höchststeuersatz bei der Einkommensteuer unterliegt, daß er nicht kirchenzugehörig ist und daß die Buchwerte[360] der Gegenstände, die einem Substanzwert von 18.000,00 DM darstellen, bei lediglich 8.000,00 DM liegen, ergäbe dies eine Steuerbelastung von ca. 28 %[361] auf 10.000,00 DM Veräußerungsgewinn, mithin ca. 2.800,00 DM.

IV. Endergebnis:

Der Gesamtwert der Praxis beträgt im Beispielsfall 15.200 DM.

Hinweis:

Dieser Fall zeigt, daß Fortführungswerte in der Regel sehr niedrig ausfallen. Dies beruht vor allem auf dem Abzug eines **vollen** kalkulatorischen Anwaltslohnes in Höhe von 140 % eines vergleichbaren Richtergehaltes. Eine durchschnittliche Kanzlei hat danach meist – beim Fortführungswert – gar keinen Goodwill.

---

355 BRAK-Mittl. 1/1992, Seite 24 (Seite 26, dort unter VI 1 f).
356 Z.B. BGH in NJW 1991, Seite 1547 ff. (1551).
357 Z.B. Kaiser/Wollny, Seite 71, Rn 188 und Wollny, Seite 509, Kotzur in NJW 1988, Seite 3239–3244 (3240).
358 Nach dem jeweils einschlägigen Landeskirchenrecht beträgt der Kirchensteuersatz 8 % oder 9 % der Einkommensteuer, nach oben begrenzt (»gekappt«) auf 3, 3,5 oder 4 % des zu versteuernden Einkommens.
359 Bei einem Höchststeuersatz von 53 % und hierauf 5,5 % zur Zeit Solidaritätszuschlag wären dies 55,915 %; hiervon die Hälfte sind 27,957 %, also ca. 28 % des bei der fiktiven Veräußerung der Kanzlei entstehenden Gewinns. Im Beispielsfalle wäre dieser aber keinesfalls 18.000,00 DM, da hiervon die **Buchwerte** der Wirtschaftsgüter abzuziehen sind. Nur in Höhe des Saldos würde ein Veräußerungsgewinn entstehen, der im Höchstfalle mit ca. 28 % Einkommensteuer und Solidaritätszuschlag zuzüglich etwaiger Kirchensteuer belastet wäre.
360 Vgl. Erläuterung in vorangegangener Fußnote.
361 Vgl. Erläuterung der beiden vorangegangenen Fußnoten.

3. Fall: Hoher Umsatz ohne angestellte Rechtsanwälte

Verkauf einer Einzelkanzlei, der Übergeber ist 62 Jahre alt und geht in den Ruhestand. **257**

Der Substanzwert beträgt 60.000,00 DM (80.000,00 DM Aktiva abzüglich 20.000,00 DM zu übernehmende Passiva). Der Jahresumsatz im Schnitt der letzten drei Jahre liegt konstant bei 600.000,00 DM. Auf gleichem Niveau liegt der bisherige Umsatz des laufenden Jahres. Alle Umsätze wurden vom abgebenden Rechtsanwalt ohne angestellte Rechtsanwaltskollegen erzielt. Diese überdurchschnittliche Umsatzhöhe basiert u.a. darauf, daß der abgebende Rechtsanwalt Spezialist im **Wettbewerbsrecht** ist und er viele lukrative Mandate führt.

Für den Erwerb der Praxis interessieren sich vier verschiedene Anwälte, die ebenfalls allesamt Spezialisten im Wettbewerbsrecht sind. Überleitende Mitarbeit von bis zu 3 Monaten und Übernahme der bisherigen Mieträume sind vorgesehen. Im übrigen gleichen sind werterhöhende und wertsenkende Merkmale aus bzw. es liegen wertneutrale Merkmale vor.

Bewertungsvorschlag:

(Substanzwert + Goodwill = Gesamtwert der Praxis)

I. **Substanzwert** laut Sachverhalt   60.000,00 DM
+
II. **Goodwill**

Maßgeblicher Umsatz   600.000,00 DM.

Bei der Festlegung des Multiplikators ist aufgrund des Sachverhaltes zunächst vom Mittelwert, also 0,75, auszugehen. Dieser Wert wird aber erhöht durch die überleitende Mitarbeit (Tableau oben I.15.) und durch die Tatsache des Spezialgebietes (Tableau oben I.5.) auf seiten des Veräußerers und des avisierten Erwerbers.

Wie stark diese Umstände zu gewichten sind, müßte der Bewerter unter Berücksichtigung aller weiteren Umstände in einem Tableau darlegen.

Vorschlag hier: Multiplikator im Bereich von 0,9.

Dies ergibt dann 600.000,00 DM x 0,9 =   540.000,00 DM.

Nach Abzug eines kalkulatorischen Anwaltslohnes in Höhe von von 140 % des Richtergehaltes

der Stufe R 3, also von   100.000,00 DM,

verbleiben als Goodwill somit   440.000,00 DM.

III. Ergebnis:
Der Gesamtwert der Praxis liegt hier bei 500.000,00 DM.

Hinweis:
Bei hohen Umsätzen wirkt sich der Abzug des kalkulatorischen Anwaltslohnes viel geringer aus, als das bei niedrigen Umsätzen der Fall ist – insbesondere, wenn diese nur im Bereich der Höhe des kalkulatorischen Anwaltslohnes liegen. Siehe hierzu den nächsten Fall 4.

4. Fall: Der »erfolglose Aussteiger«

Verkauf einer Anwaltskanzlei, der Übergeber ist 39 Jahre alt und seit 11 Jahren in dieser Kanzlei tätig. In all diesen Jahren wollte sich der erhoffte berufliche Erfolg nicht einstellen.   **258**

Der Substanzwert, bestehend aus veraltetem Mobiliar, wenig aktueller Literatur und alten Bürogeräten ist mit 8.000,00 DM anzusetzen.

Der Jahresumsatz der letzten drei Jahre lag durchschnittlich bei 80.000,00 DM; diese Tendenz hält auch im laufenden Jahr an.

Die Räumlichkeiten – sie machen einen ungepflegten Eindruck – sollen zu marktüblichem Mietzins bei einer Restlaufzeit des Mietvertrages von noch 4 Jahren übernommen werden. Eine überleitende Mitarbeit von einigen Wochen ist möglich. Der Übergeber möchte, ob des geringen beruflichen Erfolges, aber sobald wie möglich aus dem Anwaltsberuf »aussteigen«. Im übrigen überwiegen die wertsenkenden Merkmale.

Bewertungsvorschlag:
(Substanzwert + Goodwill = Gesamtwert der Praxis)

I. Substanzwert laut Sachverhalt   8.000,00 DM
+
II. Goodwill

Maßgeblicher Umsatz   80.000,00 DM.

Bei der Festlegung des Multiplikators ist aufgrund zahlreicher wertsenkender Merkmale von einem Wert eher an der Untergrenze von 0,5 zu denken. Selbst wenn man sich dem Mittelwert von 0,75 annäherte, würde sich auch dann nur ein Wert von (0,75 x 80.000,00 DM)   60.000,00 DM

vor Abzug des kalkulatorischen Anwaltslohnes ergeben. Es ist aber nach dem Sachverhalt allenfalls von einem Faktor von 0,6 auszusehen. Das ergäbe einen Zwischenwert von (0,6 x 80.000,00 DM)   48.000,00 DM.

Setzt man hiervon als kalkulatorischen Anwaltslohn entsprechend dem Bewertungs-Bericht[362] eine vergleichbare Richterbesoldung der Stufe R 1 und der (Lebens-)Altersstufe 5[363] ab, so ergibt dies einen Betrag von

66.500,00 DM

(ca. 6.300,00 DM Grundgehalt + ca. 1.000,00 DM für Ledige = 7.300,00 DM monatlich x 13 = ca. 95.000,00 DM, erhöht um 40 % = ca. 133.000,00 DM, hiervon = 66.500,00 DM).

---

362 BRAK-Mittl. 1/1992, Seite 24 ff. (Seite 26, dort unter V 4).
363 Siehe Tabellen im Sartorius zum Bundesbesoldungsgesetz, dort als Anlage 5.

Zieht man diesen Betrag vom Zwischenwert (60.000,00 DM bzw. 48.000,00 DM) ab, so ergibt dies im vorliegenden Bewertungsfall gar einen negativen Zahlenwert. Der Goodwill ist somit mit Null[364] anzusetzen. Selbst wenn man einen Fall zu bewerten hätte, in welchem ein überdurchschnittlicher Faktor von 0,8 anzusetzen wäre, ergäbe

dies mit (0,8 x 80.000,00 DM) 64.000,00 DM

immer noch einen Wert, der geringer wäre als der als kalkulatorischer Anwaltslohn abzuziehende Betrag von 66.500,00 DM.

III. Ergebnis:

Da der Goodwill nach der Methode des BRAK-Ausschusses-Bewertung von Anwaltspraxen mit Null anzusetzen ist, kommt für den Gesamtwert lediglich der Substanzwert (8.000,00 DM) zum Tragen.

Der Gesamtwert beträgt demnach 8.000,00 DM.

Hinweis:

Bei niedrigen Umsätzen kann sich der Abzug selbst des nur halben kalkulatorischen Anwaltslohnes dahin auswirken, daß die Praxis keinerlei Goodwill besitzt. Derartige Konsequenzen sind in der Rechtsprechung[365] und in der Literatur[366] allgemein anerkannt. In betriebswirtschaftlicher Hinsicht vermag diese auf dem Opportunitätsgedanken[367] beruhende Konsequenz jedenfalls dann zu überzeugen, wenn denn der Veräußerer oder der Erwerber die berufliche Alternative hätte, anderswo jedenfalls ein Gehalt zu verdienen, das dem halben kalkulatorischen Anwaltslohn entspricht.

Der Veräußerer einer wie im Fall 4 dargestellten Praxis wird allerdings kaum bereit sein, den Goodwill der Praxis zum »Null-Tarif« herzugeben. Auch ein Erwerber wird eine übernommene Umsatzchance von 80.000,00 DM jährlich vielleicht doch höher ansetzen, als wenn er selbst alleine buchstäblich »bei Null« anfänge. So mag trotz eines **Wertes** von Null der **Preis** doch über Null liegen.

---

364 Wegen Ablehnung von negativen Werten siehe Fn 302.
365 Z.B. BGH in BB 1960, Seite 381.
366 Kotzur in NJW 1988, Seite 3239–3244 (3241) und Kaiser/Wollny, Seite 67, Rn 173.
367 Siehe oben Fn. 307.

5. Fall: »Großer Crash-Fall«

Verkauft werden soll eine Einzelkanzlei, der Übergeber ist im Alter von 58 Jahren unerwartet verstorben.[368] Der Substanzwert beträgt 30.000,00 DM (50.000,00 DM Aktiva abzüglich 20.000,00 DM zu übernehmende Passiva, insbesondere Gehaltsrückstände).

Der Umsatzdurchschnitt der letzten drei Jahre lag bei 400.000,00 DM. Die Praxis weist nach Einzelfallbetrachtung aller wertbildenden Umstände einen hohen positiven Wert auf. Es soll davon ausgegangen werden, daß der Multiplikator – für den Fall eines lebzeitigen Verkaufs – bei 1,1 gelegen hätte.

Fall 5 bietet allerdings folgende Besonderheit: Die trauernde Witwe hat zunächst nichts veranlaßt, einige wichtige Mandanten sind verärgert abgewandert, da laufende Routine-Fälle nur unzulänglich vom Büropersonal weiterbearbeitet wurden. Wichtige eilbedürftige Veranlassungen bei laufenden Mandaten wurden durch einen mit dem verstorbenen Anwalt befreundeten Kollegen getätigt. Erst sieben Monate nach dem Tod soll jetzt eine Veräußerung erfolgen.

Bewertungsvorschlag:

(Substanzwert + Goodwill = Gesamtwert der Praxis)

I. Substanzwert laut Sachverhalt   30.000,00 DM
+
II. Goodwill

Im Falle des lebzeitigen Verkaufs der Kanzlei des Einzelanwalts wäre der Wert wie folgt:

Maßgeblicher Umsatz   400.000,00 DM,

multipliziert mit 1,1.

Dies wären   440.000,00 DM.

Hiervon abzuziehen sind $^1/_2$ von 140 % des Richtergehaltes
der Stufe R 3, also   100.000,00 DM.

Der Goodwill läge demnach bei   340.000,00 DM.

Hier aber zu beachten: Die Wiederkehr der Umsätze ist nach Ablauf eines so langen Zeitraumes – sieben Monate – äußerst unwahrscheinlich. Mit Recht weist der BRAK-Ausschuß Bewertung von Anwaltspraxen[369] darauf hin, daß beim Tode des Praxisinhabers der Wert der Praxis buchstäblich von Tag zu Tag im starken Maße sinke. Für den Beispielsfall bedeutet dies, daß diesem Umstand

---

368 Ausgangsbasis ist der Fall oben Rn 174, bei dem es dort aber lediglich um die Festlegung des Multiplikators ging.
369 BRAK-Mittl. 1/1992, Seite 24 ff. (Seite 25 unter IV, Seite 28 unter VII 1).

keineswegs hinreichend dadurch Rechnung getragen wurde, daß man allein den Umsatz von 400.000,00 DM mit dem Vervielfältiger des unteren Randbereiches, also mit 0,5, multiplizierte.

Dies ergäbe dann als Goodwill 100.000,00 DM

(400.000,00 DM x 0,5 = 200.000,00 DM abzüglich 100.000,00 DM als kalkulatorischer Anwaltslohn).

Die Bewertung muß hier vielmehr bereits bei der **Bemessungsgrundlage**, dem Umsatz, ansetzen. Sachgerecht ist es, wenn die Umsätze, mit deren Wiederkehr nicht zu rechnen ist, sogleich vorab ausgesondert werden. Im Beispielsfalle liegen den »außerordentlichen personenbezogenen« oder den »außerordentlichen anwaltsbezogenen Umsätze«[370] vergleichbare Umsätze vor.

Für den Beispielsfall bedeutet dies: Nach sieben Monaten Unterbrechung wird der größte Teil der bisherigen Klientel bereits den Anwalt gewechselt haben. Verbleiben werden voraussichtlich lediglich die, die in den vergangenen sieben Monaten keinen Beratungsbedarf gehabt haben. Alle Dauermandate werden sich bereits verflüchtigt haben, zumal wegen des Todes eine überleitende Mitarbeit zugunsten des Erwerbers naturgemäß ausscheidet.

Wie groß die verbleibende Umsatzhöhe trotz der Unterbrechung von sieben Monaten hier noch wäre, ist durch Schätzung aufgrund der zu analysierenden Mandantenstruktur zu ermitteln. Das bedeutet, daß auch hier der Einzelfall betrachtet werden müßte. Selbst wenn man etwa bezüglich 100.000,00 DM Jahresumsatz noch eine positive Wiederkehrprognose stellte, ergäbe sich schon bei einem Faktor von 0,6 (= 60.000,00 DM) nach Abzug eines kalkulatorischen Anwaltslohnes in Höhe von

lediglich[371] 66.500,00 DM,
rein rechnerisch ein negativer Wert.

III. Ergebnis:

Der Goodwill ist im Beispielsfall mit Null anzusetzen. Der Gesamtwert der Praxis besteht daher nur in Höhe des Substanzwertes von 30.000,00 DM. Dieser »Crash-Fall« zeigt, daß bereits ein einziges extrem negatives Bewertungsmerkmal dazu führen kann, daß ungeachtet sonstiger positiver Merkmale der Goodwill mit Null anzusetzen sein kann.

---

370 BRAK-Mittl. 1/1992, Seite 24 ff. (Seite 25/26, dort unter V 1).
371 Wie in Fall 4, siehe Rn 258, dort Richtergehalt der Stufe R 1.

6. Fall: »Kleiner Crash-Fall«

Verkauf einer Einzelkanzlei; der Übergeber kann wegen schwerer Krankheit keinerlei überleitende Mitarbeit erbringen. Auch der Mietvertrag kann nicht übernommen werden, da der Vermieter die Räumlichkeiten in Zukunft selbst nutzen möchte. **260**

Der Substanzwert liegt bei 20.000,00 DM. Der durchschnittliche Jahresumsatz der letzten drei Jahre soll 260.000,00 DM betragen. Es handelt sich im übrigen um eine »ganz normale Praxis«, bei der der Multiplikator von 0,75 – ungeachtet der Krankheit des Übergebers und ungeachtet des Auslaufens des Mietvertrages – angemessen wäre.

Bewertungsvorschlag:

(Substanzwert + Goodwill = Gesamtwert der Praxis)

I. **Substanzwert** laut Sachverhalt   20.000,00 DM

+

II. **Goodwill**

Ohne die beiden hochgradig negativen Sonderumstände ergäbe sich der Wert des Goodwill wie folgt:

260.000,00 DM x 0,75 =   195.000,00 DM.

abzüglich $^1/_2$ von 140 % des vergleichbaren

Richtergehaltes der Stufe R 3, also abzüglich   100.000,00 DM,

läge der Goodwill bei   95.000,00 DM.

Würde man wegen des Wegfalls der überleitenden Mitarbeit[372] und der Nichtweiterbenutzung der Räumlichkeiten[373] ohne Rücksicht auf jede weitere Einzelbetrachtung des Vervielfältigers a priori von dessen Untergrenze von 0,5 ausgehen, so gäbe dies hier einen Goodwill von

260.000,00 DM x 0,5 =   130.000,00 DM,

abzüglich kalkulatorischer Anwaltslohn in Höhe von 100.000,00 DM.

Der Goodwill läge dann bei   30.000,00 DM.

Dieses Ergebnis erscheint aber nur dann angemessen, wenn im konkreten Einzelfall Anhaltspunkte dafür gegeben sind, daß trotz der beiden hochgradig negativen Sonderumstände noch gewisse Chancen für den Erhalt der Umsätze des Vorgängers gegeben sind. Wäre dies mehr oder weniger zu verneinen, müßte – wie in Fall 5 – bereits der maßgebliche Umsatz vermindert werden, zumal eine

---

[372] Zu dessen überragender Bedeutung siehe oben Fn. 129 und Rn 148.
[373] Zu derer eminenter Wichtigkeit, siehe Fn. 126 und Rn 149.

§ 3 Die Methoden zur Ermittlung des Wertes einer Anwaltspraxis 134

Unterschreitung des Faktors von 0,5 nach dem Bewertungs-Bericht nicht in Betracht kommt.

Im vorliegenden Beispielsfall würde sich bereits bei einem zugrunde gelegten maßgeblichen Jahresumsatz von 200.000,00 DM

und einem Vervielfältiger von 0,5 = 100.000,00 DM

– nach Abzug des kalkulatorischen Anwaltslohnes

in Höhe von gleichfalls 100.000,00 DM

ein Wert rechnerisch von 0,00 DM

ergeben.

III. Ergebnis:

Der Goodwill läge im Beispielsfall nur dann bei noch 30.000,00 DM, wenn eine gewisse positive Prognose für die Umsatzwiederkehr noch gegeben wäre. Bei weitgehend negativer Prognose wäre schon der maßgebliche Umsatz zu vermindern. Unter Berücksichtigung des kalkulatorischen Anwaltslohnes wäre dann meist ein Wert von Null anzusetzen.

Der Gesamtwert läge in der ersten Variante bei 50.000,00 DM (20.000,00 DM Substanzwert + 30.000,00 DM Goodwill), in der zweiten Variante lediglich bei 20.000,00 DM, bestünde dann allerdings lediglich in Höhe des Substanzwertes.

7. Fall: Kauf der Praxis vom Anwaltsnotar

Verkauft werden soll aus Altersgründen die Einzelkanzlei eines ledigen 63jährigen Rechtsanwalts und Notars in Schleswig-Holstein.[374] Eine mehrmonatige überleitende Mitarbeit ist vorgesehen, ebenso der langfristige Verbleib in den bisherigen Räumlichkeiten. Der Substanzwert liegt bei 25.000,00 DM. Hierin nicht inbegriffen sind Gegenstände, die sich ausschließlich auf das Notariat beziehen, insbesondere notarspezifische Zeitschriftensammlungen. Diese sollen nicht vom Erwerber, der ausschließlich Rechtsanwalt ist, übernommen werden. Der durchschnittliche Umsatz der letzten drei Jahre liegt bei 400.000,00 DM, wovon jeweils 60 % (= 240.000,00 DM) auf die Anwaltspraxis und 40 % (=160.000,00 DM) auf das Notariat entfallen. Die Praxis weist wertsenkende und werterhöhende Merkmale auf, die sich insgesamt fast ausgleichen; ein Multiplikator von 0,85 erscheint angemessen, da die überleitende Mitarbeit und der Verbleib in den bisherigen Räumlichkeiten werterhöhend wirken.

Bewertungsvorschlag:

(Substanzwert + Goodwill = Gesamtwert der Praxis)

I. Substanzwert laut Sachverhalt   25.000,00 DM

+

II. Goodwill

Ohne die Besonderheit, daß der Übergeber Anwaltsnotar ist, wäre dies ein »ganz normaler Fall«, der weitgehend dem Fall 1 entspräche. Mit der Besonderheit, der Bewertung eines Anwaltsnotariates, hat sich der BRAK-Ausschuß Bewertung von Anwaltspraxen[375] ebenso auseinandergesetzt wie die Literatur.[376] Danach ist unbestritten, daß der Umsatz aus dem Notariat – weil dieses berufsrechtlich vom bisherigen Amtsinhaber nicht (mit-)veräußert werden kann, sondern nach §§ 6, 6 b BNotO ausgeschrieben werden muß – als Bemessungsgrundlage unberücksichtigt zu bleiben hat. Dies gilt selbst dann, wenn der Übernehmer ebenfalls Notar ist.

Gegenstand des Kaufvertrages ist danach ausschließlich der Teil »Anwaltstätigkeit«. Es ist daher als maßgeblicher Umsatz im Beispielsfalle ein Betrag

von   240.000,00 DM

---

374 Das Berufsrecht der Notare kennt im wesentlichen zwei Arten der Berufsausübung für Notare: Den »NUR-NOTAR«, z.B. in Bayern, Rheinland-Pfalz und Hamburg und den nebenberuflichen Notar, sogenannter »Anwaltsnotar«, z.B. in Berlin, Bremen, Niedersachsen, Schleswig-Holstein und in den fünf neuen Bundesländern. Vgl. hierzu §§ 3 ff. Bundesnotarordnung (BNotO).
375 BRAK-Mittl. 1/1992, Seite 24 ff., (Seite 26, dort unter V 1).
376 Z.B. Kaiser/Wollny, Seite 43, 44, Rn 106 ff. und Seite 62, Rn 163; Eich, Seite 27, Rn 28.

§ 3 Die Methoden zur Ermittlung des Wertes einer Anwaltspraxis

anzusetzen, da eine Bereinigung dieses Umsatzes gemäß Sachverhalt nicht vorzunehmen ist.

Hinsichtlich des Multiplikators soll – wie im Fall 1 – von 0,85 ausgegangen werden.

Es fragt sich aber, ob dem Umstand, daß eine bisher als Anwaltskanzlei mit Notariat betriebene Praxis veräußert werden soll, durch eine Erhöhung des Multiplikators Rechnung zu tragen ist.

Dies wird für den Fall angenommen, daß der übergebende Anwalt, aber auch der übernehmende Anwalt, also beide, Notar sind.[377] Das ist auch gerechtfertigt, weil Anwaltsnotare durchweg höhere Jahresgewinne erzielen als die »Nur-Anwälte«.[378]

Im Beispielsfall ergibt sich jedoch keine Erhöhung des Faktors, da der übernehmende Anwalt **nicht** Notar ist. In diesem Fall entfällt die Vorteilhaftigkeit des Doppelberufes »Rechtsanwalt und Notar«. Der Erwerber genießt nicht den Synergie-Effekt aus der Kombination von Anwalts- und Notariatstätigkeit. Der Veräußerer erlöst damit einen geringeren Kaufpreis, als wenn es ihm gelänge, an einen Anwaltsnotar zu verkaufen.

Für die Bewertung des Goodwills im Beispielsfalle ergibt sich somit ohne Berücksichtigung des kalkulatorischen Anwaltslohnes ein Zwischenwert

von 204.000,00 DM

(240.000,00 DM x 0,85). Beim Abzug des kalkulatorischen Anwaltslohnes ergibt sich hier die Besonderheit, daß dieser nur prozentual im Verhältnis von Anwalts- und Notariatstätigkeit zu berücksichtigen ist.[379] Der Anwaltsumsatz beläuft sich auf 60 % des Gesamtumsatzes. 60 % des üblicherweise abzuziehenden kalkulatorischen Anwaltslohnes sollen aufgrund der individuellen

Gegebenheiten hier mit 52.000,00 DM

angenommen werden.[380]

III. Ergebnis:

Der Substanzwert beträgt 25.000,00 DM. Der Goodwill beträgt 152.000,00 DM (204.000,00 DM – 52.000,00 DM), der Gesamtwert somit 177.000,00 DM.

---

377 Kaiser/Wollny, Seite 43 ff., Rn 106–109 und Seite 62, Rn 163; angedeutet auch in BRAK-Mittl. 1/1992, Seite 24 ff. (Seite 26, dort unter V 1).
378 Vgl. hierzu Passenberger in BRAK-Mittl. 5/1996, Seite 174 ff. (Seite 176, Tabelle 1) und Seite 178, Abb. 4: 205.000,00 DM versus 105.000,00 DM (West) bzw. 82.000,00 DM (Ost) für 1993/1994.
379 BRAK-Mittl. 1/1992, Seite 24 ff. (Seite 26, dort unter V 1).
380 Laut Bewertungs-Bericht, a.a.O. Seite 26, Endstufe R 2. Das ergäbe etwa ca. 8.500,00 DM Grundgehalt + ca. 1.000,00 DM Ortszuschlag für Ledige = 9.500,00 DM x 13 = 123.500,00 DM, erhöht um 40 % = ca. 173.000,00 DM. Hiervon 1/2 = ca. 86.500,00 DM, davon für die Anwaltstätigkeit 60 % = ca. 52.000,00 DM.

8. Fall: Verkauf einer »jungen« Praxis

262 Der 32 jährige verheiratete Rechtsanwalt R will seine seit 2 1/4 Jahren betriebene Einzelkanzlei veräußern. Der Grund dafür ist, daß er demnächst eine Stelle als Richter antreten wird.

Da er ein überdurchschnittlich qualifizierter Jurist ist und er zudem die für anwaltliche Erfolge nötige Kontaktfähigkeit besitzt, sind die von ihm erzielten Umsätze in der Anfangstätigkeit als Rechtsanwalt recht beachtlich. Im ersten Jahr weist er einen Nettoumsatz von 60.000,00 DM auf, im zweiten Jahr einen solchen von 100.000,00 DM. Die Tendenz im begonnenen dritten Jahr zeigt weiter nach oben, wenn auch in einem etwas verminderten Umfang. Im ersten Quartal dieses laufenden Jahres wurden 30.000,00 DM umgesetzt.

Die Bewertung der Einzelmerkmale führt zu einem leichten Überhang der werterhöhenden Merkmale, jedoch ohne Betrachtung des Umstandes, daß die Praxis erst gut zwei Jahre besteht. Die Ausstattung der Praxis ist modern, die umfangreiche Bibliothek soll allerdings nicht mitveräußert werden, da R diese für seine Richtertätigkeit weiterhin nutzen will. Der so verbleibende Substanzwert ist mit 40.000,00 DM anzusetzen.

Bewertungsvorschlag:

(Substanzwert + Goodwill = Gesamtwert der Praxis)

I. Substanzwert laut Sachverhalt   40.000,00 DM

+

II. Goodwill

Die Bewertung des ideellen Wertes einer noch nicht einmal drei Jahre existierenden Praxis bereitet Schwierigkeiten. Diese liegen zunächst vordergründig darin, daß es die sonst übliche Bemessungsgrundlage, den durchschnittlichen Nettoumsatz der letzten **drei** Jahre, hier nicht gibt. Davon abgesehen, geht es im Grundsätzlichen darum, ob eine derartige »junge« Praxis überhaupt schon einen Goodwill haben kann.

In der bisherigen Spezialliteratur zur Bewertung von Anwaltspraxen[381] wird auf die Bewertung noch nicht drei Jahre existierender Praxen nicht eingegangen. Auch im Bewertungs-Bericht[382] des BRAK-Ausschusses Bewertung von Anwaltspraxen finden sich keine Ausführungen zu diesem speziellen Problem. Allerdings wird dort die Dauer des Bestehens einer Praxis als Bewertungskriterium im Rahmen der Festlegung des Multiplikators erwähnt. Hierbei erfolgt

---

381 Kaiser/Wollny (Seite 67, Rn 173) betonen zwar, daß die gebotene Einzelfallbetrachtung ergeben könne, daß eine Praxis keinerlei Goodwill aufweise; der Fall einer »jungen« Praxis wird allerdings nicht angesprochen. Auch bei Eich befindet sich zum Problem keine Aussage.
382 BRAK-Mitt 1/1992, Seite 24 ff.

aber nur eine grobe Einteilung nach dem Bestehen von mehr oder weniger als 10 Jahren.[383] Soweit sich die Literatur mit der Bewertung von freiberuflichen Praxen im allgemeinen befaßt,[384] wird unter Verweis auf diverse Gerichtsentscheidungen[385] darauf hingewiesen, daß bei noch nicht dreijährigem Bestehen einer Freiberuflerpraxis regelmäßig ein Goodwill noch nicht feststellbar sei. Begründet wird dies für den vergleichbaren Fall einer Arztpraxis damit, daß im allgemeinen fünf Jahre nötig seien, um der Praxis einen so festen Rückhalt in der Bevölkerung zu geben, daß sie auch einen Personenwechsel überstehen könnte.

Nachstehend die Auffassung des Verfassers zum Problem der Bewertung »junger« Praxen: Es ist zwar zutreffend, daß die Wahrscheinlichkeit der Umsatzwiederkehr im Falle des Inhaberwechsels einer »jungen« Praxis wesentlich geringer ist, als dies bei einer angestammten Praxis der Fall wäre. Daraus ergibt sich, daß die Bewertung des Goodwills einer solchen Praxis sehr zurückhaltend zu erfolgen hat. Eine pauschale Aussage, etwa dahingehend, ein Goodwill beginne erst ab drei Jahren oder ähnlich, wird dennoch nicht für vertretbar gehalten, weil dies der gebotenen Einzelfallbetrachtung nicht entspräche. Überdies wäre es problematisch und erschiene willkürlich, stichtagsmäßig eine Grenze zu ziehen, unterhalb derer kein Goodwill und oberhalb derer ein Goodwill vorhanden wäre.

Auf der Basis der üblichen Bewertungsschritte sollte auch bei »jungen« Praxen in einem ersten Arbeitsschritt der Nettojahresumsatz der letzten **drei** Kalenderjahre ermittelt werden. Bei noch nicht dreijährigem Bestehen der Praxis erscheint es angemessen, das nicht vorhandene drittletzte Jahr eben mit Null anzusetzen. Das erscheint deswegen gerechtfertigt, weil es in diesem drittletzten Jahr keinerlei Praxisaktivitäten und damit auch keinen Aufbau eines Goodwills gegeben hat.

Im Beispielsfalle ergäbe der erste Arbeitsschritt einen durchschnittlichen Umsatz von 65.000,00 DM (0,00 DM + 60.000,00 DM + 100.000,00 DM + 100.000,00 DM = 260.000,00 DM : 4). Bei der Festlegung des Multiplikators für diesen Einzelfall ist aufgrund des vorgegebenen Sachverhaltes von einem Multiplikator im überdurchschnittlichen Bereich, also von ca. 0,80, auszugehen. Hiervon sind wegen des bei weitem noch nicht 10-jährigen Bestehens der Praxis entsprechend dem BewertungsBericht[386] Abzüge zu machen. Es wird vorgeschlagen, den Faktor auf 0,7 zu ermäßigen. Eine noch weitergehende Absenkung erscheint nicht geboten, da laut Sachverhalt der positive Trend zur Umsatzsteigerung im laufenden Jahr anhält.

---

383 Wie vorangegangene Fn.: Seite 27, dort unter VI, 2.
384 So insbesondere Kotzur in NJW 1988, Seite 3239–3244 (Seite 3241).
385 Kotzur a.a.O. m.w.N.; siehe hierzu auch BGH in NJW 1991, Seite 1547–1552 (1550/1551).
386 BRAK-Mittl. 1/1992, Seite 24 ff. (Seite 27, dort unter VI 2).

Die Methoden zur Ermittlung des Wertes einer Anwaltspraxis § 3

Als Zwischenwert ergibt sich 45.500,00 DM
(65.000,00 DM x 0,7). Hiervon ist in einem letzten Arbeitsschritt als kalkulatorischer Anwaltslohn von 140 % des vergleichbaren Richtergehaltes der Stufe R 1 abzuziehen. Dieser Betrag beläuft sich auf ca. 57.500,00 DM.[387]

III. Ergebnis:

Da der abzuziehende kalkulatorische Anwaltslohn mit 57.500,00 DM den maßgeblichen Zwischenwert übersteigt, ergibt sich hier keinerlei Goodwill. In den Gesamtwert der Praxis fließt lediglich der **Substanzwert** mit 40.000,00 DM ein. Im übrigen gelten ähnliche Erwägungen wie hier im Fall 4.[388] Diese könnten dazu führen, daß der Markt den Goodwill der Praxis im Beispielsfalle eben doch mit einem Wert über Null »bepreist«.

Der Beispielsfall zeigt im übrigen folgendes: Nach der hier zugrunde gelegten berufsüblichen Bewertungsmethode wird bei »jungen« Praxen selbst bei beachtlichen Anfangs-Umsätzen kaum jemals eine positive Zahl als Goodwill möglich sein.[389]

---

387 Das Grundgehalt eines 32 jährigen Richters der Stufe R 1 liegt bei ca. 5.100 DM. Hinzu kommt hier für R ein Ortszuschlag der Stufe 2 in Höhe von ca. 1.200,00 DM. Dies ergibt monatlich ca. 6.300,00 DM, jährlich somit ca. 82.000,00 DM (6.300,00 DM x 13). Erhöht um 40 % wären dies ca. 115.000,00 DM, hiervon 1/2 somit 57.500,00 DM.
388 Siehe oben Rn 258.
389 Im Beispielsfall würde ein minimaler positiver Goodwill erst bei kaum wahrscheinlichen Jahresumsätzen von beispielsweise im ersten Jahr von 90.000,00 DM und 120.000,00 DM im zweiten Jahr erreicht werden (0,00 DM + 90.000,00 DM + 120.000,00 DM + 120.000,00 DM = 330.000,00 DM : 4 = 82.500,00 DM x 0,7 = 57.750,00 DM.

9. Fall: Verkauf eines Sozietätsanteiles

263 Sozius E – einer von fünf Sozien der »A, B, C, D, E-Sozietät« beabsichtigt aus Altersgründen seine Tätigkeit aufzugeben. Nach dem Sozietätsvertrag darf E – mit Zustimmung von A, B, C, und D seinen Anteil in Höhe von 20 % an einen »berufserfahrenen« Rechtsanwalt veräußern. E gibt eine entsprechende Anzeige in der NJW auf. Er möchte wissen, von welchem Wert seines Anteils er ausgehen kann, wenn er zu »berufsüblichen« Bedingungen anbietet.

Die Mitberechtigung des E an allen Gegenständen, die mit dem Substanzwert anzusetzen sind, ist nach Verrechnung der Passiva mit den Aktiva (oben, Rn 13) mit 1/5 von 150.000,00 DM, also mit 30.000,00 DM, anzusetzen. Der Jahresumsatz der Sozietät betrug im Schnitt der letzten drei Jahre 1,5 Mio. Außerordentliche Umsätze des Sozius A als Repetitor sowie des Sozius C als Treuhänder sind getrennt erfaßt und in den Jahresumsatzzahlen nicht enthalten. Für das laufende Jahr wird mit einer Steigerung von 10 % gerechnet. Diese aufsteigende Tendenz hatte sich bereits in den drei Vorjahren gezeigt. Überleitende Mitarbeit von E ist für ca. drei Monate möglich. Die Praxisräume bleiben für die Sozietät weiterhin nutzbar. Auch der Personenbestand von acht Mitarbeitern bleibt erhalten. Nach Erstellung eines Tableaus und der Betrachtung aller wertbildenden Merkmale ergibt sich nach Gewichtung ein Zahlenwert von + 80; es soll angenommen werden, daß die Bandbreite der erreichbaren Punkte im erstellten Tableau von – 210 bis + 130 reicht.

Bewertungsvorschlag:

(Substanzwertanteil + Goodwillanteil = Gesamtwertanteil)

I. Substanzwertanteil laut Sachverhalt   30.000,00 DM

+

II. Goodwillanteil

Bei der Bewertung eines Anteils am Goodwill einer Sozietät ist der sogenannte Beteiligungswert[390] zu ermitteln. Es wird hierzu auf die obigen Ausführungen zum Beteiligungswert bei Sozietäten verwiesen.[391] Der hier dargestellte Grundfall des **Verkaufes** eines Anteils am Goodwill einer Sozietät bietet für dessen Bewertung im Vergleich zur Bewertung einer Einzelkanzlei keine besonderen Schwierigkeiten. An Stelle einer Einzelkanzlei wird hier der Anteil einer Sozietät veräußert. Ob der ausscheidende Sozius hierzu zivilrechtlich berechtigt ist, ist eine Frage des Sozietätsvertrages. Falls dies nicht im Sozietätsvertrag[392]

---

390 BRAK-Mittl. 1/1992, Seite 24 ff. (Seite 25, dort unter II B 3 und Seite 27, dort unter VI 3).
391 Siehe oben Rn 52, 231 ff.
392 Hier kann z.B. auch geregelt sein, daß der Anteil des Ausscheidenden auf die verbleibenden Sozien zu übertragen ist. Häufig wird auch beim Ausscheiden eines Seniors der Eintritt eines Juniors vorgesehen sein. Dieser wird nach einer meist mehrjährigen Übergangstätigkeit als angestellter Anwalt dann später selbst Sozius.

geregelt ist, wäre dessen Verkauf gegen den Willen der verbleibenden Sozien nach § 719 BGB nicht zulässig.[393] Nach dem hier genannten Sachverhalt ist davon auszugehen, daß der Verkauf wegen der Zustimmung der verbleibenden Sozien zivilrechtlich zulässig ist.

Ausgangsbasis für die Bewertung des Goodwills ist der bereinigte Nettojahresumsatz der letzten drei Kalenderjahre, bezogen auf die **gesamte** Sozietät.

Das ergibt hier laut Sachverhalt einen Wert von   1.500.000,00 DM.

Eine Bereinigung dieses Umsatzes wegen der sogenannten außerordentlichen personenbezogenen bzw. anwaltsbezogenen Vergütungen[394] als Repetitor bzw. Treuhänder ist bereits durch getrennte Erfassung dieser Einnahmen in der Buchhaltung der Sozietät erfolgt. Somit ist die maßgebliche Bemessungsgrundlage der durchschnittliche Jahresumsatz der Sozietät in Höhe von
1.500.000,00 DM.

Bei der Auswahl des angemessenen Multiplikators ist zu berücksichtigen, daß die Aussicht auf Wiederkehr der Umsätze des ausscheidenden Sozius für den neu eintretenden Sozius regelmäßig höher ist, als dies bei einer zu veräußernden Einzelkanzlei der Fall wäre.[395] Dies wird tendenziell bei größeren Sozietäten, da weniger personengebunden als Einzelkanzleien oder kleine Sozietäten, im höheren Maße der Fall sein.

Im Beispielsfall kommt werterhöhend noch hinzu, daß der ausscheidende Rechtsanwalt zur befristeten überleitenden Mitarbeit[396] bereit ist und daß die Räume weiter durch die Sozietät genutzt werden sollten.

Ein Multiplikator von erheblich über dem Mittelwert von 0,75 ist daher anzusetzen. Bei Sozietäten wird man ohnehin regelmäßig von einer größeren Bandbreite des Multiplikators als von 0,5 bis 1,0 ausgehen können. Der Multiplikator wird im Beispielsfall hier eher in Richtung 1,5 gehen können. Ergibt die Betrachtung der werterhöhenden und der wertsenkenden Einzelmerkmale einen neutralen Wert, so wäre als Mittelwert in den meisten Fällen ein Faktor von etwa 0,9 bis 1,0 angemessen. Bei dem im Beispielsfalle gegebenen mit + 80 Gewichtspunkten deutlich positiven Wert ist ein Faktor im Bereich von deutlich über 1,0 anzusetzen. Der Verfasser nimmt den Multiplikator mit 1,2 an.

Eine Anwendung dieses Einzelfall-Multiplikators auf die Bemessungsgrundlage ergibt somit (1,5 Mio. x 1,2)   1,8 Mio.

---

393 Siehe oben Fn. 326
394 Siehe dazu BRAK-Mittl. 1/1992, Seite 24 ff. (Seite 26, dort unter V 1).
395 So sinngemäß im Bewertungs-Bericht, BRAK-Mittl. 1/1992, Seite 24 ff. (Seite 27, dort unter VI 3 für den vergleichbaren Fall der Gründung bzw. des Eintritts in eine Sozietät).
396 Wäre der ausscheidende Sozius zur überleitenden Mitarbeit nicht bereit oder nicht in der Lage, würde sich dieser Umstand bei Sozietäten meist weit weniger negativ auswirken, als dies bei Einzelkanzleien der Fall ist. Der neu eintretende Sozius wird sich für die reibungslose Einarbeitung, auch in laufende Fälle, dann an die verbleibenden Sozien wenden können.

§ 3 Die Methoden zur Ermittlung des Wertes einer Anwaltspraxis 142

In einem weiteren Bewertungsschritt[397] ist für die Ermittlung des Beteiligungswertes des ausscheidenden Sozius E für jeden der fünf Sozien – entsprechend den Grundsätzen des Übergabewertes – als kalkulatorischer Anwaltslohn von 140 % des vergleichbaren Richtergehaltes abzuziehen. In der Höhe des auf jeden der fünf Sozien hier entfallenden Umsatzes[398] ist das Richtergehalt der Stufe R 3 zugrunde zu legen. Dies macht einen Betrag von jeweils ca.
100.000,00 DM aus.

Der Goodwill der Praxis beträgt danach (1,8 Mio. abzüglich 5 x 100.000,00 DM) 1,3 Mio.

Der Anteil des ausscheidenden Rechtsanwalts E am gesamten Goodwill beläuft sich nach dem maßgeblichen Gesellschaftsvertrag auf 20 %. Dies ergibt hier einen Betrag von 260.000,00 DM.

III. Gesamtwertanteil:

Der Anteil des ausscheidenden Rechtsanwalts E am Substanzwert und am Goodwill der Sozietät beträgt danach 290.000,00 DM (30.000,00 DM Substanzwertanteil und 260.000,00 DM Goodwillanteil).

---

397 Vgl. oben das Berechnungsschema Rn 249.
398 Siehe Bewertungs-Bericht in BRAK-Mittl. 1/1992, Seite 24 ff. (Seite 27, dort unter VI 3).

143 Die Methoden zur Ermittlung des Wertes einer Anwaltspraxis § 3

10. Fall: Gründung einer quotenverschiedenen Sozietät durch Zusammenlegung von zwei Einzelpraxen (»Fusion 1«, Fall I.1., Tableau Rn 240.)

Zu bewerten sind die Anteile an einer neu zu gründenden Zweiersozietät: **264** Rechtsanwälte A und B wollen ihre bisher als Einzelpraxen betriebenen Kanzleien zusammenlegen. Dies gilt auch für sämtliche Gegenstände; diese sollen Gesamthandsvermögen werden. Vor dieser Fusion[399] bestanden Einzelpraxen[400] mit folgenden Merkmalen:

Praxis des A:
I. **Substanzwert** der materiellen Gegenstände   15.000,00 DM
+
II. **Goodwill**   45.000,00 DM

(bereinigter durchschnittlicher Jahresumsatz 200.000 DM x 0,6 = 120.000,00 DM, abzüglich kalkulatorischer Anwaltslohn in Höhe von 1/2 des vergleichbaren Richtergehaltes der Stufe R 2 in Höhe von 75.000,00 DM).

III. **Gesamtwert** der Praxis des A: 60.000,00 DM.

Praxis des B:
I. **Substanzwert** der materiellen Gegenstände   25.000,00 DM
+
II. **Goodwill**   125.000,00 DM

(bereinigter durchschnittlicher Jahresumsatz 300.000,00 DM x 0,75 = 225.000,00 DM, abzüglich kalkulatorischer Anwaltslohn in Höhe von $^1/_2$ des vergleichbaren Richtergehaltes der Stufe R 3 in Höhe von 100.000,00 DM).

III. **Gesamtwert** der Praxis des B: 150.000,00 DM.

Bewertungsvorschlag:

Bei der Bewertung der neu entstehenden »Sozietät A, B« und der Bewertung der hieran für A und B bestehenden Anteile sind folgende Einzelschritte[401] vorzunehmen:

---

399 Hier in einem sehr weiten Sinne verwendet. Im engeren gesellschaftsrechtlichen Sinn ist Fusion gleichbedeutend mit Verschmelzung von Kapitalgesellschaften; siehe hierzu das Umwandlungsgesetz vom 28.10.1994, abgedruckt unter Nr. 52 a bei Schönfelder. In einem ebenfalls engeren Sinne im Kartellrecht wird der Begriff Fusion für Fälle von Unternehmenskonzentrationen verwendet; siehe dazu das Gesetz gegen Wettbewerbsbeschränkungen, abgedruckt unter Nr. 74 im Schönfelder.
400 Die Frage, ob die bisherigen von A bzw. B alleine genutzten Kanzleiräume für die neue Sozietät weiter verwendet werden können, ist hier nachrangig, da beide ihren bisherigen Mandanten ja im wesentlichen weiter zur Verfügung stehen werden.
401 Siehe oben Tableau Rn 240.

§ 3 Die Methoden zur Ermittlung des Wertes einer Anwaltspraxis 144

1) Getrennte Feststellung der Goodwills und der Substanzwerte der eingebrachten Einzelpraxen: Für den Goodwill ist der Fortführungswert zu ermitteln:[402]

Praxis des A: 60.000,00 DM,

(15.000,00 DM Substanzwert + 45.000,00 DM Goodwill)

Praxis des B: 150.000,00 DM.

(25.000,00 DM Substanzwert + 125.000,00 DM Goodwill)

2) Gesamtpraxiswert der neuen Sozietät

Praxis des A: 60.000,00 DM,

(15.000,00 DM Substanzwert + 45.000,00 DM Goodwill)

Praxis des B: 150.000,00 DM

(25.000,00 DM Substanzwert + 125.000,00 DM Goodwill).

»Sozietät A/B« 210.000,00 DM

(40.000,00 DM Substanzwert + 170.000,00 DM Goodwill)

3) Anteile der beiden Sozien am neuen Gesamtpraxiswert gemäß Gesellschaftsvertrag:

In diesem Beispielsfalle soll unterstellt werden,[403] daß als Sozietätsanteile die Anteile vereinbart werden, die sich aus dem Verhältnis des eingebrachten Vermögens ergeben:

Für A ergibt dies 60.000,00 DM : 210.000,00 DM = 28,6 %,

für B ergibt dies 150.000,00 DM : 210.000,00 DM = 71,4 %.

Bei einer derartigen Fallgestaltung wäre A zu 28,6 % und B zu 71,4 % an der durch »Fusion« entstehenden Sozietät beteiligt.

---

[402] Zum Verständnis folgender Hinweis: Nach dem Bewertungs-Bericht, a.a.O., Seite 27, dort unter VI 3, ist der Fortführungswert der bisherigen Einzelpraxen ohne Rücksicht auf eine sich etwa aus einem Synergie-Effekt infolge der Sozietätsbildung ergebende Wertsteigerung zu ermitteln. Da dies für die beiden eingebrachten Praxen gleichermaßen gilt, mag dieses nicht ganz unbedenkliche Verfahren tolerabel sein. Werden später Anteile einer so gebildeten Sozietät verkauft, ergeben sich dann meist höhere Werte, da der Synergie-Effekt meist zu höheren Umsätzen führt; auch kommt häufig ein höherer Multiplikator in Betracht.

[403] Eine derartige Quotenbildung ist allerdings – jedenfalls als Gewinnverteilungsabrede – keineswegs zu empfehlen. Es wird sich in der Regel bei einer so gebildeten Zweiersozietät eine Quotelung von 50 zu 50 empfehlen, wobei dann eine **Ausgleichszahlung** vereinbart werden sollte, siehe dazu Fall 11. Bei einem Jahresgewinn der neuen Sozietät von beispielsweise 200.000,00 DM hätte A bei 28,6 % Anteil hiervon nur 57.200,00 DM, B bei einem Anteil von 71,4 % dagegen 142.800,00 DM zu beanspruchen. Diese Gewinnverteilung wird sicherlich zu Spannungen führen, wenn beide Sozien ihre volle Arbeitskraft in die Sozietät einbringen. Dies gilt insbesondere aus der Sicht von A, falls dieser aus dem als Einzelanwalt erzielten Jahresumsatz einen höheren Gewinn als 57.200,00 DM erwirtschaftet hatte.

11. Fall: Gründung einer quotengleichen Sozietät durch Zusammenlegung von drei Einzelpraxen (»Fusion 2«, Fall I.1., Tableau Rn 240.)

Rechtsanwälte A, B und C wollen ihre bisherigen Einzelpraxen zusammenlegen und eine Dreiersozietät gründen.

An dem so entstehenden Gesellschaftsvermögen soll jeder zu 1/3 beteiligt werden.[404] Sofern sich bei der Bewertung der bisherigen Einzelpraxen unter Berücksichtigung der Parität von A, B und C innerhalb der neuen Sozietät Wertunterschiede ergeben, sollen diese durch **Ausgleichszahlungen** neutralisiert werden.

Sämtliche Vermögensgegenstände sollen Gesamthandsvermögen werden.[405]

Die Werte der eingebrachten Einzelpraxen sollen so festgestellt worden sein:

Praxis des A:
I. Substanzwert	15.000,00 DM
II. Goodwill	45.000,00 DM
III. Gesamtwert	60.000,00 DM

Praxis des B:
I. Substanzwert	25.000,00 DM
II. Goodwill	125.000,00 DM
III. Gesamtwert	150.000,00 DM

Praxis des C:
I. Substanzwert	20.000,00 DM
II. Goodwill	100.000,00 DM
III. Gesamtwert	120.000,00 DM
An dem Gesamtwert der neuen Sozietät von	330.000,00 DM

(60.000,00 DM von A, 150.000,00 DM von B und 120.000,00 DM von C) ist wegen der im Gesellschaftsvertrag vereinbarten Drittelparität jeder Gesellschafter mit 110.000,00 DM beteiligt. Da dies nicht dem Wert der eingebrachten

---

404 Eine solche Parität – auch für die Gewinnverteilungsabrede – empfiehlt sich im Sinne einer spannungsfreien Zusammenarbeit. Siehe hierzu auch den vorangegangenen Fall 10, Rn 264.
405 Dies ist nicht zwingend. Jeder eintretende Sozius kann auch Alleineigentümer/Alleininhaber der von ihm eingebrachten Vermögensgegenstände bleiben.

Einzelpraxen entspricht, sollte[406] eine **Ausgleichszahlung** in Höhe der Wertdifferenzen vereinbart werden.

Die Wertdifferenzen sind im Beispielsfall wie folgt zu ermitteln:

A erhält einen Wert von 110.000,00 DM. Der von ihm eingebrachte Wert in Höhe von 60.000,00 DM ist hiervon abzusetzen.[407] Er schuldet somit einen Ausgleichsbetrag in Höhe von 50.000,00 DM.

B erhält ebenfalls einen Wert von 110.000,00 DM. Der von ihm eingebrachte Wert in Höhe von 150.000,00 DM ist höher als diese 110.000,00 DM. Er wird hiervon abgesetzt, so daß B einen Ausgleichsbetrag in Höhe der Wertdifferenz von 40.000,00 DM zu beanspruchen hat.

C ist ebenfalls mit einem Wert von 110.000,00 DM an der neuen Sozietät beteiligt. Der von ihm eingebrachte Wert von 120.000,00 DM ist ebenfalls höher als sein Beteiligungswert von 110.000,00 DM. Auch C hat einen Ausgleichsbetrag – in Höhe von 10.000,00 DM – zu beanspruchen.

Wer schuldet wem den jeweiligen Ausgleichsbetrag?
A schuldet insgesamt 50.000,00 DM, und zwar 40.000,00 DM gegenüber B und 10.000,00 DM gegenüber C.

---

406 Wegen der Privatautonomie (Vertragsfreiheit) zulässig und unbedingt zu empfehlen. Es kann aber auch davon abgesehen werden. Bei Wertdifferenzen kann auch als Ausgleich eine größere/geringere Arbeitszeit vereinbart werden.
407 BRAK-Mittl. 1/1992, Seite 24 ff. (Seite 27, dort unter VI 3 bei »zu b«).

147   *Die Methoden zur Ermittlung des Wertes einer Anwaltspraxis § 3*

12. Fall: Gründung einer »Super-Sozietät« durch Zusammenlegung von zwei Groß-Sozietäten (»Fusion 3«, siehe Fall I.2. Tableau, Rn 240.)

Dieser Beispielsfall weist in die Zukunft und ist doch schon gegenwärtiger Trend: Ständig steigende Anwaltszahlen führen zu mehr Wettbewerb unter den Kanzleien. Eine der Folgen ist eine fortschreitende Spezialisierung der Anwaltschaft. Diese ist am ehesten möglich in einer größer organisierten Einheit, also in einer »Groß-Kanzlei« mit entsprechend hohen Fallzahlen in den Spezialgebieten.   **266**

Eine Frankfurter Groß-Sozietät (F) mit 32 quotengleichen Sozien will sich zur Erhöhung des Synergie-Effektes und zur weiteren Spezialisierung und Rationalisierung mit einer Hamburger Groß-Sozietät (H), die aus 48 ebenfalls quotengleichen Sozien besteht, zu einer überörtlichen Großsozietät[408] zusammenschließen. Die Gründung von Kanzleien an allen Standorten deutscher Großstädte ist ebenso geplant wie eine internationale Kooperation mit ausländischen Großsozietäten von Rechtsanwälten, Wirtschaftsprüfern und Steuerberatern.

Frage: Wie ist der Beteiligungswert der nach dem Zusammenschluß aus 80 Sozien bestehenden Groß-Kanzlei zu ermitteln?

Dieser Fall[409] unterscheidet sich von Fall 10 und 11 nur dadurch, daß an Stelle der Einzelpraxen zwei Sozietäten zusammengefügt werden. Es sind folgende einzelne Bewertungsschritte vorzunehmen:

1) Getrennte Feststellung des Goodwills und der Substanzwerte der **eingebrachten** Sozietäten F und H, ähnlich wie in Fall 10 und 11.[410] Es soll angenommen werden, daß der Goodwill der Sozietät F bei

14,72 Mio.

liegt (12,8 Mio. als durchschnittlicher bereinigter Jahresumsatz, entsprechend 400.000,00 DM je Sozius, multipliziert mit dem Faktor 1,4 ergeben 17,92 Mio., abzüglich je 100.000,00 DM als kalkulatorischer Anwaltslohn für jeden der 32 Sozien. Dies ergibt 14,72 Mio DM).

Der Substanzwert soll bei 2,28 Mio. DM liegen. Das ergäbe einen Gesamtwert der Sozietät F in Höhe von **17,0 Mio. DM**. Auf jeden der bisher 32 Sozien entfiele ein Wert von   531.250,00 DM.

---

408 Es wird im Beispielsfall davon ausgegangen, daß es sich bei den beiden Groß-Sozietäten um BGB-Gesellschaften im Sinne der §§ 705 ff. BGB handelt. Die angemessene Rechtsform für Groß-Sozietäten mag eine Kapitalgesellschaft sein, wie dies bei Wirtschaftsprüfungsgesellschaften schon üblich ist. Dies ist in der Wirtschaftsprüferordnung (WPO) ausdrücklich geregelt. Für die Rechtsanwaltschaft ist eine gesetzliche Regelung für die Rechtsanwalts-GmbH in Vorbereitung. Siehe dazu den Regierungsentwurf in AnwBl. 1998, Seite 6 ff. Siehe auch hier Fn. 145 wegen der Möglichkeit der Gründung einer Partnerschaftsgesellschaft.
409 Siehe Tableau Rn 240, dort unter I.1 und I.2.
410 Siehe oben Rn 264 f.

Für die Sozietät **H** soll folgendes unterstellt werden:

Goodwill mit 22,08 Mio. DM (19,2 Mio. DM als durchschnittlicher bereinigter Jahresumsatz mit ebenfalls 400.000,00 DM je Sozius, ebenfalls mit 1,4 multipliziert, ergäbe dies 26,88 Mio. DM). Abzüglich je 100.000,00 DM als kalkulatorischer Anwaltslohn für jeden der 48 Sozien errechnet sich hieraus ein Wert von 22,08 Mio DM. Der Substanzwert soll bei 3,42 Mio. DM liegen. Das ergäbe einen Gesamtwert der Sozietät H in Höhe von **25,5 Mio. DM**. Auf jeden der 48 Sozien kommt somit ein Wert von ebenfalls

$$531.250,00\ DM.$$

2) Ermittlung des Gesamtwertes der neuen Sozietät durch Addition der Werte der bisherigen Sozietäten F und H. Dies ergibt einen Betrag von **42,5 Mio. DM.**

3) Jeder der nunmehr 80 Sozien hätte hieran einen Anteil von 1,25 % = 1/80stel

= 531.250,00 DM.

Dies entspricht wertmäßig dem Betrag der eingebrachten, bisherigen Anteilswerte:

Sozietät F: 17,0 Mio. DM, hiervon 1/32stel =   531.250,00 DM
Sozietät H: 25,5 Mio. DM, hiervon 1/48stel=   531.250,00 DM.

Da sich an den Anteilswerten nach der Groß-Fusion nichts geändert hat, ist für ein Ausgleichszahlung bei dieser Sachverhaltsgestaltung kein Raum.

267 **Zusätzliche Hinweise** für andere, kompliziertere Sachverhaltsgestaltungen: Der Beispielsfall wurde bewußt in idealtypischer Weise stark vereinfacht, um das Grundprinzip der Bewertung von Anteilen an Großsozietäten bei Fusionen deutlich herauszustellen.

Im konkreten praktischen Fusionsfall werden weitaus kompliziertere Rahmenbedingungen vorgefunden werden. Dies wird insbesondere deshalb der Fall sein, weil die einzelnen Sozien schon vor der Fusion nicht quotengleich an ihrer »Ausgangssozietät« beteiligt sein werden. Bei einer »Ausgangssozietät« von im Beispielsfall 32 bzw. 48 Gesellschaftern ist davon auszugehen, daß »Altsozien« höhere Quoten besitzen als die »Juniorsozien«. Eine derartige Regelung erfolgt in der Praxis häufig aus dem Grunde, um dem neu eintretenden Juniorsozius eine Bareinlage zu ersparen.

Frage: Wie wäre bei Quotenungleichheit der neue Beteiligungswert nach Fusion zu berücksichtigen, wenn im übrigen die Werte der bisherigen Beteiligung auch nach der Fusion unverändert bleiben sollen?

Im Beispielsfall war davon auszugehen, daß der Gesamtwert der Sozietät F mit 32 Sozien bei 17,0 Mio. DM, der Gesamtwert der Sozietät H mit 48 Sozien bei 25,5 Mio. DM lag. Bei unterstellter Quotengleichheit der Sozien entfiel auf

jeden der 80 neuen Sozien ein Wertanteil von 1/80stel von 42,5 Mio. DM =
531.250,00 DM.

Würde man diesem Beispielsfall dahingehend abändern, daß am Gesamtwert der Ausgangssozietät F von 17,0 Mio. DM sechzehn »Altsozien« mit einer doppelt so hohen Quote wie die sechzehn »Jungsozien« beteiligt wären, so ergäbe dies für jeden der sechzehn »Altsozien« einen Beteiligungswert von

708.333,00 DM

und für jeden der sechzehn Juniorsozien einen Beteiligungswert von

354.166,00 DM.

Auch in diesem Falle wäre ein Gesamtwert der einzubringenden Sozietät F von 17,0 Mio. DM (708.333,00 DM x 16 = 11.333.328,00 DM + 354.166,00 DM x 16 = 5.666.656,00 DM = also 17,0 Mio. DM) gegeben.

Bei der ebenfalls einzubringenden Sozietät H wird gleichfalls von einer ähnlichen Ungleichheit der Quoten auszugehen sein. Würde man bei der Sozietät H ebenfalls von der Hälfte – also bei 24 Anwälten – von bevorrechtigten »Altsozien« mit einer doppelt so hohen Quote wie bei den 24 »Juniorsozien« ausgehen, so ergäbe dies für jeden der 24 »Altsozien« einen Beteiligungswert in Höhe von ebenfalls

708.333,00 DM

und für jeden der 24 »Juniorsozien« einen solchen von

354.166,00 DM.

Auch dies ergäbe einen Gesamtwert der einzubringenden Sozietät H in Höhe von 25,5 Mio. DM

(708.333,00 DM x 24 = 16.999.992,00 DM + 354.166,00 DM x 24 = 8.499.984,00 DM, zusammen gerundet somit 25,5 Mio. DM.

Bei diesem so abgewandelten Beispielsfall ergeben sich nach der Fusion folgende Anteile der dann 80 Sozien:

40 Sozien (16 aus der Sozietät F und 24 aus der Sozietät H) mit einem Wert von jeweils 708.333,00 DM sowie die übrigen 40 Sozien (16 aus der Sozietät F und 24 aus der Sozietät H) mit einem Beteiligungswert von jeweils 354.166,00 DM. Bezogen auf den neuen Gesamtwert der so entstandenen »Super-Sozietät« in Höhe von 42,5 Mio. DM bedeutet dies für die 40 bevorrechtigten Sozien einen Anteil von 1,664 % für die 40 übrigen Sozien einen Anteil von 0,8333 %.

Auch bei einer solchen Fallgestaltung wäre für eine Ausgleichszahlung kein Raum, weil die Beteiligungswert der einzelnen Sozien auch nach der Fusion unverändert blieben.

Würde man dagegen die Werte der bisherigen Beteiligung der einzelnen Sozien im Zuge der Fusionierung verändern, wäre es angemessen, im neuen Gesellschaftsvertrag (»Fusionsvertrag«) Ausgleichszahlungen vorzusehen. Die Höhe der Ausgleichszahlung ist so zu berechnen, wie dies im Beispielsfall 11[411] dargestellt wurde:

Wer nach der Fusionierung einen höheren Beteiligungswert erhält, muß an denjenigen, der einen niedrigeren Beteiligungswert zugeteilt bekommt, betragsgleich eine Ausgleichzahlung leisten.

---

411 Siehe oben Rn 265.

§ 4 Haftung wegen Leistungsstörungen des Kanzleikaufvertrages sowie Haftung gegenüber Dritten

I. Einführung in die Problematik

Unter dem Stichwort »Haftung«[412] im Zusammenhang mit der Übertragung von Anwaltskanzleien sind verschiedene Aspekte zu betrachten. Nach dem Einteilungskriterium der Personen, zwischen welchen eine Haftung bestehen kann, ist folgende Differenzierung sinnvoll: 1

1) »Haftung« zwischen den Parteien des Kanzleikaufvertrages wegen Leistungsstörungen.[413] 2

2) »Haftung« einer der Parteien des Kanzleikaufvertrages gegenüber Dritten.[414] 3

Im einzelnen sind diverse Haftungsgrundlagen zu unterscheiden. Schwierig und vielfach umstritten ist das Konkurrenzverhältnis der Haftungsgrundlagen untereinander. Im **theoretischen** Bereich gibt es hierzu zum Teil recht komplizierte Fragestellungen. 4

Die **praktische** Bedeutung der Haftung im Zusammenhang mit der Übertragung von Anwaltspraxen ist allerdings weitaus geringer, als man das auf den ersten Blick meinen könnte. Zu der gegenteiligen Annahme könnte man deshalb kommen, weil – im Hinblick auf die Haftung zwischen den Parteien des Kanzleikaufvertrages – sich hier regelmäßig Anwälte gegenüberstehen, die ja bekanntlich von Berufs wegen »streitbar« sein sollten. 5

---

412 Der Begriff der »Haftung« soll hier im weitesten Sinne verwendet werden. Auf den marginalen Unterschied zwischen »Schuld« und »Haftung« einerseits und auf den im wesentlichen nur terminologischen Unterschied zwischen »Leistungsstörungen« und »Gewährleistung« soll es hier nicht ankommen. Vgl. dazu Deutsches Rechts-Lexikon, Band 2, Seite 357 und Seite 897.
413 Im folgenden soll unter »Leistungsstörungen« verstanden werden: Bereicherungsansprüche im Zusammenhang mit der Nichtigkeit des Kanzleikaufvertrages wegen §§ 134, 138 BGB; Bereicherungsansprüche nach erfolgter Anfechtung nach § 119, 123, 142 BGB; Ansprüche aus Rechtsmängel- und Sachmängelgewährleistung beim Sachkauf, §§ 433 ff., 459 ff. BGB sowie beim Rechtskauf (§ 437 BGB) im Falle der Übertragung eines Sozietätsanteiles; Schadensersatzansprüche wegen Unmöglichkeit und Verzuges, wegen positiver Vertragsverletzung und culpa in contrahendo (c.i.c.) sowie auch Ansprüche im Zusammenhang mit dem Wegfall der Geschäftsgrundlage. Neben diesen genannten gesetzlichen Ansprüchen ist natürlich auch an vertragliche Ansprüche zu denken, wenn eine entsprechende Regelung in den Kanzleikaufvertrag aufgenommen worden ist, was dringend zu tragen ist. Siehe dazu oben Vertragsmuster, § 7 Rn 4.
414 Hauptproblem ist hierbei die Haftung aus dem Anwaltsvertrag, und zwar des Übergebers bzw. des Übernehmers oder die Haftung beider bei **fortgeführten Mandaten**. Daneben ist auch zu denken an die steuerrechtliche Haftung nach § 75 Abgabenordnung für betriebliche Steuerschulden des Übergebers, an die arbeitsrechtliche Haftung des Übergebers aus § 613 a II BGB sowie u.U. aus § 419 BGB und § 25 HGB.

§ 4 Haftung wegen Leistungsstörungen des Kanzleikaufvertrages 152

6   Ein Blick auf die spärliche Rechtsprechung[415] und Literatur[416] zum Problem der Haftung bei Freiberuflerpraxen zeigt allerdings, daß bisher kaum Anlaß für eine Problematisierung der Haftung beim Verkauf von Praxen gesehen wurde. Dies mag darin begründet liegen, daß in Kaufverträgen[417] über Einzelkanzleien und Sozietätsanteile auch die Haftung unter den Parteien häufig eindeutig geregelt ist,[418] und zwar in Richtung auf einen weitgehenden Ausschluß von Gewährleistungsansprüchen des Käufers im Verhältnis zum Verkäufer.

7   Im »Normalfall« wird der Kaufvertrag eine Gewährleistung für die Gegenstände, für die Substanzwerte festzustellen sind, ausschließen, da diese gebraucht sind. Hinsichtlich des Goodwills ist den Parteien ohnehin klar, daß lediglich eine Chance[419] verkauft wird. Diese bedeutet die bloße Möglichkeit, daß die Mandanten des Veräußerers dem Erwerber verbleiben. Deshalb scheidet hier eine Haftung beim Fehlschlagen dieser Hoffnung von vornherein aus.

8   Wegen der nicht sehr großen praktischen Bedeutung der Haftung im Zusammenhang mit Kanzleikaufverträgen beschränken sich die folgenden Ausführungen im wesentlichen auf eine **tabellarische** Darstellung. Hinzu kommt eine Problematisierung der praktisch interessantesten Fallgestaltung, der Haftung von Übergeber bzw. Übernehmer gegenüber dem Mandanten bei »laufenden Mandaten«.

Umseitig folgendes Tableau:

---

415 Siehe insbesondere BGH in NJW 1991, Seite 1223 f. (Steuerberaterpraxis); BGH NJW 1989, Seite 763 (Arztpraxis) und BGH in NJW 1995, Seite 2026 ff. (Anwaltspraxis).
416 Vgl. Eich, ohne Erwähnung des Haftungsproblems; bei Kaiser/Wollny klingt das Haftungsproblem in dem Vertragsmuster unter § 3 (Seite 133) und § 13 (Seite 136) an. Siehe auch Wehmeier, Seite 229–232 zur Haftung beim Übergang von Steuerberaterpraxen
417 Siehe oben Vertragsmuster, § 7 Rn 4.
418 So Wollny, Seite 259, bezüglich der Sachmängelhaftung bei Unternehmenskaufverträgen im allgemeinen.
419 Siehe oben, § 3 Rn 21.

II. Tableau zur Haftung wegen Leistungsstörungen sowie zur Haftung gegenüber Dritten

A) Haftung wegen Leistungsstörungen beim Kanzleikaufvertrag

Haftungsgrundlage	Voraussetzungen	Rechtsfolgen	Konkurrenzproblem	Verjährung des Anspruches	Beispiel	Hinweise
I. Gesetzliche Haftung 1. Bereicherungsanspruch nach § 812 I, 1.1. Alt. BGB wegen Nichtigkeit des Kanzleikaufvertrages a) wegen Gesetzeswidrigkeit	Verstoß gegen gesetzliches Verbot, § 134 BGB	Nichtigkeit und damit Bereicherungsanspruch nach § 812 I, 1.1. Alt BGB.	keines	30 Jahre, § 195 BGB	Regelung im Kanzleikaufvertrag, daß der Veräußerer dem Erwerber ohne Zustimmung der Mandanten seine Akten überläßt: Straftat nach § 203 I, 3 StGB : BGH in NJW 1995, Seite 2026 ff.	Siehe zur Problematik bereits oben Fn. 130.
b) wegen Sittenwidrigkeit, § 138 BGB	Verstoß gegen die guten Sitten, § 138 I, insbesondere Wucher, § 138 II BGB	Nichtigkeit	keines	30 Jahre, § 195 BGB	Extrem hoher Kaufpreis im Kanzleikaufvertrag, siehe dazu z.B. Wollny, Seite 230; siehe auch hier oben, § 2 Rn 61.	
2. a) Bereicherungsanspruch nach § 812 I, 1. 1. Alt., § 119 II BGB erfolgter Anfechtung wegen Irrtums, § 812 I, 1. 1. Alt., § 119 II BGB	Irrtum des Käufers über wesentliche Eigenschaften der Anwaltskanzlei	Nichtigkeit ex tunc, § 142 I BGB, Bereicherungsanspruch nach § 812 I, 1. Alt. BGB, aber: § 122 I BGB Schadensersatzpflicht des anfechtenden Käufers.	zu §§ 459 ff. BGB, Sachmängelgewährleistung. Kommt letztere zum Tragen, ist § 119 II ausgeschlossen.	30 Jahre, § 195 BGB	Siehe bereits bei »Voraussetzungen«.	Diese Irrtumsanfechtung ist wegen § 122 eine »stumpfe Waffe«. Siehe dazu näher: Beisel/Klumpp, Seite 278, sowie Wollny, Seite 252.

§ 4 Haftung wegen Leistungsstörungen des Kanzleikaufvertrages 154

Haftungsgrundlage	Voraussetzungen	Rechtsfolgen	Konkurrenzproblem	Verjährung des Anspruches	Beispiel	Hinweise
b) wegen arglistiger Täuschung, § 123 BGB	arglistige Täuschung des Verkäufers gegenüber dem Käufer beim Kanzleiverkauf	Nichtigkeit ex-tunc, § 142 I BGB, Bereicherungsanspruch nach § 812 I, 1, 1. Alt. BGB.	Anfechtung nach § 123 BGB ist **nicht** durch Sachmängelgewährleistung (§ 459 ff.) ausgeschlossen: BGH Z: 53, 144 und Beisel/Klumpp, Seite 278 m.w.N.	30 Jahre, § 195 BGB	Beispiel § 5 Rn 7 ff.	
3. Haftung für Sachmängel, § 459 ff. BGB bei Sachkauf	§ 459 I: Erhebliche Wertminderung der übertragenen Kanzlei wegen eines Fehlers	§ 462: Wandelung, Minderung; Schadensersatz bei Zusicherung, § 463 BGB.	Vieles ist im einzelnen streitig. Unstreitig gelten §§ 459 ff. BGB nicht nur beim Kauf einzelner Sachen, sondern auch beim Kauf eines Unternehmens. Aber: Sachmängelbegriff und Fehlerhaftigkeit der verkauften Anwaltskanzlei wird von Rechtsprechung sehr eng interpretiert. Daneben aber Sachmängelgewährleistung bezüglich übertragener einzelner Wirtschaftsgüter möglich. Bei Verstoß des Verkäufers gegen Aufklärungspflichten wird meist Haftung nach c.i.c. angenommen.	6 Monate, § 477 BGB	Bei Anwaltskanzleien kaum denkbar. Wollny führt für den Verkauf gewerblicher Unternehmen zahlreiche Beispiele auf: z.B. Speiserestaurant mit bauordnungswidrigen Räumen, vgl. ebenda Seite 253.	Verkauf einer Einzelkanzlei wird als **Sachkauf** i.S.d. § 459 I BGB angesehen. Somit grundsätzliche Haftung für Sachmängel, § 433 I und Rechtsmängel, § 434 BGB. Aber: Verkauf eines Sozietätsanteils gilt als Rechtskauf i.S.d. § 437 BGB. Siehe Tabelle, hier I.4.

4. Haftung für Rechtsmängel bei Verkauf eines Sozietätsanteils	Verkauf eines »sonstigen Rechts«, § 437 I BGB	Haftung für rechtlichen Bestand (»Verität«, nicht Bonität)	Wie bei I.3.	30 Jahre, § 195 BGB. § 477 BGB = kurze Verjährung, gilt nicht. So Beisel/Klumpp, Seite 279.	Jeder Verkauf eines Sozietätsanteils einer Anwaltspraxis.	Da beim Rechtskauf nach § 437 BGB lediglich der rechtlich mangelfreie **Bestand** garantiert wird: Keine Gewährleistungshaftung für Sachmängel des Unternehmens nach § 459 ff. bei Sozietätskauf. Haftung aus c.i.c. möglich. So Wollny, Seite 251.
5. Haftung wegen Unmöglichkeit, §§ 275, 280, 323 ff. BGB	Unmöglichkeit der Leistung	Untergang der Primärleistungspflicht, §§ 275, 323 bzw. Schadenersatz bei Vertretenmüssen, §§ 280, 324, 325 BGB; auch Rücktritt, § 325 BGB	Keine Anwendbarkeit der §§ 275 ff., 320 ff. nach Gefahrübergang, dann §§ 459 ff. BGB als leges speciales.	30 Jahre, § 195 BGB	Kaum vorstellbar, wenn RA seine Praxis verkauft.	
6. Haftung wegen Verzuges, §§ 284, 285, 326 BGB	Eine der Parteien leistet nicht rechtzeitig, §§ 284, 285, 326 BGB.	Schadensersatz, § 286, u.U. auch Rücktritt, § 326	Wie vor		RA übergibt eine Praxis später als vorgesehen oder Erwerber zahlt Kaufpreis verspätet.	

§ 4 Haftung wegen Leistungsstörungen des Kanzleikaufvertrages 156

Haftungsgrundlage	Voraussetzungen	Rechtsfolgen	Konkurrenzproblem	Verjährung des Anspruches	Beispiel	Hinweise
7. Positive Forderungsverletzung (»p.F.v.«)	Schlechterfüllung des Vertrages	Schadensersatz wegen Nichterfüllung oder Rücktritt	p.F.v. an sich neben §§ 459 ff. BGB für einen Mangel, der über den Mangel, der durch den Nachteil einer verkauften Sache gegeben ist, hinausgeht, h.M. Für Kanzleiverkauf ist diese Abgrenzung aber kaum vorstellbar.	30 Jahre, § 195 BGB	Verkäufer macht Mandanten nach Übergabe abspenstig, indem er in der Nähe weiterpraktiziert. Auch ohne vertragliche Vereinbarung eines Wettbewerbsverbots kann dies eine pF.v. sein. Siehe dazu Wollny, Seite 248.	
8. Schadensersatz wegen vorsätzlicher Nichtaufklärung aus § 826 BGB bzw. § 823 II BGB i.V.m. § 263 StGB	Vorsätzliche sittenwidrige Schädigung (826 BGB) bzw. (vorsätzlicher) Betrug, § 263 StGB.	Schadensersatz auf das negative Interesse (z.B. BGH in BB 1969, 496)	Mit Anfechtung wegen arglistiger Täuschung: Getäuschter kann statt Anfechtung nach § 123 BGB auch am Vertrag festhalten und nach §§ 826, 823 II BGB vorgehen.	30 Jahre, § 195 BGB	Vorsätzliches Verschweigen des Übergebers, daß Großmandate entfallen werden.	

9. Culpa in contrahendo (»c.i.c.«)	Verschulden bei Vertragsverhandlungen	Schadensersatz	§§ 459 ff. BGB haben Vorrang vor der c.i.c.	30 Jahre, § 195 BGB	Keine **Haftung** aus c.i.c., wenn Vertragsverhandlungen sich zerschlagen, da Verhandlungen auf eigenes Risiko. Haftung hier nur in Ausnahmefällen, siehe Beispiel/Klumpp, Seite 12.	Wegen des eingeschränkten Bereiches der Gewährleistungsansprüche nach §§ 459 ff. BGB ist die c.i.c. meist der Hauptanknüpfungspunkt für die Verletzung von Aufklärungspflichten beim Unternehmenskauf,; siehe hierzu Stengel / Scholderer in NJW 1994, Seite 158 ff.

II. Vertragliche Haftung:

Eine vertragliche Haftung, die über die oben dargestellte Haftung hinausgeht, ist beim Kanzleikaufvertrag kaum vorstellbar. Im Regelfall werden Verkäufer und Käufer die Anwendung der gesetzlichen Ansprüche **abbedingen**, so daß gerade keine vertragliche Haftung zwischen den Vertragsparteien besteht.

B) Haftung für Ansprüche Dritter

Haftungsgrundlage	Voraussetzungen	Rechtsfolgen	Konkurrenzproblem	Hinweise
1. Haftung des Erwerbers bei »Firmenfortführung«, § 25 HGB	Fortführung eines Handelsgeschäftes unter der bestehenbleibenden Firma.	Haftung des Erwerbers für alle Verbindlichkeiten des Übergebers.	Bei Anwalts-GmbH denkbar.	Da eine Anwaltskanzlei kein Handelsgeschäft ist und auch das handelsrechtliche Firmenrecht nicht gilt, ist § 25 HGB meist nicht einschlägig.
2. Mithaftung des übernehmenden Rechtsanwalts für Ansprüche aus übergegangenen Arbeitsverhältnissen, § 613 a BGB	Übergang eines »Betriebes«, wozu auch eine Freiberufler-Kanzlei gehört (Palandt/Putzo, Einf. vor § 611, Rn 14.). Arbeitnehmer haben nicht dem Übergang des Arbeitsverhältnisses widersprochen.	Rechte und Pflichten aus dem Vertrag gehen über auf den Erwerber, wobei der Veräußerer weiter verhaftet bleibt (Gesamtschuldnerschaft).	Rückständige Gehälter	Siehe zum Fragenkomplex Fn. 127
3. Steuerliche Haftung nach § 75 Abgabenordnung (AO)	Bei Übereignung eines Unternehmens, also auch einer Anwaltskanzlei.	Haftung des Erwerbers für betriebliche Steuern des Veräußerers.	Rückständige Umsatzsteuer-Schulden, nicht jedoch rückständige Einkommensteuer, da dies eine persönliche Steuer ist (siehe Näheres bei Klein/Orlopp, § 75, Seite 246).	
4. Haftung wegen Vermögensübernahme, § 419 BGB	Anwaltspraxis stellt das (nahezu) gesamte Vermögen des Übergebers dar.	Der Übernehmer haftet für alle Ansprüche, die im Zeitpunkt des Vertragsschlusses gegen den Übergeber bestanden haben. Ein gesetzlich geregelter Fall eines Schuldbeitrittes.		Es muß nicht das gesamte Vermögen übertragen werden, um die Rechtsfolgen des § 419 BGB auszulösen. Grenze nach Rechtsprechung: Wenn ca. 10–15 % des Vermögens nicht übernommen werden, hindert das die Anwendung des § 419 BGB nicht.

5. Aus dem Anwaltsvertrag gegenüber dem Mandanten bei weitergeführten Angelegenheiten			
a) Einzelkanzlei	Haftungsgrundlage für die vertragliche Haftung des Anwaltes ist der Anwaltsvertrag. Er ist normalerweise Dienstvertrag (§ 611 BGB) und hat eine Geschäftsbesorgung (§ 675 BGB) zum Inhalt.	Es gelten die allgemeinen Vorschriften, insbesondere bei Schlechterfüllung auf Schadensersatz wegen positiver Forderungsverletzung. Auch Haftung wegen Verzuges, Unmöglichkeit sowie culpa in contrahendo sind denkbar, jedoch selten.	Nichtbeachtung prozessualer Fristen, Nichtbeachtung des Eintritts der Verjährung, fehlerhafte Beratung in der Sache.

- Nach § 51 BRAO hat seit dem 09.09.1994 jeder RA sich mit mindestens 500.000,00 DM für jeden Versicherungsfall gegen gesetzliche Haftpflichtansprüche zu versichern. Einzelheiten für den Versicherungsvertrag zwischen dem RA und dem Versicherer ergeben sich aus den »Allgemeinen Versicherungsbedingungen für die Vermögensschaden-Haftpflichtversicherung von Rechtsanwälten und Patentanwälten« (»AVB«). Derartige Versicherungsbedingungen haben – gleichlautend – alle Haftpflichtversicherer.
- Grundsätzlich haftet jeder, d.h. der Übergeber und der Übernehmer nur für eigene Verletzungen des Anwaltsvertrages. Das gilt auch bei laufenden Mandaten. Der Erwerber haftet keinesfalls etwa für vom Veräußerer verursachte Schäden, auch wenn diese erst nach Jahren entdeckt werden.
- Nach AVB, §§ 1 u. 2, gilt das sogn. Verstoßprinzip. Der Versicherungsschutz umfaßt die Befriedigung begründeter und die Abwehr unbegründeter Schadensersatzansprüche (§ 3, II Ziff. 1 AVB). Nach dem Schadensfall wird im Zeitpunkt des den Schaden verursachenden Verstoßes gegen anwaltliche Pflichten abgestellt. Daraus ergibt sich theoretisch klar, ob dieser Verstoß dem veräußernden oder dem erwerbenden RA zuzurechnen ist.

§ 4 Haftung wegen Leistungsstörungen des Kanzleikaufvertrages 160

Haftungsgrundlage	Voraussetzungen	Rechtsfolgen	Konkurrenzproblem	Hinweise
b) bei Erwerb eines Sozietätsanteiles	Siehe unter 5a), Einzelkanzlei	Siehe unter 5a), Einzelkanzlei	Siehe unter 5a), Einzelkanzlei	• Siehe bei Einzelkanzlei • Da bei einer GbR-Sozietät bekanntlich auch die anderen Sozien als Gesamtschuldner haften, ist der Mandant auch gegen »**Übergangsschäden**« besser abgesichert: der Mandant kann sich an die verbleibenden Sozien halten, wenn der Verstoß dem ausscheidenden Sozius zuzurechnen ist. Eine andere Frage ist, ob er sich im Falle eines Verstoßes auch an den ausgeschiedenen Sozius direkt halten kann, wenn nichts vereinbart ist. Dies ist der Fall, da der Ausgeschiedene weiterhin als Gesamtschuldner haftet (Palandt/Thomas § 738, Rn 3). Dessen Nachhaftung ist allerdings nach § 736 BGB i.V.m. § 159 HGB zeitlich befristet.

III. Probleme bei der Berufshaftpflicht(-Versicherung)

Wird die Fortführung laufender Mandate durch den Übernehmer im Kanzleiübergabevertrag vereinbart, so ist dies nur mit Zustimmung des jeweiligen Mandanten zulässig (vgl. § 613 BGB). Stimmt der Mandant der Weiterbearbeitung zu,[420] so stellt sich die Frage, ob sich aus Sicht des Mandanten dessen Haftpflichtansprüche – jedenfalls de facto – verschlechtern. Wäre dies der Fall, müßte man dem Mandanten raten, der Weiterbearbeitung durch den übernehmenden Anwalt jedenfalls nur gegen eine gewisse Absicherung zuzustimmen. Es kann natürlich nicht angehen, daß dem Mandanten im Zusammenhang mit dem Übergang der Praxis zusätzliche Risiken aufgebürdet werden. Diese könnten darin bestehen, daß der Mandant den »falschen« Beklagten verklagt, d.h. es kann sich um Probleme der Passivlegitimation handeln. Zu denken ist beispielsweise daran, daß der Mandant den Übernehmer verklagt, weil sich einige Zeit nach dessen Übernahme ein Schaden manifestiert hat. Wenn wegen des Verstoßprinzipes (§§ 1, 2 AVB) die Pflichtverletzung allerdings noch dem übergebenden Anwalt zuzurechnen war, hätte der Mandant den »falschen« Beklagten in Anspruch genommen.

11

Diese Überlegungen haben den Verfasser veranlaßt, die Versicherer für Schäden aus dem Bereich der Vermögensschaden-Haftpflichtversicherung zu kontaktieren.

12

Die Umfrage des Verfassers bei den Versicherern für die Vermögensschaden-Haftpflichtversicherung von Rechtsanwälten hat dabei allerdings ergeben, daß das Problem der Haftung für »Übergangsschäden« in der Versicherungspraxis der Schadensfälle keine besondere Relevanz hat.[421] Ein Versicherer[422] wies auf die Parallele der »Übergangsschäden« zu dem Problem »nacheinander tätiger Anwälte« hin.

Im Rahmen der erwähnten Umfrage[423] bei den bekannten Versicherern für

---

420 Siehe oben Fn. 130.
421 So die Quintessenz allerAntworten.
422 Die Victoria Versicherung, Düsseldorf, Antwort vom 05.05.1998, hat darauf hingewiesen, daß das Problem der »Übergangsschäden« als solches zwar nicht bekannt sei; es wurde aber gleichzeitig für diesen Problemkreis auf den in Rechtsprechung und Literatur bekannten Problemkreis des »nacheinander tätigen Anwälte« hingewiesen. Siehe dazu für nähere Einzelheiten bei: Rinsche, Seite 86 –89). Die Kernaussage hierzu lautet (Seite 87 Nr. I, 196) : » Für nacheinander tätige Anwälte gilt, daß sie ihren **eigenen Aufgabenbereich** haben und für Fehler innerhalb desselben allein einzustehen haben. Mit der Übernahme des Mandates gehen auf den zweiten Anwalt sämtliche Anwaltspflichten über. Den vormals tätigen Anwalt trifft für die Zeit nach dem Mandatswechsel regelmäßig keine Verantwortung mehr.«
423 Es handelt sich um folgende Versicherer:
– Allianz-Versicherungs AG, München;
– Colonia Nordstern Versicherungs-Management AG, Köln;
– Albingia Versicherungs-AG, Hamburg;
– Victoria Versicherung AG, Düsseldorf;
– Gothaer Versicherungen, Köln;
– Gerling Konzern, Köln.

die Vermögensschaden-Haftpflicht von Rechtsanwälten hat der Verfasser u.a. fünf Fragen gestellt, die hier nachstehend einschließlich des Kerngehaltes ihrer Antworten wiedergegeben werden sollen.

13 1) *Gibt es spezielle Bestimmungen für den Problemkreis der »Übergangsschäden«?*

Nein, es gelten die AVB.

14 2) *Gibt es – falls es keine besonderen Bestimmungen gibt und deshalb jeder der Vertragspartner des Kanzleikaufvertrages für seine etwaigen eigenen Vertragsverletzungen gegenüber dem Mandanten haftet – die Möglichkeit des Abschlusses einer Zusatzversicherung für spezielle Risiken der »Übergangsschäden«?*

Nein. Teilweise wurde der Hinweis gegeben, daß eine derartige Zusatzversicherung nicht nötig sei. Auch wurde der Hinweis gegeben, daß sich im Hinblick auf den Praxisübergang ja auch die Haftpflichtversicherungssummen erhöhen ließen.

15 3) *Wie würden sie als Versicherer im Schadensfalle reagieren, wenn der bei Ihnen versicherte RA mit dem Mandanten bei Übergang der Praxis vereinbart hätte, daß beide – also übergebender und übernehmender RA – als* **Gesamtschuldner** *haften?*

Sofern dies eine Erweiterung der mit dem Versicherungsvertrag übernommenen **gesetzlichen** Haftung (§ 1 AVB) darstellen würde, würden hierfür die Versicherer nicht eintreten.[424]

16 4) *Welche besonderen Obliegenheiten sehen sie im Falle des Kaufes bzw. (aus Verkäufersicht) des Verkaufes einer Anwaltskanzlei bzw. eines Sozietätsanteiles?*

Hier gelten lediglich die allgemeinen Bestimmungen der AVB, d.h. die §§ 5 und 6 für die Obliegenheiten im Versicherungsfall sowie § 14 für die Informationspflichten des Versicherungsnehmers. Zu letzteren zählt natürlich die Mitteilung einer Anschriftenänderung.

17 Hinweis: Scheidet der Übergeber vollständig aus dem Anwaltsberuf aus, erlischt der Versicherungsschutz nach § 9 IV AVB.

---

[424] Beispielsweise Antwort der Victoria Versicherung AG hierzu: »An eine pauschale Vereinbarung einer Gesamtschuld des übergebenden und übernehmenden Rechtsanwalts würden sich die Vermögensschaden-Haftpflichtversicherer – wie auch unser Haus – nicht gebunden fühlen, sofern diese nicht der **gesetzlichen Haftpflichtlage** entspricht.«

163 Haftung wegen Leistungsstörungen des Kanzleikaufvertrages § 4

5) Können sie – abgesehen von den Fragen 1)–4) – etwas zur Praxis der Regulierung von »Übergangsschäden« beim Kanzleiverkauf berichten? **18**

Einhellige Antwort aller Versicherer hierzu war, daß dieses Problem sich entweder in praxi überhaupt gar nicht ergebe[425] bzw. die Fälle von »Übergangsschäden« statistisch nicht erfaßt seien.[426] **19**

---

425 So die Antwort der Colonia-Nordstern vom 08.05.1998 und der Albingia Versicherungs-AG vom 04.05.1998.
426 So die Antwort der Allianz-Versicherung vom 24.04.1998 mit Hinweis auf 7.300 im Jahre 1997 dort neu gemeldete Fälle von »Anwaltsschäden«.

§ 5 Mögliche strafrechtliche Folgen des Praxisverkaufes

I. Einführung in die Problematik

Die Thematisierung einer strafrechtlichen Verantwortlichkeit (Haftung) im Rahmen dieses Handbuches mag auf den ersten Blick verwundern, ist aber dennoch berechtigt. **1**

Selbstverständlich wird es im Regelfall bei den Vertragsparteien des Kanzleikaufvertrages wohl kaum zu strafbaren Handlungen kommen, zumal man bei Rechtsanwälten die nötige Sensibilität zur Vermeidung von Straftaten – gerade sozusagen in eigener Sache – unterstellen sollte. Dennoch seien im 5. Paragraphen dieses Handbuches einige typische strafrechtliche Aspekte angedeutet, die sich im Zusammenhang mit der Übertragung einer Einzelkanzlei oder eines Sozietätsanteiles ergeben können. **2**

Dabei geht es um folgende Tatbestände:

1) Betrug des Veräußerers zu Lasten des Erwerbers, § 263 StGB, **3**
2) Verletzung der Verschwiegenheitspflicht des Veräußerers bezüglich seiner Mandate, § 203 I 3 StGB,[427] **4**
3) Parteiverrat des Erwerbers, insbesondere bei Sozietäten, § 356 StGB.[428] **5**

II. Betrug des Veräußerers zu Lasten des Erwerbers, § 263 StGB

Der Veräußerer einer Einzelkanzlei bzw. eines Sozietätsanteiles kann sich dann wegen eines Betruges zu Lasten des Erwerbers strafbar machen, wenn er dem Erwerber eine »minderwertige« Kanzlei zu einem »zu hohen« Preis verkauft. Hierbei sind zahlreiche Fallvarianten vorstellbar, z.B. diese: **6**

---

[427] Diese strafrechtliche Problematik ist häufig allein im zivilrechtlichen Vertragsrecht angesiedelt. Das wird insbesondere der Fall sein, wenn der Erwerber sich von dem seiner Meinung nach nichtigen (§ 134 BGB i.V.m. § 203 I 3 StGB) Kaufvertrag lösen will; Beispiel: BGH in AnwBl. 1995, Seite 551 f. Zur möglichen Strafbarkeit des Veräußerers, wenn er anläßlich der Vertragsverhandlungen zu »offen« ist: Siehe oben, § 1 Rn 70, § 2 Rn 17.
[428] Siehe dazu folgende gerichtliche Strafsache: OLG Stuttgart, Urteil 14.11.1985 – 4 Ss 609/85 – in NJW 1986, Seite 948 f. = JR 1986, Seite 348 f. mit Anmerkung, Dahs, Seite 349 f.= NStZ 1986, Seite 412 f. mit Anmerkung, Gatzweiler, Seite 413 f.

§ 5 Mögliche strafrechtliche Folgen des Praxisverkaufes 166

7 Der Veräußerer verschweigt dem Erwerber eine negative Umsatzentwicklung des laufenden Jahres,[429] was zu einem unangemessen hohen Kaufpreis führt. In einem solchen Fall bildet die strafrechtliche Problematik des Betruges zumeist nur den Hintergrund für eine zivilrechtliche Anfechtung des Kanzleikaufvertrages, etwa wegen arglistiger Täuschung (§ 123 BGB).[430] Zu einem separaten Strafverfahren muß es in derartigen Fällen gar nicht kommen, weil der »betrogene« Erwerber ausschließlich im Sinne hat, sich zivilrechtlich von der erworbenen Kanzlei unter Rückzahlung des Kaufpreises zu lösen.

8 Ob in einem derartigen Fall strafrechtlich ein Betrug vorliegt, hängt zunächst von der Bejahung der folgenden Tatbestandsmerkmale[431] ab:

9 1) Täuschungshandlung,
10 2) Irrtumserregung,
11 3) Vermögensverfügung,
12 4) Vermögensschaden.

13 Das Hauptproblem im Beispielsfalle liegt beim Tatbestandsmerkmal »Täuschungshandlung«. Nach dem Gesetzeswortlaut besteht die Täuschungshandlung in der Vorspiegelung falscher oder in der Entstellung oder in der Unterdrückung wahrer Tatsachen. Ohne im Rahmen dieses Handbuches auf die mehr akademische Frage eingehen zu wollen, wie sich diese drei alternativen Tathandlungen gegeneinander abgrenzen lassen,[432] dürfte dies einhellige Auffassung sein: Die Täuschungshandlung kann durch ausdrückliche Erklärung oder durch konkludentes Verhalten – beides ist positives Tun – erfolgen. Sie kann aber auch durch Unterlassen begangen werden, nämlich dann, wenn eine Rechtspflicht zum Handeln (»Garantenpflicht«) besteht[433] (§ 13 StGB). Eine derartige Rechtspflicht zum Offenbaren kann sich aus Ingerenz, Gesetz oder Vertrag ergeben.[434] Eine vertragliche Garantenstellung kann auch schon vorvertraglich[435] begründet sein.

14 Zurück zum Beispielsfall: Wenn Veräußerer und Erwerber anläßlich der Vertragsverhandlungen in die Wertermittlung der zu übertragenden Praxis bzw. des zu übertragenden Sozietätsanteiles eintreten, sollten sie – entsprechend dem BRAK-Ausschuß-Bericht – die Umsätze der drei vergangenen Kalenderjahre mit dem Umsatz des laufenden Jahres abgleichen.[436] Wird so vorgegangen,

---

[429] Dieser Sachverhalt lag einem BGH-Urteil in Zivilsachen zugrunde: BGH vom 17.05.1995 – VIII ZR 94/94 – in NJW 1995, Seite 2026 ff. = AnwBl. 1995, Seite 551 f. Siehe dazu Besprechung von Michalski/Römermann in NJW 1996, Seite 1305–1310. In diesem Fall kam noch eine verschwiegene Alkoholabhängigkeit des Veräußerers hinzu.
[430] So auch im Urteil des BGH in NJW 1995, Seite 2026 ff.
[431] Statt aller: Schönke/Schröder-Cramer, Übersicht zu § 263, Seite 1828.
[432] Dazu zum Beispiel: Schönke/Schröder – Cramer, § 263, Rn 7.
[433] Vgl. dazu Schönke/Schröder – Cramer, § 263, Rn 18 ff.
[434] Wie vor, § 263 Rn 20 ff.
[435] Wie vor, § 263 Rn 22.
[436] Siehe oben § 3 Rn 33.

was besonders zum Schutzes des Erwerbers diesem dringend zu empfehlen ist, würde in den meisten Fällen eine etwaige negative Umsatzentwicklung offenbart werden. Dann hätte es der erwerbswillige Anwalt in der Hand, vom Kauf Abstand zu nehmen oder etwa einen niedrigeren Kaufpreis herauszuhandeln. Aber auch dann bleibt theoretisch die Gefahr, daß nicht alle relevanten Taten offenbart wurden. Mit etwas Phantasie könnte folgendes vorstellbar sein: Der veräußerungswillige Anwalt legt dem erwerbswilligen Kollegen gefragt oder ungefragt sämtliche Umsatzsteuervoranmeldungen, einschließlich der für den gerade abgelaufenen Monat, vor. Hieraus ergeben sich Umsätze, die keine signifikanten Abweichungen mit denen der letzten drei Kalenderjahre ausweisen. Aber, was die aktuelle Umsatzsteuervoranmeldung nicht ausweist, ist dies: Ein Großmandant hatte gerade am Tag vor der Verkaufsverhandlung der beiden Anwälte sein Mandant mit sofortiger Wirkung gekündigt, weil er mit der Betreuung unzufrieden war. Hier stellt sich folgende Frage: Macht sich der veräußerungswillige Anwalt wegen Betruges strafbar, wenn er während der Verhandlungen den erwerbswilligen Anwalt auf diesen Umstand nicht hinweist? Die Antwort eines Juristen hierauf kann nur lauten: »Das kommt darauf an!«

Eine Antwort ohne Berücksichtigung der gesamten Umstände des Einzelfalles, die auf »ja« oder »nein« lautet, wäre sicherlich nicht sachgerecht. Aber es spricht vieles im Beispielsfall dafür, hier einen strafbaren Betrug durch Unterlassen anzunehmen. In Betracht kommt eine Aufklärungspflicht aus Vertrag. Wichtig dürfte der Umstand sein, daß es sich um die Kündigung eines »Großmandanten« gehandelt hat. Wichtig dürfte des weiteren sein, ob gerade der erwerbswillige Anwalt die Vorlage der aktuellen Steuervoranmeldung verlangt hat. Wäre dies der Fall, ließe sich daraus folgern, daß die aktuellen Umsatzzahlen für seine Kaufentscheidung besonders wichtig waren. Zu den weiterhin zu betrachtenden Umständen des »Einzelfalls« zählt wohl auch der Umstand, ob der Erwerber beruflich eher erfahren oder als Berufsanfänger eher unerfahren war. Wäre letzteres der Fall, ergebe sich tendenziell eher eine Aufklärungspflicht des veräußerungswilligen Anwalts.

III. Verletzung der Verschwiegenheitspflicht des Veräußerers bezüglich seiner Mandate, § 203 I 3 StGB

Im zweiten Paragraphen dieses Handbuches – Durchführung von Kaufverhandlungen[437] – wurde als ein u.a. im Kaufvertrag zu regelnder Umstand genannt: »Zustimmung des Mandanten zu Weiterbearbeitung laufender Mandate durch den Erwerber...«

15

---

437 Siehe oben Fn. 130; vgl. auch Fn. 132. Siehe zur Verschwiegenheitspflicht auch schon im § 2 Rn 17.

16 Der oben[438] gegebene Rat, sich der schriftlichen Zustimmung aller Mandanten bei noch laufenden Mandaten zu versichern, wurde auch erteilt, um den Veräußerer – aber auch den Erwerber[439] – vor strafrechtlichen Gefahren zu schützen. Bei Verstoß gegen die anwaltliche Verschwiegenheitspflicht ergibt sich zudem zivilrechtlich die Nichtigkeitsfolge für den Kaufvertrag nach § 134 BGB.[440]

17 Strafrechtliche Risiken im Zusammenhang mit der Verschwiegenheitsverpflichtung lauern außerdem auch in dem Fall, daß dem Erwerber die Akten von bereits abgeschlossenen Mandaten übergeben werden,[441] und sei es auch nur aus dem Grunde, daß es dem aus dem Beruf ausscheidenden Veräußerer an Lagerfläche für die Akten fehlt.

18 § 203 I 3 StGB setzt im objektiven Tatbestand das unbefugte Offenbaren eines fremden Geheimnisses voraus, das dem Rechtsanwalt anvertraut oder sonst bekanntgeworden ist.

19 Nur am Rande sei erwähnt, daß die Strafbarkeit des Praxisveräußerers nicht etwa deshalb entfällt, weil er das Berufsgeheimnis einem anderen Anwalt offenbart, der ja ebenfalls zu dem Personenkreis der zu Verschwiegenheit Verpflichteten gehört. Anderenfalls könnten Anwälte untereinander Geheimnisse ihrer Mandanten ungestraft offenbaren, was schon deshalb nicht der Fall sein kann, weil anderenfalls die freie Anwaltswahl unterlaufen würde.

20 Nicht zweifelhaft kann sein, daß der Tatbestand des § 203 I 3 StGB in den Fällen erfüllt ist, in denen es um Tatsachen aus der Intimsphäre des Mandanten geht; so beispielsweise bei einer Beratung über die Rechtsfolgen einer beabsichtigten Scheidung. Hier ist Geheimhaltungsinteresse[442] des Mandanten offenkundig.

21 Ob allein schon die Tatsache, daß eine bestimmte Person Mandant eines Anwaltes ist, den Tatbestand des § 203 I 3 StGB erfüllt, kann zweifelhaft sein. Es wird aber zu bejahen sein. Für den vergleichbaren Bereich der ärztlichen Schweigepflicht wird dies im allgemeinen bejaht.[443] Für die anwaltliche Schweigepflicht wird nichts anders gelten können. Der BGH[444] hat in einem vielbeachteten Urteil[445] zu den zivilrechtlichen Folgen des Verstoßes gegen die anwaltliche

---

438 Siehe oben Fn. 130.
439 In Betracht kommt bei diesem zwar keine Mittäterschaft, wohl aber Teilnahme, §§ 26, 27 StGB. Mittäterschaft deshalb nicht, weil es sich bei § 203 um ein sogenanntes echtes Sonderdelikt handelt; aber Teilnahme hieran nach allgemeinen Vorschriften ist möglich, vgl. dazu Schönke/Schröder – Lenckner, § 203, Rn 73.
440 So das BGH – Urteil vom 17.05.1995, NJW 1995, Seite 2026 ff. = AnwBl. 1995, Seite 551 f. Auf dieses Urteil wurde auch schon im Zusammenhang mit der Erörterung des Betruges (§ 263StGB) hier in diesem § 5 hingewiesen. Siehe Fn. 429.
441 Siehe hierzu oben Fn. 132.
442 Das Geheimhaltungsinteresse wird im Rahmen des Begriffes »Geheimnis« geprüft. So z.B. Schönke/Schröder – Lenckner, § 203, Rn 7.
443 Vgl. OLG Oldenburg in NJW 1982, Seite 2615 f.
444 BGH-Urteil vom 17.05.1995 – VIII ZR 94 in NJW 1995, Seite 2026 ff. = AnwBl. 1995, Seite 551 f. und Auernhammer in AnwBl. 1996, Seite 517–520.
445 Besprechung z.B. Michalski/Römermann, in NJW 1996, Seite 1305–1310.

Schweigepflicht ausgeführt, daß insofern für Anwaltspraxen dieselben Grundsätze zu gelten hätten wie für Arztpraxen,[446] da zwischen dem in § 203 StGB i.V.m. Art. 2 I GG geschützten »informationellen Selbstbestimmungsrecht« des ärztlichen Patienten und des anwaltlichen Mandanten keine Unterschiede bestünden.

Was ist den Beteiligten zum Schutz vor der Gefahr einer strafbaren Verschwiegenheitsverletzung in praktischer Hinsicht zu raten? **22**

In erster Linie kann nur der oben gegebene Rat[447] wiederholt werden, von sämtlichen Mandanten bei noch laufenden Mandaten ausdrückliche, schriftliche Zustimmungserklärungen zu erbitten. Dasselbe gilt, wenn der Erwerber Akten aus abgelaufenen Mandaten aufbewahren[448] soll. Alles andere als die ausdrücklichen Einverständniserklärungen bringt die Beteiligten in die Gefahr einer berufsrechtswidrigen (§ 43 a II BRAO) sowie strafbaren (§ 203 I 3 StGB) Verschwiegenheitsverletzung. Die Folgen könnten in dreifacher Weise fatal sein: **23**

Nichtigkeit des Kanzleikaufvertrag (§ 134 BGB i.V.m. § 203 I 3 StGB), Ahndung der berufsrechtswidrigen Handlung im anwaltsgerichtlichen Verfahren (§ 116 ff. i.V.m. § 43 a IV BRAO) sowie Ahndung des strafbaren Verhaltens (§ 203 I 3 StGB i.V.m. §§ 151 ff. StPO). **24**

Nach der erwähnten Rechtsprechung des BGH kann eine ausdrückliche Einverständniserklärung des Patienten bzw. des Mandanten zwar durch schlüssiges Verhalten ersetzt werden; dies insbesondere dadurch, daß sich Patient bzw. Mandant dem Übernehmer zur weiteren Behandlung bzw. Beratung durch seine Anmeldung bzw. Erscheinen beim Übernehmer anvertraut. Von der ausdrücklichen oder eindeutigen konkludenten Zustimmung abgesehen, stellt die Weitergabe der Mandantendaten ein unbefugtes Offenbaren von Geheimnissen dar. Dies gilt insbesondere für die Fälle, bei denen der Mandant um schriftliche Zustimmung gebeten wurde, sich jedoch nicht geäußert hat. **25**

Ob die Aufbewahrung der Akten bei einer anwaltlichen Standesorganisation[449] oder bei einem privaten Archivunternehmen[450] oder eine versiegelte Übergabe der Akten an den Erwerber[451] eine Verschwiegenheitsverletzung zu verhindern vermögen, ist fraglich. Im Zweifel bleibt wohl nur der praktisch umständliche Weg, die Akten beim Veräußerer zu belassen und beim Vorliegen einer Einverständniserklärung von Fall zu Fall abzurufen.[452] **26**

---

446 So schon BGH vom 11.12.1991 in NJW, 1992, Seite 737.
447 Vgl. Rn 130.
448 Dazu Rn 132.
449 So der Vorschlag des BGH im Urteil vom 11.12.1991 für Arztpraxen: NJW 1992, Seite 737 ff. (740).
450 Vgl. Auernhammer in AnwBl. 1996, Seite 517–520 (520 unter IV).
451 Auernhammer, wie vor.
452 Auernhammer, wie vor.

27 Abschließend ist darauf hinzuweisen, daß ein etwa vorhandener, strafrechtlich relevanter vorsatz- oder schuldausschließender Irrtum (§ 203 I 3 § 16 ff. StGB) des Anwalts für die **zivilrechtliche** Folge des § 134 unerheblich wäre.[453]

IV. Parteiverrat des Erwerbers, insbesondere bei Sozietäten, § 356 StGB

28 Anders als die Gefahr einer Verschwiegenheitsverletzung, die typischerweise bei jeder Kanzleiübergabe gegeben ist, ist die Gefahr, einen Parteiverrat (§ 356 StGB) im Zusammenhang mit der Übertragung der Praxis zu begehen, ungleich geringer. Deshalb soll auf dieses Problem hier nur am Rande hingewiesen werden.

29 Am größten dürfte das strafrechtliche Risiko im Zusammenhang mit Sozietäten sein.

30 Der objektive Tatbestand des § 356 I StGB setzt voraus, daß ein Anwalt bei ihm anvertrauten rechtlichen Angelegenheiten in derselben Sache auch der Gegenseite, also beiden Parteien, pflichtwidrig dient. Wie auch beim Betrug (§ 263 StGB) und bei der Verletzung der Verschwiegenheitspflicht (§ 203 I 3 StGB) setzt der Parteiverrat für den subjektiven Tatbestand Vorsatz voraus. Dieser kann im Einzelfall durch Irrtum ausgeschlossen sein.[454]

31 In die Gefahr eines Parteiverrates kann der Übernehmer einer Einzelkanzlei insbesondere geraten, wenn er schon vor Übernahme der Kanzlei anwaltlich tätig war und hierbei einer Partei »gedient« hat und er nach Übergabe von der Gegenpartei mandatiert werden soll. Diese Gefahr ist insbesondere gegeben, wenn der Übernehmer ein laufendes Mandat des übergebenden Anwalts fortführen soll. Dies hätte der Übernehmer strikt abzulehnen.

32 Im Zusammenhang mit dem Kauf eines Sozietätsanteiles kann der Erwerber, eher als beim Erwerb einer Einzelkanzlei, in die Nähe des Parteiverrates gelangen, wenn man davon ausgeht,[455] daß ein Mandant, der einem Soziusanwalt eine Rechtssache anvertraut, er diese regelmäßig allen Sozien anvertraut. Dies kann allerdings nicht gelten, wenn ein Anwalt später in eine Sozietät eintritt – beispielsweise mit Erwerb eines Sozietätsanteils – sofern er sich selbst nach

---

453 BGH Urteil vom 11.12.1991 in NJW 1991, Seite 737 ff. (740 unter I 3e).
454 So z.B., wenn der Täter verkennt, daß es sich um »dieselbe Rechtssache« handelt oder er das normative Tatbestandsmerkmal »Pflichtwidrigkeit« nicht für gegeben hält, weil er den vorausgesetzten Interessengegensatz beider streitenden Parteien verkennt. Näheres dazu bei Schönke/Schröder – Cramer, § 356, Rn 22.
455 Schönke/Schröder – Cramer, § 356, Rn 9 m.w.N., insbesondere auf Dahs in JR 1986, Seite 349. Es handelt sich hierbei um eine Anmerkung zum Urteil des OLG Stuttgart vom 14.11.1985–4 Ss 609/85- in JR 1986, Seite 348 = NJW 1986, Seite 948 f.

seinem Eintritt nicht mit der Sache befaßt.[456] Aber auch, wenn sich der neu eintretende Anwalt mit »derselben Rechtssache« befaßt, erfolgt keine **Zurechnung** der früheren Tätigkeit des »Altsozius« vor der Sozietätsbildung.[457]

---

456 Schönke/Schröder wie vor.
457 OLG Stuttgart in NJW 1986, Seite 948 f. = JR 1986, Seite 348 = NStZ 1986, Seite 412 f.
 In dem dem Gericht zur Beurteilung vorliegenden Sachverhalt war der nunmehrige »Altsozius« zu seiner Zeit als Einzelanwalt **für** den Ehemann in einem Scheidungsrechtsstreit tätig gewesen. Einige Jahre später – nachdem der Angeklagte mit dem »Altsozius« eine Sozietät gegründet hatte – wurde der Angeklagte in einem Unterhaltsrechtsstreit **gegen** den früheren Ehemann tätig. Das Gericht verneinte eine Zurechnung der früheren Tätigkeit des Altsozius. Diese Frage ist allerdings streitig. Das Schrifttum bejaht überwiegend die Zurechnung. Siehe dazu Gatzweiler in NStZ 1986, Seite 413 f. m.w.N.

§ 6 Steuerrechtliche Folgen des Praxisverkaufes

I. Einführung

Die Durchdringung aller Lebenssachverhalte, bei denen Geld im Spiel ist, mit steuerrechtlichen Konsequenzen macht natürlich vor dem Kauf bzw. Verkauf von Anwaltskanzleien nicht halt. 1

In diesem Zusammenhang treten vielschichtige[458] steuerrechtliche Fragen auf. Diese sollten bereits im Vorfeld der Vertragsverhandlungen, d.h. bei der Gestaltung des Kanzleikaufvertrages, beachtet werden. Mißlich wäre es – vielfach in praxi der Fall – erst dann an steuerrechtliche Folgen zu denken, wenn eine steueroptimale Gestaltung des Kaufvertrages nicht mehr möglich ist. Aus § 38 Abgabenordnung (AO) wird der Grundsatz hergeleitet,[459] daß steuerlich relevante Sachverhalte nicht **rückwirkend** mit steuerrechtlicher Wirkung[460] umgestellt werden können. Daher wollen die steuerrechtlichen Konsequenzen des Kanzleiverkaufes von vornherein mitbedacht werden. 2

Da bekanntlich wohl kaum ein Rechtsanwalt dem in § 3 BRAO statuierten Grundsatz standhält, berufener Berater in **allen** Rechtsangelegenheiten zu sein, ist in den meisten Fällen die Einschaltung eines Fachanwalts für Steuerrecht, eines Steuerberaters, Buch- oder Wirtschaftsprüfers vor Abschluß des Kanzleikaufvertrages empfehlenswert. Für den Kauf von **Einzelkanzleien** gilt dies insbesondere hinsichtlich der einkommensteuerrechtlichen Folgen in den Fällen, in denen der Kaufpreis in Raten, als Rente oder in sonstigen Fällen,[461] in denen keine einmalige Barzahlung erfolgt, erbracht werden soll. 3

Auch in den Fällen der Veräußerung bzw. des Erwerbes eines **Sozietätsanteiles** bzw. im Falle einer **Fusion** ist zumeist kompetente Beratung geboten. Auch hier sind nämlich die einkommensteuerrechtlichen Konsequenzen meist ungleich komplizierter als im Falle des Verkaufs einer Einzelkanzlei gegen Barpreis. 4

---

458 So der treffende Hinweis im Ausschluß-Bericht in BRAK-Mittl.1/1992, Seite 24 ff. (Seite 28 unter VIII).
459 So z.B. Klein/Orlopp, § 38, Anm. 4.
460 Ungeachtet der Tatsache, daß **zivilrechtlich** von den Parteien grundsätzlich Rückwirkung vereinbart werden könnte.
461 Zu denken ist hierbei beispielsweise an eine Kaufpreisvereinbarung in Form einer Beteiligung des Veräußerers am (künftigen) Umsatz oder Gewinn des Erwerbers; vgl. dazu Kaiser/Wollny, Seite 99, 100.

II. Überblick über die wichtigsten Steuerfolgen des Praxisverkaufes (mit Tableau)

5 Die Veräußerung einer Einzelanwaltspraxis oder eines Sozietätsanteiles löst insbesondere einkommensteuerrechtliche Folgen aus.

6 Der Verkäufer hat einen etwa hierbei entstehenden Veräußerungsgewinn[462] zu versteuern.

7 Der Käufer kann steuermindernd Abschreibungen ansetzen.

8 Auch bei der Gründung einer Sozietät oder beim Eintritt in eine Sozietät[463] sowie bei der Auflösung einer Sozietät oder beim Austritt aus einer Sozietät[464] ergeben sich ähnliche einkommensteuerrechtliche Folgen.

9 Der Schwerpunkt der steuerrechtlichen Folgen des Praxisverkaufes liegt eindeutig im **einkommensteuerrechtlichen** Bereich. Daneben stellen sich in den meisten Fällen von nur marginaler Bedeutung auch noch Fragen aus dem Bereich der **Umsatzsteuer** und, ganz am Rande, aus **weiteren Steuerarten**. Nachstehend als Überblick ein Tableau über steuerrechtliche Folgen des Praxisverkaufs.

---

462 Einkommensteuerrechtlich der Veräußerung weitestgehend gleichgestellt ist die **Aufgabe** einer (Einzel-)Kanzlei: § 18 III, 16 III EStG.
Es fällt steuerpflichtiger Veräußerungsgewinn an, soweit die Veräußerungspreise bzw. der gemeine Wert über den Buchwert hinausgehen. Der Fall der Aufgabe statt einer Veräußerung wird wohl in praxi selten sein, da der Aufgebende danach trachten wird, für den Goodwill noch einen Kaufpreis zu erzielen. Daher wird im folgenden die Aufgabe einer Kanzlei nicht weiter verfolgt.
463 Vgl. oben § 3 Rn 240.
464 Wie vorangegangene Fußnote.

Tableau über steuerrechtliche Folgen des Praxisverkaufs:

Einkommensteuerrechtliche Folgen		Sonstige Steuerfolgen		
Beim Veräußerer	Beim Erwerber	Umsatzsteuer	Vermögensteuer	Sonstige Steuern
• Nach § 18 i.V.m. § 2 I 3, II, 1 EStG sind als Einkünfte aus selbständiger Arbeit der Gewinn aus der RA-Tätigkeit zu versteuern. Übliche Art der Ermittlung dieses »laufenden« Gewinns ist die Erstellung einer Einnahme-Überschußrechnung (§ 4 III EStG) bei der die Betriebseinnahmen den Betriebsausgaben gegenübergestellt werden.[465]	• Der einkommensteuerlichen Belastung des Veräußerers mit steuerpflichtigen Veräußerungsgewinnen steht die steuerliche Entlastung des Erwerbers durch Abschreibung der Anschaffungskosten (Kaufpreis) gegenüber.	• Nach § 1 I a UStG ist die Veräußerung einer Kanzlei / eines Sozietätsanteiles (mit Wirkung vom 01.01.1994) von der Umsatzsteuer befreit.[466]	• Aufgrund der Beschlüsse des Bundesverfassungsgerichts vom 22.06.1995 (BB Beilage 13 zu Heft 36/1995) wird mit Wirkung vom 01.01.1997 die Vermögensteuer nicht mehr erhoben.	• **Gewerbesteuer:** Anwälte sind als Freiberufler grundsätzlich von der Gewerbesteuer befreit. Aber: Wenn Anwaltswitwe die Praxis weiterführt, tritt Gewerbesteuerpflicht ein; dazu Kaiser/Wollny, Seite 124. Achtung: Gewerbesteuerpflicht für **alle** Einkünfte einer Sozietät nach § 15 III Nr.1 i.V.m. § 18 III EStG, wenn ein Berufsfremder Mitunternehmer würde oder die Gesellschaft auch – selbst in minimalem Umfang – gewerbliche Einkünfte erzielte.
• Nach § 18 III i.V.m. § 16 II bis IV EStG gehört zu den Einkünften aus selbständiger Arbeit auch der Gewinn aus der Veräußerung einer Anwaltspraxis bzw. nach § 18 IV i.V. m. § 15 I Nr. 2 und § 18 III i.V. m. § 16 I Nr. 1 und § 16 III EStG der Gewinn aus der Veräußerung eines Sozietätsanteiles = Veräußerung eines Mitunternehmeranteiles.	• Die jährlichen Abschreibungen i.S.d. § 7 EStG zählen zu den laufenden Betriebsausgaben des erwerbenden Anwalts.	• Umsatzsteuerliche Probleme ergeben sich danach in der Regelfall nicht.	• Es ist allerdings für die Zukunft eine Wiedereinführung der Vermögensteuer durch den Gesetzgeber nicht ausgeschlossen.	• **Grunderwerbsteuer:** Steuerpflicht nach § 1 Grunderwerbsteuergesetz denkbar, wenn im Zusammenhang mit der Veräußerung einer Kanzlei Grundstücke miterworben werden. Zur Vermeidung einer Doppelbesteuerung entfällt dann die Umsatzsteuerpflicht (§ 4 Nr. 9 a UStG).

[465] Einzelheiten dazu bei Möller, Buchführung Steuern und Personal, Seite 19 ff.
[466] Im Ergebnis tritt dadurch allerdings weder beim Veräußerer noch beim Erwerber eine umsatzsteuerliche Be- oder Entlastung ein, da der Erwerber die über den Kaufpreis bezahlte Umsatzsteuer ohnehin als Vorsteuer (§ 15 UStG) abziehen könnte.

§ 6 Steuerrechtliche Folgen des Praxisverkaufes

Einkommensteuerrechtliche Folgen		Sonstige Steuerfolgen		
Beim Veräußerer	**Beim Erwerber**	**Umsatzsteuer**	**Vermögensteuer**	**Sonstige Steuern**
• Ermittlung des Veräußerungsgewinns: a) Gleichgestellt ist der Aufgabegewinn, § 18 III i.V.m. § 16 III EStG: stets durch Bilanzierung, auch wenn laufender Gewinn nach § 4 III ohne Bilanzierung ermittelt wurde, so § 16 II S. 2. b) Höhe des Veräußerungsgewinns: Veräußerungspreis abzüglich Veräußerungskosten abzüglich Buchwerte der Gegenstände des anwaltlichen Betriebsvermögens[467] (§ 18 III i.V.m. § 16 II, S. 1 EStG). c) Tarifbegünstigung des Veräußerungsgewinns nach § 34 II Nr. 1 i.V.m. § 16, 18 III: halber Steuersatz i.S.d. § 34 I, S. 2 EStG, daneben u.U. Freibetrag von maximal 60.000,00 DM nach § 18 III i.V.m. § 16 IV EStG.	• Die Anschaffungskosten des Erwerbers (Legaldefinition in § 255 I 1 HGB) sind für jeden einzelnen erworbenen Vermögensgegenstand (einkommensteuerlich »Wirtschaftsgut«) als Abschreibung auf die Jahre der Nutzung zu verteilen.	• Veräußerung von Einzelgegenständen außerhalb der Geschäftsveräußerung im ganzen: Unterliegt dem Regelsteuersatz der Umsatzbesteuerung.	• Eine Einheitsbewertung (§ 95, 96 i.V.m. § 19 I Nr. 2 Bewertungsgesetz BewG) entfällt daher für Vermögensgegenstände nach geltender Rechtslage.[468]	
• **Spezielle Problemfelder** – Begriff der Veräußerung (steuerschädliche weitere Tätigkeit des Veräußerers, mit der Folge des Verlustes der Tarifbegünstigung und des Freibetrages(§§ 34 II, 1 i.V.m. § 18 III, 16 IV EStG). (Siehe hierzu Abschnitt H 147 EStR 1996). – Ermittlung des Veräußerungspreises bei unbarer Zahlung – Besonderheiten bei Sozietäten: Gründung, Eintritt, Auflösung und Austritt und Einbringung, insbesondere § 24 UmwStG.	• Ziel des Erwerbers: Den Kaufpreis über die Abschreibung der Anschaffungskosten möglichst sofort als Betriebsausgaben zu verbuchen, jedenfalls aber in wenigen Jahren.			

Steuerrechtliche Folgen des Praxisverkaufes § 6

Einkommensteuerrechtliche Folgen			Sonstige Steuerfolgen		
Beim Veräußerer	Beim Erwerber		Umsatzsteuer	Vermögensteuer	Sonstige Steuern
	• Bemessungsgrundlage für die Abschreibung (§ 7 EStG): Für jeden einzelnen erworbenen Gegenstand gem. § 6 I Nr. 1 EStG die hierauf entfallenden anteiligen Anschaffungskosten. Diese sind, wenn im Kaufvertrag auf eine Einzelpreis-Nennung verzichtet wurde, für jeden erworbenen Gegenstand gesondert zu schätzen.				
	• Auch der Praxiswert (Goodwill) ist abzuschreiben. Er ergibt sich aus der Differenz der Summe der einzelnen substanzwerten Gegenstände im Verhältnis zum Kaufpreis.				
	• Spezielle Problemfelder: – Dauer der Abschreibung für Substanzgegenstände und Goodwill. – Ermittlung der Bemessungsgrundlage für die Abschreibung bei unbarer Zahlung. – Besonderheit beim Erwerb von Sozietätsanteilen.				

467 Die steuerlichen Buchwerte der zu übertragenden Gegenstände sind meist sehr gering. Sie liegen regelmäßig erheblich unterhalb der bei der Veräußerung der Praxis zu ermittelnden Substanzwerte, die nach Wiederbeschaffungspreisen ermittelt werden.
Hierzu ein Beispiel: (Siehe oben § 3 Rn 255.) Im Beispielsfall betrug der Substanzwert 18.000,00 DM, und zwar auf der Basis der Werte zu Wiederbeschaffungskosten. Die steuerliche Buchwerte beim Veräußerer liegen wahrscheinlich erheblich unterhalb dieser Summe von 18.000,00. Das gilt insbesondere für vorhandene geringwertige Wirtschaftsgüter (§ 6 II EStG = »800,00 DM-Grenze«), die einen Buchwert von 0,00 DM haben, wenn sie im Jahr der Anschaffung voll abgeschrieben wurden. Hierunter fallen u.a. in der Bibliotheks-Bestandteile. Auch Mobiliar, das in der Regel in 10 Jahren abgeschrieben wurde, wird auch nach der Abschreibung noch einen Wert bei der Veräußerung darstellen. Im Beispielsfall läge der steuerliche Veräußerungsgewinn dann bei ca. 130.000,00 DM (Goodwill 121.000,00 DM + 18.000,00 DM Substanzwert, hiervon abzuziehen Buchwerte der Gegenstände und evtl. Veräußerungskosten. Es wird hierbei unterstellt, daß die Buchwerte nur 9.000,00 DM liegen, somit 139.000,00 DM abzüglich 9.000,00 DM = 130.000,00 DM). Hiervon ist nach § 18 III i.V.m. § 16 IV EStG ein Freibetrag von 60.000,00 DM abzuziehen, da der Veräußerer über 55 Jahre alt ist. Daher liegt der steuerpflichtige Veräußerungsgewinn im Beispielsfalle bei ca. 70.000,00DM.
468 Zur bisherigen Rechtslage hinsichtlich Vermögensteuer und Einheitsbewertung des anwaltlichen Betriebsvermögens, siehe Möller, Buchführung, Steuern und Personal, Seite 110 ff.

III. Einzelprobleme der einkommensteuerrechtlichen Folgen des Verkaufs einer Einzelpraxis

11   Der sechste Paragraph dieses Handbuches, der steuerrechtliche Teil, kann nicht zum Ziel haben, eine komplexe steuerrechtliche Beratung überflüssig zu machen. Diese kann nur einzelfallbezogen von einem versierten Steuerfachmann erbracht werden.

12   Im folgenden sollen allerdings – beschränkt auf die einkommensteuerrechtlichen Fragen des Praxisverkaufs – einige besonders wichtige Probleme angesprochen werden. Hierbei handelt es sich insbesondere um die Skizzierung der im voranstehenden Tableau genannten »Problemfelder«.

1. Begriff der Veräußerung einer Einzel- oder Teilpraxis (§§ 18 III, 16 II, IV, 34 II Nr. 1 EStG)

13   Nach 34 II Nr. 1 EStG unterliegen Gewinne aus der Veräußerung einer Anwaltspraxis einem ermäßigten Steuersatz. Der ermäßigte Steuersatz beträgt die Hälfte des durchschnittlichen Steuersatzes (§ 34 I, S. 2, S. 3 EStG). Die konkrete Steuer auf den Veräußerungsgewinn hängt im Einzelfall von der Höhe des Veräußerungsgewinns ab, aber auch von den übrigen Einkünften, die der veräußernde Rechtsanwalt im betreffenden Kalenderjahr (= Veranlagungszeitraum, § 25 EStG) erzielt hat. Bei einem derzeitigen Höchststeuersatz von 53 % des zu versteuernden Einkommens (§ 32 a EStG) ergibt sich somit maximal 26,5 % Einkommensteuer auf den Veräußerungsgewinn.[469] Hinzu kommt als weitere mögliche Steuervergünstigung ein den Veräußerungsgewinn mindernder Freibetrag von maximal 60.000,00 DM (§ 18 III i.V.m. § 16 IV EStG), jedoch nur, wenn der Veräußerer mindestens 55 Jahre alt ist oder dauernd berufsunfähig geworden ist. Der Freibetrag kann nach § 16 IV S. 2 EStG, nur einmal in Anspruch genommen werden, also nicht noch einmal bei einem eventuellen späteren weiteren Verkauf einer anderen Kanzlei desselben Veräußerers.

14   Sinn dieser beiden steuerlichen Vorteile ist es, zum einen (bei der Tarifbegünstigung nach § 34 EStG) die steuerlichen Härten aus der mit der Veräußerung verbundenen Auflösung aller stillen Reserven abzumildern, zum anderen (beim Freibetrag nach § 18 III i.V.m. § 16 IV EStG) die für die Altersversorgung oder Berufsunfähigkeit erforderlichen Finanzmittel nicht vollständig der Besteuerung zu unterwerfen.

---

469 Zuzüglich Solidaritätszuschlag nach dem Solidaritätszuschlagsgesetz von zur Zeit 5,5 % der Einkommensteuer. Das ergäbe – ohne evtl. Kirchensteuer – einen Steuersatz von maximal 27,9575 %, also 28 %.

Die Tarifbegünstigung nach § 34 I, II, Nr. 1 EStG ist allerdings an bestimmte Voraussetzungen geknüpft. Ohne daß dies dem Wortlaut des insofern einschlägigen § 18 III EStG zu entnehmen wäre, wird von der Rechtsprechung des BFH sowie von der Finanzverwaltung[470] folgendes vorausgesetzt: **15**

1) Übertragung der wesentlichen wirtschaftlichen Grundlagen der Praxis, insbesondere des Praxiswertes (Goodwills), und zwar entgeltlich auf einen anderen, **16**

2) Die freiberufliche Tätigkeit muß im bisherigen **örtlichen** Wirkungskreis (= Standortwechsel) für wenigstens eine »**gewisse Zeit**« eingestellt werden. **17**

Bei den beiden genannten Voraussetzungen gibt es zahlreiche Abgrenzungsprobleme. So steht nach der Rechtsprechung und der Finanzverwaltung der Annahme des Merkmals »Übertragung der wesentlichen wirtschaftlichen Grundlagen der Praxis« nicht entgegen, wenn der Veräußerer seine freiberufliche Tätigkeit in einem Umfang von weniger als 10 %, bezogen auf die Gesamteinnahmen, weiterführt.[471] Ebenfalls unschädlich ist es,[472] wenn der Veräußerer für eine gewisse Zeit – für etwa 6 Monate maximal – überleitend weiterhin freiberuflich tätig bleibt. Auf die Bedeutung einer »überleitenden Mitarbeit« zum Erhalt des Praxiswertes wurde bereits mehrfach hingewiesen.[473] Steuerunschädlich ist außerdem, wenn der Veräußerer nach der Veräußerung eine – auch dauerhafte – nichtselbständige Tätigkeit beim Erwerber ausübt.[474] **18**

Das Merkmal der Einstellung der bisherigen Tätigkeit im bisherigen örtlichen Wirkungskreis ist bei Aufgabe jeder anwaltlichen Tätigkeit zweifelsohne erfüllt. Es ist aber – wichtig für den Erhalt der Tarifbegünstigung – auch dann noch erfüllt, wenn der veräußernde Anwalt an einem ganz anderen Orte seine Tätigkeit fortführt. **19**

Ob dies zivilrechtlich überhaupt zulässig wäre,[475] ist eine Frage, die für die einkommensteuerrechtliche Problematik unerheblich ist. Steuerschädlich ist nach BFH[476] – weil keine Verlegung des örtlichen Wirkungskreises – ein bloßer Standortwechsel von 200 m bis 300 m innerhalb desselben Ortes. Im übrigen ist das Ausmaß des »örtlichen Wirkungskreises« auch abhängig von der inhaltlichen Struktur der zu veräußernden Anwaltspraxis. So wird bei einem Patentanwalt der örtliche Wirkungskreis weiter zu ziehen sein, als dies bei einer durchschnittlichen Allgemeinpraxis der Fall wäre. **20**

---

470 Vgl. BFH in BStBl. II, 1994, Seite 925, sowie EStR H 147 unter 1 a), Satz 1 und Satz 2.
471 BFH in BStBl. II, 1992, Seite 457 sowie EStR H 147 unter 1 a) Satz 4.
472 Vgl. dazu Busse in BB 1989, Seite 1951–1955.
473 Siehe oben Fn. 129 sowie Tableau § 3 Rn 159.
474 BFH in BStBl. II, 1994, Seite 925.
475 Zum Wettbewerbsverbot siehe oben Fußnote 137 sowie Tableau § 3 Rn 159.
476 BFH in BStBl. II, 1985, Seite 131.

21 Nach der Rechtsprechung des BFH – ihr folgend die Finanzverwaltung – muß in dem Falle, daß der Veräußerer weiterhin als Anwalt tätig ist, die freiberufliche Tätigkeit im bisherigen örtlichen Wirkungskreis nicht auf Dauer, sondern nur für eine »**gewisse Zeit**« eingestellt werden.[477] Wie lang diese zum Erhalt der Tarifvergünstigung einzuhaltende Frist ist, könnte sich danach bemessen, wie lange es dauert, bis die Beziehungen des Mandanten zum bisherigen Betriebsinhaber endgültig abgebrochen sind. Das bedeutet, daß der Goodwill des Veräußerers sozusagen verbraucht sein müßte. Die Dauer der »Wartefrist« wäre dann gleichzusetzen mit der Dauer der Abschreibung des Goodwills, des immateriellen Praxiswertes.[478] Eine einheitliche Auffassung zur Festlegung der Dauer hat sich indes nicht herausgebildet.[479] Mit einer »Wartefrist« bei Fortsetzung der Tätigkeit eines Einzelanwaltes von ca. 3 Jahren wird man im vertretbaren Rahmen liegen. Bei Sozietäten gelten allerdings längere Fristen.[480]

22 Für die Gewährung der Tarifvergünstigung nach § 34 II Nr. 1 EStG genügt an sich nach § 18 III EStG auch die Veräußerung einer **Teilpraxis**. Das Merkmal eines »selbständigen Teiles des Vermögens« in § 18 III S. 1, 2. Alt. EStG (= Teilpraxis) wird bei einem Freiberufler allerdings kaum jemals vorliegen. Das ergibt sich aus dem Gedanken der Personenbezogenheit der selbständigen Arbeit, die zumeist zu einer untrennbaren Organisationseinheit insgesamt führt. Anders aber mag dies sein, wenn beispielsweise der Rechtsanwalt auch noch als Repetitor tätig ist. Hier dürften zwei veräußerbare »Teilpraxen« vorliegen.[481]

2. Ermittlung des Veräußerungsgewinns aus dem Verkauf einer Einzelkanzlei bei unbarer Zahlung (mit Tableau)

23 Bei einem festen, bar zu erbringenden Kaufpreis ergibt sich der für die Berechnung des tarifbegünstigten Veräußerungsgewinns (§§ 34 II Nr. 1 i.V.m. § 18 III, 16 II EStG) zunächst zu ermittelnde Veräußerungspreis ohne weitere Rechenoperationen von selbst: Es ist eben einfach der vereinbarte Barkaufpreis.

24 Teilweise wesentlich komplizierter stellt sich die Ermittlung des **Veräußerungspreises** – aus dem sich wie bei barer Zahlung nach Abzug der Buchwerte und etwaiger Veräußerungskosten der **Veräußerungsgewinn** ergibt – in den Fällen unbarer Zahlung dar. Für die Berechnung des Veräußerungspreises sind hier, je nach Fallgruppe, diverse Einzelschritte zu unterscheiden. Das umseitige Tableau hierzu dient zur Erleichterung des Überblicks.

---

477 BFH in BStBl. II, 1994, Seite 925 sowie EStR H 147 unter 1 a), Satz 2.
478 Siehe hier oben Rn 38 ff.
479 Deshalb legt sich auch die Finanzverwaltung in den Einkommensteuer-Richtlinien diesbezüglich nicht fest: vgl. EStR H 147, unter 1 a), Satz 2.
480 Siehe dazu oben Rn 86.
481 So Schmidt, EStG, § 18, Rn 250.

Steuerrechtliche Folgen des Praxisverkaufes § 6

Verkauf mit gestundeter Kaufpreisforderung	Verkauf mit mehreren Kaufpreisraten	Verkauf gegen wiederkehrende Bezüge			Verkauf gegen laufende Beteiligung am künftigen Umsatz oder Gewinn des Erwerbers
		Verkauf gegen Leibrente	Verkauf gegen Zeitrente	
• Siehe EStR H 139 XI »Kaufpreisstundung«	• Es gilt EStR H 139 XI »Ratenzahlungen«	• Siehe EStR R 139 XI	• Siehe EStR H 139 XI	• Auch diese Variante kann zivilrechtlich vereinbart werden.
• Ausgangspunkt ist der Nennwert der Kaufpreisforderung im Zeitpunkt der Veräußerung.	• Ausgangspunkt für die Berechnung des Veräußerungspreises ist die Summe aller vorgesehenen Kaufpreisraten (=Kapitalisierung). Hieraus ist der Barwert durch Abzinsung zu ermitteln.	• Wird als Gegenleistung für die Übertragung einer Anwaltskanzlei eine sogen. Leibrente (=»Lebensrente«) vereinbart, handelt es sich hierbei zivilrechtlich um die Vereinbarung wiederkehrender und gleichmäßiger Leistungen in Geld oder anderen vertretbaren Sachen.[482] §§ 759-761 BGB enthalten eine, allerdings lückenhafte, zivilrechtliche Regelung der Leibrente.	• Für die Übertragung der Praxis kann zivilrechtlich auch eine Versorgung auf Zeit (=Zeitrente) vereinbart werden.	• Einkommensteuerlich gilt für die Ermittlung des Veräußerungsgewinnes: aa) Sind im gegebenen Einzelfall die den Veräußerungspreis ergebenden Umsatz- bzw. Gewinnbeteiligungen abschätzbar, kommt die tarifbegünstigte Sofortbesteuerung (§ 34 II Nr. 1 EStG) in Betracht. Auch das hier links) bestehende **Wahlrecht**, die Sofortversteuerung statt der **Zuflußbesteuerung«** zu wählen, ist hier gegeben.[490]
• Weiteres Kriterium: Ist im Kanzleikaufvertrag Verzinslichkeit der Forderung vereinbart?[483] aa) **wenn ja**: Veräußerungspreis und damit der Veräußerungsgewinn erhöht sich **nicht** um den Zinsbetrag, womit auch die Tarifbegünstigung hinsichtlich der Besteuerung des Zinses nach § 34 II Nr. 1 EStG entfällt. Der Zins gehört i.d.R. zu den privaten Einkünften aus Kapitalvermögen (§ 20 I Nr. 7 EStG).	• Zinssatz für Abzinsung[486] regelmäßig[487] 5,5 % p.a.	• Leibrenten können in zeitlicher Hinsicht auch abgekürzt vereinbart werden, z.B. als sogen. Höchstzeitrenten, die mit Ablauf der vereinbarten Zeit zu Lebzeiten des Empfängers erlöschen.[488] Einkommensteuerrechtlich gilt für die Höhe des Veräußerungspreises: Es ist der Barwert der Rente im Veräußerungszeitpunkt bei Zugrundelegung eines Zinssatzes von 5,5%[489] zu ermitteln.	• In einkommensteuerlicher Hinsicht ist diese Fallgestaltung unter dem Stichwort »Zeitrente« in den genannten EStR erwähnt: Es gilt das gleiche steuerliche **Wahlrecht** wie bei Verkauf gegen Leibrentenraten oder auf Leibrentenbasis; also Wahlrecht zwischen tarifbegünstigter (§ 34 II Nr. 1 EStG) Sofortversteuerung oder der nicht begünstigten »Zuflußbesteuerung«.	

482 Palandt/Thomas, § 759, Rn. 10.
483 Vgl. oben Vertragsmuster § 7 Rn 4. Dort ist allerdings in § 15 von Barzahlungsvereinbarung ausgegangen worden.
486 Wie hier Fn 484.
487 BFH in BStBl. II, 1984, Seite 829.
488 Näheres dazu bei Wollny, Seite 585, Rn. 2852, auch zu weiteren Varianten der Leibrenten.
489 BFH in BStBl. II, 1980, Seite 491.Die Ermittlung des Barwertes erfolgt in Anlehnung an §§ 12 ff. Bewertungsgesetz i.V.m. der Tabelle Anlage 9. Dort finden sich die Multiplikatoren, die anhand von Sterbetafeln auf der Basis der durchschnittlich zu erwartenden Restlebenszeit ermittelt wurden.
490 Vgl. Wollny, Seite 587, Rn. 2867.

Verkauf mit gestundeter Kaufpreisforderung	Verkauf gegen wiederkehrende Bezüge			
	Verkauf mit mehreren Kaufpreisraten	Verkauf gegen Leibrente	Verkauf gegen Zeitrente	Verkauf gegen laufende Beteiligung am künftigen Umsatz oder Gewinn des Erwerbers
bb) **wenn nein**: Da ein Zinsanteil auch dann auch dann unterstellt wird, wenn die Parteien hierzu nichts vereinbart haben, gilt: Der Veräußerungspreis liegt damit unter dem Nennwert. Es ist der Wert nach **Abzinsung**[484] zugrunde zu legen. Zinssatz: Banküblicher Sollzins[485] des aktuellen Kapitalmarktes.				bb) Sind der Gewinn bzw. die Umsatzanteile des Erwerbers nicht durch Schätzung zu ermitteln – insbesondere bei einer langjährig vereinbarten Dauer – scheidet die Sofortbesteuerung und damit das Wahlrecht aus. Dann nur tatsächliche Zuflußbesteuerung nach § 24 Nr. 2 i.V.m. § 18 I Nr. 1 EStG. cc) Steuerpflichtiger Gewinn des Veräußerers liegt erst dann vor, wenn die Anteile den Buchwert des veräußerten Betriebsvermögens übersteigen.

484 Hierzu gibt es im Buchhandel diverse finanzmathematische Tabellen, zumeist im Anhang von betriebswirtschaftlicher Literatur.
485 Wollny, Seite 580, Rn 2821.

Verkauf mit gestundeter Kaufpreisforderung	Verkauf gegen wiederkehrende Bezüge			Verkauf gegen laufende Beteiligung am künftigen Umsatz oder Gewinn des Erwerbers
	Verkauf mit mehreren Kaufpreisraten	Verkauf gegen Leibrente	Verkauf gegen Zeitrente	
• Wird die Kaufpreisforderung nach erfolgter Steuerveranlagung uneinbringlich, erfolgt eine Korrektur des Steuerbescheides nach § 175 I Nr. 2 AO.	• Der so ermittelte Veräußerungspreis ist nach Abzug der Buchwerte und des Freibetrages (§ 18 III i.V.m. § 16 IV EStG) als Veräußerungsgewinn sofort in voller Höhe zu versteuern, allerdings tarifbegünstigt nach § 34 II Nr. 1 EStG. Sofortige Versteuerung der **gesamten** Veräußerungsgewinns somit, obwohl die Raten ja noch nicht (vollständig) zugeflossen sind! • Die Raten als solche sind bei Zufluß selbstverständlich nicht noch einmal zu versteuern, aber die in den Raten enthaltenen Zinsanteile sind ebenfalls steuerpflichtig, und zwar als private Einkünfte aus Kapitalvermögen nach § 20 I Nr. 7 EStG. • Aber statt Sofortbesteuerung besteht **Wahlrecht** auf eine Besteuerung nach Ratenzufluß (EStR H 139 XI). Siehe hierzu rechts bei Verkauf gegen Leibrenten.	• Nach der Rechtsprechung[491] und der Finanzverwaltung[492] hat der Steuerpflichtige folgendes **Wahlrecht**: Sofortversteuerung in voller Höhe, allerdings tarifbegünstigt nach § 34 II Nr. 1 EStG (wie Verkauf auf Ratenbasis, hier links). In diesem Falle ist der Veräußerungspreis der zuvor ermittelte Barwert. Der Veräußerungsgewinn ergibt sich sodann nach dem Abzug von etwaigen Veräußerungskosten sowie des Buchwertes der erworbenen Gegenstände. Allerdings sind in den Rentenzahlungen auch Ertragsanteile (Zinsanteile) enthalten. Diese sind zusätzlich als »sonstige Einkünfte« i.S.d. § 22 Nr. 1 EStG zu versteuern. Statt der Sofortversteuerung kann der Veräußerer auch die »Zuflußbesteuerung«[493] wählen, allerdings ohne Tarifbegünstigung i.S.d. § 34 II Nr. 1 EStG. Die Zuflußbesteuerung erfolgt in den jeweiligen Zufluß-Kalenderjahren als nachträgliche Einkünfte aus freiberuflicher Tätigkeit (§ 24 Nr. 2 i.V.m. § 18 I Nr. 1 EStG). Diese Zahlungen stellen allerdings erst ab dem Zeitpunkt steuerliche Betriebseinnahmen dar, in welchem sie die Buchwerte der Gegenstände der Praxis übersteigen. Dann sind sie laufender, nicht tarifbegünstigter Gewinn.		

---

[491] Z.B. BFH in BStBl. II, 1971, Seite 302.
[492] EStR R 139 XI. Tip hierzu: Unbedingt lesen! Dort steht alles im Detail.
[493] Schulze zur Wiesche in BB 1995, Seite 593–605 (593), dort so genannt.

3. Die Abschreibung des Kaufpreises beim Erwerber bei barer Zahlung

26 Die wichtigste einkommensteuerliche Folge beim Erwerber ist die steuermindernde Abschreibung der im Rahmen des Praxiskaufes erworbenen einzelnen Gegenstände (Substanzwerte) einschließlich des Goodwills.

27 Die grundsätzlichen Aspekte in diesem Zusammenhang wurden bereits zuvor[494] in einem **Tableau** dargestellt. Darauf wird hier verwiesen.

28 Die zu Anschaffungskosten (§ 255 I Nr. 1 HGB)[495] bewerteten (§ 6 I Nr. 1 EStG) einzelnen materiellen Gegenstände und der immaterielle Goodwill bilden die Bemessungsgrundlage für die Abschreibung. Abschreibungsbeträge stellen Betriebsausgaben (§ 4 IV, III EStG) dar.

29 Der Erwerber wird im allgemeinen[496] ein Interesse daran haben, alle erworbenen Gegenstände möglichst sofort oder jedenfalls in wenigen Jahren abzuschreiben, weil dies die Steuerlast mindert und damit Liquidität in den ersten Jahren nach Erwerb der Kanzlei »schont«.

30 Eine klare gesetzliche Regelung, in wieviel Jahren Mobiliar, Geräte, Bücher und der Praxiswert (Goodwill) abzuschreiben sind, existiert nicht. § 7 I, 2 EStG stellt für die Abschreibungsdauer auf die »betriebsgewöhnliche« Nutzungsdauer des Wirtschaftsgutes ab. Dies erfordert eine Schätzung des Steuerpflichtigen für jedes einzelne Wirtschaftsgut. Hierbei ist der Gesamtkaufpreis auf alle erworbenen Wirtschaftsgüter einschließlich des Goodwills aufzuteilen. Dabei kann von einer etwaigen Regelung im Kanzleikaufvertrag ausgegangen werden. Als Hilfsmittel zur Schätzung der betriebsgewöhnlichen Nutzungsdauer hat das Bundesministerium der Finanzen sogenannte »AfA-Tabellen«[497] herausgegeben; hieraus ergeben sich für verschiedene Wirtschaftszweige die jeweils übliche Abschreibungsdauer für diverse einzeln aufgeführte Gegegenstände. Diese sind allerdings auf neu erworbene Gegenstände zugeschnitten. Eine Abweichung von den in den AfA-Tabellen aufgeführten Nutzungsdauern und den daraus resultierenden jährlichen Abschreibungssätzen ist bei vom Normalfall abweichenden Verhältnissen zulässig, ja sogar geboten. Dies gilt ganz sicherlich bei der Anschaffung von **gebrauchten** Gegenständen, wie sie bei der Übertragung einer Anwaltskanzlei zusammen mit dem Goodwill üblicherweise mitveräußert werden.

---

494 Siehe oben Rn 10.
495 Die Anschaffungskosten jedes einzelnen Gegenstandes sind zu schätzen, wenn keine Einzelpreise im Kanzleikaufvertrag genannt sind.
496 Dies ergibt sich aus der gewinnmindernden und damit steuermindernden Wirkung der Abschreibungen. Nur wenn hohe Abscheibungsbeträge zu einem Jahresverlust führen würden – häufig bei Anlaufverlusten nach Praxisgründung der Fall – und diese Verluste nicht durch Verlustrücktrag (§ 10 d I, S. 1, 2, 3 EStG) nutzbar sind, mag der Erwerber im Rahmen der Vertretbarkeit längere Abschreibungsdauern ansetzen.
497 Z.B. erhältlich beim C.H. Beck Verlag im Rahmen der Sammlung »Steuertabellen«. AfA = Absetzung für Abnutzung.

Steuerrechtliche Folgen des Praxisverkaufes § 6

Eine besondere Regelung für die jeweilige Nutzungsdauer von **gebrauchten** Gegenständen gibt es weder gesetzlich (vgl. § 7 I 2 EStG) noch gibt es hiervon von der Finanzverwaltung spezielle AfA-Tabellen oder sonstige Hinweise.[498] Dies eröffnet dem steuerpflichtigen Rechtsanwalt die Möglichkeit, erworbene Gebrauchtgegenstände in kurzer Zeit abzuschreiben. 31

Für die beweglichen Wirtschaftsgüter des Anlagevermögens[499] – das sind alle vom Käufer der Praxis erworbenen materiellen Gegenstände außer mitübernommenen Forderungen und liquiden Mitteln[500] – kann der Erwerber im allgemeinen von folgendem ausgehen: 32

- **Gebrauchte Bürogeräte** mit anteiligen Anschaffungskosten bis 800,00 DM netto (d.h. ohne Umsatzsteuer) können nach § 6 II EStG als geringwertige Wirtschaftsgüter sofort im Jahr der Anschaffung vollständig abgeschrieben werden. 33

- **Gebrauchte Bücher** und Zeitschriften sind jeweils als geringwertige Wirtschaftsgüter i.S.d. § 6 II EStG anzusehen, wenn auf den einzelnen Gegenstand nicht mehr als 800,00 DM netto entfallen. Dies gilt auch für jeden Einzelband von Periodika, etwa der NJW, da jeder Band einzeln nutzbar ist. 34

- **Gebrauchte Möbel und Teile der Büroeinrichtung** über 800,00 DM netto als anteiliger Anschaffungspreis können – je nach Alter – in wesentlich kürzerer Dauer als in 10 Jahren (so bei neuen Gegenständen üblich) abgeschrieben werden. 35

- **Gebrauchte technische Geräte**, für die im Neuzustand nach den AfA-Tabellen zumeist eine Abschreibungsdauer von 5 Jahren anzusetzen ist, können, je nach Alter, erheblich kürzer abgeschrieben werden, d.h. häufig in zwei oder drei Jahren. Fallen sie mit einem Gebrauchtpreis von nicht mehr als 800,00 DM unter die geringwertigen Wirtschaftsgüter, sind sie sofort abschreibbar. 36

- Es gilt für alle beweglichen Wirtschaftsgüter des Anlagevermögens im Jahre der Anschaffung die sogenannte Vereinfachungsregel: Nach EStR R 44 II kann der in der ersten Jahreshälfte angeschaffte Gegenstand statt zeitanteilig nach Monaten mit dem **vollen** Jahreswert abgeschrieben werden, während der in der zweiten Jahreshälfte angeschaffte Gegenstand mit dem halben Jahreswert abgeschrieben werden kann; letzteres gilt selbst auch für eine Anschaffung noch am 31. Dezember eines Jahres. 37

---

498 Zur Frage der (geringeren) Nutzungsdauer von gebrauchten Kraftfahrzeugen äußern sich die Lohnsteuerrichtlinien(LStR): Abschnitt 38 I 7.
499 Hierfür ist nach Maßgabe des § 7 II, III EStG auch die sogen. **degressive** Abschreibung möglich.Sie führt anfangs zu höheren Abschreibungsbeträgen als die »Regelabschreibung«, die **lineare** Abschreibung. Bei ohnehin sich ergebenden Anlaufverlusten ist die degressive Abschreibung für den Erwerber kaum interessant.
500 Siehe dazu oben, Tableau § 3 Rn 13 f.

§ 6 Steuerrechtliche Folgen des Praxisverkaufes

38 Zur tabellarischen Erfassung aller Gegenstände, die abzuschreiben sind, sei dem Erwerber die Aufstellung eines entsprechenden Verzeichnisses empfohlen.[501] Steuerlich am interessantesten – weil zumeist den weitaus größten Teil des Kaufpreises ausmachend – ist die Frage der Nutzungsdauer und damit der Abschreibungsdauer des Praxiswertes (Goodwills).[502] Eine gesetzliche Regelung für die Abschreibungsdauer des Goodwills einer Freiberuflerpraxis fehlt. § 7 I S. 3 EStG regelt nur den stets mit 15 Jahren abzuschreibenden Geschäfts- oder Firmenwert eines Gewerbebetriebes.

39 Darüber, daß die Abschreibungsdauer für den Goodwill einer Freiberuflerpraxis wegen der Personengebundenheit einer solchen Praxis wesentlich kürzer sein muß als die 15jährige Dauer bei entsprechend erworbenem[503] Geschäfts- oder Firmenwert eines Gewerbebetriebes, besteht Einigkeit.

40 Im allgemeinen wird von drei bis fünf Jahren[504] ausgegangen, teilweise sogar von nur zwei bis drei Jahren.[505]

41 Die nach § 7 II EStG für bewegliche Wirtschaftsgüter des Anlagevermögens zulässige degressive Abschreibung ist für den Goodwill nicht möglich, da der Praxiswert als immaterielles Wirtschaftsgut nicht »beweglich« ist.[506] Aus dem gleichen Grunde ist auch die Vereinfachungsregel des Abschnittes 44 II der Einkommensteuer-Richtlinien (EStR) nicht anwendbar, mit der Folge, daß im Jahr des Praxiserwerbs zeitanteilig nach der Restdauer des Kalenderjahres abgeschrieben werden muß.

4. Die Abschreibung des Kaufpreises beim Erwerber bei unbarer Zahlung

42 Auf seiten des Veräußerers[507] stellte sich die Ermittlung des steuerlichen Veräußerungsgewinns im Falle unbarer Zahlung wesentlich komplizierter dar, als dies bei barer Zahlung der Fall war. Dieselbe Problematik[508] ergibt sich auch

---

501 Im Papierwarenhandel werden Vordrucke angeboten, die etwa die Bezeichnung »Inventar-Verzeichnis« bzw. »Abschreibungs-Tafel« tragen. Man kann sich auch selbst formlos einen »Abschreibungsplan« erstellen. Hierzu sind u.a. das Anschaffungsdatum, die (anteiligen) Anschaffungskosten, die Nutzungsdauer, die jährliche Abschreibung und die Buchwerte jeweils zum 31.12... einzutragen. Ein Muster befindet sich bei Möller, Buchführung, Steuern ... , Seite 27, 28.
502 Auch der Goodwill sollte in die hier zuvor erwähnte Abschreibungstabelle aufgenommen werden.
503 Nur dieser sogenannte **derivative** (=erworbene) Wert kann abgeschrieben werden, nicht etwa kann der selbst aufgebaute sogenannte **originäre** Geschäftswert abgeschrieben werden. Letzteres ist schlechthin, auch für Gewerbetreibende, ausgeschlossen, da hier keine Anschaffungskosten entstanden sind, die einer Abschreibung zugänglich wären.
504 So z.B. Kaiser/Wollny, Seite 113, Rn 412, vgl. auch Arens/Spieker, Seite 103, Rn 300.
505 Schmidt, EStG, § 18, Rn 202, 203 m.w.N.
506 George in DB 1995, Seite 896–898 (898).
507 Siehe dazu hier Rn 23 ff.
508 Die weitergehenden Probleme beim Veräußerer – wie Tarifbegünstigung, Freibetrag, Abzug der Buchwerte von Veräußerungspreis, steuerliches Wahlrecht – gibt es »glücklicherweise« nicht beim Erwerber. Beim Erwerber geht es lediglich um die Ermittlung der Abschreibung als Bemessungsgrundlage für künftige Steuerminderungen.

auf Erwerberseite bezüglich der Ermittlung der Bemessungsgrundlage für die Abschreibung (§ 7 I EStG) des Kaufpreises.

Im Prinzip wird beides in gleicher Weise ermittelt. So, wie der Veräußerungspreis[509] beim Verkauf gegen wiederkehrende Bezüge[510] in einem ersten Schritt durch eine Addition aller wiederkehrenden Bezüge ermittelt wurde, genau so werden die abzuschreibenden Anschaffungskosten beim Erwerber ermittelt. Die sich so ergebende Summe aller tatsächlichen Zahlungen – beim Kauf auf Leibrente die sich aus der statistischen Lebenserwartung des Veräußerers ergebende Ratensumme – stellt indes noch nicht die Anschaffungskosten als Abschreibungsbemessungsgrundlage dar, da auch hier die Zinsproblematik zu berücksichtigen ist. 43

Beim Erwerb gegen **Kaufpreisraten** ist zunächst danach zu unterscheiden, ob im Praxiskaufvertrag Zinsen ausdrücklich vereinbart wurden oder ob dies nicht der Fall war. Unabhängig von dieser Differenzierung wird allerdings stets davon ausgegangen, daß auch dann Zinsen geleistet wurden, wenn sie nicht ausdrücklich vereinbart wurden. Im Falle ausdrücklicher Vereinbarung von Zinsen ist zweistufig so vorzugehen: Der sich aus der Summe aller Raten ergebende Kaufpreis ist nach den hier unter 2. dargestellten Grundsätzen – verteilt auf die einzelnen erworbenen Gegenstände einschließlich des Goodwills – über die Jahre der Nutzung abzuschreiben. Die Zinsen sind bei der für Anwälte üblichen Gewinnermittlung nach § 4 III EStG gemäß § 11 EStG bei ihrem Zahlungsfluß sofort als Betriebsausgaben (§§ 18 i.V.m. § 2 II 1 und § 4 IV EStG) abzusetzen. Fehlt es an einer ausdrücklichen Vereinbarung über Zinsen, so gestaltet sich die Vorgehensweise etwas komplizierter. Diese soll anhand des nachstehenden **Beispiels** deutlichgemacht werden: 44

Die Praxis eines Einzelanwalts wird verkauft zu einem Preis von 200.000,00 DM, zahlbar in 10 Raten á 20.000,00 DM, fällig jeweils zum Jahresende. 45

Frage: Wie hoch ist die Abschreibungs-Bemessungsgrundlage (Kaufpreis), wie hoch ist der im Kaufpreis enthaltene Zins?

Lösung: Der »Kaufpreis« von 200.000,00 DM ist zu zerlegen in einen Barwert, der durch Abzinsung zu ermitteln ist, und in einen Zinsanteil.

Bei einem üblicherweise zugrunde zu legenden Zinssatz für die Abzinsung von 5,5 %[511] p.a. ergibt sich aus der Anwendung einer entsprechenden finanzmathematischen Tabelle ein Faktor von 0,75376. Der Barwert des Kaufpreises beträgt

---

509 Zu Einzelheiten siehe das Tableau hier Rn 10.
510 Der Fall, daß der Erwerber den Kaufpreis nicht in »wiederkehrenden Bezügen«, sondern in einem gestundeten Einmal-Betrag erbringt, soll hier nicht vertieft werden. Für seine einkommensteuerliche Behandlung wird auf das Tableau hier Rn 10 verwiesen. Danach hat der Erwerber den Barwert des Kaufpreises abzuschreiben und kann daneben für die Zinsanteile nach Maßgabe seiner Zinszahlung sofort abziehbare Betriebsausgaben ansetzen.
511 Vgl. hier Tableau Rn 10.

somit 150.752,00 DM (0,75376 x 200.000,00 DM). Dieser Wert stellt die Bemessungsgrundlage für die Abschreibung dar. Der Wert ist zu verteilen auf alle erworbenen materiellen Gegenstände sowie den Goodwill. Der über 150.752,00 DM hinaus zu zahlende Betrag in Höhe von 49.248,00 DM stellt die kumulierten Zinsanteile in zehn Jahren da. Aus den Jahresraten von jeweils 20.000,00 DM sind die jährlichen Zinsanteile, die gewinnmindernde Betriebsausgaben darstellen, herauszurechnen. Dies erfolgt derart, daß man von den jährlichen Ratenzahlungen von im Beispielsfalle 20.000,00 DM die Barwertminderung – sie ergibt sich aus dem jährlichen Tilgungsanteil – abzieht. Durch kontinuierlich steigenden Tilgungsanteil sinkt bei gleichen Annuitäten – 20.000,00 DM im Beispielsfall – der Zinsanteil. Dies ergibt aufgrund der Anwendung einer finanzmathematischen Tabelle folgende Zahlen:

46

1. Jahr: Barwert bei 10 Jahren bei Kaufpreis 200.000,00 DM, Abzinsungsfaktor: 0,75376, ergibt	150.752,00 DM.
Barwert bei 9 Jahren bei einem Kaufpreis von 200.000,00 DM abzüglich Tilgungsanteil aus 1. Rate von 20.000,00 DM: Faktor 0,77247 auf 180.000,00 DM, ergibt Barwertminderung (= Tilgungsanteil) somit 11.708,00 DM (150.752,00 DM – 139.044,00 DM). Zinsanteil (20.000,00 DM – 11.708,00 DM) = 8.292,00 DM.	139.044,00 DM.
2. Jahr: Barwertminderung von 9 auf 8 Jahre, Faktor: 0,79182 auf 160.000,00 DM, ergibt Barwertminderung somit 12.353,00 DM (139.044,00 DM – 126.691,00 DM). Zinsanteil (20.000,00 DM – 12.353,00 DM) = 7.647,00 DM.	126.691,00 DM.
4. bis 9. Jahr ... Berechnung erfolgt nach dem gleichen Prinzip: Die Raten von jeweils 20.000,00 DM sind aufzuteilen in ... einen Tilgungsanteil (= Barwertminderung) und einen Zinsanteil.	
10. Jahr: Barwertminderung von 1 auf 0 Jahre = letztes Jahr = vollständige Tilgung des Darlehens. Faktor: 0,94787 auf 20.000,00 DM ergibt Zinsanteil somit (20.000,00 DM – 18.957,00 DM) = 1.043,00 DM.	18.957,00 DM.

IV. Einkommensteuerliche Besonderheiten bei der Veräußerung von Sozietätsanteilen

1. Einführung in die Problematik

Im Rahmen des dritten Paragraphen dieses Handbuches, der Ermittlung des **Wertes** einer Anwaltspraxis, wurde u.a. auf die Besonderheiten bei der Ermittlung des Goodwills[512] bei Sozietätsanteilen hingewiesen. 47

Schon bei der dortigen Darstellung wurde deutlich, daß das Phänomen »Sozietät« teilweise weitaus komplexer gestaltet ist, als dies bei einer Einzelkanzlei der Fall ist. Diese Feststellung gilt auch für die einkommensteuerrechtlichen Folgen der **Veräußerung** von Sozietätsanteilen.

Dabei ist der Begriff der Veräußerung im einkommensteuerlichen Sinne weiter zu fassen als der Fall eines »echten« Verkaufes: Einkommensteuerliche Folgen[513] ergeben sich nicht nur bei der Gründung und der Auflösung einer Sozietät, sondern auch bei jeder personellen Veränderung im Gesellschafterbestand durch Eintritt, Austritt und im Falle einer Fusion.[514] 48

2. Einkommensteuerliche Gestaltungsmöglichkeiten im Zusammenhang mit Veränderungen bei Sozietäten, insbesondere die Einbringung, § 24 Umwandlungssteuergesetz (UmwStG)

Strukturelle und personelle Veränderungen bei Anwaltssozietäten erfordern zunächst einmal gut durchdachte **zivilrechtliche** Vereinbarungen unter den Beteiligten. Hierbei stehen zwei Ziele im Vordergrund: 49

- Die Vereinbarungen sollten die rechtliche Grundlage für eine gedeihliche Zusammenarbeit sein. Das erfordert ausgewogene Regelungen, mit denen alle Beteiligten möglichst jahrelang »leben« können. 50

- Die Vereinbarungen sollten einkommensteuer-optimale Gestaltungen darstellen. Dies setzt detaillierte steuerrechtliche Kenntnisse der Beteiligten oder die Einbeziehung kompetenter Ratgeber bei den Vertragsverhandlungen voraus. 51

Steueroptimale Gestaltungen setzen gedanklich voraus, daß die Steuerpflichtigen die steuerlich relevanten Sachverhalte überhaupt »gestalten« können. Damit ist die Thematik von sogenannten **steuerlichen Wahlrechten** und sonstigen Gestaltungsmöglichkeiten angesprochen. 52

---

512 Siehe oben § 3 Rn 222 ff. und die Fallbeispiele Rn 263 ff.
513 Vgl. dazu oben Tableau § 3 Rn 240.
514 Siehe dazu § 3 Fallbeispiele Nr. 9–12, Rn 264 ff.

§ 6 Steuerrechtliche Folgen des Praxisverkaufes

53 Obwohl das Steuerrecht als klassischer Bereich des Rechtes der Eingriffsverwaltung grundsätzlich zwingend[515] ist, bietet gerade das Einkommensteuerrecht diverse Gestaltungsmöglichkeiten einschließlich der Möglichkeit, Wahlrechte[516] auszuüben. Dies gilt insbesondere für den hier interessierenden Bereich von Veränderungen bei Anwaltssozietäten.

54 Einkommensteuerlich ergeben sich für sämtliche denkbaren Fälle struktureller Veränderungen, d.h. bei der Gründung, Auflösung, Fusionierung und bei jeder personellen Veränderung von Sozietäten stets dieselben Kernfragen:

55   1 a) Entsteht bei dem, der einen Sozietätsanteil überträgt bzw. »einbringt«, ein einkommensteuerpflichtiger (§ 18 III i.V.m. § 16 II, III, IV EStG) Veräußerungsgewinn?

56   b) Läßt sich dieser ggf. vermeiden?

57   c) Wenn er nicht vermieden werden kann oder aus Gründen steuerlicher Opportunität nicht vermieden werden soll, ist er dann wenigstens begünstigt durch Tarifermäßigung (§ 34 II 1 EStG) oder durch Gewährung eines Freibetrages (§ 18 III i.V.m. § 16 IV EStG)?

58   2) Sozusagen als Kehrseite der Medaille stellt sich beim Zahlenden bzw. beim »Einbringenden« die Frage, ob er das Geleistete sofort oder in kurzer Zeit steuerlich absetzen kann, d.h. ob er etwaige Anschaffungskosten kurzfristig abschreiben kann.

59 Beide Kernfragen sind durch betriebswirtschaftlich motivierte Interessen[517] der Beteiligten geprägt. Tendenziell möchte der Übergebende/Einbringende keinen Veräußerungsgewinn versteuern, während die andere Seite hohe Steuervorteile durch Abschreibung erstrebt.

60 Diese betriebswirtschaftlichen Ziele lassen sich durch eine steueroptimale Gestaltung der gesellschaftsrechtlichen Vereinbarungen in den meisten Fällen – zumindestens näherungsweise – erreichen.

Je nach Einzelfall finden folgende Vorschriften Anwendung:

61   • Für die Versteuerung eines Veräußerungsgewinns aus der Veräußerung eines Sozietätsanteiles: §§ 18, 16, 34 EStG.[518]

62   • Für die einkommensteuerrechtliche Behandlung von »Fusionierungen« (Einbringung): zusätzlich § 24 UmwStG.

---

515 Aus § 85 AO ergibt sich insbesondere der Grundsatz der Gleichmäßigkeit der Besteuerung, der einer Gestaltung durch die Beteiligten entgegenzustehen scheint.
516 Das wohl bekannteste Wahlrecht im Bereich des Einkommensteuergesetzes (EStG) ist die Sofortabschreibungs-Möglichkeit von geringwertigen Wirtschaftsgütern bis 800,00 DM netto nach § 6 II EStG.
517 Sehr pointiert in diesem Zusammenhang Streck in NJW, 1991, Seite 2252–2259 (2254 unter IV, 1).
518 Dazu schon Tableau, hier Rn 10.

Steuerrechtliche Folgen des Praxisverkaufes § 6

§ 24 UmwStG gilt nach der BFH-Rechtsprechung[519] auch für die Einbringung **63** freiberuflicher Praxen und Sozietäten, was der Wortlaut nicht ohne weiteres vermuten läßt. § 24 UmwStG ist lex specialis zu §§ 16, 18 III EStG[520] hinsichtlich der Entstehung eines etwaigen Veräußerungsgewinns.

§ 24 II 1 UmwStG bietet der übernehmenden Personengesellschaft ein dreifaches steuerliches Wahlrecht, mit dessen Ausübung sich beim Einbringenden ein **64** Veräußerungsgewinn ergeben kann.[521] In diesem Zusammenhang können zwar steuerpflichtige Veräußerungsgewinne entstehen, die allerdings vermieden werden können: Sowohl bei der Einbringung in eine neu zu gründende Sozietät[522] als auch bei der Einbringung einer Einzelpraxis in eine bereits vorhandene Sozietät,[523] aber auch für den Eintritt eines weiteren Rechtsanwalts in eine bereits bestehende Einzelpraxis, wenn dieser selbst keine Praxis einbringt,[524] gilt § 24 I, II UmwStG mit folgenden **drei Alternativen** hinsichtlich der Wertansätze des eingebrachten Betriebsvermögens:

- Einbringung des Betriebsvermögens zum **Buchwert.** **65**
  Das bedeutet, daß die Bilanzansätze des Einbringenden übernommen werden. Ein Einbringungsgewinn entsteht nicht, da sich Übernahmewert und letzter Buchwert decken.[525]

- Einbringung des Betriebsvermögens zum **Teilwert** (§ 6 I, Nr. 1, S. 3 EStG) **66**
  Das hätte zur Folge, daß alle im Betriebsvermögen vorhandenen stillen Reserven einschließlich des Praxiswertes aufgelöst würden.[526] Dies würde zu einem steuerpflichtigen Einbringungsgewinn führen. Er ist nach § 24 III, 2 UmwStG grundsätzlich tarifbegünstigt, einschließlich der Gewährung des Freibetrages (§ 18, III, § 16, IV EStG; allerdings als laufender Gewinn im Falle des § 24 III 3 UmwStG i.V.m. § 16 II 3 EStG zu versteuern). Für die nach Einbringung neu formierte Sozietät stellt der auf die Einzelgegenstände einschließlich des Goodwills entfallende Teilwert die Bemessungsgrundlage für künftige Abschreibungen (§§ 24 IV, 22 III UmwStG) dar.

---

519 Erstmals BFH vom 13.12.1979 in BStBl. II, 1980, Seite 239.
520 Burhoff/Obermeier, Seite 318, Rn 1318.
521 Dies ergibt sich, etwas verklausuliert, aus § 24 III UmwStG, wonach sich der Veräußerungspreis des Einbringenden aus dem Wert, mit dem die durch Einbringung so neu entstandene Personengesellschaft das Betriebsvermögen bewertet, ergibt.
522 Vgl. hierzu oben im § 3 das Tableau Rn 240 zur Ermittlung des Beteiligungswertes, dort unter I, 1, Seite 123, 124. Dieser Fall stellt keine Anteilsveräußerung nach § 18 III, S. 1 i.V.m. § 16 I Nr. 2 EStG dar, sondern eine »Einbringung« i.S.d. § 24 UmwStG. Siehe dazu: Kaiser/Wollny, Seite 108, Rn 39.
523 Wie vor, dort unter I. 2. Dies gilt auch für die »Fusion« zweier oder mehrerer Sozietäten; siehe dazu (für die Bewertung) den Beispielsfall Nr. 12, Rn 266 und Schulze zur Wiesche, in BB 1995, Seite 593–605 (602 unter F.)
524 Wie vor, dort unter I. 3 und Streck in NJW 1991, Seite 2252–2259 (2255 unter IV 4).
525 Schulze zur Wiesche in BB 1995, Seite 593–605 (599 unter II. 3 und II. 4).
526 Schulze zur Wiesche, wie vor.

§ 6 Steuerrechtliche Folgen des Praxisverkaufes

67 • Einbringung des Betriebsvermögens mit einem Wert zwischen Buchwert und Teilwert, sogenannter **Zwischenwert**.
Aus § 24 III, S. 2 UmwStG ergibt sich, daß in diesem Falle weder die Tarifbegünstigung noch der Freibetrag zu gewähren sind, da diese den Ansatz zum Teilwert[527] – d.h. unter Aufdeckung sämtlicher stillen Reserven – voraussetzen würde.

68 Zum besseren Verständnis der komplizierten Materie sei auf folgendes hingewiesen: § 24 I, II UmwStG regeln lediglich die Bewertung des eingebrachten Betriebsvermögens bei der neu gegründeten oder durch den Einbringungsvorgang veränderten Sozietät. Sie legen damit zugleich die künftige AfA-Bemessungsgrundlage für die einzelnen Wirtschaftsgüter, die die Sozietät als Anschaffungskosten in Zukunft abschreiben kann, im Prinzip fest. Durch die Verweisung des § 24 IV auf § 22 I bis III UmwStG ergeben sich die Einzelheiten für die künftige AfA-Bemessungsgrundlage der einzelnen Wirtschaftsgüter. Nach § 22 I i.V.m. § 12 III, S. 1 UmwStG ist dies jeweils der schon bisherige Buchwert, wenn die Gesellschaft die Einbringung zum Buchwert gewählt hat; dies wird wegen der meist gewünschten Vermeidung eines steuerpflichtigen Veräußerungsgewinns häufig der Fall sein und entspricht auch gerade der ratio legis des § 24 UmwStG.

69 §§ 24 I, II UmwStG regeln dagegen **nicht** die weiteren Rechtsfolgen, die sich beim Einbringenden selbst ergeben: die Rechtsfolgen beim aufnehmenden Sozius[528] bzw. bei der bereits bestehenden aufnehmenden Sozietät.[529] Bei diesen Rechtsfolgen geht es um einen etwaigen steuerpflichtigen Veräußerungsgewinn bzw. Einbringungsgewinn. Für diese Frage gelten § 24 III, 2 UmwStG i.V.m. § 16 IV und § 34 I EStG bzw. §§ 16, 34 EStG unmittelbar.[530]

70 Für bilanztechnische[531] Einzelheiten und sehr instruktive Fallbeispiele hinsichtlich der Einbringung nach § 24 UmwStG sei verwiesen auf folgende Spezialliteratur:

---

527 Nach § 6 I Nr. 1, S. 2 EStG ist der Teilwert der Marktwert, den ein Erwerber des ganzen Unternehmens für den Erwerb des jeweiligen Einzel-Wirtschaftsgutes zahlen würde.
528 Zahlt der neu in eine bisherige Einzelpraxis eintretende Sozius einen Geldbetrag, so entsteht beim Entgeltempfänger ein Veräußerungsgewinn (§§ 18 III, 16 II, III, IV EStG). Hierbei bieten sich für den Entgeltempfänger drei Möglichkeiten: Normale, nicht begünstigte Versteuerung des Veräußerungsgewinns (Entgelt abzüglich Veräußerungskosten, abzüglich Buchwerte), tarifbegünstigte Veräußerung des Veräußerungsgewinns sowie schließlich Neutralisierung des Veräußerungsgewinns durch eine sog. negative **Ergänzungsbilanz**. Siehe zu diesen drei Alternativen Streck in NJW 1991, Seite 2252–2259 (2255/2256 unter IV 4).
529 Vgl. Streck in NJW 1991, Seite 2252–2259 (2256 unter IV 5).
530 Wie vor, Streck, a.a.O.
531 Auch bei Gewinnermittlung nach § 4 III EStG ist für den Zeitpunkt der Einbringung zur Bilanzierung (§ 18 III i.V.m. § 16 II, 2 EStG) überzugehen. Hierbei haben der/die Einbringende(n) eine Schlußbilanz zu erstellen und die übernehmende Personengesellschaft eine Eröffnungsbilanz ggf. unter Hinzufügung von Ergänzungsbilanzen.

- Schulze zur Wiesche, in BB, 1995, Seite 593–605, 71
Die freiberufliche Praxis – Veräußerung, Aufnahme eines Juniorpartners, vorweggenommene Erbfolge, Erbfall,
- Streck, in NJW 1991, Seite 2252–2259, 72
Steuerprobleme örtlicher, überörtlicher und internationaler Anwaltssozietäten.

Diese beiden Aufsätze sind zur Lektüre im Zusammenhang mit einkommensteuerrechtlichen Fragen, auch über die steuertechnischen Fragen hinaus, auf alle Fälle zu empfehlen. Zudem sind sie in Zeitschriften abgedruckt, die ohnehin zum Bestandteil der Handbibliothek fast jeden Rechtsanwalts gehören werden. 73

3. Einkommensteuerliche Besonderheiten bei der Realteilung einer Sozietät

Wie hier unter 1. und 2. dargestellt,[532] ergeben sich einkommensteuerrechtliche Folgen nicht nur bei der Veräußerung eines Sozietätsanteiles im engeren Sinne, sondern insbesondere auch bei strukturellen Änderungen, die die **Gründung** – insbesondere Einbringung und Fusion – von Sozietäten betreffen. Einkommensteuerliche Folgen ergeben sich aber auch bei strukturellen Änderungen, die sich auf die **Auflösung**[533] einer Sozietät beziehen. 74

Bei der Auflösung einer Anwaltssozietät ist unter einkommensteuerrechtlichen Aspekten insbesondere zu denken an die Fälle einer sogenannten **Realteilung**.[534] Von »echter« Realteilung wird gesprochen, wenn beide Partner einer Sozietät eine Sozietät dadurch auflösen, daß sie jeweils eine Einzelpraxis mit den Buchwerten fortführen, die ihren bisherigen Sozietätsanteilen entsprechen.[535] Hierbei wird die sonst steuerpflichtige Auflösung stiller Reserven vermieden. Wird ein sogenannter **Spitzenausgleich** gezahlt, so liegt beim Empfänger insofern ein nicht nach § 34 EStG tarifbegünstigter laufender Gewinn vor, da nicht alle stillen Reserven – Voraussetzung für die Tarifbegünstigung – aufgelöst werden.[536] 75

Die gleichen Grundsätze gelten, wenn nach der Auseinandersetzung einer mehr als zwei Personen starken Sozietät entsprechend viele Einzelpraxen entstehen; aber auch, wenn eine Einzelpraxis und eine Sozietät oder gar mehrere Sozietäten nach der Realteilung verbleiben. Möglich ist allerdings auch, daß die sich 76

---

532 Siehe hier Rn 47 ff.
533 Vgl. dazu den dritten Paragraphen dieses Handbuches, die Wertermittlung von Anwaltspraxen, insbesondere das Tableau Rn 240.
534 Dazu Schulze zur Wiesche in BB 1995, Seite 593–605 (602 unter G).
535 Burhoff/Obermeier, Seite 331, Rn 1368.
536 Wie vor Seite 332, Rn 1370.

trennenden Sozien eine Realteilung unter Aufdeckung aller stillen Reserven durchführen. Es gelten dann die §§ 16, 18, 34 EStG.[537]

4. Einkommensteuerliche Besonderheiten bei der Aufgabe einer Sozietät im ganzen

77 Gegenüber der Aufgabe einer Einzelpraxis[538] gibt es hinsichtlich der Aufgabe einer Sozietät im ganzen einige Besonderheiten. Dieser Fall wird in praxi wohl noch seltener sein als die Aufgabe einer Einzelkanzlei. Warum? Weil häufig eine Kontinuität einer Sozietät dadurch gewährleistet wird, daß für einen ausscheidenden Seniorpartner ein Juniorpartner eintritt, so daß größere Sozietäten damit eine fast unbegrenzte »Lebensdauer« erreichen können. Der Weg der Zukunft wird bei Fortsetzung des Trends zu Großsozietäten allerdings sicherlich über die Bildung von Kapitalgesellschaften führen.[539]

So denn dieser seltene Fall vorläge, ergeben sich folgende einkommensteuerlichen Konsequenzen:

78 • Nach § 18 III EStG gilt hierfür § 16 III EStG, mit der Folge, daß bei Einzelveräußerung von Gegenständen des Betriebsvermögens die tatsächlichen Veräußerungspreise, bei Überführung ins Privatvermögen die fiktiven Einzelveräußerungspreise[540] (»gemeiner Wert«, § 16 III, S. 4 EStG) angesetzt werden. Soweit diese über den Buchwerten liegen, entstünde ein Veräußerungsgewinn.

79 • Die Freibeträge nach § 18 III i.V.m. § 16 IV EStG wegen Alters oder Berufsunfähigkeit gelten für jeden Sozius in voller Höhe, also nicht nur entsprechend dem Anteil an der Sozietät.[541]

80 Der jeweilige Aufgabegewinn ist nach § 34 II Nr. 1 EStG durch den halben Steuersatz begünstigt, sofern die Aufgabe in einem einheitlichen Vorgang erfolgt.

5. »Kauf« eines Sozietätsanteiles durch Gewinnverzicht

81 Eine auf dem »Markt« der Sozietätsverkäufe häufiger anzutreffende Gestaltung ist folgende: Der neu aufgenommene Partner muß keine Zahlungen leisten, er

---

537 Vgl. BFH-Urteil vom 01.12.1992 in BStBl. II, 1994, Seite 607.
538 Dieser seltene Fall wurde hier in der Fußnote 462 nur kurz angesprochen.
539 Siehe zum Regierungsentwurf einer Anwalts-GmbH, AnwBl 1/1998, Seite 6ff.
540 Zur Vermeidung von Auseinandersetzungen mit der Finanzverwaltung ist eine realistische Bewertung, notfalls durch Gutachten belegt, sinnvoll.
541 Vgl. dazu § 16 IV EStG in der bis zum 31.12.1995 geltenden Fassung. Seinerzeit gab es nur einen dem Sozietätsanteil entsprechenden Anteil des Freibetrages. Dies wurde ab dem Veranlagungszeitraum 1996 zugunsten der Steuerpflichtigen geändert.

»kauft« sich sozusagen in eine Sozietät durch anfänglichen teilweisen Gewinnverzicht ein.[542] Der Juniorpartner erhält anfänglich nur einen relativ geringen Gewinnanteil, womit er meist »gut leben« kann, wenn er zuvor durch die Referendarbezüge nicht eben verwöhnt war. Die Gewinnanteile steigen in den Folgejahren allmählich bis zur vollen Höhe. Die Sozietät führt hierbei die Buchwerte fort, so daß sich bei ihr keinerlei Veräußerungsgewinn ergibt, was die Akzeptanz dieses steuerlichen Gestaltungsmodells bei den aufnehmenden Sozien erheblich erhöht. Es liegt damit kein Anschaffungsvorgang vor, so daß der Eintretende allerdings auch keine (abschreibungsfähigen) Anschaffungskosten hat.

Dieses »**Gewinnbeteiligungsmodell**« basiert auf dem Grundgedanken des § 24 UmwStG – Buchwertfortführung – und ist als zulässige Gewinnverteilungsabrede anerkannt, sofern die Gewinnanteile des Juniorpartners in einer Quote bestehen, also nicht in festen Geldbeträgen.[543]

82

6. Einkommensteuerliche Besonderheiten beim »echten« Kauf eines Sozietätsanteiles

Die einkommensteuerlichen Folgen des »echten« Kaufs[544] bzw. Verkaufs eines Sozietätsanteiles gleichen im wesentlichen denen, die für den Kauf/Verkauf einer Einzelpraxis gelten.[545] Das bedeutet: Wenn denn – sofern nach dem Gesellschaftsvertrag zulässig oder mit Zustimmung aller Sozien erfolgt – ein Sozietätsanteil von einem ausscheidenden Sozius an einen neu eintretenden Dritten verkauft wird, handelt es sich einkommensteuerlich um die steuerpflichtige Veräußerung eines Mitunternehmeranteiles (§§ 18 III, 16 I, Nr. 2, II, IV EStG). Es liegt hierbei nicht eine Einbringung in eine Personengesellschaft nach § 24 UmwStG vor.[546] Entsprechendes gilt für den Fall, daß der Berufsträger nicht an einen Dritten veräußert, sondern an die verbleibenden Partner der Sozietät. In diesem Falle hätte der Ausgeschiedene seinen Mitunternehmeranteil an die verbleibenden Partner veräußert, denen gesellschaftsrechtlich dessen Anteil anwächst.

83

Bei Veräußerung an einen neu eintretenden Sozius gegen Entgelt tritt dieser unter Übernahme der Rechte und Pflichten des Ausgeschiedenen in die Sozietät ein.[547] Der Veräußerer hat einen Veräußerungsgewinn erzielt (§ 18 III i.V.m. §§ 16, 34 II 1 EStG). Dieser ergibt sich aus dem Unterschiedsbetrag zwischen

84

---

542 Dazu Streck in NJW 1991, Seite 2252–2259 (2256 unter IV 6) und Schulze zur Wiesche in BB 1995, Seite 593–605 (598 unter D I e).
543 Streck, wie vor.
544 Siehe dazu oben § 3 Tableau Rn 240, dort Fall II. 3.
545 Siehe hier Rn 11 ff.
546 Schulze zur Wiesche, in BB 1995, Seite 593–605 (Seite 594 unter C I).
547 Schulze zur Wiesche, wie vor.

§ 6 Steuerrechtliche Folgen des Praxisverkaufes

der erhaltenen Abfindung und dem durch Betriebsvermögensvergleich (§ 4 I i.V.m. §§ 18 III, 16 II, 2 EStG) ermittelten Kapitalkonto (= Buchwerte).[548]

85   Für die vom ausscheidenden Sozius erstrebte tarifbegünstigte (§ 34 II, 2 EStG) Veräußerung ergibt sich – im Vergleich zur Veräußerung einer Einzelpraxis – einkommensteuerlich folgende Besonderheit:

86   Die »Wartefrist« für den Fall einer späteren Fortsetzung der anwaltlichen Berufstätigkeit durch den Ausscheidenden ist hier – entsprechend der längeren Abschreibungsdauer – mit 6 Jahren oder länger anzusetzen.[549] Der neu eintretende Sozius hat Anschaffungskosten, die er abschreiben kann. Hierzu gehört neben den materiellen Wirtschaftsgütern auch die Abschreibung auf den erworbenen immateriellen Goodwill. Für die Abschreibungsdauer gelten dieselben Fristen, wie sie der »Wartefrist« entsprechen, d.h. mindestens 6 Jahre.[550]

87   Für die Ermittlung des Veräußerungsgewinns[551] und die Abschreibung des Kaufpreises beim Erwerber[552] gelten gegenüber den gleichen Problemen bei Einzelkanzleien keine Besonderheiten.[553]

---

548 Schulze zur Wiesche in BB 1995, Seite 593–605 (Seite 596 unter C III 2a).
549 Vgl. zur Abschreibungsdauer bei Sozietäten: Schmidt, EStG, § 18 Rn 202: 6–10 Jahre und George in DB 1995, Seite 896 – 898.
550 Siehe dazu BFH in BStBl. II, 1994, Seite 590.
551 Siehe dazu hier Rn 23 ff.
552 Siehe hier Rn 26 ff.
553 Kaiser/Wollny, Seite 100, Rn 338 ff.
554 Vgl. hierzu oben Fall I. 1, sowie Fall 10, Rn 264 und Fall 11, § 3 Rn 240, 265.
555 Vgl. hierzu oben Fall I. 2, § 3 Rn 240.
556 Vgl. hierzu oben Fall I. 3, § 3 Rn 240.
557 Vgl. hierzu oben Fall II. 1, § 3 Rn 240.
558 Vgl. hierzu oben Fall II. 2, § 3 Rn 240.
559 Vgl. hierzu oben Fall II. 3, § 3 Rn 240.
560 Schulze zur Wiesche in BB 1995, Seite 593–605 (Seite 601 unter D V).
561 Siehe hier § 6 Rn 81 ff.
562 Siehe hierzu § 6 Rn 83 ff.
563 Siehe hierzu § 6 Rn 77 ff.
564 Schulze zur Wiesche in BB, 1995, Seite 593–605 (Seite 601 unter E).
565 Schulze zur Wiesche, in BB 1995, Seite 593–605 (597 ff. unter D I–IV und Seite 601 und E).
566 Siehe hier § 6 Rn 83 ff.
567 Vgl. dazu näher Streck in NJW, 1991, Seite 2252–2259 (Seite 2255 unter 4 b), u.a. zur Möglichkeit der Gewinnneutralisierung durch eine sogenannte negative Ergänzungsbilanz.
568 Schulze zur Wiesche in BB 1995, Seite 593–605 (Seite 601 unter E).
569 Siehe hierzu § 6 Rn 74 ff.

Steuerrechtliche Folgen des Praxisverkaufes § 6

7. Zusammenfassendes Tableau der wichtigsten einkommensteuerrechtlichen Folgen

Gründung einer Sozietät durch Zusammenlegung von Einzelpraxen[554] (»Fusion«)	Einbringung einer Einzelpraxis in eine bereits vorhandene Sozietät (»Fusion«)[555]	Eintritt in eine (bereits bestehende) Sozietät oder Eintritt in eine bereits bestehende Praxis die somit zur Sozietät wird[556]	Auflösung einer Sozietät unter Fortbestehen mehrerer Einzelpraxen[557] oder personell veränderter Sozietät[558] (»Realteilung«)	Ausscheiden aus einer Sozietät ohne Fortführung einer Praxis durch den Ausscheidenden[559]	Aufgabe einer Sozietät im ganzen (selten!)
1. Es handelt sich für jede eingebrachte Praxis um einen Fall nach § 24 UmwStG[560], d.h. es liegt gewissermaßen ein Verkauf jeder der einzelnen Praxen an die neu entstehende Sozietät vor.	1. Auch hier ein Fall nach § 24 UmwStG.	1. Bei Eintritt in eine bereits bestehende Sozietät (1. Alt.) liegt ein »Kauf« eines Sozietätsanteiles durch Gewinnverzicht vor[561] **oder** ein echter Kauf eines Sozietätsanteiles.[562] Für beide Fälle wird auf die vorangegangenen Ausführungen verwiesen.	1. Es handelt sich um eine Realteilung.	1. Dieser Fall ist das Gegenstück zum Eintritt in eine bereits bestehende Sozietät, jedoch aus der Sicht des Ausscheidenden. Siehe hier im Tableau links.	1. Für diesen eher theoretischen Fall wird verwiesen auf die Ausführungen im Text zuvor.[563]
2. Die neu entstandene Sozietät hat das dreifache Wahlrecht nach § 24 II UmwStG.	2. Jeder Altgesellschafter bringt seine Mitunternehmeranteile ein, daher hat die neue Sozietät das dreifache Wahlrecht des § 24 II UmwStG.[564]	2. Dagegen handelt es sich bei dem Eintritt in eine bestehende Einzelpraxis (2. Alt.), die damit zur Sozietät wird, um den Fall einer Einbringung der Einzelpraxis nach § 24 UmwStG[565]	2. Hier kann die Aufdeckung der stillen Reserven durch Buchwertfortführung vermieden werden, wodurch ein Veräußerungsgewinn nicht entstünde.	2. Im übrigen wird wegen der einkommensteuerlichen Konsequenzen auf die vorangegangenen Ausführungen[566] verwiesen.	
3. Wird eine Ausgleichszahlung vereinbart, hat der Empfänger einen Veräußerungsgewinn (Entgelt – Veräußerungskosten – Buchwerte)[567] zu versteuern, was auch vermieden werden kann.	3. Auch für den Neueintretenden gilt § 24 UmwStG.[568]		3. Siehe hierzu im übrigen die vorangegangenen Ausführungen[569] mit den dortigen Literaturhinweisen.		
	4. Bei Einbringung zum Teilwert entsteht ein nach §§ 16 IV, 34 I EStG begünstigter Veräußerungsgewinn.				

§ 7 Vertragsmuster

I. Hinweise zur Einzelfall-Problematik

Jede Rechtsanwaltspraxis – sei sie eine Einzelkanzlei oder eine Sozietät – stellt ein persönlich-sachliches Individuum dar. Diesem Umstand ist auch bei deren Verkauf Rechnung zu tragen. Daher kann es bei der Abfassung eines Kanzleikaufvertrages auch keinen »Mustervertrag« geben. Die Problematik von »Musterverträgen« und den damit verbundenen Gefahren ist jedem vertragsgestaltend tätigen Anwalt hinlänglich bekannt.

Von einem Handbuch, das alle wesentlichen Aspekte des Praxisverkaufs darstellen soll, darf andererseits aber mit Recht erwartet werden, daß dem Leser eine Hilfestellung bei der individuellen Gestaltung des Kanzleikaufvertrages gegeben wird. Der Leser möchte wissen, welche Aspekte im Kaufvertrag geregelt werden sollten und, wie diese Regelungen im einzelnen ausgestaltet sein könnten. Diesem Wunsch soll im folgenden durch ein Vertragsmuster entsprochen werden. Es basiert auf den oben im § 2 unter IV. genannten Punkten. Auf die dort gegebenen umfangreichen Erläuterungen in den Fußnoten sei hiermit zur Vermeidung von Wiederholungen verwiesen.

Wegen der unbegrenzten Möglichkeiten individueller Vertragsgestaltung muß sich der Verfasser auf ein Grundmuster beschränken. Es betrifft die Übergabe einer **Einzelkanzlei**, enthält aber auch Hinweise auf etwaige bedeutsame Abweichungen bei der Übertragung eines **Sozietätsanteiles**. Die Beschränkung auf ein Grundmuster erfolgt auch deshalb, weil die Nennung von zahlreichen alternativen Formulierungen der praktischen Verwertbarkeit des Vertragsmusters eher abträglich wäre. Dort, wo das Grundmuster nicht den Bedürfnissen des individuellen Kanzleikaufvertrages entspricht, sei der Leser auf die detaillierten Erläuterungen im IV. Teil des § 2 verwiesen.

4 II. Vertragsmuster für die Übertragung einer Einzelkanzlei mit ergänzenden Hinweisen für Sozietätsanteile

Gegenstand der Regelung und Vorschlag für die Formulierung eines Grundmusters	Hinweise auf obige Ausführungen und alternative Regelungen

Praxisübergabevertrag

zwischen Rechtsanwalt...

... (Praxisanschrift u. Privatanschrift),

– nachfolgend Veräußerer genannt –

und

Rechtsanwalt...

... (Praxisanschrift -falls gegeben- u. Privatanschrift),

– nachfolgend Erwerber genannt –,

wird folgender Vertrag geschlossen:

- Kauf/Erwerb auch vom Erben denkbar. Siehe dazu Fn. 122.
- Käufer/Erwerber kann auch ein vor der Zulassung stehender Assessor sein. Dann auch Kauf unter aufschiebender Bedingung (§ 158 I BGB) der erfolgten Zulassung möglich.

Besonderheit bei Verkauf eines Sozietätsanteiles: Als »Vertrag über die Übergabe eines Sozietätsanteiles« zu bezeichnen.

§ 1
Vertragsgegenstand

Verkauft und veräußert wird die vom Übergeber unter der vorstehend genannten Praxisanschrift betriebene Rechtsanwaltskanzlei.

- Siehe dazu Fn. 123.

Hierzu zählen die Büroeinrichtung, die Bürogeräte und die Bibliothek. Die einzelnen Gegenstände ergeben sich aus der von den Parteien einvernehmlich aufgestellten Inventarliste, die diesem Vertrag als **Anlage** ... beigefügt ist.

- Siehe Muster für Inventarliste § 3 Rn 7.

Offene Forderungen, die auf Außenständen im Zusammenhang mit der Tätigkeit des Veräußerers beruhen, sind nicht Gegenstand dieses Kaufvertrages. Diese Forderungen stehen allein dem Veräußerer zu und werden von diesem beigetrieben. Forderungen, die nach dem Übergabestichtag durch die Tätigkeit des Erwerbers entstanden sind, stehen dagegen ausschließlich diesem zu.

• Siehe Musterbilanz Seite § 3 Rn 13 für den Fall, daß offene Forderungen des Veräußerers vom Erwerber übernommen werden sollen.

Für künftig entstehende Forderungen aus der mit dem Mandanten vereinbarten Weiterbearbeitung laufender Mandate durch den Erwerber wird zwischen dem Veräußerer und dem Erwerber folgendes vereinbart:

• Hinsichtlich der Regelung der Vergütungsanteile für die Weiterbearbeitung siehe Fn. 131.

...

Verbindlichkeiten, die bis zum Übergabestichtag (§ 13) entstanden sind, sind vom Veräußerer zu begleichen.

• Wegen der Möglichkeit der Übernahme von Verbindlichkeiten des Veräußerers durch den Erwerber siehe Musterbilanz oben § 3 Rn 13.

Eine etwa im Außenverhältnis erfolgte Inanspruchnahme des Erwerbers durch Dritte hat der Veräußerer im Innenverhältnis dem Erwerber gegenüber sogleich auszugleichen.

• Für Gehaltsrückstände aus der Zeit vor der Übergabe haftet der Erwerber kraft Gesetzes: § 613 a II BGB als Gesamtschuldner, dazu auch Fn. 127.

Mitübertragen auf den Erwerber wird auch der ideelle Wert der Praxis (Goodwill).

• Siehe Fn. 125.

Besonderheiten zu § 1 beim Verkauf eines Sozietätsanteiles: Nennung der Namen des Anteilsveräußerers und der verbleibenden Sozien; Nennung der Quote des zu übertragenden Anteils und Auflistung, an welchen Gegenständen eine gesamthänderische Berechtigung und Verpflichtung vom Veräußerer auf den Übernehmer übertragen wird. Außerdem Angabe, daß alle verbleibenden Sozien der Übertragung zugestimmt haben bzw., daß die Übertragung in Übereinstimmung mit § ... des Gesellschaftsvertrages erfolgt ist. Siehe auch Fn. 123.

§ 2
Weiterverwendung des Namens des Veräußerers

Der Veräußerer gestattet hiermit dem Erwerber, auf den Namen des Veräußerers in wettbewerbsrechtlich und berufsrechtlich zulässiger Art hinzuweisen.

- Siehe Fn. 124 m.w.N. zur möglichen Formulierung.

- Unbedenklich wohl nur, wenn der Veräußerer ganz aus dem Beruf ausscheidet, da anderenfalls die Gefahr der Irreführung (§ 3 UWG).

Besonderheiten zu § 2 beim Verkauf eines Sozietätsanteiles: Siehe Fn. 124 und den dortigen Hinweis auf § 9 der Berufsordnung vom 29.11.1996.

§ 3
Gewährleistung des Veräußerers

Der Erwerber übernimmt die Büroeinrichtung, die Bürogeräte und die Bibliothek in dem Zustand, in dem sich die Gegenstände befinden. Eine Gewährleistung wird nicht übernommen. Allerdings gibt der Veräußerer hiermit die Versicherung ab, daß er als Eigentümer der in der Inventarliste (§ 1) aufgeführten Gegenstände uneingeschränkt verfügungsberechtigt ist. Insbesondere besteht an keinem Gegenstand ein Eigentumsvorbehalt eines Dritten; auch hat der Veräußerer keinen Gegenstand einem Dritten zur Sicherung übereignet.

Im übrigen ist eine Sach- und Rechtsmängelgewährleistung ausgeschlossen.

Hinsichtlich des mitübernommenen ideellen Praxiswertes (Goodwills) ist sich der Erwerber darüber im klaren, daß der Veräußerer keinerlei Gewähr für eine Weitermandatierung durch bisherige Auftraggeber abgeben kann. Ebensowenig leistet der Übergeber für künftig beim Erwerber anfallende Umsätze, Kosten und Erträge Gewähr.

- Siehe Fn. 125

Besonderheiten zu § 3 beim Verkauf eines Sozietätsanteiles: Ausschluß der bei Sozietätsanteilen ohnehin nur bestehenden Rechtsmängelgewährleistung; siehe dazu Tableau § 4 Rn 9.

§ 4
Weiternutzung der bisherigen Praxisräume

Der Erwerber tritt mit Wirkung vom ... in den zwischen dem Vermieter ... und dem Veräußerer am ... abgeschlossenen Mietvertrag ein.

Erwerber, Veräußerer und Vermieter haben in einem dreiseitigen Vertrag die Übertragung des Mietvertrages auf den Erwerber vereinbart. Mit dem vorstehend genannten Zeitpunkt tritt der Erwerber in den Mietvertrag mit allen Rechten und Pflichten ein. Der Erwerber hat jedoch nicht für vor dem Eintrittszeitpunkt entstandene Pflichten des Veräußerers einzustehen. Dies gilt auch für etwaige Nachzahlungen für Nebenkosten, soweit sie sich auf einen Zeitraum vor dem Eintrittszeitpunkt beziehen.

- Siehe Fn. 126.
- Auch möglich: Neuabschluß von Erwerber und Vermieter unter Aufhebung des bisherigen Mietvertrages.
- Der Eintrittszeitpunkt des Erwerbers wird sich im allgemeinen mit dem Übergabestichtag nach § 13 decken. Er kann aber auch – z.B. bei Umbau/Renovierung – vor diesem liegen.

Besonderheiten zu § 4 beim Verkauf eines Sozietätsanteiles:
Mit dem Vermieter muß hier lediglich vereinbart werden, daß der Anteilserwerber anstelle des Anteilsveräußerers in den Mietvertrag eintritt. Auf das Schriftformerfordernis hierbei (§§ 566, 126 BGB) sei hingewiesen. Mit den übrigen Sozien läuft der Mietvertrag unverändert fort.

§ 5
Kanzleimitarbeiter

Der Erwerber hat alle schriftlichen Mitarbeiterverträge nebst ergänzender Nachträge eingesehen. Sie sind diesem Vertrag **als Anlagen** ... beigefügt. Mündliche Verträge und mündliche Zusätze zu schriftlichen Verträgen existieren daneben nicht.

Der Erwerber tritt in sämtliche Mitarbeiterverträge ab ... ein, nachdem alle Mitarbeiter schriftlich erklärt haben, dem Übergang des Arbeitsverhältnisses nicht widersprechen zu wollen. Diese Erklärungen sind diesem Vertrag ebenfalls **als Anlagen** ... beigefügt.

- Achtung: Sind etwaige Gehaltserhöhungen erfolgt, die **nicht** schriftlich fixiert sind?

- Siehe Fn. 127 und den Hinweis zur Rechtslage: Danach zwar »automatischer Übergang« des Arbeitsverhältnisses kraft Gesetzes, aber Widerspruchsrecht des Mitarbeiters nach der Rechtsprechung. Zur Vermeidung von Unklarheiten daher Schriftform sinnvoll.

Besonderheiten zu § 5 beim Verkauf eines Sozietätsanteiles:
Es ist erheblich problematisch, ob ein bloßer Gesellschafterwechsel die Rechtsfolgen des § 613 a BGB auslöst. Zum Streitstand: Schleifenbaum in BB 1991, Seite 1705–1706. Daher sollte gerade bei Sozietäten eine Vereinbarung zwischen dem Veräußerer, allen verbleibenden Sozien und jedem weiter tätigen Mitarbeiter getroffen werden.

§ 6
Information der Mandanten über den Praxisübergang

- Siehe Fn. 128

Der Veräußerer ist verpflichtet, alle Mandanten von der Übergabe der Kanzlei in Kenntnis zu setzen. Dies gilt jedoch nicht für Auftraggeber, die den Veräußerer innerhalb eines vorangegangenen Zeitraumes von ... Monaten erstmals und einmalig mandatiert haben.

- Natürlich können auch diese Mandanten angeschrieben werden, wenn man den damit verbundenen Arbeitsaufwand nicht scheut.

Die Bekanntgabe hat bis zum ... zu erfolgen. Sie erfolgt durch ein von beiden Parteien gemeinsam aufzusetzendes Rundschreiben, das in der Praxis des Veräußerers gefertigt wird. Die Kosten für dieses Rundschreiben einschließlich des Portos werden von den Parteien gemeinsamen mit DM ... angenommen. Hiervon trägt jede Partei die Hälfte.

Der Praxisübergang ist außerdem durch ... Anzeige(n) in ... bekanntzumachen. Auch diese Kosten werden hälftig geteilt.

Nicht durch Rundschreiben, sondern durch ein gemeinsames, persönliches Einführungsgespräch erfolgt die Bekanntmachung der Praxisübertragung bei folgenden Mandanten ...

...

(nur verschlüsselt wegen Verschwiegenheitspflicht, keine Namensnennung!).

- Dieselbe Empfehlung auch bei Kaiser/Wollny, Seite 22, Rn 62 und Seite 135, dort in § 8.
- Zu beachten ist hierbei allerdings die anwaltliche Verschwiegenheitspflicht (§ 43 a BRAO, § 203 I 3 StGB), zu der auch schon die Tatsache zählt, daß jemand überhaupt Mandant eines Anwaltes ist. Siehe dazu § 5 Rn 21. Der Veräußerer kann daher vor Zustimmung des Mandanten zur Weitermandatierung des Erwerbers Namen nur »anonym« bekanntgeben. Dabei bereitet die »anonymisierte« Namensnennung, soll sie zum Inhalt des Kanzleikaufvertrages gemacht werden, größte praktische Schwierigkeiten. Sie gleicht einer Quadratur des Kreises.

Besonderheiten zu § 6 beim Verkauf eines Sozietätsanteiles: Im Prinzip kann die Information genauso erfolgen. Bei größeren Sozietäten ist wegen des Verbleibs der übrigen Sozien dieser Punkt jedoch weniger bedeutsam, da Mandate häufig auch von anderen Sozien bearbeitet wurden.

§ 7
Vereinbarung einer überleitenden Mitarbeit

Der Veräußerer verpflichtet sich für die Dauer von ... Monaten nach Übergabe der Praxis zu einer überleitenden Mitarbeit in der übertragenen Kanzlei.

- Siehe zur überragenden Bedeutung dieses Aspektes Fn. 129 sowie auch das Tableau, § 3 Rn 159, dort I.15.
- Eine am Einzelfall orientierte Formulierung dieser Vereinbarung ist ratsam; hier nur **ein** möglicher Vorschlag.

Der Umfang der überleitenden Mitarbeit richtet sich danach, was erforderlich ist, um eine Einarbeitung des Übernehmers in laufende, zu übernehmende Mandate zu gewährleisten und um den Übernehmer mit allen für die Kanzlei besonders wichtigen Mandanten bekanntzumachen.

- Bei der Vereinbarung einer überleitenden Mitarbeit ist für den Veräußerer aus (einkommen-)steuerlichen Gründen Vorsicht geboten: Zur Erhaltung der Tarifvergünstigung und des Freibetrages (§ 34 II Nr. 1 i.V.m. § 18 III, 16 II und 16 IV EStG) darf der Erwerber grundsätzlich nicht mehr auf eigene Rechnung für bisherige Mandanten tätig sein, wohl aber freiberuflich für den Erwerber, jedenfalls für eine Dauer von bis zu 6 Monaten. Siehe dazu § 6 Rn 18.

Der Veräußerer steht zu diesem Zwecke dem Übernehmer einen vollen Tag in der Woche (von 09.00 Uhr bis 18.00 Uhr ... oder anders ...) zur Verfügung, erforderlichenfalls mehr.

- Auch möglich: Überleitende Mitarbeit gänzlich oder jedenfalls bis zu ... Stunden unentgeltlich, aber kaum zu empfehlen, da kein Anreiz beim Veräußerer

Für seine Mitarbeit erhält der Veräußerer ein Honorar von ... DM je Zeitstunde.

Besonderheiten zu § 7 beim Verkauf eines Sozietätsanteiles:
Die überleitende Mitarbeit ist beim Erwerb eines Sozietätsanteiles nicht so bedeutsam wie beim Kauf einer Einzelkanzlei. Siehe dazu oben § 3, IV., Fall 9 und Fn. 396. Sie bleibt aber auch hier wünschenswert.

§ 8
Zustimmung der Mandanten zur Weiterbearbeitung laufender Mandate durch den Erwerber sowie zur Aktenübergabe

Der Erwerber tritt in die noch nicht abgeschlossenen Mandatsverträge ein und bearbeitet diese in eigener Verantwortung weiter.

Aus Gründen der beruflichen Verschwiegenheitsverpflichtung ist hierfür die schriftliche Zustimmung eines jeden Mandanten einzuholen.

Der Veräußerer wird alle Klienten schriftlich um die Zustimmung zur Übergabe der Akten und zur Zustimmung zur Weiterbearbeitung durch den Erwerber ersuchen. Dies erfolgt durch einen Serienbrief, dessen Inhalt von beiden Vertragspartnern gemeinsam abzustimmen ist; er wird in der Praxis der Veräußerer gefertigt. Die Kosten für die Erstellung dieses Serienbriefes einschließlich Porto und Rückporto nehmen die Parteien mit DM... an. Hiervon trägt jeder die Hälfte.

Akten bei laufenden Mandaten, bei denen der Mandant nicht schriftlich zugestimmt hat, dürfen nicht übergeben werden. Diese Mandate bleiben bis zur erteilten Zustimmung allein im Verantwortungsbereich des Veräußerers. Der Veräußerer wird aber alles tun, um die Mandanten zur Zustimmung zu bewegen.

- Siehe dazu Fn. 130

- Siehe zur berufsrechtlich und strafrechtlich abgesicherten Verschwiegenheitspflicht in diesem Zusammenhang: § 5 Rn 15 ff.

- Siehe dazu den Formulierungsvorschlag in Fn. 130.

- Notfalls konkludente Zustimmung gegeben, wenn Mandant den Erwerber aufsucht. Dazu oben § 5, III., Rn 25.
- Veräußerer bleibt aus dem Mandatsvertrag (§§ 611, 675, 613 BGB) persönlich gebunden, auch für eventuelle Verstöße (siehe oben § 4, I., II. und III., Seite Rn 1 ff.) und daraus resultierender Haftpflicht.

Besonderheiten zu § 8 beim Verkauf eines Sozietätsanteiles: Beim Fall eines »echten Verkaufes«, d.h. Wechsel in der Person des Sozius', gelten keine Besonderheiten. Anders aber, wenn der Veräußerer an die verbleibenden Sozien verkauft und Mandatsvertrag – wie zumeist der Fall- mit der Sozietät als solcher abgeschlossen wurde. Dann wären die verbleibenden Sozien – trotz § 613 BGB – ohne weiteres zur Weiterbearbeitung berechtigt und auch verpflichtet.

§ 9
Regelung der Vergütungsanteile aus laufenden Mandaten

Die Vergütungen aus den laufenden Mandaten, bei denen die Auftraggeber einer Weiterbearbeitung durch den Erwerber der Praxis zugestimmt haben, sind zwischen Erwerber und Veräußerer aufzuteilen. Maßstab ist dabei der bereits vom Veräußerer getätigte Zeitaufwand und der voraussichtlich beim Erwerber noch entstehende Zeitaufwand. Hierbei ist jeweils von einer berufsüblichen und angemessenen Bearbeitungszeit auszugehen.

Die Aufteilung gilt ungeachtet dessen, ob der Veräußerer bereits Honorare vom Mandanten erhalten hat. Soweit aufzuteilende Honorare noch nicht dem Mandanten in Rechnung gestellt wurden und aus diesem Grunde auch noch nicht beglichen wurden, ist dies Sache des Erwerbers.

Beide Parteien verpflichten sich gegenseitig, nach Mandantenzustimmung die Honoraranteile aus jedem einzelnen laufenden Mandat zu berechnen.

- Siehe oben Fn. 131.

- § 9 betrifft allein das Innenverhältnis der Parteien des Kanzleikaufvertrages.
- Die teilweise vorgeschlagenen Formulierungen (vgl. Kaiser/Wollny, Seite 135, § 10 und Eich, Seite 48, § 12), daß nämlich die Honorare, die bis zum Übernahmezeitpunkt entstanden sind, dem Veräußerer und die danach entstehenden dem Erwerber zustehen, ist für den Erwerber häufig nachteilig. Bei bereits mit der ersten Tätigkeit entstandenen Gebühren nach § 31 I 1, 118 I BRAGO bekäme der Erwerber dann häufig gar nichts.

Abhilfe: Schätzung der Zeitanteile vom Veräußerer und Erwerber und sodann Quote vom Gesamthonorar bilden. Dies ist leider umständlich, aber sachgerecht. Bei einem von Großzügigkeit geprägten Verhandlungsklima kann natürlich auch pauschaliert werden.

- Siehe dazu auch Fn. 130 und 133.
- Auch hier gilt es, das bekannte Problem der Verschwiegenheit zu beachten. Eine konkrete Berechnung für jedes einzelne Mandat kann erst nach Zustimmung des Mandanten erfolgen.

Besonderheiten zu § 9 beim Verkauf eines Sozietätsanteiles:
Auch hier ist eine derartige Regelung zu treffen. Deren Wirkung geht aber über die **Parteien** des Kaufvertrages hinaus, da das, was dem Veräußerer zufließt, ja mit den verbleibenden Sozien geteilt wird.

§ 10
Aktenübergabe bei bereits abgeschlossenen Mandaten und Einziehung von Außenständen hierfür

Die Akten aus bereits vollständig abgeschlossenen Mandaten verbleiben beim Veräußerer.

Es ist Sache des Veräußerers, etwaige Außenstände aus bereits abgeschlossenen Mandaten selbst einzuziehen.

• Siehe Fn. 132, und 133.

• Auch möglich: Der Erwerber bewahrt für den Veräußerer diese Akten gegen ein zu vereinbarendes angemessenes Entgelt auf. Dann ist aber auch hierbei die Pflicht zur beruflichen Verschwiegenheit (§ 43 a II BRAO, § 203 I 3 StGB) zu beachten.

Besonderheiten zu § 10 beim Verkauf eines Sozietätsanteiles:
Die Akten verbleiben bei der Sozietät. Diese müßte etwaige Außenstände einziehen, woran der Veräußerer noch teilhätte.

§ 11
Bekanntmachung der Praxisübergabe gegenüber Dritten

Verpflichtungen zur Mitteilung der Praxisübergabe erfüllt jeder Vertragspartner selbst. Das betrifft vor allem die Mitteilungen an die Rechtsanwaltskammer, die Gerichte sowie an den jeweiligen Haftpflichtversicherer.

Die Mitteilung an den örtlichen Anwaltverein und auch an Anwaltskollegen, mit denen der Veräußerer bisher zusammengearbeitet hat, erfolgen in einem gemeinsamen Rundschreiben, das in der Praxis des Veräußerers gefertigt wird.

Die Kosten hierfür werden einschließlich des Portos mit DM ... angenommen. Sie werden von jedem Vertragspartner zur Hälfte getragen.

• Siehe Fn. 134.

• Vgl. auch hier § 6 zur Bekanntmachung bei Mandanten.

• Wegen einer oder mehrerer Anzeigen in der Tageszeitung o.ä. siehe bei § 6 dieses Vertragsmusters.

Besonderheiten zu § 11 beim Verkauf eines Sozietätsanteiles:
Auf die besondere Anzeigepflicht bei Eingehung und Auflösung einer Sozietät nach § 24 der Berufsordnung vom 29.11.1996 wird hingewiesen. Ob der reine Gesellschafterwechsel hierunter fällt, ist nach dem Wortlaut unklar.

§ 12
Eintritt in Verträge mit Dauerwirkung

Der Erwerber tritt mit Wirkung vom ... in folgende Vertragsverhältnisse ein:

1) ...

2) ...

3) ...

4) ...

...

- Siehe Fn. 135.

- Bei § 12 geht es um andere Verträge als den Mietvertrag und die Mitarbeiterverträge, da für diese in §§ 4 und 5 Vorschläge für besondere Regelungen vorgeschlagen wurden.

- Zweckmäßiger Zeitpunkt ist der Übergabestichtag (§ 13).

- Beispiele: Wartungsverträge für technische Geräte, Sachversicherungen, Bezug von Fachzeitschriften etc.

Der Veräußerer hat für alle vorstehend genannten Vertragsverhältnisse die schriftliche Einverständniserklärung des jeweiligen Vertragspartners eingeholt.

Für etwaige Zahlungsrückstände des Veräußerers, die einen Zeitraum vor dem Eintrittsstichtag betreffen, haftet der Erwerber nicht.

Für etwaige Zahlungsrückstände des Erwerbers, die einen Zeitraum nach dem Eintrittsstichtag betreffen, haftet der Veräußerer nicht.

- Auch möglich: »... wird vom Veräußerer eingeholt«. In praxi werden wohl Veräußerer und/oder Erwerber dem jeweiligen Lieferanten den Personenwechsel nur einfach mitteilen. Auch wenn der jeweilige Vertragspartner hierzu schweigt, mag man darin die Zustimmung erblicken und damit den Vertragsübergang annehmen.

Besonderheiten zu § 12 beim Verkauf eines Sozietätsanteiles: Zweifelhaft, ob ein bloßer Gesellschafterwechsel überhaupt einen Austausch des Vertragspartners bedeutet.
Nicht der Fall, wenn man Identität der Gesamthand annimmt (vgl. hierzu Schleifenbaum, in BB 1991, Seite 1705–1706). Zur Vermeidung von Unklarheiten infolge dieses gesellschaftsrechtlichen Problems könnte die Sozietät einschließlich des ausscheidenden Veräußerers und des eintretenden Erwerbers vom Vertragspartner eine Einverständniserklärung einholen.

§ 13
Übergabestichtag

Die Übertragung der Praxis erfolgt mit Wirkung vom . . . , um . . . Uhr.

Etwa hiervon abweichende Regelungen in anderen Klauseln dieses Vertrages, insbesondere in §§ 4, 5 und 12 (nur wenn der Fall!), bleiben unberührt.

- Siehe Fn. 136.
- Siehe zur Bedeutung des Übergabestichtages auch hier §§ 4, 5 und 12.
- Außer bei der Verantwortlichkeit für Haftpflichtschäden ist dies auch der Zeitpunkt, zu welchem Eigentum an Sachen und Inhaberschaft an Forderungen und Rechten übergehen soll.

Besonderheiten zu § 13 beim Verkauf eines Sozietätsanteiles:
Zur Haftung für Vermögensschäden aus dem Anwaltsvertrag: Siehe oben im § 4 Rn 10.

§ 14
Konkurrenzschutz (Wettbewerbsverbot)

Der Veräußerer verpflichtet sich, innerhalb eines Zeitraumes von ... 3 (?) Jahren, gerechnet vom Übergabestichtag (§ 13) an, im Bezirk des Landgerichtes ... nicht als Anwalt tätig zu sein.

Für jeden Fall einer Nichtbeachtung dieser Verpflichtung wird hiermit eine Vertragsstrafe von ... vereinbart.

- Siehe Fn. 137.
- Der Beispielsfall zeigt ein »mildes Wettbewerbsverbot«, was auch vor der Rechtsprechung im Streitfalle Bestand haben dürfte.
- Bei der Abfassung einer Konkurrenzschutzklausel ist zivilrechtlich die Gefahr der Vollnichtigkeit des Übergabevertrages (§§ 139, 138 BGB) zu beachten: Zeitlich, örtlich und inhaltlich begrenzte Klauseln sind nicht sittenwidrig, was aber stets eine Frage des Einzelfalles unter Berücksichtigung aller Umstände ist. **Steuerrechtlich** ist es tendenziell umgekehrt: Tarifvergünstigung und Freibetrag (§§ 18 III, 16 II, IV, 34 II Nr. 1 EStG) sind in Gefahr, wenn sich der Veräußerer örtlich und zeitlich nicht ausreichend vom bisherigen Wirkungskreis entfernt. Siehe oben § 6 Rn 17 ff.
- Hinsichtlich der Höhe der Vertragsstrafe ist § 343 BGB zu beachten.

Besonderheit zu § 14 beim Verkauf eines Sozietätsanteiles:
Der Ausscheidende darf dem Neueintretenden und der fortbestehenden Sozietät keine Konkurrenz machen.

§ 15
Kaufpreis und dessen Begleichung

Der Gesamtkaufpreis beträgt DM ..., in Worten: Deutsche Mark ...
Er setzt sich zusammen aus dem Preis für die Einrichtungsgegenstände der Praxis und dem Goodwill der Praxis (§ 1). Unberührt bleiben anderweitige Vereinbarungen in diesem Vertrag, insbesondere die Regelung der Vergütungsanteile aus laufenden Mandaten (§ 9).

Der Kaufpreis für die Einrichtungsgegenstände ergibt sich im einzelnen aus der **anliegenden Inventarliste**. Dieser beträgt insgesamt ... DM.

Der Kaufpreis für die Übertragung des Goodwills beträgt ... DM. Er ergibt sich aus dem anliegenden Sachverständigengutachten, dessen Kosten jede Partei hälftig trägt.

Der Kaufpreis ist bar zu erbringen und bis zum ... fällig. Gerät der Erwerber in Zahlungsverzug, beträgt der vereinbarte Verzugszins 5 % über dem jeweiligen Diskontsatz.

- Siehe Fn. 138, insbesondere wegen der zu regelnden Einzelaspekte.
- Siehe auch oben im § 3 Rn 3 ff. zur Frage, was alles Gegenstand der Veräußerung sein kann; dazu insbesondere Tableau (Bilanz) Rn 13. Hier im Grundmuster wird davon ausgegangen, daß als Aktiva nur die Büroeinrichtung mitGeräten und Bibliothek und keinerlei Passiva übernommen werden.
- Siehe oben im § 3 Rn 7. Die Einzelpreise können die Grundlage für die steuerliche Abschreibung darstellen. Siehe oben im § 6 Rn 26 ff.
- Zur Empfehlung zur Einschaltung eines Gutachters, siehe oben § 1 Rn 80 f.
- Wegen anderer Zahlungsformen: Siehe oben Fn. 138 und wegen einkommensteuerlicher Konsequenzen siehe oben Tableau, § 6 Rn 10.
- Zweckmäßigerweise gleiches Datum wie beim Übergabestichtag (§ 13).
- Wenn der Veräußerer dies nicht für ein ausreichendes »Druckmittel« hält, mag er den Erwerber zur Unterwerfungserklärung in einer notariellen Urkunde nach § 794 I 5 ZPO bewegen.

Besonderheiten zu § 15 beim Verkauf eines Sozietätsanteiles: Keine!

§ 16
Schiedsgericht

Alle Streitigkeiten aus diesem Vertrag werden unter Ausschluß des ordentlichen Rechtsweges durch ein Schiedsgericht entschieden.

Für die Besetzung des Schiedsgerichtes und das Verfahren vor dem Schiedsgericht gelten die Bestimmungen des anliegenden Schiedsvertrages, der in einer besonderen Urkunde (§ 1027 ZPO) niedergelegt ist.

- Siehe Fn. 139.
- Ein Vorschlag zur Formulierung des separaten Schiedsvertrages findet sich bei Kaiser/Wollny, Seite 141.
- Bei Streitigkeiten kann auch zunächst die zuständige Rechtsanwaltskammer vermittelnd tätig werden (§ 73 II 2 BRAO), allerdings nur auf Antrag. Diese Vermittlungstätigkeit der Kammer kann bereits im Schiedsvertrag geregelt werden. Auch die Personen der einzelnen Schiedsrichter können bereits im Schiedsvertrag geregelt werden, anderenfalls gilt § 1028 ZPO. Es ist aber davon abzuraten, eine konkrete Person (»z.B. den Präsidenten des Landgerichtes ...«) im Vertrag zu fixieren, ohne vorherige Abklärung, ob diese Person das Amt übernehmen kann oder übernehmen möchte.

Besonderheiten zu § 16 beim Verkauf von Sozietätsanteilen: Keine!

§ 17
Salvatorische Klausel

Die Parteien gehen davon aus, daß alle Vereinbarungen aus diesem Vertrag rechtswirksam sind.

Sollte eine Regelung dieses Vertrages unwirksam sein, so berührt dies die Wirksamkeit des Vertrages im übrigen nicht.

Für diesen Fall verpflichten sich die Vertragschließenden, die unwirksame Bestimmung durch eine wirksame zu ersetzen, mit welcher wirtschaftlich möglichst dasselbe erreicht wird.

- Siehe Fn. 140.

Besonderheiten zu § 17 beim Verkauf von Sozietätsanteilen: Keine!

§ 18
Sonstiges

...

.., den...

... (Unterschrift)

.., den...

... (Unterschrift)

- Hier ist Raum für weitere Punkte, die die Parteien für regelungsbedürftig halten, beispielsweise: Schriftformerfordernis bei Vertragsänderungen, Versicherung, daß keine mündlichen Nebenabreden getroffen wurden, Ausschluß der Aufrechnung, Zusicherung einer bestimmten Vertraulichkeit, ...

Anhang

1. Zur Bewertung von Anwaltspraxen[570]

Der BRAK-Ausschuß Bewertung von Anwaltspraxen, der Ende der 70er Jahre eingesetzt wurde, hat unter dem bis zum 30. 9. 1991 tätigen Vorsitzenden RAuN Dr. Eberhard Strohm, Stuttgart, den im Jahre 1979 erarbeiteten Bericht nach 1986 (BRAK-Mitt. 1986, 119 ff.) im Auftrag des Präsidiums zum zweiten mal fortgeschrieben. Der Bericht dient als interne Entscheidungshilfe für die regionalen RAKn und als Schema für die Bewertung von Anwaltspraxen.

I. Zweck

Seit dem von der Hauptversammlung der BRAK am 23. 5. 1986 in Köln gebilligten Bericht des Ausschusses haben sich Rspr. und Praxis weiter entwickelt. Der Ausschuß hat versucht, dem durch eine Überarbeitung und teilweise Neubearbeitung Rechnung zu tragen.

Der nachstehende neu gefaßte Bericht stellt keine »Richtlinie« im Sinne der »Grundsätze des anwaltlichen Standesrechts« dar. Er ist vielmehr dazu bestimmt, Entscheidungsmerkmale für die Bewertung einer Anwaltspraxis aufzustellen. Damit soll einerseits den Kollegen Hilfe für Verkauf oder Erwerb einer Praxis, für Eintritt in eine Sozietät, Ausscheiden aus einer Sozietät oder Auflösung einer Sozietät sowie für den Zugewinnausgleich oder für den Erbfall gegeben werden. Andererseits soll Entscheidungshilfe für eine gleichmäßige Beurteilung der Angemessenheit bei der Prüfung eines Praxisübernahmevertrages und für gutachterliche Tätigkeit gegeben werden.

Die Prüfung der Angemessenheit sowie der standesrechtlichen Unbedenklichkeit eines Praxisübernahmevertrages setzt die Bestimmung des Wertes einer Praxis voraus. Dabei soll im Interesse der Rechtspflege der Erwerber vor einer mit der Ausübung des Anwaltsberufes nicht zu vereinbarenden Einschränkung seiner wirtschaftlichen Bewegungsfreiheit geschützt werden. Es sind einerseits der Praxiswert nach den Verhältnissen des Übergebens zu bewerten und andererseits bei Überprüfung der Zumutbarkeit die Verhältnisse und die aussichten des Übernehmens zu beachten.

---

[570] Nachdruck aus BRAK-Mitteilungen 1992, 24 (Bundesrechtsanwaltskammer).

Die Entscheidungsmerkmale können auf den Einzelfall nicht schematisch angewendet werden, da die Verhältnisse jeder Anwaltspraxis sich unterscheiden und durchweg individuell zu beurteilen sind. Die folgenden Ausführungen geben daher nur Anhaltspunkte.

II. Begriffsbestimmung

Die entgeltliche Übernahme einer Praxis ist zulässig. Sie verstößt grundsätzlich weder gegen die guten Sitten (BGH, NJW 1965, 580; 1973, 98, BRAK-Mitt. 1986, 109) noch gegen das Standesrecht.

Im Hinblick auf die Entwicklung der Rspr. müssen Verschwiegenheitsverpflichtung (siehe z. B. BGH, EBE 1991, 285) und Datenschutzrecht (siehe z. B. Roßnagel, Datenschutz bei Praxisübergabe, NJW 1989, 2303) berücksichtigt werden.

Der Wert einer Praxis setzt sich aus dem »Substanzwert« und dem eigentlichen »Praxiswert« zusammen.

A. Der Substanzwert einer Praxis ist nach allgemeinen Grundsätzen gesondert festzustellen.

a) Der Substanzwert setzt sich aus Büroeinrichtung einschließlich der Bürogeräte, der Bibliothek mit Kommentaren und Zeitschriftensammlungen, den Computerdisketten u. a. zusammen. Angesichts des geringen Verkehrswertes von gebrauchten Möbeln, des starken Verschleißes und des Veralterns von Büromaschinen vor allem elektromechanischer oder elektronischer Art, des raschen Veralterns von Bibliotheken (abgesehen von Zeitschriftensammlungen), ist der Substanzwert in der Regel nicht erheblich und entspricht in keinem Fall dem Anschaffungswert. Die Grundsätze für die Ermittlung des gemeinen Wertes i. S. v. § 10 BewG oder der steuerrechtlichen Richtlinien (Abschn. 51 ff. VStR) können Anhaltspunkte für die Bewertung der materiellen Wirtschaftsgüter sein.

b) Über die ausstehenden Forderungen – sowohl bereits abgerechnete als auch noch nicht abgerechnete Vergütungsansprüche – aus der Zeit vor dem Stichtag der Übernahme oder der Bewertung sollte eine besondere Vereinbarung getroffen werden, wobei Einzelbewertung oder Pauschalierung möglich sind. Bei laufenden Mandaten ist gegebenenfalls eine Abgrenzung von Gebührenansprüchen und/oder Vorschüssen vorzunehmen.

B. Der Praxiswert ist der innere und ideelle Wert einer Praxis. Er entspricht nicht dem Geschäftswert (Firmenwert) im kaufmännischen (gewerblichen) Sprachgebrauch (BFH, BStBl. III 1958, 330; BStBl. II 1975, 381; 1982, 620).

In Rspr. und Literatur ist anerkannt (vgl. im Überblick Schwab, FamRZ 1984, 429, 433; Arens und Spieker, FamRZ 1985, 121, 131), daß die Praxis eines freiberuflich Tätigen, insbesondere auch eine Anwaltspraxis, einen Praxiswert (auch oft »goodwill« genannt) haben kann z. b. BGH, NJW 1973, 98 – Anwaltspraxis; BGH, FamRZ 1977, 38 – Praxis eines Vermessungsingenieurs; OLG Celle, AnwBl. 1977, 216 – Anwaltspraxis; OLG Koblenz, FamRZ 1982, 280; 1988, 950 – Zahnarztpraxis; OLG Hamm, NJW 1983, 1914 – Anwaltspraxis; OLG Saarbrücken, FamRZ 1984, 794 – Anwaltspraxis; OLG München, FamRZ 1984, 1096 – Architekturbüro; BGH, BRAK-Mitt. 1986, 109 – Anwaltspraxis; OLG Frankfurt, NJW-RR 1987, 327 – Anwaltspraxis; OLG München, BB 1987, 1142 – Anwaltspraxis; BRAK-Mitt. 1991, 111 – Anwaltspraxis; BGH, NJW 1991, 1547 – Arztpraxis).

Der Praxiswert ist für drei Fallgruppen festzustellen.

1. Feststellung des Wertes einer Anwaltspraxis für die Berechnung des Zugewinns oder aus anderen Gründen bei Fortführung der Praxis durch den bisherigen Inhaber: »Fortführungswert«.

2. Feststellung des Wertes einer Anwaltspraxis bei Übergabe oder Verkauf durch den bisherigen Inhaber oder dessen Erben und für die Ermittlung von Erb- und Pflichtteilansprüchen: »Übergabewert«.

3. Feststellung des Wertes eines Praxisanteils bei bestehender Sozietät, bei Begründung einer Sozietät, beim Ausscheiden aus einer Sozietät oder bei deren Auflösung: »Beteiligungswert«.

III. Art der Bewertung

Die Bewertung einer Anwaltspraxis erfolgt berufsbezogen. Die Anwaltspraxis ist kein gewerblicher Betrieb und kein kaufmännisches Unternehmen. Sie unterscheidet sich von diesen in wesentlichen Faktoren und Funktionen.

Der Praxiswert ist aufgrund der ausgeprägten, durch das Gesetz geschützten Vertrauensbeziehung besonders nachhaltig personengebunden. Er ist daher seinem Wesen nach etwas anders als der Geschäftswert (Firmenwert) des gewerblichen Unternehmens, der auf einer durch sachliche Maßnahmen und Aufwendungen besonders geförderten Leistungsfähigkeit des Betriebes beruht. Demgegenüber endet das persönliche Vertrauensverhältnis zum Praxisinhaber zwangsläufig mit dessen Ausscheiden, mit der Folge, daß sich der Praxiswert verhältnismäßig rasch verflüchtigt (BFH, BStBl. III 1958, 330; BStBl. II 1975, 381; 1982, 620).

Auch die Rspr. behandelt den Praxiswert beim Freiberufler anders als den Geschäftswert beim Gewerbetreibenden. Soweit für die Bewertung von Wirtschaftsprüfer- und/oder Steuerberaterpraxen besondere Grundsätze empfohlen werden (Knief, DStR 1978, 21; AnwBl. 1978, 246), sind diese Grundsätze auf die Bewertung von Anwaltspraxen nicht anwendbar. Eine solche Bewertung setzt die Feststellung von Daten voraus, die in der Anwaltspraxis in der Regel nicht erfaßt sind. RAe unterscheiden nur in Ausnahmefällen zwischen den Einnahmen aus forensischer Tätigkeit, Mahnwesen, Zwangsvollstreckung, Beratung, Verteidigertätigkeit und Verwaltungssachen. Die Anwaltspraxis hat nicht wie Wirtschaftsprüfer- oder Steuerberaterpraxen – letztere übernehmen weitgehend auch Buchführungsfunktionen – fast ausschließlich Dauerklienten. Es fallen bei ihr nicht regelmäßig Mandate der gleichen Klienten an, von Inkasso-Aufträgen oder Firmenberatungen abgesehen.

IV. Dringlichkeit

In allen Fällen der Bewertung einer Anwaltspraxis ist zu beachten, daß bei der Feststellung des Praxiswertes im Interesse aller Beteiligten kurzfristig ein Ergebnis erzielt werden muß, zumal im Fall der Aufgabe einer Praxis und beim Tod des Praxisinhabers der Wert der Praxis von Tag zu Tag in starkem Maße sinkt.

V. Bewertungsgrundlagen

1. Umsatz

Der geeignete Wertbestimmungsfaktor ist der Umsatz, da er am leichtesten und sichersten festzustellen ist.

Aus dem Umsatz läßt sich die Chance des Übernehmers oder Fortführers einer Praxis am ehesten beurteilen. Dagegen hängt der Gewinn durch die Gestaltung der Kosten weitgehend vom einzelnen RA ab. Die Berechnung nach dem Umsatz entspricht auch der Praxis (vgl. Borowski, Entwicklung auf dem Stellenmarkt für Juristen, AnwBl. 1985, 292; Kotzur, Goodwill freiberuflicher Praxen und Zugewinnausgleich, NJW 1988, 3239; Barthel, Unternehmenswert, DB 1990, 1145) und der Übung anderer Freier Berufe (z. B. Ärzte, Wirtschaftsprüfer, Steuerberater – vgl. Narr, Zur Beurteilung des ideellen Wertes beim Verkauf einer Arztpraxis, MedR 1984, 121 ff.; Empfehlungen für die Ermittlung des Wertes einer Steuerberaterpraxis, Beschl. des Präsidiums der BStBK v. 14./15. 1. 1990, Nr. 5.2.2; Breidenbach, DStR 1991, 47; BGH, NJW 1991, 1547).

Die Bewertung erfordert ein Bild der Entwicklung der Praxis in den letzten drei Kalenderjahren vor dem Kalenderjahr des Bewertungsfalles. Es hat sich bewährt, das letzte Kalenderjahr vor dem Stichtag doppelt zu gewichten, da sich so die positive oder negative Entwicklung der Praxis in jüngster Zeit ausdrückt.

Regelmäßig sind daher die Umsätze der letzten drei vollendeten Kalenderjahre zusammenzuzählen und der Umsatz des letzten vollendeten Kalenderjahres nochmals hinzuzuzählen und das Ergebnis dann durch vier zu teilen.

Die Umsatzentwicklung des laufenden Jahres kann für die Beurteilung der Entwicklung der Praxis im Vergleich mit den Umsätzen der drei vergangenen Jahre hilfreich sein.

Umsatz bedeutet Ist-Umsatz ohne Umsatzsteuer. Es kann unter entsprechender Anwendung dieses Berichts auch der Sollumsatz zugrundegelegt werden. Steuern können im Einzelfall je nach zivilrechtlichen Grundsätzen abgesetzt werden (für den Fall es Zugewinnausgleichs: BGH, NJW 1991, 1547).

Der Umsatz ist sodann von solchen außerordentlichen Einnahmen zu bereinigen, die weniger Ausfluß der Anwaltstätigkeit als Ausfluß der Persönlichkeit des Praxisinhabers und daher personenbezogen sind.

Beispiel für außerordentliche personenbezogene Vergütungen sind:

Vergütungen als
- Politiker
- Mitglied eines Aufsichtsrats oder Beirats
- Organ eines Verbandes, Vereins und/oder einer sonstigen Organisation
- Schriftsteller
- Lehrer.

Die außerordentlichen anwaltsbezogenen Vergütungen sind nicht zu berücksichtigen, wenn nicht mit ihrer Wiederkehr gerechnet werden kann.

Beispiele für die außerordentlichen anwaltsbezogenen Vergütungen sind:

Vergütungen als
- Testamentsvollstrecker
- Konkursverwalter
- Vergleichsverwalter
- Zwangsverwalter
- Vormund
- Pfleger
- Vermögensverwalter
- Treuhänder
- Mitglied eines Schiedsgerichtes, einer Schiedsstelle und/oder eines Berufsgerichtes
- Sachverständiger.

Bei der Bewertung der Anwaltspraxis bleibt der Umsatz aus der Notarpraxis unberücksichtigt. Umsatz ist allein der Umsatz aus der Anwaltspraxis, da die Notarkanzlei kein veräußerliches Wirtschaftsgut ist. Erfahrungsgemäß profitiert aber die Anwaltspraxis von der Verbindung mit einem Notar. Die Tätigkeit als Notar kann deshalb ein werterhöhender Umstand sein, umgekehrt der

Wegfall ein wertsenkender Umstand. Der Anwaltslohn (nachstehend Nr. 4) hat prozentual (im Verhältnis von Anwalts- und Notartätigkeit) zu reduzieren; das Verhältnis bestimmt sich aus dem jeweiligen Umsatz von Notar- und Anwaltstätigkeit.

2. Bemessungsgrundlage

Der nach Nr. 1 bereinigte Umsatz ergibt die Bemessungsgrundlage. Die Kosten sind nicht vom Umsatz abzusetzen. Es hat sich gezeigt, daß die Kosten je nach Art der Praxisführung und -gestaltung zu unterschiedlich sind.

3. Berechnungsfaktor für den Einzelfall

Die Bemessungsgrundlage gemäß Nr. 2 ist mit einem von den Umständen des Einzelfalles abhängigen Berechnungsfaktor zu multiplizieren, der zwischen 0,5 und 1, in Ausnahmefällen bis zu 1,5 liegen kann. Dieser Rahmen ergibt sich aus den besonderen beruflichen Verhältnissen der Anwaltschaft und einer daraus abgeleiteten jahrelangen Übung. Aus dieser Anwendung des Berechnungsfaktors ergibt sich ein bestimmter Zwischenwert.

4. Kalkulatorischer Anwaltslohn

Von dem nach Nr. 3 ermittelten Zwischenwert ist ein fiktiv ermittelter kalkulatorischer Anwaltslohn für ein Jahr abzusetzen.

Da es vor allem bei höheren Umsätzen kaum vergleichbar angestellte RAe mit festem Einkommen gibt, wird zur Feststellung des kalkulatorischen Anwaltslohns vergleichsweise die Richterbesoldung herangezogen:

a) bei RAen unter 45 Jahren und einem Umsatz unter 250 000,– DM Stufe R1 entsprechend ihrer Altersstufe zuzüglich Ortszuschlag;

b) bei RAen über 45 Jahren und einem Umsatz unter 250 000,– DM Stufe R2 entsprechend ihrer Altersstufe zuzüglich Ortszuschlag;

c) bei RAen mit einem Jahresumsatz von mehr als 250 000,– DM – ohne Altersgrenze – Stufe R3 zuzüglich Ortszuschlag. (Bei RAen mit einem Jahresumsatz über 250 000,– DM kann eine Altersgrenze außer acht gelassen werden, da ihre Entwicklung unabhängig von einer vergleichbaren Richterlaufbahn erfolgte.)

Der Vergleichsbetrag der Richterbesoldung ist um einen Zuschlag von etwa 40 % zum Ausgleich der Altersversorgung und der Beihilfen eines Richters zu erhöhen.

Die Höhe der Absetzung des kalkulatorischen Anwaltslohns hängt von der Fallgruppe ab.

5. Ergebnis

Das nach Nr. 4 gewonnene Ergebnis ist der Praxiswert. Umsatzsteuerrechtlich ist dieser Wert ein Nettowert.

VI. Anwendung auf die Fallgruppe

1. Fortführungswert

a) Die Bemessungsgrundlage ist gemäß V. und V.2 zu ermitteln.

b) Bei der Bestimmung des Berechnungsfaktors ist zu berücksichtigen, daß sich der »Praxiswert« nach steuerlichen Grundsätzen in drei bis fünf Jahren verflüchtigt. Die Verflüchtigung erfolgt schneller, wenn der fortführende RA in höherem Alter steht und krank ist. Weiter ist zu berücksichtigen, daß der Fortführungswert in besonderem Maße von der Arbeitskraft und der Leistungsfähigkeit des fortführenden RA abhängig ist, da von diesem der künftige Umsatz abhängt. Die Bestimmung des Berechnungsfaktors muß daher die Unsicherheit dieser Faktoren berücksichtigen.

c) Der Berechnungsfaktor kann danach im Einzelfall zwischen 0,5 und 1,0 der Bemessungsgrundlage, in besonderen Ausnahmefällen bis zu 1,5 bestimmt werden.

d) Für die Einzelbestimmung des Berechnungsfaktors sind zum Beispiel wertsenkende Merkmale;
– Bestehen der Praxis seit weniger als zehn Jahren,
– Alter des Praxisinhabers über 60 Jahre,
– schlechte Gesundheit des Praxisinhabers,
– Einkünfte von wenigen Großklienten,
– überdurchschnittliche praxisbedingte Kosten,
– Kosten angestellter RAe.
Bei der Einzelbestimmung des Berechnungsfaktors sind zum Beispiel werterhöhende Merkmale:
– Bestehen der Praxis länger als zehn Jahre,
– breit gestreuter Klientenkreis,
– überdurchschnittlich niedrige Kosten.

e) Von dem sich danach ergebenden Zwischenwert (V.3) ist der kalkulatorische Anwaltslohn (V.4) für ein Jahr abzusetzen. Daraus ergibt sich der Praxiswert für den Einzelfall.

f) Von dem danach sich ergebenden Praxiswert können im Einzelfall je nach zivilrechtlichen Grundsätzen die Ertragssteuern abgesetzt werden, die bei einer fiktiven Veräußerung der Praxis anfallen würden (für den Fall des Zugewinnausgleichs: BGH, NJW 1991, 1547 ff.).

2. Übergabewert

a) Die Bemessungsgrundlage ist gemäß V.1 und V.2 zu ermitteln.

b) Bei der Bestimmung des Berechnungsfaktors gelten die gleichen Überlegungen wie zum Fortführungswert (VI.1.b.)

c) Der Berechnungsfaktor kann danach im Einzelfall zwischen 0,5 und 1,0 der Bemessungsgrundlage, in besonderen Ausnahmefällen bis zu 1,5 bestimmt werden.

d) Für die Einzelbestimmung des Berechnungsfaktors sind zum Beispiel wertsenkende Merkmale
– Alter des Übergebers über 65 Jahre,
– Bestehen der Praxis weniger als zehn Jahre,
– Einkünfte von wenigen Großklienten,
– auslaufende Tätigkeitsarten der Praxis (Wiedergutmachung, Vertreibungsschäden),
– Übergang der Praxis nach Unterbrechung,
– Kosten angestellter RAe.

Bei der Einzelbestimmung des Berechnungsfaktors sind zum Beispiel werterhöhende Merkmale:
– Alter des Übergebers unter 60 Jahre,
– Bestehen der Praxis über zehn Jahre,
– Allgemeinpraxis,
– Spezialgebiet des Übergebers,
– breit gestreuter Klientenkreis,
– Einführung des Erwerbers in die Klientel durch bisherige Tätigkeit des Erwerbers in der Praxis oder weitere Übergangstätigkeit des Übergebers,
– besonderer Ruf der Praxis,
– günstige Geschäfts- und Konkurrenzlage der Praxis,
– günstiger Mietvertrag der Praxis,
– moderne Ausstattung der Praxis.

e) Von dem sich danach ergebenden Zwischenwert ist der fiktive kalkulatorische Anwaltslohn eines Jahres abzusetzen.

f) Es erscheint im übrigen beim Übergabewert gerechtfertigt, nicht den vollen Anwaltslohn, sondern nur den halben – im Einzelfall auch geringeren – Anwaltslohn vom Wert in Abzug zu bringen. Dies ist darin begründet, daß der Übergeber seine Praxisleistung oder sein Lebenswerk dem Übernehmer überläßt und ihm damit eine Chance der beruflichen Entwicklung ohne Anlaufzeit ermöglicht, die der Übernehmer aus eigener Kraft nicht hätte. Der Übernehmer hätte zu diesem Zeitpunkt ohne die Übergabe nicht die Chance, einen Anwaltslohn in der Höhe zu verdienen, wie er bei der Berechnung des Praxiswertes als kalkulatorischer Anwaltslohn fiktiv zugrundegelegt wird.

3. Beteiligungswert

Es sind drei Fälle des Beteiligungswertes zu unterscheiden:

a) Beteiligungswert bei bestehender Sozietät,

b) Gründung einer Sozietät oder Eintritt in eine Sozietät,

c) Auflösung einer Sozietät oder Ausscheiden aus einer Sozietät.

Zu a) Beteiligungswert bei bestehender Sozietät:

Dabei ist der Praxiswert der Sozietät zu bestimmen. Es sind die Grundsätze nach VI.1 – Fortführungswert – in der Weise anzuwenden (einschließlich Abzug der fiktiven Ertragssteuern), daß für jeden Sozius ein kalkulatorischer Anwaltslohn abzusetzen ist.

Der Beteiligungswert des Sozietätsanteils ergibt sich dann aus dem entsprechenden Prozentsatz mit dem der Sozius an der Sozietät beteiligt ist. Dabei sind Pflichten, die der Sozius im Sozietätsvertrag übernommen hat (z. B. Altersversorgung anderer Sozien), entsprechend zu bewerten und vom Beteiligungswert abzusetzen. Soweit den Pflichten Rechte entsprechen, ist dies zu berücksichtigen. Bei gegenseitigen gleichwertigen Pflichten und Rechten wird der Beteiligungswert nicht beeinflußt.

Zu b) Gründung einer Sozietät oder Eintritt in eine Sozietät:

Bei der Bestimmung des Berechnungsfaktors innerhalb des maßgeblichen Rahmens (wie beim Übergabewert VI.2) muß berücksichtigt werden, daß die Aussicht der Wiederkehr der bisherigen Erträge bei der Übernahme einer Beteiligung (Sozietätsanteil) noch ist. Der eintretende Sozius kommt in eine Sozietät, die von den bisherigen Inhabern fortgeführt wird, bzw. begründet eine Sozietät, die von den Begründern fortgeführt wird. Zusätzlich bringt er seine Arbeitskraft ein.

Im übrigen ist zwischen zwei Fallgruppen zu unterscheiden:
– Zusammenlegung von Praxen zur Gründung einer Sozietät und
– Einbringung einer Praxis in eine Sozietät.

Bringt der Eintretende seine Praxis ein, so ist sein bisheriger Praxiswert nach den Grundsätzen zum Übergabewert (VI.2) zu bestimmen. Der Praxiswert ist dem Praxiswert der aufnehmenden Sozietät oder Einzelpraxis (gemäß Übergabewert) zuzuschlagen. Der sich so ergebende Gesamtpraxiswert ist auf die Sozien entsprechend ihren Anteilen zu verteilen. Von dem sich so ergebenden Sozietätsanteil des neuen Sozius am Gesamtpraxiswert ist der Praxiswert den der neue Sozius einbringt, abzusetzen. Die Differenz ist der Ausgleichsbetrag, den der neue Sozius zu erbringen hat oder der ihm zusteht.

Eintritt in eine bestehende Praxis oder in eine Sozietät:

Zunächst ist der bisherige bereinigte Umsatz der Praxis oder Sozietät gemäß den

Grundsätzen zum Übergabewert (VI.2) festzustellen und danach der Praxiswert – nach den Grundsätzen zum Übergabewert – zu bestimmen. Daraus ergibt sich je nach dem Prozentsatz des Sozietätsanteils eines neuen Sozius dessen Beteiligungswert.

Für beide Fallgruppen gilt: Pflichten die im Sozietätsvertrag übernommen werden, sind entsprechend dem unter VI.3.a (Beteiligungswert bei bestehender Sozietät) Ausgeführten zu berücksichtigen.

Zu c) Auflösung einer Sozietät oder Ausscheiden aus einer Sozietät (soweit im Sozietätsvertrag keine eigene Regelung getroffen ist):

Hier sind drei Fallgruppen zu unterscheiden:

– aa) Auflösung einer Sozietät unter Fortführung mehrerer Einzelpraxen: Es gelten die gleichen Grundsätze wie zu VI.3.b Fallgruppe 1 (Zusammenlegung von Praxen zur Gründung einer Sozietät).

Stellt sich bei der Auflösung einer Sozietät unter Fortführung mehrerer Einzelpraxen heraus, daß eine überwiegende bzw. große Zahl von Mandaten einem RA zufällt, so ist wie folgt zu verfahren:

Bei der Berechnung des Praxiswerts bleibt unberücksichtigt, ob die Beteiligten eine von ihrem Sozietätsanteil abweichende Zahl von Mandaten mitnehmen. Dieser Umstand kann jedoch bei der Berechnung einer Ausgleichszahlung berücksichtigt werden, und zwar in folgender Weise: Die Höhe der Ausgleichszahlung kann ermittelt werden aufgrund der Verteilung der Mandate. Der auf die Mandate entfallende Umsatz ist im Wege der Schätzung nach den bei der Ermittlung des Praxiswerts angewandten Grundsätzen zu ermitteln. Dieser Betrag ist als Umsatz im Sinne V.1 anzusetzen. Daraus ist wie bei V. je ein Praxiswert zu ermitteln. Ein zugunsten eines Partners sich ergebender Mehrwert ist auszugleichen. Ein negativer Wert ist nicht auszugleichen.

– bb) Ausscheiden aus einer Sozietät unter Fortführung einer Praxis durch den Ausscheidenden:

Stellt sich heraus, daß der Ausscheidende Mandate mit einem von seinem Beteiligungswert abweichenden Wert mitnimmt, so gelten für eine Ausgleichszahlung die o. a. Kriterien zu 3 c aa: Es ist der bisherige bereinigte Umsatz der Praxis und der Sozietät gemäß der Grundsätze zum Übergabewert (VI.2) festzustellen und danach der Praxiswert – nach den Grundsätzen zum Übergabewert – zu bestimmen. Daraus ergibt sich je nach dem Prozentsatz des Sozietätsanteils der jeweilige Beteiligungswert. Gegebenenfalls sind Pflichten, die im Sozietätsvertrag übernommen waren, zu bewerten und zu berücksichtigen.

– cc) Ausscheiden aus einer Sozietät ohne Fortführung einer Praxis durch den Ausscheidenden:

Beim Ausscheiden eines Sozius aus der Sozietät wegen Praxisaufgabe, Alters oder Tod finden die Merkmale zum Übergabewert (VI.2) entsprechende Anwendung.

VII. Hinweise für den Einzelfall

1. Bei der Feststellung des Praxiswertes sind unter Beachtung vorstehender Grundsätze die Verhältnisse des Einzelfalles zu berücksichtigen. Dabei ist es hilfreich, wenn RAe zugezogen werden, die die Praxis und die örtlichen Verhältnisse kennen. Die Feststellung des Praxiswertes muß in der Regel beschleunigt erfolgen, da sich der Praxiswert bei Unterbrechung der Praxis, wie ausgeführt, schnell verflüchtigt (vgl. IV.).

2. Die Zahlung der Vergütung für den Praxiswert durch den Erwerber kann u. a. als Barzahlung, Ratenzahlung oder Rentenzahlung erfolgen.

Die Barzahlung bringt dem Übergeber den erheblichen Vorteil der Sicherheit. Bei Vereinbarung von Kaufpreisraten sollte eine Sicherung durch Abschluß einer Lebensversicherung auf das Leben des Erwerbers erfolgen. Das Risiko des Übergebers kann durch eine Rückfallklausel bei Aufgabe der Praxis durch den Übernehmer von Erfüllung seiner Vertragspflichten verringert werden.

3. In einigen Ländern der Bundesrepublik Deutschland besteht für RAe die Möglichkeit, für die Praxiseröffnung oder -übernahme zinsgünstige Kredite aus dem Mittelstandskreditprogramm und anderen Förderprogrammen zu erlangen.

4. Der in eine Sozietät eintretende Sozius bringt vielfach den Beteiligungswert nicht in bar ein. Vielmehr wird dieser dadurch abgegolten, daß der Eintretende zunächst in geringerem Umfang als nach dem Prozentsatz seines Sozietätsanteils am Ertrag beteiligt wird. Durch die Verrechnung der Differenz erbringt er seinen Ausgleich. Erst im Laufe der Jahre kommt er danach zu einem seinem Sozietätsanteil entsprechenden Gewinnanteil.

5. Gesetz und/oder Sozietätsvertrag können den Beteiligten einen Anspruch auf Einsicht in die finanziellen Unterlagen der Sozietät geben.

VIII. Steuerliche Hinweise

1. Bei Erwerb oder Veräußerung einer Praxis, bei Begründung oder Auflösung einer Sozietät sowie bei Eintritt in eine bestehende Sozietät oder Ausscheiden aus einer Sozietät treten vielschichtige steuerrechtliche Fragen auf (vgl. hierzu auch: Streck, NJW 1991, 2252, 2254 ff. = AnwBl. 1991, 449, 451 ff.). Es ist zu empfehlen, zur Beratung einen Fachanwalt für Steuerrecht oder einen Steuerberater hinzuzuziehen.

2. Bei dem Erwerb einer Praxis sind die Erwerbskosten auf die angeschafften Wirtschaftsgüter zu verteilen; der überschießende Betrag ist in der Regel der preis für den Praxiswert, der steuerlich in Jahresraten (2–5 Jahre) abgeschrieben werden kann.

3. Bei der Veräußerung einer Praxis errechnet sich in der Regel ein Veräußerungsgewinn. Dieser ist steuerlich begünstigt; er wird mit dem halben Steuersatz besteuert; außerdem ist der Veräußerungsgewinn in bestimmten Grenzen steuerfrei (§§ 18 Abs. 4, 16 EStG). Voraussetzung ist, daß der RA tatsächlich seine freiberufliche Tätigkeit aufgibt.

4. Die entsprechenden Fragen stellen sich bei dem Eintritt in eine bestehende Sozietät und bei dem Ausscheiden aus einer Sozietät. Hier ist hinsichtlich des Praxiswerts und der Anwendung des halben Steuersatzes auf einen Veräußerungsgewinn in der Regel steuerlicher Rat notwendig. Scheidet ein RA aus einer Sozietät aus, so kann er ebenfalls die Tarifermäßigung des halben Steuersatzes nur beanspruchen, wenn er nicht mehr als RA tätig ist.

5. Unterschiedlich sind auch die Rechtsfolgen, je nachdem, ob die Beteiligten den Gewinn durch Bilanzierung (§ 4 Abs. 1 EStG) oder Einnahmeüberschußrechnung (§ 4 Abs. 3 EStG) ermitteln und ob die gezahlten Entgelte als Einmalzahlungen oder als laufende Zahlungen, insbesondere als Rente, gestaltet werden.

6. Hat der Einzelanwalt seine Praxis, die er veräußert, in eigenen Büroräumen ausgeübt, so führt die Veräußerung der Praxis dazu, daß die stillen Reserven des Betriebsgebäudes realisiert werden. Das gleiche gilt, wenn der RA aus einer Sozietät ausscheidet, der er sein Bürogebäude zur Verfügung gestellt hat und in Zukunft zur Verfügung stellt, sofern er seine anwaltliche Tätigkeit aufgibt. Auf diese Gefahr der Gewinnrealisierung ist besonderes Augenmerk zu lenken.

7. Wird eine Praxis veräußert, so umfaßt der vereinbarte Preis die Umsatzsteuer. Soll der vereinbarte Preis die umsatzsteuerliche Bemessungsgrundlage darstellen, die um die Umsatzsteuer zu erhöhen ist, so muß dies ausdrücklich geregelt werden. Bezüglich der umsatzsteuerlichen Behandlung des Eintretens in eine bestehende Sozietät oder des Ausscheidens aus einer Sozietät kann hier nur auf den Fachrat verwiesen werden.

8. Gewerbesteuerliche Fragen werden in der Regel nicht auftreten. Allerdings entsteht Gewerbesteuerpflicht, wenn berufsfremde Erben eine (Einzel-)Praxis für ihre Rechnung durch einen Rechtsanwalt fortführen lassen. Auch wird eine Sozietät insgesamt gewerbesteuerpflichtig, wenn sie sich auch gewerblich betätigt oder wenn sich an ihr ein Berufsfremder als Gesellschafter (»Mitunternehmer«) beteiligt.

2. Anschriften der Rechtsanwaltskammern – Körperschaften des öffentlichen Rechts

Bundesrechtsanwaltskammer
Joachimstr. 1, 53113 Bonn
Telefon: (02 28) 9 11 – 8 60
Fax: (02 28) 26 15 38

Büro Brüssel:
Avenue de Tervuren 142-144
B – 1150 Brüssel
Telefon: (00 32 – 2) 7 43 86 46
Fax: (00 32 – 2) 7 43 86 56

Rechtsanwaltskammern

**Rechtsanwaltskammer
bei dem Bundesgerichtshof**
Herrenstr. 45 A, Zi. 211/12,
76133 Karlsruhe
Telefon: (07 21) 2 26 56

Rechtsanwaltskammer Bamberg
Friedrichstraße 7, 96047 Bamberg
Telefon: (09 51) 98 62 00
Fax: (09 51) 20 35 03

Rechtsanwaltskammer Berlin
Heerstr. 2, 14052 Berlin
Telefon: (0 30) 30 69 31 – 0
Fax: (0 30) 30 69 31 99

Rechtsanwaltskammer Brandenburg
Grillendamm 2, 14776 Brandenburg
an der Havel
Telefon: (0 33 81) 25 330,
Fax: (0 33 81) 25 33 23

**Rechtsanwaltskammer für den
Oberlandesgerichtsbezirk Braunschweig**
Bruchtorwall 12, 38100 Braunschweig
Telefon: (05 31) 4 52 31
Fax: (05 31) 40 02 62

**Hanseatische Rechtsanwaltskammer
Bremen**
Knochenhauer Straße 36/37,
28195 Bremen
Telefon: (04 21) 1 51 30, 30 23 78
Fax: (04 21) 1 54 95

**Rechtsanwaltskammer für den
Oberlandesgerichtsbezirk Celle**
Bahnhofstr. 5, 29221 Celle
Telefon: (0 51 41) 92 82 – 0
Fax: (0 51 41) 92 82 42

Rechtsanwaltskammer Düsseldorf
Scheibenstr. 17, 40479 Düsseldorf
Telefon: (02 11) 49 50 20
Fax: (02 11) 4 95 02 28

**Rechtsanwaltskammer
Frankfurt am Main**
Bockenheimer Anlage 36,
60322 Frankfurt am Main
Telefon: (0 69) 17 00 98 – 01
Fax: (0 69) 17 00 98 – 50

Rechtsanwaltskammer Freiburg
Gartenstr. 21, Postfach 13 69
79098 Freiburg i. Br.
Telefon: (07 61) 3 25 63
Fax: (07 61) 28 62 61

**Hanseatische Rechtsanwaltskammer
Hamburg**
Bleichenbrücke 9, 20354 Hamburg
Telefon: (0 40) 35 74 41 – 0
Fax: (0 40) 35 74 41 – 41

**Rechtsanwaltskammer für den
Oberlandesgerichtsbezirk Hamm**
Ostenallee 18, 59063 Hamm (Westf.)
Telefon: (0 23 81) 98 50 00
Fax: (0 23 81) 98 50 50

Rechtsanwaltskammer Karlsruhe
Reinhold-Frank-Straße 72,
76133 Karlsruhe
Telefon: (07 21) 2 53 40,
Fax: (07 21) 2 66 27

Rechtsanwaltskammer Kassel
Karthäuser Straße 5 a, 34117 Kassel
Tel: (05 61) 1 20 21
Fax: (05 61) 1 20 27

Rechtsanwaltskammer für den Oberlandesgerichtsbezirk Koblenz
Rheinstr. 24, 56068 Koblenz
Telefon: (02 61) 1 22 07
Fax: (02 61) 1 76 51

Rechtsanwaltskammer Köln
Riehler Straße 30, 50668 Köln
Telefon: (02 21) 9 73 01 00
Fax: (02 21) 97 30 10 50

Rechtsanwaltskammer Mecklenburg-Vorpommern
Bornhövedstr. 12, 19055 Schwerin
Telefon: (03 85) 5 57 43 85
Fax: (03 85) 5 57 43 88

Rechtsanwaltskammer für den Oberlandesgerichtsbezirk München
Landwehrstr. 61, 80336 München
Telefon: (0 89) 53 29 44 – 0
Fax: (0 89) 53 29 44 28

Rechtsanwaltskammer für den Oberlandesgerichtsbezirk Nürnberg
Fürther Straße 115, 90429 Nürnberg
Telefon: (09 11) 9 26 33 – 0
Fax: (09 11) 9 26 33 33

Rechtsanwaltskammer für den Oberlandesgerichtsbezirk Oldenburg
Staugraben 5, 26122 Oldenburg
Telefon: (04 41) 2 75 65 – 66
Fax: (04 41) 1 67 81

Rechtsanwaltskammer des Saarlandes
Am Schloßberg 5, 66119 Saarbrücken
Telefon: (06 81) 58 82 80
Fax: (06 81) 58 10 47

Rechtsanwaltskammer Sachsen
Geschäftsstelle:
Bärensteiner Straße 16-18
01277 Dresden
Telefon: (03 51) 31 85 90
Fax: (03 51) 3 36 08 99

Rechtsanwaltskammer Sachsen-Anhalt
Lübecker Straße 21 a, 39124 Magdeburg
Telefon: (03 91) 2 52 72 10-11
Fax: (03 91) 2 52 72 03

Schleswig-Holsteinische Rechtsanwaltskammer
Gottorfstr. 13, 24837 Schleswig
Telefon: (0 46 21) 9 39 10
Fax: (0 46 21) 93 91 26

Rechtsanwaltskammer Stuttgart
Werastr. 23, 70182 Stuttgart
Telefon: (07 11) 24 64 67
Fax: (07 11) 24 63 96

Rechtsanwaltskammer Thüringen
Bahnhofstr. 27, 99084 Erfurt
Telefon: (03 61) 5 66 85 26
Fax: (03 61) 5 66 85 28

Rechtsanwaltskammer Tübingen
Pfrondorfer Straße 2, 72074 Tübingen
Telefon: (0 70 71) 8 41 94
Fax: (0 70 71) 8 41 95

Pfälzische Rechtsanwaltskammer Zweibrücken
Landauer Straße 17, 66482 Zweibrücken
Telefon: (0 63 32) 7 62 51
Fax: (0 63 32) 7 62 99

3. Anschriften der Anwaltvereine und Landesverbände des Deutschen Anwaltvereins e.V.

Geschäftsstelle des Deutschen Anwalt Vereins e.V.
Adenauerallee 106, 53113 Bonn
Tel.: (02 28) 26 07 0
Fax: (02 28) 26 07 -42 /-46 /-51 /-57 /-66
E-Mail: dav@dav.bn.eunet.de

Verein der beim Bundesgerichtshof zugelassenen Rechtsanwälte e.V.
76133 Karlsruhe, Lammstr. 11,
Telefon: (07 21) 2 56 11,
Fax: (07 21) 2 99 67

Baden-Württemberg

Anwaltsverband Baden-Württemberg im Deutschen Anwaltverein e.V.
79102 Freiburg, Uhlandstr. 9,
Telefon: (07 61) 7 10 34,
Fax: (07 61) 7 10 35

Anwaltsverein Aalen e.V.
73430 Aalen, Bahnhofstr. 5,
Telefon: (0 73 61) 96 88-0,
Fax: (0 73 61) 96 88 10

Anwaltsverein Baden-Baden e.V.
77815 Bühl, Adalbert-Stifter-Str. 13,
Telefon: (0 72 23) 2 13 70 + 2 20 44,
Fax: (0 72 23) 3 09 44

Anwaltsverein Bad Mergentheim e.V.
97980 Bad Mergentheim, Badweg 14,
Telefon: (0 79 31) 97 98 0,
Fax: (0 79 31) 97 98 66

Anwaltsverein Ellwangen e.V.
73479 Ellwangen, Wolfgangstr. 6,
Telefon: (0 79 61) 40 16,
Fax: (0 79 61) 5 41 62

Anwaltsverein Esslingen e.V.
73728 Esslingen, Mülbergerstr. 45,
Telefon: (07 11) 31 10 33,
Fax: (07 11) 3 18 05 85

Freiburger Anwaltverein e.V.
79098 Freiburg, Holzmarkt 2,
Amtsgerichtszimmer 17,
Telefon: (07 61) 2 05 28 38,
Fax: (07 61) 2 05 28 40

Anwaltsverein für den Landgerichtsbezirk Hechingen e.V.
72379 Hechingen, Kirchplatz 12,
Telefon: (0 74 71) 51 51 + 1 58 89,
Fax: (0 74 71) 1 58 20 + 4 13 40
E-Mail: RAKilger@T-Online.de

Anwaltsverein Heidelberg e.V.
69115 Heidelberg, Blumenstr. 17,
Telefon: (0 62 21) 91 18 28,
Fax: (0 62 21) 2 31 28

Anwaltverein Heidenheim e.V.
89522 Heidenheim, Hauptstr. 3,
Telefon: (0 73 21) 2 30 40,
Fax: (0 73 21) 2 02 50

Rechtsanwaltsverein Heilbronn e.V.
74072 Heilbronn, Kaiserstr. 20,
Telefon: (0 71 31) 78 81 0 + 78 81 10,
Fax: (0 71 31) 78 81 20
E-Mail: AnwaltHN@aol.com

Anwaltsverein Karlsruhe e.V.
76133 Karlsruhe, Hans-Thoma-Str. 7,
Telefon: (07 21) 2 39 65,
Fax (07 21) 920 49 29

Anwaltsverein im Landgerichtsbezirk Konstanz e.V.
78462 Konstanz, Gartenstr. 1,
Telefon: (0 75 31) 2 56 45,
Fax: (0 75 31) 1 63 33,

Lörracher Anwaltsverein e.V.
79539 Lörrach, Herrenstr. 1,
Telefon: (0 76 21) 26 55 + 39 21,
Fax: (0 76 21) 1 00 79

Mannheimer Anwaltsverein
68165 Mannheim, Augustaanlage 59,
Telefon: (06 21) 41 93 80,
Fax: (06 21) 41 93 88

Anwaltsverein Mosbach (Baden) e.V.
74740 Mosbach, Marktstr. 24,
Telefon: (0 62 91) 10 44,
Fax: (0 62 91) 15 55

Anwaltsverein des Landgerichtsbezirk Offenburg e.V.
77654 Offenburg,
Franz-Ludwig-Mersy-Str. 5,
Telefon: (07 81) 3 10 01,
Fax: (07 81) 4 33 36

Anwaltsverein Ravensburg e.V.
88212 Ravensburg, Marktstr. 12,
Telefon: (07 51) 88 80-34,
Fax: (07 51) 1 73 83

Anwaltverein für den Landgerichtsbezirk Rottweil
78628 Rottweil, Ruhe-Christi-Str. 15
Telefon: (07 41) 1 23 01-2,
Fax: (07 41) 1 24 25

Anwaltsverein Schwäbisch Gmünd e.V.
73525 Schwäbisch Gmünd, Alléstr. 2,
Telefon: (0 71 71) 92 63 10,
Fax: (0 71 71) 3 71 14

Anwaltsverein im Schwarzwald-Baar-Kreis e.V.
Villingen-Schwenningen
78166 Donaueschingen, Lessingstr. 20,
Telefon: (0 77 21) 15 82 16,
Fax: (0 77 21) 15 82 17

Anwaltverein Stuttgart e.V.
70182 Stuttgart, Olgastr. 35,
Telefon: (07 11) 2 36 93 06,
Fax: (07 11) 2 36 93 74

Anwaltverein für den Landgerichtsbezirk Tübingen e.V.
72764 Reutlingen,
Listplatz 1 (Kronprinzenbau),
Telefon: (0 71 21) 31 07 72,
Fax: (0 71 21) 33 81 87

Anwaltverein für den Landgerichtsbezirk Ulm e.V.
89073 Ulm, Bahnhofstr. 1,
Telefon: (07 31) 14 15-0,
Fax: (07 31) 14 15-16

Anwaltsverein Waldshut-Tiengen
79761 Waldshut-Tiengen,
Bismarckstr. 15,
Telefon: (0 77 51) 40 53,
Fax: (0 77 51) 62 20

Bayern

Bayerischer Anwaltverband
80333 München, Maxburgstr. 4,
Zimmer C 142
Telefon: (0 89) 29 50 86,
Fax: (0 89) 29 16 10 46

Anwaltsverein Amberg e.V.
86854 Amberg, Fleischbankgasse 2,
Telefon: (0 96 21) 1 50 22,
Fax: (0 96 21) 2 30 62

Ansbacher Anwaltsverein e.V.
91522 Ansbach, Nürnberger Str. 26,
Telefon: (09 81) 50 65,
Fax: (09 81) 20 66

Anwaltsverein für den Landgerichtsbezirk Aschaffenburg e.V.
63739 Aschaffenburg Agathaplatz 1,
Telefon: (0 60 21) 2 13 09,
Fax: (0 60 21) 2 23 34

Augsburger Anwaltverein e.V.
86150 Augsburg, Am alten Einlaß 1,
Justizpalast, Zimmer 7
Telefon: (08 21) 33 69 2,
Fax: (08 21) 15 38 33

Anwaltsverein Bamberg e.V.
96050 Bamberg, Theuerstadt 3a,
Telefon: (09 51) 2 52 11,
Fax: (09 51) 2 63 92

Anwaltsverein Bayreuth e.V.
95444 Bayreuth, Luitpoldplatz 6,
Telefon: (09 21) 27 057,
Fax: (09 21) 24 131

Coburger Anwaltverein
96450 Coburg, Ketschendorfer Str. 6,
Telefon: (0 95 61) 1 57 57,
Fax (0 95 61) 250 32

Deggendorfer Anwaltsverein
94469 Deggendorf, Bahnhofstr. 26,
Telefon: (09 91) 52 60,
Fax: (09 91) 3 31 45

Anwaltsverein Donau-Ries e.V.
86720 Nördlingen, Weinmarkt 7,
Telefon: (0 90 81) 8 70 20,
Fax: (0 90 81) 87 02 90
E-Mail: woeziethe@aol.com

Anwaltverein Ebersberg e.V.
85570 Markt Schwaben,
Gschmeidmachergasse 1,
Telefon: (0 81 21) 9 30 30,
Fax (0 81 21) 9 30 31 9

Erlanger Anwaltsverein e.V.
91052 Erlangen, Nürnberger Str. 22a,
Telefon: (0 91 31) 7 87 10,
Fax: (0 91 31) 78 71 20

Anwaltsverein Forchheim e.V.
91301 Forchheim, Luitpoldstr. 2,
Telefon: (0 91 91) 26 05,
Fax: (0 91 91) 6 58 75

Anwaltsverein Garmisch-Partenkirchen
Garmisch-Partenkirchen, Olympiastr. 12
Telefon: (0 88 21) 30 77,
Fax: (0 88 21) 5 83 44

Anwaltsverein für den Landgerichtsbezirk Hof e.V.
95030 Hof, Berliner Platz 5,
Telefon: (0 92 81) 7 67 40, 76 74 21,
Fax: (0 92 81) 76 74 11

Ingolstädter Anwaltsverein e.V.
85049 Ingolstadt, Rathausplatz 11/III,
Telefon: (08 41) 9 35 27-0,
Fax: (08 41) 9 35 27-30

Anwaltverein Kaufbeuren
87600 Kaufbeuren, Schmiedgasse 23,
Telefon: (0 83 41) 24 23,
Fax: (0 83 41) 7 49 60

Anwaltsverein Kempten e.V.
87435 Kempten, Residenzplatz 33,
Telefon: (08 31) 2 80 41,
Fax: (08 31) 2 73 96

Kronacher Anwaltverein
96317 Kronach, Johann-Knoch-Gasse 9,
Telefon: (0 92 61) 58 58,
Fax: (0 92 61) 5 18 58

Anwaltsverein Kulmbach
95326 Kulmbach,
Alte Forstlahmer Str. 22,
Telefon: (0 92 21) 97 32 60,
Fax: (0 92 21) 97 32 80

Anwaltverein Landshut e.V.
84030 Landshut,
Alte Regensburger Str. 11,
Telefon: (08 71) 97 57 00,
Fax: (08 71) 9 75 70 70

Lindauer Anwaltsverein e.V.
88161 Lindenberg, Marktstr. 7/I,
Telefon: (0 83 81) 9 26 30,
Fax: (0 83 81) 92 63 20

Anwaltverein Memmingen e.V.
87700 Memmingen, Weinmarkt 10-12
(Haus Commerzbank),
Telefon: (0 83 31) 42 13,
Fax: (0 83 31) 4 82 47

Münchener Anwaltverein e.V.
80333 München, Sophienstr. 5,
Zimmer C 142
Telefon: (0 89) 29 50 86, 2 35 07 76,
Fax: (0 89) 29 16 10 46
E-Mail: m.anwaltverein@t-online.de
Internet-Adresse: www.gol.de/muenchen/mav.htm

Anwaltsvereinigung Neumarkt
92318 Neumarkt, Oberer Markt 38,
Telefon: (0 91 81) 93 64, 93 65 ,
Fax: (0 91 81) 2 19 09

Anwaltverein Neu-Ulm-Günzburg
89231 Neu-Ulm, Augsburger Str. 18,
Telefon: (07 31) 7 70 05, 7 70 06,
Fax: (07 31) 7 45 94

Nürnberg-Fürther Anwaltverein e.V.
90489 Nürnberg, Prinzregentenufer 13,
Telefon: (09 11) 53 00 00,
Fax: (09 11) 5 30 00 28

Anwaltverein Passau e.V.
94032 Passau, Ludwigstr. 2/III,
Telefon: (08 51) 3 40 55, 3 40 56,
Fax: (08 51) 3 14 59

Anwaltsverein für den Landgerichtsbezirk Regensburg e.V.
93047 Regensburg, Maximilianstr. 10,
Telefon: (09 41) 5 35 37, 59 22 80,
Fax: (09 41) 5 27 87

Anwaltverein Rosenheim e.V.
83022 Rosenheim,
Prinzregentenstr. 6-8,
Telefon: (0 80 31) 35 93 20,
Fax: (0 80 31) 35 93 77

Anwaltsvereinigung Schwabach
91126 Schwabach, Bahnhofstr. 43,
Telefon: (0 91 22) 50 17,
Fax: (0 91 22) 43 61

Anschriften der Anwaltvereine 234

Anwaltsverein des Landgerichtsbezirks Schweinfurt e.V.
97421 Schweinfurt, Zehntstr. 22,
Telefon: (0 97 21) 72 85-0,
Fax: (0 97 21) 72 85-23

Anwaltsverein Straubing e.V.
94315 Straubing, Mahkornstr. 1,
Telefon: (0 94 21) 2 45 00,
Fax: (0 94 21) 84 50 90

Anwaltverein Traunstein e.V.
83278 Traunstein, Ludwigstr. 22,
Telefon: (08 61) 98 88 50,
Fax: (08 61) 9 88 85 20,
E-Mail: 531.93@RA-MICRO.de

Anwaltsverein Weiden e.V.
92637 Weiden, Sebastianstr. 4,
Telefon: (09 61) 3 40 77, 3 40 78,
Fax: (09 61) 3 74 93

Anwaltsverein Weilheim
82362 Weilheim, Münchener Str. 18,
Telefon: (08 81) 93 00 80,
Fax: (08 81) 93 00 90

Rechtsanwalts-Verein Würzburg e.V.
97074 Würzburg, Waltherstr. 9,
Telefon: (09 31) 79 71 90,
Fax: (09 31) 7 97 19 45

Berlin

Berliner Anwaltsverein e.V.
10963 Berlin, Obentrautstr. 27,
Telefon: (0 30) 2 51 38 46,
Fax: (0 30) 2 51 32 63,

Brandenburg

Anwaltverband Brandenburg im Deutschen Anwaltverein
15907 Lübben, Weinbergstr. 1 A,
Telefon: (0 35 46) 81 23, 85 74,
Fax: (0 35 46) 81 23, 85 74

Cottbuser Anwaltsverein e.V.
03046 Cottbus, Berliner Str. 2,
Telefon: (03 55) 2 36 70, 70 08 68,
Fax: (03 55) 2 35 30

Anwaltsverein Frankfurt/Oder
15230 Frankfurt (Oder), Lindenstr. 28,
Telefon: (03 35) 32 11 68,
Fax: (03 35) 32 21 50

Anwaltverein Fürstenwalde e.V.
15517 Fürstenwalde,
Friedrich-Engels-Str. 8,
Telefon: (0 33 61) 77 65 18,
Fax: (0 33 61) 77 65 18

Havelländischer Anwaltsverein e.V.
14712 Rathenow, Bahnhofstr. 27,
Telefon: (0 33 85) 54 23 16,
Fax: (0 33 85) 54 23 23

Anwaltverein Königs Wusterhausen
15711 Königs Wusterhausen,
Schloßstr. 1,
Telefon und
Fax: (0 33 75) 29 32 22

Anwaltsverein Nordbrandenburg e.V.
16816 Neuruppin,
Rudolf-Breitscheid-Str. 4,
Telefon: (0 33 91) 35 74 31

Oderländischer Anwaltverein (Frankfurt)
16225 Eberswalde-Finow,
Erich-Mühsam-Str. 16,
Telefon: (0 33 34) 2 25 63,
Fax: (0 33 34) 23 60 95

Oranienburger Anwaltsverein
16515 Oranienburg, Bernauer Str. 12,
Telefon: (0 33 01) 53 88 97,
Fax: (0 33 01) 53 51 17,

Potsdamer Anwaltsverein e.V.
14469 Potsdam, Friedrich-Ebert-Str. 32,
Landgericht
Telefon: (03 31) 2 88 61 42,
Fax: (03 31) 2 88 64 01

Bremen

Landesverband Bremen im Deutschen Anwaltverein
28195 Bremen, Osterstorstr. 25-29,
Gerichtshaus-Neubau, Zi. 102,
Telefon: (04 21) 10 69 45
28195 Bremen, Marktstr. 3
– Börsenhof C –
Telefon: (04 21) 36 60 00
Fax: (04 21) 36 60 04 4

Anschriften der Anwaltvereine

Bremischer Anwaltsverein
28195 Bremen, Ostertorstr. 25-29,
Gerichtshaus-Neubau, Zi. 102,
Telefon: (04 21) 10 69 45
28195 Bremen, Marktstr. 3
– Börsenhof C –
Telefon: (04 21) 36 60 00
Fax: (04 21) 36 60 04 4

Anwaltsverein Bremerhaven und Wesermünde e.V.
27568 Bremerhaven, Am Leher Tor 1c,
Telefon: (04 71) 4 55 65,
Fax: (04 71) 41 49 69

Hamburg

Hamburgischer Anwaltverein e.V.
20355 Hamburg, Sievekingplatz 1,
Zi. 700,
Telefon: (0 40) 34 20 68 + 69,
Fax: (0 40) 35 42 31,

Hessen

Verband Hessischer Rechtsanwälte im Deutschen Anwaltverein e.V.
60313 Frankfurt,
Große Friedberger Str. 33-35,
Telefon: (0 69) 92 00 86-0,
Fax: (0 69) 92 00 86-10

Anwaltverein Bad Hersfeld e.V.
36251 Bad Hersfeld, Dudenstr. 8 a,
Telefon: (0 66 21) 6 59 55,
Fax: (0 66 21) 1 30 70

Starkenburger Anwaltsverein e.V.
64283 Darmstadt, Mathildenplatz 8,
Telefon: (0 61 51) 1 76 20,
Fax: (0 61 51) 29 30 22

Anwaltverein Dill
35745 Herborn, Kornmarkt 18,
Telefon: (0 27 72) 92 88 0,
Fax: (0 27 72) 92 88 99

Anwaltverein Eschwege e.V.
37269 Eschwege, An den Anlagen 4,
Telefon: (0 56 51) 31 00 4,
Fax: (0 56 51) 79 96

Frankfurter Anwaltsverein e.V.
60313 Frankfurt a. M., Gerichtsstr. 2,
Zi. 169, Gerichtsfach 1,
Telefon: (0 69) 28 26 69,
Fax: (0 69) 28 74 84

Anwaltsverein Fulda e.V.
36037 Fulda, Rabanusstr. 16,
Telefon: (06 61) 9 02 06-0,
Fax: (06 61) 9 02 06-26

Oberhessischer Anwaltsverein e.V.
35390 Gießen, Kanzleiberg 9,
Telefon: (06 41) 34 0 34,
Fax: (06 41) 39 0 345

Anwaltsvereinigung Hanau
61130 Nidderau, Ostheimer Str. 1,
Telefon: (0 61 87) 220 66/67,
Fax: (0 61 87) 26 9 13

Anwaltverein für den Landgerichtsbezirk Kassel e.V.
34117 Kassel, Terrasse 30,
Telefon: (05 61) 72 80 530,
Fax: (0 5 61) 72 80 580

Limburger Anwaltsverein e.V.
65549 Limburg/Lahn,
Holzheimer Str. 1,
Telefon: (0 64 31) 9 69-100,
Fax: (0 64 31) 9 69 111

Marburger Anwaltverein e.V.
35037 Marburg/Lahn, Wilhelmstr. 27,
Telefon: (0 64 21) 17 11-0,
Fax: (0 64 21) 2 19 85

Anwaltsverein Offenbach
63065 Offenbach a. M., Waldstr. 45,
Telefon: (0 69) 8 00 74 90,
Fax: (0 69) 80 07 49 90

Wetzlarer Anwaltsverein e.V.
35578 Wetzlar, Wertherstr. 14 A
Telefon (0 64 41) 9 48 20,
Fax: (0 64 41) 94 82 22

Wiesbadener Anwalt- und Notarverein e.V.
65185 Wiesbaden, Gerichtsstr. 2,
Telefon: (06 11) 39 99 2,
Fax: (06 11) 39 99 2

Mecklenburg-Vorpommern

Landesverband Mecklenburg-Vorpommern
18507 Grimmen, Strohstr. 5,
Telefon: (03 83 26) 80 20 5/6,
Fax: (03 83 26) 8 02 07 + 68 66 0
E-Mail: Eggert-Richter@t-online

Anschriften der Anwaltvereine 236

Mecklenburgisch-Vorpommerscher Anwaltsverein
17489 Greifswald, Brüggstr. 38,
Telefon: (0 38 34) 89 28 89,
Fax: (0 38 34) 89 28 90

Verein der Rechtsanwälte im Landgerichtsbezirk Neubrandenburg e.V.
17033 Neubrandenburg, Südbahnstr. 11,
Telefon: (03 95) 54 43 620 + 773,
Fax: (03 95) 54 43 774

Verein der Rechtsanwälte bei dem Oberlandesgericht Rostock
18119 Warnemünde, An der Stadtautobahn 63 – Warnemünde-Center,
Telefon: (03 81) 51 90 00 04,
Fax: (03 81) 5 16 41

Rostocker Anwaltsverein
18057 Rostock, Wismarsche Str. 2,
Telefon: (03 81) 24 24 10,
Fax: (03 81) 24 24 124

Anwaltverein Schwerin
19370 Schwerin, Flörkestr. 44 A
Telefon: (0 38 71) 21 27 46

Niedersachsen

Niedersächsischer Anwalt- und Notarverband im Deutschen Anwaltverein e.V.
30175 Hannover, Leisewitzstr. 28,
Telefon: (05 11) 85 60 90,
Fax: (05 11) 85 60 911

Achimer Anwaltsverein
28832 Achim, Obernstr. 49,
Telefon: (0 42 02) 80 28,
Fax: (0 42 02) 28 05

Auricher Anwalt- und Notarverein
26603 Aurich, Hafenstr. 12,
Telefon: (0 49 41) 41 81 + 42 82,
Fax: (0 49 41) 6 23 36 + 6 76 78

Braunschweiger Anwaltsverein e.V.
38100 Braunschweig, Lange Str. 3,
Telefon: (05 31) 24 25 30,
Fax: (05 31) 2 42 53 40

Anwaltverein im Landgerichtsbezirk Bückeburg e.V.
31675 Bückeburg, Bahnhofstr. 19,
Telefon: (0 57 22) 40 75/40 76,
Fax: (0 57 22) 66 67

Anwaltverein Burgdorf-Lehrte
31303 Burgdorf, Louisenstr. 2,
Telefon: (0 51 36) 60 55,
Fax: (0 51 36) 8 60 59

Advokatenverein Celle
29221 Celle, Bahnhofsplatz 10,
Telefon: (0 51 41) 2 70 16,
Fax: (0 51 41) 2 34 14

Celler Anwaltverein e.V.
29221 Celle, Mühlenstr. 22 c,
Telefon: (0 51 41) 2 20 04,
Fax: (0 51 41) 2 61 51

Verein der Rechtsanwälte und Notare an den Amtsgerichten des Oberlandesgerichtsbezirks Celle e.V.
37154 Northeim, Friedrichstr. 26,
Telefon: (0 55 51) 40 14
Fax: (0 55 51) 28 38

Cloppenburger Anwaltverein e.V.
49661 Cloppenburg, Mühlenstr. 19,
Telefon: (0 44 71) 65 72,
Fax: (0 44 71) 22 68

Verein der Rechtsanwälte und Notare im Bezirk Cuxhaven
27474 Cuxhaven, Beethovenallee 43,
Telefon: (0 47 21) 71 67 44,
Fax: (0 47 21) 71 67 67

Emder Anwalt- und Notarverein e.V.
26721 Emden, Ringstr. 2,
Telefon: (0 49 21) 93 110,
Fax: (0 49 21) 93 11 11

Anwaltverein Gifhorn
38518 Gifhorn, Bergstr. 1 a,
Telefon: (0 53 71) 98 38 0,
Fax: (0 53 71) 98 38 38

Göttinger Anwaltverein e.V.
37073 Göttingen, Prinzenstr. 10-12,
Telefon: (05 51) 4 70 52,
Fax: (05 51) 4 70 53

Anwaltverein Goslar
38640 Goslar, Wittenstr. 1 B,
Telefon: (0 53 21) 78 0 50,
Fax: (0 53 21) 78 0 599

Anwaltsverein Grafschaft Bentheim
48527 Nordhorn, Stadtring 17
Telefon: (0 59 21) 50 19,
Fax: (0 59 21) 13 89 0

Hamelner Anwaltsverein e.V.
31785 Hameln, Münsterkirchhof 13,
Telefon: (0 51 51) 70 27,
Fax: (0 51 51) 4 18 36

Rechtsanwalts- und Notarverein Hannover e.V.
30175 Hannover, Volgersweg 65,
Telefon: (05 11) 34 13 41

Hildesheimer Anwaltsverein
31134 Hildesheim, Almstr. 20,
Telefon: (0 51 21) 1 20 73,
Fax: (0 51 21) 3 55 79

Anwaltverein Holzminden
37603 Holzminden, Bahnhofstr. 23,
Telefon: (0 55 31) 93 71 0,
Fax: (0 55 31) 93 71 10

Anwaltverein Leer
26789 Leer, Bergmannstr. 19,
Telefon: (04 91) 44 25,
Fax: (04 91) 44 24

Anwaltverein Lingen/Ems
49808 Lingen/Ems, Bauerntanzstr. 7,
Telefon: (05 91) 4 75 01,
Fax: (05 91) 5 44 28

Rechtsanwaltsverein zu Lüneburg e.V.
21335 Lüneburg, Grapengießerstr. 45,
Telefon: (0 41 31) 4 47 19 und 4 53 65,
Fax: (0 41 31) 40 19 58

Anwaltsverein Nienburg-Weser e.V.
31582 Nienburg-Weser, Wilhelmstr. 17,
Telefon: (0 50 21) 50 08, 50 09, 22 59,
Fax: (0 50 21) 26 05

Anwaltsverein Norden
26506 Norden Großneustr. 7,
Telefon: (0 49 31) 21 30,
Fax: (0 49 31) 16 78 18

Anwaltsverein Grafschaft Bentheim
48527 Nordhorn Stadtring 17,
Telefon: (0 59 21) 50 19,
Fax: (0 59 21) 1 38 90

Oldenburger Anwalts- und Notarverein e.V.
26122 Oldenburg, Staugraben 5,
Telefon: (04 41) 2 55 50,
Fax: (04 41) 2 58 43,

Osnabrücker Anwalts- und Notarverein e.V.
49074 Osnabrück, Kollegienwall 20,
Telefon: (05 41) 33 51 70,
Fax: (05 41) 33 51 717

Osterholz-Scharmbecker Anwaltsverein e.V.
28865 Lilienthal, Hauptstr. 46,
Telefon: (0 42 98) 10 02,
Fax: (0 42 98) 54 35

Verein Peiner Rechtsanwälte e.V.
31224 Peine, Hindenburgstr. 11,
Telefon: (0 51 71) 5 10 88, 5 13 14,
Fax: (0 51 71) 1 63 52

Rotenburger Anwaltsverein
27356 Rotenburg/Wümme,
Bahnhofstr. 5 A,
Telefon: (0 42 61) 92 91 0,
Fax: (0 42 61) 92 91 0

Anwaltverein Salzgitter
38226 Salzgitter, Chemnitzer Str. 86,
Telefon: (0 53 41) 46 46 4/5,
Fax: (0 53 41) 43 61 5

Rechtsanwaltsverein Soltau e.V.
29633 Munster,
Wilhelm-Bockelmann-Str. 5,
Telefon: (0 51 92) 31 91,
Fax: (0 51 92) 1 89 98

Anwaltsverein Stade
21682 Stade, Bahnhofstraße 10,
Telefon: (0 41 41) 95 21-16,
Fax: (0 41 41) 95 21-95

Uelzener Anwaltschaft e.V.
29525 Uelzen, Hoeftstr. 30,
Telefon: (05 81) 1 60 44/5,
Fax: (05 81) 1 60 46

Verdener Anwaltverein e.V.
27283 Verden, Andreaswall 2,
Telefon: (0 42 31) 300 700 + 88 40,
Fax: (0 42 31)41 08 + 8 84 22

Anwalt- und Notarverein Wilhelmshaven e.V.
26382 Wilhelmshaven, Parkstr. 18,
Telefon: (0 44 21) 4 10 86,
Fax: (0 44 21) 4 47 73

Anwaltverein Winsen
21423 Winsen Bahnhofstr. 34,
Telefon: (0 41 71) 6 54 80,
Fax: (0 41 71) 65 48 31

Anschriften der Anwaltvereine 238

Wolfsburger Anwaltsverein e.V.
38440 Wolfsburg Mecklenburger Str. 7,
Telefon: (0 53 61) 3 90 40,
Fax: (0 53 61) 3 90 444

Nordrhein-Westfalen

Landesverband Nordrhein-Westfalen im Deutschen Anwaltvereins
Düsseldorf Mühlenstr. 34, Zi. L 26,
Telefon: (02 11) 83 06 29 53,
(02 11) 13 43 43

Aachener Anwaltverein e.V.
52070 Aachen Justizgebäude,
Adalbertsteinweg 90, Zi. 354
Telefon: (02 41) 50 34 61,
Fax: (02 41) 50 13 57,

Ahauser Anwaltsverein
48683 Ahaus, Marktstr. 6,
Telefon: (0 25 61) 9 38 70,
Fax: (0 25 61) 93 87 20

Ahlener Anwaltsverein e.V.
59229 Ahlen, Moltkestr. 10,
Telefon: (0 23 82) 8 40 24,
Fax: (0 23 82) 8 34 24

Anwalt- und Notarverein des Landesgerichtsbezirks Arnsberg e.V.
59821 Arnsberg, Ruhrstr. 6,
Telefon: (0 29 31) 52 74 50,
Fax: (0 29 31) 52 74 44

Anwaltsverein Bad Oeynhausen e.V.
32545 Bad Oeynhausen, Portastr. 6,
Telefon: (0 57 31) 2 70 98,
Fax: (0 57 31) 2 61 53

Beckumer Anwaltsverein e.V.
59269 Beckum, Elisabethstr. 13,
Telefon: (0 25 21) 9 38 70,
Fax: (0 25 21) 93 87 25

Anwaltverein Bielefeld e.V.
33602 Bielefeld, Nebelswall 5,
Telefon: (05 21) 6 52 62,
Fax: (05 21) 6 52 22

Anwaltsverein Bocholt e.V.
48527 Bocholt, Adenauerallee 40,
Telefon: (0 28 71) 35 73,
Fax: (0 28 71) 3 13 61

Bochumer Anwalt- und Notarverein e.V.
44787 Bochum, Kurt-Schumacher-Platz 8,
Telefon: (02 34) 1 40 45,
Fax: (02 34) 68 25 01

Bonner Anwalt-Verein e.V.
53111 Bonn, Wilhelmstr. 21 – 23,
Telefon: (02 28) 69 02 71,
Fax: (02 28) 65 18 31,
E-Mail: BonnerAnwaltVerein@t-online,
Internet-Adresse:
www.anwalt-internet.com/bav

Borkener Anwaltsverein e.V.
46325 Borken, Heilig-Geist-Str. 11,
Telefon: (0 28 61) 81 08,
Fax: (0 28 61) 6 56 35

Anwaltverein Bottrop e.V.
46236 Bottrop, Gladbecker Str. 4,
Telefon: (0 20 41) 2 70 07,
Fax: (0 20 41) 2 84 36

Anwaltverein für den Altkreis Brilon e.V.
34431 Marsberg, Hauptstr. 23,
Telefon: (0 29 92) 9 73 70,
Fax: (0 29 92) 97 37 19,

Anwaltverein Bünde
32257 Bünde, Eschstr. 12,
Telefon: (0 52 23) 1 60 50,
Fax: (0 52 23) 16 05 30

Anwaltverein Castrop-Rauxel
44575 Castrop-Rauxel,
Wittener Straße 48,
Telefon: (0 23 05) 9 23 21-0,
Fax: (0 23 05) 49 17

Anwalt- und Notarverein e.V. Detmold
32791 Lage/Lippe, Gerichtsstr. 12,
Telefon: (0 52 32) 95 400,
Fax: (0 52 32) 95 40 40
E-Mail: 05232954001@t-online

Dorstener Anwaltverein e.V.
46282 Dorsten, Alleestr. 31,
Telefon: (0 23 62) 9 19 40, 21 51,
Fax: (0 23 62) 9 10 93

Anwalt- und Notarverein Dortmund e.V.
44135 Dortmund, Kaiserstr. 34,
Landgerichtsgebäude, Zi. 32
Telefon: (02 31) 52 32 75,
Fax: (02 31) 52 68 87

Anschriften der Anwaltvereine

Düsseldorfer Anwalt-Verein e.V.
40213 Düsseldorf, Mühlenstr. 34,
Zi. L 26,
Telefon: (02 11) 83 06 29 53, Telefax: (02 11) 13 43 43

Verein der Rechtsanwälte am Oberlandesgericht Düsseldorf e.V.
40477 Düsseldorf, Klever Straße 31,
Telefon: (02 11) 4 92 00 20,
Fax: (02 11) 4 98 32 00

Verein der Landgerichtsanwälte Duisburg e.V.
47051 Duisburg, König-Heinrich-Platz, LG Zi. 177,
Telefon: (02 03) 2 13 02,
Fax: (02 03) 2 13 02,

Essener Anwalt- und Notarverein e.V.
45130 Essen, Zweigertstr. 52,
Telefon: (02 01) 8 03 21 85

Rechtsanwaltsverein Gelsenkirchen-Buer-Horst e.V.
45897 Gelsenkirchen-Buer,
Horster Straße 107 a,
Telefon: (02 09) 59 70 81,
Fax: (02 09) 59 56 92

Anwalt- und Notarverein Gelsenkirchen e.V.
45879 Gelsenkirchen, Ebertstr. 20,
Telefon: (02 09) 2 40 16,
Fax: (02 09) 20 94 49

Anwaltverein Gladbeck e.V.
45964 Gladbeck, Kirchplatz 2,
Telefon: (0 20 43) 2 68 36,
Fax: (0 20 43) 2 21 55

Gütersloher Anwaltverein e.V.
33332 Gütersloh, Hochstr. 19,
Telefon: (0 52 41) 53 58 0,
Fax: (0 52 41) 53 58 40,
E-Mail: BDPHG-GT@t-online.de

Anwalt- und Notarverein des Landgerichtsbezirk Hagen e.V.
58086 Hagen, Heinitzstr. 42
(Justizgebäude),
Telefon: (0 23 31) 8 21 82,
Fax: (0 23 31) 8 89 19

Anwaltverein Hamm e.V.
59063 Hamm, Ostenallee 64,
Telefon: (0 23 81) 92 04 80,
Fax: (0 23 81) 2 28 06

Anwaltverein Hattingen-Ruhr
45525 Hattingen, Bahnhofstr. 22,
Telefon: (0 23 24) 2 21 84,
Fax: (0 23 24) 2 24 32

Herforder Anwaltverein e.V.
32008 Herford, Postfach 1835
Telefon: (0 52 21) 56 66 66

Anwaltverein Herne
44623 Herne, Bahnhofstr. 64,
Telefon: (0 23 23) 52 0 88,
Fax: (0 23 23) 1 82 51

Anwaltsverein für den Kreis Höxter e.V.
33034 Brakel, Am Gänseanger 9,
Telefon: (0 52 72) 37 300

Anwaltsverein Kamen
59174 Kamen, Bahnhofstr. 16,
Telefon: (0 23 07) 97 26 20,
Fax: (0 23 07) 7 54 98

Klever Anwaltverein e.V.
47533 Kleve, Bensdorpstr. 14,
Telefon: (0 28 21) 2 60 55,
Fax: (0 28 21) 2 26 46

Kölner Anwaltverein e.V.
50939 Köln, Luxemburger Straße 101,
Zi. 103,
Telefon: (02 21) 41 10 41,
Fax: (02 21) 44 14 57

Verein der Rechtsanwälte Krefeld e.V.
47798 Krefeld, Nordwall 131,
Landgericht, Zi. 131,
Telefon: (0 21 51) 77 31 46

Anwalt- und Notarverein Lippstadt e.V.
59555 Lippstadt, Woldemei 8,
Telefon: (0 29 41) 70 07/8/9,
Fax: (0 29 41) 33 85

Anwaltsverein für den Kreis Lübbecke e.V.
32312 Lübbecke, Kaiserstr. 14,
Telefon: (0 57 41) 54 38, 72 78,
Fax: (0 57 41) 46 25

Lippischer Anwalt- und Notarverein e.V.
32791 Lage, Gerichtsstr. 12,
Telefon: (0 52 32) 9 54 00,
Fax: (0 52 32) 95 40 40

Anschriften der Anwaltvereine 240

Anwaltverein Marl e.V.
45770 Marl, Friedrichstr. 20,
Telefon: (0 23 65) 95 81 0,
Fax: (0 23 65) 95 81 95

Anwaltverein Mettmann e.V.
40699 Erkrath-Hochdahl,
Hochdahler Markt 15,
Telefon: (0 21 04) 4 30 09, 4 30 00,
Fax: (0 21 04) 4 30 08

Anwaltverein Minden e.V.
32427 Minden, Hahler Straße 29,
Telefon: (05 71) 2 80 86/7,
Fax: (05 71) 8 76 54
E-Mail: 539.92@RA-MICRO.de

Moerser Anwaltsverein e.V.
47441 Moers, Hopfenstr. 5,
Telefon: (0 28 41) 2 52 41 3,
Fax: (0 28 41) 2 15 61

Anwaltverein Mönchengladbach e.V.
41061 Mönchengladbach,
Hohenzollernstr. 157,
Telefon: (0 21 61) 92 95 0,
Fax: (0 21 61) 92 95 19

Vereinigung der Rechtsanwälte und Notare Münster e.V.
48143 Münster, Spiekerhof 35 – 37,
Telefon: (02 51) 41 37 0,
Fax: (02 51) 41 37 66

Paderborner Anwaltverein e.V.
33098 Paderborn, Markt 14,
Telefon: (0 52 51) 1 07 70,
Fax: (0 52 51) 10 77 20

Anwaltsverein Recklinghausen e.V.
45657 Recklinghausen, Elper Weg 3,
Telefon: (0 23 61) 2 48 32,
Fax: (0 23 61) 18 40 02

Anwaltverein Remscheid e.V.
42853 Remscheid, Blumenstr. 24,
Telefon: (0 21 91) 4 91 00,
Fax: (0 21 91) 49 10 49

Anwaltsverein Rheda-Wiedenbrück
33378 Rheda-Wiedenbrück,
Rektoratstr. 22,
Telefon: (0 52 42) 88 68 + 54 407,
Fax: (0 52 42) 5 41 59

Siegener Anwaltverein e.V.
57072 Siegen, Hindenburgstr. 4,
Telefon: (02 71) 2 04 44,
Fax: (02 71) 5 61 44

Soester Anwaltverein e.V.
59494 Soest, Brüderstr. 31,
Telefon: (0 29 21) 1 50 61,
Fax: (0 29 21) 1 64 53

Solinger Anwaltverein e.V.
42697 Solingen, Keldersstr. 15,
Telefon: (02 12) 26 72 70,
Fax: (02 12) 26 72 72 7

Velberter Anwaltverein e.V.
42551 Velbert, Friedrichstr. 181,
Telefon: (0 20 51) 41 67,
Fax: (0 20 51) 5 48 09

Anwaltsverein Wanne-Eickel e.V.
44649 Herne, Wilhelmstr. 2,
Telefon: (0 23 25) 7 77 18,
Fax: (0 23 25) 79 24 46

Anwaltverein Warendorf e.V.
48231 Warendorf, Oststr. 21,
Telefon: (0 25 81) 70 61/2,
Fax: (0 25 81) 14 53

Anwaltsverein Werl
59457 Werl, Steinerstr. 48,
Telefon: (0 29 22) 8 22 00 + 83 343,
Fax: (0 29 22) 8 59 59

Wittener Anwaltverein e.V.
58452 Witten, Bahnhofstr. 63,
Telefon: (0 23 02) 5 70 11,
Fax: (0 23 02) 2 60 45

Anwaltsverein Wuppertal
42103 Wuppertal, Eiland 4
(Landgericht),
Telefon: (02 02) 45 24 24

Rheinland-Pfalz

Rheinland-Pfälzischer Anwaltsverband im DAV
65657 Kaiserslautern, Epplergasse 3,
Telefon: (06 31) 36 65 20,
Fax: (06 31) 36 65 299

Alzeyer Anwaltverein e.V.
55232 Alzey, Wilhelmstr. 28 – 30,
Telefon: (0 67 31) 31 32,
Fax: (0 67 31) 85 66

Verein der Rechtsanwälte des Landgerichtsbezirks Bad Kreuznach e.V.
55543 Bad Kreuznach,
Mannheimer Straße 256,
Telefon: (06 71) 8 87 78 14,
Fax: (06 71) 8 87 78-30

Anwaltsvereinigung Frankenthal (Pfalz) e.V.
67227 Frankenthal, Bahnhofstr. 22,
Telefon: (0 62 33) 8 70 00,
Fax: (0 62 33) 87 00 20

Anwaltsverein e.V. Kaiserslautern
67657 Kaiserslautern, Epplergasse 3,
Telefon: (06 31) 36 65 20,
Fax: (06 31) 36 65 299

Verein der Rechtsanwälte Koblenz e.V.
56068 Koblenz, Rheinstr. 23,
Telefon: (02 61) 3 40 59,
Fax: (02 61) 3 66 45

Anwaltsverein für den Landgerichtsbezirk Landau i. d. Pfalz e.V.
76829 Landau, Ostring 38,
Telefon: (0 63 41) 2 02 98,
Fax: (0 63 41) 8 23 51

Ludwigshafener Anwaltsverein e.V.
67061 Ludwigshafen,
Kurfürstenstraße 38,
Telefon: (06 21) 52 96 222,
Fax: (06 21) 52 96 225

Rheinhessischer Anwaltsverein Mainz e.V.
55116 Mainz, Fürstenbergerhofstr. 21,
Telefon: (0 61 31) 23 27 08,
Fax: (0 61 31) 22 38 03

Anwaltsverein Neustadt (Weinstraße) e.V.
67433 Neustadt, Hindenburgstr. 1,
Telefon: (0 63 21) 8 41 58, 8 37 48,
Fax: (0 63 21) 3 48 74
E-Mail: 182.89@ra-micro.de

Verein der Rechtsanwälte Neuwied e.V.
56564 Neuwied, Museumstr. 9,
Telefon: (0 26 31) 2 09 44,
Fax: (0 26 31) 2 99 55

Pirmasenser Anwaltsverein e.V.
66953 Pirmasens, Schloßstr. 26,
Telefon: (0 63 31) 1 20 61/62,
Fax: (0 63 31) 9 28 34

Speyerer Anwaltsverein
67346 Speyer, Wormser Str. 24,
Telefon: (0 62 32) 2 40 65,
Fax: (0 62 32) 2 64 49

Trierer Anwaltverein e.V.
54290 Trier, Kalenfelsstr. 5 a,
Telefon: (06 51) 97 040 0/44,
Fax: (06 51) 97 040 40

Anwaltsverein Westerwald e.V.
57537 Wissen, Postfach 13 51
Telefon: (0 27 42) 20 99,
Fax: (0 27 42) 10 29

Wormser Anwaltsverein e.V.
67547 Worms, Rathenaustr. 20,
Telefon: (0 62 41) 2 25 50,
Fax: (0 62 41) 8 27 39

Anwaltverein Zweibrücken e.V.
66482 Zweibrücken, Hauptstr. 100,
Telefon: (0 63 32) 7 60 75,
Fax: (0 63 32) 1 72 79

Saarland

Saarländischer Anwaltverein e.V.
66119 Saarbrücken, Landgericht,
Franz-Josef-Röder-Straße 15,
Telefon: (06 81) 5 12 02,
Fax: (06 81) 5 12 59

Sachsen

Anwaltsverband Sachsen im Deutschen Anwaltverein
09111 Chemnitz, Waisenstr. 13,
Telefon: (03 71) 6 25 71,
Fax: (03 71) 6 25 71

Bautzener Anwaltsverein e.V.
02625 Bautzen, Hauensteingasse 6,
Telefon: (0 35 91) 48 63-0,
Fax: (0 35 91) 48 63 42

Sächsischer Anwaltsverein Chemnitz e.V.
09111 Chemnitz, Waisenstr. 13,
Telefon: (03 71) 69 49 724,
Fax: (03 71) 69 49 723

Dresdner Anwaltsverein e.V.
01796 Pirna, Rosa-Luxemburg-Str. 22,
Telefon: (0 35 01) 52 98 00,
Fax: (0 35 01) 52 98 01

Leipziger Anwaltverein e.V.
04107 Leipzig, Emilienstr. 17,
Telefon: (03 41) 99 75 20,
Fax: (03 41) 9 97 52 15

Oberlausitzer Anwaltverein (Görlitz)
02826 Görlitz, Struvestr. 15,
Telefon: (0 35 81) 40 31 82,
Fax: (0 35 81) 40 70 86

Anwaltverein Vogtland e.V.
08523 Plauen, Reichsstr. 15 a,
Telefon: (0 37 41) 22 17 82 +22 57 82,
Fax: (0 37 41) 22 37 21

Zwickauer Anwaltverein
08056 Zwickau, Bahnhofstr. 3,
Telefon: (03 75) 29 45 36/7,
Fax: (03 75) 29 45 38

Sachsen-Anhalt

Anwaltsverband Sachsen-Anhalt
06108 Halle, Kleine Märkerstr. 10,
Telefon: (03 45) 50 13 68,
Fax: (03 45) 20 23 23 5

Altmärkische Anwaltsvereinigung
39576 Stendal, Am Markt 9/10,
Telefon: (0 39 31) 71 59 56,
Fax: (0 39 31) 71 59 58

Anhaltinischer Anwaltverein
06844 Dessau, Mariannestr. 20,
Telefon: (03 40) 21 40 62 + 25 20 00,
Fax: (03 40) 21 48 73 + 20 021

Bernburger Anwaltverein
06406 Bernburg, Friedensallee 39 a,
Telefon: (0 34 71) 22 02 42

Hallescher Anwaltverein e.V.
06016 Halle, Hansering 13, Zi. 23,
Telefon: (03 45) 2 02 89 77 + 2 20 30 23,
Fax: (03 45) 20 28 977,

Magdeburger Anwaltverein e.V.
39112 Magdeburg, Halberstädter Str. 8,
Telefon: (03 91) 60 62 46

Naumburger Anwaltverein
06618 Naumburg, Buchholzstr. 10,
Telefon: (0 34 45) 71 94 0,
Fax: (0 34 45) 71 94 30

Quedlinburger Anwaltverein
06484 Quedlinburg, Neuer Weg 22 – 23,
Telefon: (0 39 46) 90 62 65,
Fax: (0 39 46) 90 62 67

Schleswig-Holstein

Schleswig-Holsteinischer Anwalts- und Notarverband e.v.
24105 Kiel, Beseler Allee 28,
Telefon: (04 31) 8 10 13 + 8 10 33,
Fax: (04 31) 80 36 87

Anwaltschaft im Amtsgerichtsbezirk Bad Bramstedt e.v.
24558 Henstedt-Ulzburg,
Hamburger Str. 89 a,
Telefon: (0 41 93) 96 96 90,
Fax: (0 41 93) 96 93 51

Flensburger Anwaltsverein e.V.
24937 Flensburg, Südermarkt 9,
Telefon: (04 61) 1 44 33 22,
Fax: (04 61) 1 44 33 44

Anwalt- und Notarverein im Landgerichtsbezirk Itzehoe e.V.
25524 Itzehoe, Holzkamp 13,
Telefon: (0 48 21) 95 50 0,
Fax: (0 48 21) 91 275

Anwaltsverein im Landgerichtsbezirk Kiel e.V.
24103 Kiel, Walkerdamm 4-6,
Telefon: (04 31) 9 74 36 0,
Fax: (04 31) 9 74 36 36

Lauenburgischer Anwaltsverein e.V.
21493 Schwarzenbek,
Lauenburger Str. 48,
Telefon: (0 45 41) 30 44,
Fax: (0 45 41) 49 44

Lübecker Anwaltverein e.V.
23552 Lübeck, Breite Str. 44-46,
Telefon: (04 51) 71 29 1,
Fax: (04 51) 71 29 3

Anwaltsverein Norderstedt e.V.
22844 Norderstedt,
Langenharmer Weg 35,
Telefon: (0 40) 5 26 70 77,
Fax: (0 40) 5 26 26 76

Anwalts- und Notarverein Nordfriesland e.V.
25813 Husum, Brinkmannstr. 13,
Telefon: (0 48 41) 6 10 01 4,
Fax: (0 48 41) 40 67

Thüringen

Landesgruppe Thüringen im Deutschen Anwaltverein e.V.
99092 Erfurt, Bergstraße 3,
Telefon: (03 61) 21 10 163,
Fax: (03 61) 21 10 170
E-Mail: A-K-S@t-online.de

Anwaltverein Eisenach
99817 Eisenach, Markt 23,
Telefon: (0 36 91) 20 33 55,
Fax: (0 36 91) 78 51 00

Erfurter Anwaltverein
99084 Erfurt, Michaelisstr. 18,
Telefon: (03 61) 5 90 18 0,
Fax: (03 61) 5 90 18 19

Ostthüringer Anwaltverein Gera
07545 Gera, Lessingstr. 2,
Telefon: (03 65) 20 01 69,
Fax: (03 65) 20 02 84

Jenaer Anwaltverein e.V.
07743 Jena, August-Bebel-Str. 12,
Telefon: (0 36 41) 46 01 0,
Fax: (0 36 41) 46 01 88

Anwaltverein Meiningen
98617 Meiningen, Charlottenstraße 7,
Telefon: (0 36 93) 44 51 25,
Fax: (0 36 93) 44 51 44

Anwaltsverein Mühlhausen
99974 Mühlhausen, Untermarkt 16,
Telefon: (0 36 01) 44 75 11,
Fax: (0 36 01) 44 13 75

Anwaltsverein Saalfeld-Rudolstadt
07318 Saalfeld, Melanchthonstr. 3,
Telefon: (0 36 71) 53 34 0,
Fax: (0 36 71) 53 34 23

Suhler Anwaltverein
98527 Suhl, Mühltorstr. 42,
Telefon: (0 36 81) 30 61 50

Weimarer Anwaltverein e.V.
99423 Weimar, Carl-August-Allee 9,
Telefon: (0 36 43) 59 22 6,
Fax: (0 36 43) 59 22 7

Literaturverzeichnis

Anwaltsverzeichnis 1998/99, Bonn 1998

Arens, Wolfgang/Spieker, Ulrich, Umwandlungsrecht in der Beratungspraxis, 1. Auflage, Bonn 1996

Auernhammer, Herbert, Datenschutz bei Praxisverkauf und Praxisfusion – Ein Rechtsprechungsbericht in AnwBl. 1996, S. 517–520

Barthel, Carl W., Unternehmenswert: Grundlagen und Varianten des Umsatzverfahrens in DStR 1996, S. 1458–1464 und S. 1701–1707

derselbe in DStR 1996, S. 1701–1707: Unternehmenswert: Theoretische Fundierung des Umsatzverfahrens

Barthel, Carl W., Unternehmenswert: Der Markt bestimmt die Bewertungsmethode in DB 1990, S. 1145–1152

Beisel, Wilhelm / Klumpp, Hans-Hermann, Der Unternehmenskauf, 3. Auflage, München 1996

Borowski, Willi, Entwicklungen auf dem Stellenmarkt für Juristen in AnwBl. 1985, S. 292–296

BRAK-Ausschuß Bewertung von Anwaltspraxen, Zur Bewertung von Anwaltspraxen in BRAK-Mittl. 1992, S. 24–28 sowie in BRAK-Mittl. 1986, S. 119–123. Der Bericht von 1992 ist hier im Anhang abgedruckt.

Breidenbach, Berthold, Überlegungen zur Ermittlung des Wertes einer Steuerberaterpraxis in DStR 1991, S. 47–53

Burhoff, Armin/Obermeier, Arnold, Besteuerung der Rechtsanwälte und Notare Herne / Berlin 1991

Busse, Alexander, Steuerliche Möglichkeiten und Grenzen freiberuflicher Betätigung nach Praxisveräußerung in BB 1989, Seite 1951–1955

Deutsches Rechts-Lexikon, Band 1–3, 2. Auflage München, 1992

Dornbusch, Hans-Ludwig/Jasper, Lothar Th., Die Besteuerung der Rechtsanwälte und Notare, 2. Auflage, München 1991

Ecker, Sabine M., Fördermittel für die Gründung oder Erweiterung einer Anwaltspraxis in den neuen Bundesländern, in: Ratgeber – Praktische Hinweise für junge Anwälte, S. 286–293, 7. Auflage, Bonn 1995

Eich, Alexander, Die Bewertung von Anwaltspraxen, Köln 1995

Englert, Joachim, Die Bewertung von freiberuflichen Praxen mit Hilfe branchentypischer Wertfindungsmethoden in BB 1997, S. 142–149

Feuerich, Wilhelm, Standesrecht in der Übergangszeit in AnwBl. 1988, S. 502–516

Fischedick, Gerlinde, Fördermittel für die Gründung oder Erweiterung einer Anwaltspraxis in den alten Bundesländern, in: Ratgeber – Praktische Hinweise für junge Anwälte, S. 274–285, 7. Auflage, Bonn 1997

Fischer Weltalmanach, Zahlen, Daten, Fakten 1998, Frankfurt am Main 1997

Frielingsdorf, Günther, Praxiswert (von Arzt- und Zahnarztpraxen), Neuwied Frankfurt 1989

George, Heinz, Aktivierung und Abschreibung von Praxiswerten in DB 1995, S. 896–898

Gießler, Oliver S., Der negative Geschäftswert – Bilanzielle Anerkennung und Behandlung in BB 1996 S. 1759–1765

IDW, (Institut der Wirtschaftsprüfer), Fachgutachten, Stellungnahmen, Düsseldorf, ständig aktualisiert

Kaiser, Hans/Wollny, Paul, Kauf und Bewertung einer Anwaltspraxis, 2. Auflage, Herne / Berlin 1996

Kaiser, Hans/Bellstedt, Christoph, Die Anwaltssozietät, 2. Auflage, Herne/Berlin 1995

Klein, Franz/Orlopp, Gerd, Abgabenordnung, Kommentar, 4. Auflage, München 1989

Knief, Peter, Neue Ansätze zur Bewertung von Wirtschaftsprüfern – und/oder Steuerberaterpraxen in DStR 1978, S. 21–27

derselbe, Neue Ansätze zur Bewertung von Anwaltspraxen in AnwBl. 1978, S. 246–252

Korth, H.-Michael, Unternehmensbewertung im Spannungsfeld zwischen betriebswirtschaftlicher Unternehmenswertermittlung, Marktpreisabgeltung und Rechtsprechung, BB-Beilage Nr. 19 zu Heft 33, 1992

Kotzur, Hubert, Goodwill freiberuflicher Praxen und Zugewinnausgleich in NJW 1988, S. 3239–3244

Michalski, Lutz/Römermann, Volker, Verkauf einer Anwaltskanzlei in NJW 1996, S. 1305–1310

Möller, Reinhard, Ist ein negativer Teilwert bilanzierbar? in BB 1996, S. 2291–2295

derselbe, Buchführung, Steuern und Personal in der Anwaltskanzlei, 2. Auflage, Bonn 1996

Palandt, Bürgerliches Gesetzbuch, 56. Auflage, München 1997, (zitiert: Palandt/Bearbeiter,§, Rdnr.)

Passenberger, Jürgen:, STAR: Einkommenssituation deutscher Rechtsanwälte 1994 in BRAK-Mittl. 1996, S. 174–179

Rinsche, Franz-Josef, Die Haftung des Rechtsanwalts und des Notars, 5. Auflage, Köln, Berlin, Bonn, München 1995

Sachverständigenverzeichnis, Verzeichnis der öffentlich bestellten und vereidigten Sachverständigen, 2. Auflage, Bonn 1998

Schleifenbaum, Henrich, Gesellschafterwechsel als Betriebsübergang bei der Gesellschaft bürgerlichen Rechts in BB 1991, Seite 1705–1706

Schmidt, Ludwig, Einkommensteuergesetz, Kommentar, 16. Auflage, München 1997

Schönke, Adolf/Schröder, Horst, Strafgesetzbuch, Kommentar, 25. Auflage, München 1997, zitiert: Schönke/Schröder – Bearbeiter

Schulze zur Wiesche, Dieter, Die freiberufliche Praxis, Veräußerung, Aufnahme eines Juniorpartners, vorweggenommene Erfolge, Erbfall in BB 1995, S. 593–605

Sigle, Walter/Maurer, Anton, Umfang des Formzwangs beim Unternehmenskauf in NJW 1984, S. 2657–2662

Stengel, Arndt/Scholderer, Frank, in NJW 1994, S. 158–164, Aufklärungspflichten beim Beteilungs- und Unternehmenskauf

Streck, Michael, Steuerprobleme örtlicher, überörtlicher und internationaler Anwaltssozietäten in NJW 1991, S. 2252–2259

Strohm, Eberhart, Bewertung einer Anwaltspraxis bei Praxisübernahme oder für den Zugewinnausgleich in AnwBl. 1977, S. 389–392

Vahlens Großes Wirtschaftslexikon, 2 Bände, 2. Auflage, 1993 München

Wehmeier, Wolfgang, Praxisübertragung in wirtschaftsprüfenden und steuerberatenden Berufen, 3. Auflage, Bonn 1996

Wöhe, Günter, Einführung in die Allgemeine Betriebswirtschaftslehre, 18. Auflage, München 1993

Wollny, Paul, Unternehmens- und Praxisübertragungen, 4. Auflage, Herne / Berlin 1996

WP-(= Wirtschaftsprüfer)Handbuch, 10. Auflage, Band I, Düsseldorf 1992 und 11. Auflage, Band I, Düsseldorf 1996

Stichwortverzeichnis

fette Zahlen = §§, magere Zahlen = Randnummern; der Zusatz Fn. vor einer mageren Zahl verweist auf eine Fußnote

Allgemeine Versicherungsbedingungen, s. Berufshaftpflichtversicherung
Anfechtung **4** 9

Beispiele für Wertermittlung im Einzelfall **3** 255 ff
Bereicherungsansprüche **4** Fn. 413
Berufshaftpflichtversicherung **4** 11 ff
– Übergangsschäden **4** 12 ff
Betrug **5** 3, **5** 6 ff
– Garantenpflicht **5** 13 f
– Täuschungshandlung durch Unterlassen **5** 13 f
Bewertungs-Tableau **3** 157 ff
– Gewichtungsvervielfältiger **3** 159, **3** 164
– kostenrelevante Merkmale **3** 108 ff
– umsatzrelevante Merkmale **3** 107
– Werttendenzzahl **3** 159, **3** 164
Bilanz der zu übernehmenden Gegenstände **3** 12 ff
– Aktiva **3** 13
– Forderungen, ausstehende **3** 13 f
– Nennwert **3** 4
– Passiva **3** 13
– Verbindlichkeiten, s. Passiva
– Wiederbeschaffungspreise **3** 10
BRAK-Ausschuß-Bericht **2** 71 f, **3** 22 ff
– Abzug von fiktiven Ertragsteuern **3** 76
– außerordentliche anwaltsbezogene Vergütungen **3** 35 ff
– außerordentliche personenbezogene Vergütungen **3** 35 ff
– Beteiligungswert **3** 52, **3** 226 ff, **3** 240

– »BRAK-Methode« **3** 22 ff
– Bundesbesoldungsgesetz **3** 74
– einzelne Arbeitsschritte **3** 29 ff
– Fortführungswert **3** 50
– Gewichtung **3** 133 ff, **3** 143 ff
– Grundgedanken **3** 22 ff
– kalkulatorischer Anwaltslohn **3** 72 ff, **3** 192 ff
– kostenrelevante Aspekte **3** 108 ff, **3** 128 ff, **3** 159
– Sozietäten, Anteilsverkauf **3** 263
– Sozietäten, Besonderheiten **3** 222 ff, **3** 240
– Übergabewert **3** 51
– umsatzrelevante Aspekte **3** 107, **3** 119 ff, **3** 159
– Vervielfältiger, Faktor, Multiplikator **3** 45
– weitere Aspekte **3** 86 ff
– werterhöhende Merkmale **3** 60 ff, **3** 104 ff
– wertsenkende Merkmale **3** 53 ff, **3** 100
– zusammenfassendes Zahlenbeispiel **3** 78 ff

Check-Liste der Strukturmerkmale **1** 44 ff

Divergenzproblem **1** 65 ff

Eigenkapital **1** 87 ff
Einbringung von Praxen, Sozietäten **3** 240, **6** 62 ff
– zum Buchwert **6** 65
– zum Teilwert **6** 66
– zum Zwischenwert **6** 67
Einkommensteuerrechtliche Folgen des Praxisverkaufs **6** 9 ff
– Abschreibung **6** 7, **6** 28 ff
– AfA, s. Abschreibung

Stichwortverzeichnis

- AfA-Tabellen **6** 30
- Aufgabegewinn **6** 10, **6** 77 ff
- Besonderheiten bei Sozietätsanteilen **6** 47 ff
- Betriebsausgaben **6** 10
- Betriebseinnahmen **6** 10
- Buchwert **6** 65
- Freibetrag **6** 10, **6** 13
- Kapitalkonto **6** 84
- Kaufpreisraten **6** 25, **6** 42 ff
- Mitunternehmeranteil **6** 10
- Sofortversteuerung bei Veräußerung gegen wiederkehrende Bezüge **6** 25
- Tarifbegünstigung **6** 10, **6** 15 ff
- Teilwert **6** 66
- Tilgungsanteil bei Kaufpreisraten **6** 45 f
- Veranlagungszeitraum **6** 13
- Veräußerung gegen bare Zahlung **6** 23
- Veräußerung gegen unbare Zahlung **6** 24 f, **6** 42 ff
- Veräußerungsgewinn **6** 6, **6** 10, **6** 23 ff
- Veräußerungspreis **6** 10, **6** 23 ff
- Verkauf gegen Leibrente **6** 25
- Verkauf gegen Zeitrente **6** 25
- wiederkehrende Bezüge **6** 25
- Zinsanteil bei Kaufpreisraten **6** 45 f
- Zuflußbesteuerung bei Veräußerung gegen wiederkehrende Bezüge **6** 25
- Zwischenwert **6** 67

Ertragswertmethode **2** 68 f

Finanzierung **1** 86 ff
Fördermittel, öffentliche **1** 86 ff
- DtA-Existenzgründungsprogramm **1** 91 ff
- Eigenkapitalhilfe-Programm (»EKH«) **1** 91 ff
- ERP-Darlehen **1** 91 ff

Freiberuflerpraxis **2** 69
Fremdkapital **1** 87 ff
Fusion **3** 240, **3** 264 ff

Gewährleistung **4** Fn. 412
Goodwill **2** 55, **3** 1, **3** 159 ff

Haftung **4** 1 ff
- für Ansprüche Dritter **4** 10
- für Rechtsmängel **4** 9
- für Sachmängel **4** 9
- gesetzliche **4** 9
- vertragliche **4** 9
- wegen arglistiger Täuschung **4** 9
- wegen culpa in contrahendo **4** 9
- wegen positiver Forderungsverletzung **4** 9
- wegen Sittenwidrigkeit **4** 9
- wegen Unmöglichkeit **4** 9
- wegen Verzuges **4** 9
- wegen vorsätzlicher sittenwidriger Schädigung **4** 9

Ideeller Wert, s. Goodwill
Informationsmedien **1** 1 ff
- Anwaltvereine **1** 16
- Existenzgründungsveranstaltungen **1** 15
- Fachzeitschriften **1** 7
- Rechtsanwaltskammern **1** 10
- Tageszeitung **1** 6
- Unternehmensmakler **1** 8

Inventarliste **3** 7 ff

Kaufpreisfindung **2** 61 ff
- betriebswirtschaftliche Rahmenbedingungen **2** 64 ff
- rechtliche Rahmenbedingungen **2** 61 ff

Kaufvertrag, zu regelnde Punkte **2** 34 ff
- Aktenübergabe **2** 45
- Außenstände, Einziehung **2** 46
- Bekanntmachung der Praxisübergabe **2** 47
- Eintritt in Verträge **2** 48
- »Firmenfortführung« **2** 37
- Gewährleistungsausschluß **2** 38
- Informationen über den Praxisübergang **2** 41
- Kaufgegenstand **2** 38
- Kaufpreiszahlung **2** 51

- Kennzeichnung der Kanzlei **2** 36
- Konkurrenzschutzklausel (Wettbewerbsverbot) **2** 50
- Mitarbeiterverträge **2** 40
- Personalien des Vertragspartners **2** 35
- Räumlichkeiten, Weiternutzung von **1** 30 ff, **2** 39, **3** 148 ff, **3** 159
- salvatorische Klausel **2** 53
- Schiedsklausel **2** 52
- Übergabestichtag **2** 49
- überleitende Mitarbeit **2** 42, **3** 148, **3** 159, **3** 173
- Vergütung bei Weiterbearbeitung **2** 44
- Wettbewerbsverbot, s. Konkurrenzschutzklausel
- Zustimmung zur Weiterbearbeitung **2** 43
»Kauf« durch Gewinnverzicht **6** 81 ff

Leistungsstörungen **4** Fn. 413

Minderung **4** 9
Mittelwert-Schematisierung **1** 71 f

Nichtigkeit, ex-tunc **4** 9

Parteiverrat **5** 5, **5** 28 ff

Ratgeber, Mitwirkung **1** 79 ff
- neutraler Gutachter **1** 81 ff
- Parteiberater **1** 81 ff
Räumliches Umfeld **1** 30 ff
Realteilung **6** 75, **6** 88
Rückwirkung **6** 2

Schadenersatz **4** 9
Schweigepflicht, s. Verschwiegenheitspflicht
Steuerrechtliche Folgen des Praxisverkaufs **6** 1 ff
- Einheitsbewertung **6** 10

- Einkommensteuer **6** 9 ff
- Gewerbesteuer **6** 10
- Grunderwerbsteuer **6** 10
- Umsatzsteuer **6** 10
- Vermögensteuer **6** 10
Strafrechtliche Folgen des Praxisverkaufes **5** 1 ff
Strukturmerkmale der Kanzlei **1** 43 ff
Substanzwertermittlung **3** 2 ff

Treffen, erstes **2** 1 ff
- Informationsbedürfnis **2** 6 f
- Inhalt **2** 3 ff
- Mandantenlisten **2** 19 ff
- Ort **2** 1
- Schweigepflicht **2** 16 ff
- Taktik **2** 23 ff
- Unterlagen **2** 8 ff
- Zeit **2** 1
- Zeitdruck **2** 23 ff
- Ziel **2** 2

Umsatzverfahren **2** 69
Umwandlungssteuergesetz **6** 49 ff

Verhandlungsziel **1** 28
Verkaufsanlässe **1** 51 f
Vermittler von Praxen **1** 8, **3** 241 ff, **3** Fn. 183
Vermögensschaden-Haftpflichtversicherung, s. Berufshaftpflichtversicherung
Verschwiegenheitspflicht **1** 54, **1** 70, **2** Fn. 130, **5** 4, **5** 15 ff
Vorbereitung des Anbieters **1** 50 ff
Vorbereitung des Nachfragers **1** 26 ff

Wandelung **4** 9

Zugewinnausgleich, Wertermittlung für **3** 50, **3** 256

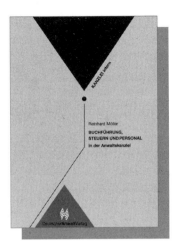

Buchführung, Steuern und Personal

in der Anwaltskanzlei
Von Rechtsanwalt und vereidigter Buchprüfer Dr. Reinhard Möller
2. Auflage 1996, 143 Seiten, broschiert, 39,– DM
ISBN 3-87389-409-2

Der Autor vermittelt eingängig und praxisnah die Grundkenntnisse für die korrekte und effiziente „Verwaltung" einer Anwaltskanzlei. Anhand von Beispielen werden u.a. folgende Themen behandelt: Aufzeichnungspflichten des Anwalts, Ermittlung des Jahresergebnisses, Mahnwesen für eigene Honorarforderungen, innerbetriebliches Controlling, die Umsatz- und Einkommensteuer, die Abrechnung der Gehälter ...

„Nach dem Lesen stellt man erstaunt fest: Alles überschaubar. Kein Buch mit sieben Siegeln. Insgesamt eine knappe und doch fundierte Einführung, die Überblick verschafft und neugierig macht auf weitergehende Beschäftigung."

RA und vBp Volker Mackeprang in zfs 6/96

„Fazit: Das Buch ist überaus hilfreich und empfehlenswert für Anwälte (ob jung oder arriviert), die zumindest ihre eigenen Steuerangelegenheiten selbst in die Hand nehmen wollen."

RA Dr. Rolf Schwedhelm in: AnwBl 10/96

Erfolgreiche Kanzleiführung

Die moderne Anwaltskanzlei
Gründung, Einrichtung und rationelle Organisation
Herausgegeben vom Ausschuß für Büroorganisation und -technik des Deutschen Anwaltvereins
Schriftleitung:
RA Artur Garke

2. Auflage 1997, 640 Seiten, gebunden, 118,– DM
ISBN 3-8240-0200-0

Das Handbuch vereint das organisatorische Know-how aus der täglichen Praxis versierter Anwälte.
„Der Existenzgründer sollte sich das Buch zur Pflichtlektüre machen. Und auch der erfahrene Rechtsanwalt darf sich nicht scheuen, den eigenen Büroalltag anhand des Werkes zu überprüfen."
RA Florian Breit zur Vorauflage in: NJW 21/95

TQM
Qualitätsmanagement in der Anwaltskanzlei
DAV-Leitfaden
Herausgegeben vom Deutschen Anwaltverein
Bearbeitet von den Mitgliedern des TQM-Ausschusses des DAV unter der Leitung von
Dr. Georg Vorbrugg

1. Auflage 1997, 207 Seiten, gebunden, 58,– DM
ISBN 3-8240-0207-8

Ziel des DAV-Leitfadens ist die fortdauernde Steigerung der eigenen Effizienz und Wettbewerbsfähigkeit durch strategisches Denken, Mandantenorientierung, Rationalisierung der Abläufe und Mitarbeiterzufriedenheit.
Der Leitfaden bietet erste Hinweise zur Etablierung von Qualitätsmanagement in der Anwaltschaft. Er richtet sich an kleine Büros genauso wie an Großsozietäten.

Anwaltliche Werbung von A-Z
Von Prof. Dr. Gerhard Ring
3. Auflage 1998,
258 Seiten, gebunden,
48,– DM
ISBN 3-8240-0235-3

Die neue Berufsordnung ermöglicht einen größeren Spielraum für anwaltliche Werbung. Die Anwaltschaft sollte von diesen neuen Möglichkeiten unbedingt Gebrauch machen. Das Buch stellt die einzelnen Werbemaßnahmen anhand der Rechtsprechung kurz und bündig von A-Z dar. Der Autor bietet damit zugleich eine Fülle von Anregungen für anwaltliches Marketing und die Erarbeitung eines individuellen Marketingkonzepts.
„... Der Leser gewinnt Sicherheit bei den schwierigen Abgrenzungsfragen zwischen zulässiger und unzulässiger Werbung. Der eine oder andere Rechtsanwalt fühlt sich darüber hinaus sicherlich sogar herausgefordert, juristisch noch nicht erschlossenes Neuland zu betreten."
RA Dr. Tobias Lenz zur Vorauflage in: AnwBl 6/96

Marketing für Rechtsanwälte
Von RA Dr. Wolfgang Schiefer und RA Dipl.-Kfm. Dr. Ulrich Hocke
2. Auflage 1996, 148 Seiten, gebunden, 58,– DM (unverb. Preisempfehlung)
ISBN 3-8240-0137-3

Marketing ist eine Unternehmensphilosophie und -strategie, wobei im Zentrum des marketinggerechten Handelns des Anwalts der Mandant steht. Dieses Buch beschreibt grundlegende Ansätze des Marketings und gibt zahlreiche praktische Anregungen, um als Anwalt erfolgreich zu sein.
„... ein unverzichtbarer Ratgeber für alle auf Qualitätssicherung und Zukunftssicherung bedachte Kollegen."
RA Peter Depré, in InVo Heft 7/96

Die Partnerschaftsgesellschaft

Erläuterungen und Vertragsmuster
Von Prof. Dr. Gerhard Ring
1. Auflage 1997, 223 Seiten, gebunden, 58,– DM
ISBN 3-87389-312-6
Kurze und prägnante Darstellung der gesellschafts-, haftungs-, steuer- sowie berufsrechtlichen Aspekte der neuen Rechtsform für Freiberufler. Erläutert werden die Vor- und Nachteile der herkömmlichen Sozietät in Abgrenzung zur „Freiberufler-GmbH". Mit **Gesellschaftsvertragsmustern** einer Anwalts-Partnergesellschaft und einer Anwalts-GmbH. Ein unentbehrlicher Ratgeber sowohl für Anwälte, Steuerberater und Wirtschaftsprüfer selbst als auch für die Beratung von Angehörigen anderer freier Berufe.

Testamente

in der anwaltlichen und notariellen Praxis
Muster • Checklisten • Erläuterungen
Von RA Manuel Tanck,
RA Karl-Ludwig Kerscher und
VRiLG Walter Krug
1. Auflage 1998, ca. 420 Seiten, gebunden, CD-ROM mit Mustern liegt bei, Subskriptionspreis bis drei Monate nach Erscheinen 128,- DM, danach 148,- DM
ISBN 3-8240-0239-6. Erscheint Oktober 1998

Für den juristischen Berater wird die Testamentsgestaltung immer anspruchsvoller: Die Familienstrukturen werden – ausgelöst durch Scheidungen – komplizierter und die Generationen gehen zunehmend eigene Wege. Häufige Auslandsberührungen und ein wachsender steuerlicher Zugriff des Staates erfordern eine immer anspruchsvollere Gestaltung. Zahlreiche Unternehmenskonkurse sind auf eine mangelhafte erbrechtliche Gestaltung zurückzuführen und so gewinnt die testamentarische Gestaltung im Bereich der Unternehmensnachfolge zunehmend an Bedeutung.

Der Praktiker erhält mit dem neuen Werk:
- eine fundierte systematische Orientierung zum schnellen Einlesen oder Nachschlagen
- praxiserprobte Gestaltungsvorschläge
- Entlastung durch Formulierungshilfen und komplette Muster, die bequem von der beigefügten CD-ROM in die Textverarbeitung übernommen werden können.

Verkehrszivilrecht

Schriftsätze und Erläuterungen
Von RA Jens Tietgens
1. Auflage 1998, 442 Seiten, gebunden, CD-ROM mit Mustern liegt bei, Subskriptionspreis bis drei Monate nach Erscheinen 128,- DM, danach 148,- DM
ISBN 3-8240-0223-X
Erscheint Oktober 1998

Ziel der Veröffentlichung ist es, dem Leser einen Leitfaden für die Bearbeitung verkehrszivilrechtlicher Mandate von der Beschaffung der für die Mandatsbearbeitung erforderlichen Informationen bis zur Abrechnung der Kosten zur Verfügung zu stellen. Den Schwerpunkt bildet die **Darstellung typischer Standardprobleme** in der außergerichtlichen und gerichtlichen Abwicklung aus der Sicht des Vertreters des Geschädigten.

Jedes Kapitel enthält
- eine kurze Zusammenfassung der erforderlichen materiellrechtlichen Grundlagen über Anspruchsgrund und Anspruchshöhe
- die Darstellung der typischen Problemfälle aus der täglichen Praxis
- deren Lösung in Form von **Musterschreiben, Musterklagen** und **-antragsschriften**
- wichtige Tips und Hinweise
- Zusammenfassungen in Form von Checklisten am Kapitelende.

Arbeitsrecht

Schriftsätze • Verträge • Erläuterungen
Von RA Prof. Dr. Klaus Hümmerich
2. Auflage 1998, 1.338 Seiten, gebunden, CD-ROM mit Mustern liegt bei, Subskriptionspreis bis drei Monate nach Erscheinen 148,- DM, danach 168,- DM, ISBN 3-8240-0261-2
Erscheint Oktober 1998

Die Neuauflage liefert eine Fülle von Mustertexten für die Bearbeitung nahezu aller praxisrelevanter arbeitsrechtlicher Fallgestaltungen. Die Vorteile:
- Das neue Werk befreit Sie von Routinediktaten und Sie gewinnen Zeit, sich ganz den spezifischen Problemen Ihres Mandanten zu widmen
- Zahlreiche Erläuterungen erschließen die Mustertexte und ermöglichen den raschen vertieften Einstieg in Ihren Fall
- Häufig endet arbeitsrechtliche Interessenswahrnehmung mit einem Vergleich. Qualitativ hochwertige Mustertexte sollen dem Mandanten eine möglichst günstige Ausgangsposition bei Vergleichsverhandlungen verschaffen
- Die beigefügte CD-ROM erlaubt eine schnelle und bequeme Übernahme der Muster in Ihre Textverarbeitung.

Wettbewerbsrecht

Schriftsätze, Verträge und Erläuterungen zum Wettbewerbs-, Urheber- und Presserecht
Von RAin Dr. Verena Hoene
1. Auflage 1998, ca. 400 Seiten, gebunden, CD-ROM mit Mustern liegt bei, Subskriptionspreis bis drei Monate nach Erscheinen 128,- DM, danach 148,- DM, ISBN 3-8240-0246-9,
Erscheint November 1998

Das Buch behandelt die Probleme, die typischerweise in der anwaltlichen Beratung im Wettbewerbsrecht von Bedeutung sind. Ebenfalls erläutert werden die Verknüpfungen zum Urheber-, Presse- und Markenrecht, sowie zur Zugabeverordnung und dem Rabattgesetz. Dabei wird besonders Schwergewicht auf eine Darstellung der Abmahnung, des einstweiligen Verfügungsverfahrens, der Schutzschrift sowie der im Bereich des Wettbewerbsrecht „typischen" Unterlassungsklage gelegt. Daneben werden die wesentlichen Vertragsgestaltungen bei der Einräumung von Nutzungsrechten behandelt. Eine Vielzahl von Rechtsprechungshinweisen sowie einzelne Schaubilder sollen den „Einstieg" in dieses sehr kasuistische Rechtsgebiet erleichtern.

Vorläufiger Rechtsschutz

Schriftsätze und Erläuterungen
Von VRiLG Harald Crückeberg
1. Auflage 1998, 310 Seiten, CD-ROM mit Mustern liegt bei, Subskriptionspreis bis drei Monate nach Erscheinen 108,- DM, danach 118,- DM
ISBN 3-8240-0254-X
Erscheint Oktober 1998

DeutscherAnwaltVerlag